La ilusión persistente

Diálogos entre la ciencia ficción y el campo cultural

SILVIA G. KURLAT ARES

ISBN: 1-930744-84-6
© Serie Nuevo Siglo, 2018
Instituto Internacional de
Literatura Iberoamericana
Universidad de Pittsburgh
1312 Cathedral of Learning
Pittsburgh, PA 15260
(412) 624-5246 • (412) 624-0829 fax
iili@pitt.edu • www.iilionline.org

Colaboraron con la preparación de este libro:

Composición y diseño gráfico: Erika Arredondo
Correctores: Hernán Medina Jiménez y Gustavo Quintero
Imagen de portada: Néstor Ares

Índice

Agradecimientos 9
Prefacio 11

Introducción 17

Primera parte
Entre *El Eternauta* y *Ciudad*: para un *desideratum* del imaginario de la cultura popular

1. Cómics argentinos: "historietas absurdas sobre historias verdaderas" 47
2. *El Eternauta*: la revolución es un sueño eterno 65
3. *Ciudad*: imaginarios urbanos 101
Conclusiones 129

Segunda parte
De cómo ejercitarse en leer ciencia-ficción: los proyectos de *El Péndulo* y de *Minotauro*

4. Tarjetas de presentación en el mercado 139
5. Mirando tapas se conoce mundo 165
6. Ego Sum 197
Conclusiones 231

Tercera parte
Máquinas de leer:
la narrativa de ciencia ficción entre el deseo
y el principio de realidad

Introducción	239
7. Estados alterados: Angélica Gorodischer	259
8. Carlos Gardini: el sujeto frente al conocimiento	301
9. Marcelo Cohen: hacia una ética del presente	347
Conclusiones	395
Ritornello: a modo de reflexión final	405
Bibliografía	415

...the distinction between past, present, and future is only a stubbornly persistent illusion.

Albert Einstein, "Carta de condolencia a la familia de Michele Besso"

Ninety percent of science fiction is crud, but that's because ninety percent of everything is crud.
Theodore Sturgeon's Law

the boundary between science fiction and social reality is an optical illusion.
Donna Haraway,
"A Cyborg Manifesto: Science, technology and socialist-feminism in the late twentieth century"

El paraíso es el campo de concentración del futuro.
Marcelo Cohen, *Insomnio*

I had to ignore that and say to myself that I could do things in science fiction that I could never do in realism. I tend to be prickly about this subject because I get tired of being put down as a science fiction writer. The fact is, in the postmodern era, all the barriers are breaking down pretty fast.
[…] science fiction is a child of realism, not of fantasy. A realistic story deals with something that might have happened but didn't, right? Many science fiction stories are about worlds that don't exist, but could exist in the future. Both realism and science fiction deal with stories that might be true.
Ursula K. Le Guin, "Coming Back from Silence"

Agradecimientos

Este libro es un viejo y querido plan. Un primer esbozo de lo que esto sería fue una propuesta para trabajar con revistas de ciencia ficción en Argentina en mi época de estudiante, pero por diversos motivos nunca lo llevé adelante de manera organizada y me dediqué a otros proyectos. Así que, fui acumulando notas y materiales por varios años, hasta que finalmente, a partir del 2003, pude continuar la investigación de manera más consistente mientras fui becaria posdoctoral en The Johns Hopkins University.

Durante mi estadía en esa universidad y en los años siguientes, el apoyo y las conversaciones con Sara Castro-Klarén han sido invalorables tanto desde el punto de vista intelectual como personal. Tengo una enorme deuda con Sara, y este trabajo, en mucho, es el resultado de su camaradería, estímulo y constante sostén. También quiero reconocer las conversaciones que mantuve en ese período con Franklin Knight y Guillermo Nugent, ya que no sólo me hicieron sensatos comentarios y sugerencias, sino que tuvieron a bien conversar conmigo sobre el proyecto.

En particular, le estoy también muy agradecida a Fernando Reati no sólo por su profunda y sencilla generosidad y rectitud, sino también por el constante diálogo intelectual y por su amistad.

La publicación de este libro tuvo un derrotero algo azaroso y no hubiera sido posible si Juan Duchesne Winter no lo hubiese acogido en el IILI. Su aliento y su confianza en los proyectos que le he presentado en estos años así como su espíritu de cooperación intelectual han sido y son invalorables. En el IILI, también estoy en deuda con Erika Arredondo por su paciencia y por su capacidad para encontrar respuestas a mis más absurdas preguntas. Finalmente, no quiero dejar de mencionar a Hernán Medina Jiménez y Gustavo Quintero quienes han editado estas páginas con enorme cuidado y atención: sus comentarios han sido indispensables y no hay palabras para reconocer adecuadamente su labor.

Quisiera también dar las gracias a Juan Giménez y a los herederos de Héctor G. Oesterheld y Francisco Solano López, quienes me dieron sus permisos para usar las viñetas que aparecen en la primera parte de este trabajo.

Por otros motivos, que no tienen nada que ver con lo académico, quiero también reconocer a Luis, Jill, Cahlan, Ermira, Lisa, Anna, Najla, Chris y Noel. Este libro fue escrito, en parte, bajo su benéfica influencia y por eso estoy en deuda con todos ellos.

Pero sobre todas las personas, tengo que agradecer a Néstor y a Natalya, los verdaderos destinatarios de este libro. Por todos los fines de semana, por todas las noches, por todos los días libres, horas y minutos que le dediqué a estas páginas y no a ellos, por las obsesivas conversaciones, por la cantidad de películas y las horas de televisión que los forcé a ver, por seguirme a librerías y a convenciones, por leer y releer los perennes, minuciosos, obsesivos borradores, y discutirlos conmigo. Y porque me acompañaron en este proyecto con imperturbable calma sólo porque sabían cuán importante era para mí. Sólo por ellos, este libro tiene sentido.

Prefacio

La primera novela que leí en mi vida fue una muy mala traducción de *El secreto de Wilhelm Storitz* de Julio Verne. No recuerdo demasiado el argumento, pero sé que debió impactarme mucho, porque cuando yo estaba todavía en uno de sus primeros capítulos bauticé Wilhelm a mi primera mascota, un cardenal que llegó a mi casa después de numerosos ruegos y promesas. Wilhelm vivió el resto de su vida en una pajarera minúscula colgada sobre una de las paredes del lavadero, cantando a la salida del sol como si no hubiera ni jaula, ni ropa colgada, ni una ventana entre él y el pedazo de cielo que se veía desde el aire y luz del edificio. Tales eran su fuerza y su convicción que los vecinos se asomaban a sus ventanas para escucharlo, hasta que se acostumbraron. Los dos Wilhelm compartían un narcisismo exacerbado, que llevó al primero a una venganza absurda contra una mujer que no lo quería, y al segundo, a enmudecer completamente cuando dos cotorras se mudaron al fregadero, por lo cual hubo que devolverlas a su dueño original. El libro de Verne se perdió en mi primera mudanza. Y una semana después, el otro Wilhelm amaneció muerto en su jaula.

Pero, la ciencia ficción así definida llegó a mí en un tomito prestado, un verano caluroso, en el montón de libros que metí en el bolso de viaje para las vacaciones de rigor en Villa Gesell. Mucho después sabría que era una edición de quiosco, de una de esas colecciones baratas de tapas blancas que se vendían en Buenos Aires, mezcladas con malas novelas de aventuras sobre el oeste norteamericano que nunca existió y con la literatura sentimental para adolescentes y sirvientas. Aunque no recuerdo ni su título ni su autor, todavía siento el acuse de recibo de mi incipiente bibliofilia por el mal estado del ejemplar y por una tapa perdida. Lo leí en una tarde. Era un textito sobre una sociedad obsesionada con la juventud y la belleza al punto de producir una droga que preservaba a sus adictos del deterioro inducido por el paso del tiempo, pero que estimulaba el envejecimiento de los órganos internos y, por ende, llevaba a una muerte prematura. Con los años, volvería a recordar esa tarde cuando me topé con *El retrato de Dorian Grey* de Oscar Wilde. Las preguntas que abrieron esos libros nunca tuvieron respuesta en mis conversaciones de infancia. Tardé años en descubrir que la furia de Wilhelm Storitz tenía mucho de los delirios racistas de la Francia de fin de siglo. Y aunque siempre supe que tenía que buscar la palabra "magiar" en el diccionario, nunca lo hice, porque por mucho tiempo me faltó la historia de Europa y de sus nacionalismos. También demoraría en comprender que la impresión de aquella lectura fugaz que apenas consumió una siesta, estaba relacionada con el primer, doloroso impacto de la obcecada devoción por la estética de juventud de la clase media argentina en mi flamante adolescencia.

Aquella primera novela de Verne, en una edición vieja y económica, con las hojas amarillas y gruesas carcomidas por la polilla, fue mi primera incursión en un mundo donde las alucinaciones, los sueños, los delirios, los deseos, los olvidos, las virtudes y las traiciones de la escritura empezarían a cobrar la forma de lo que yo sería. Tenía ocho años y, fuera de mi cuarto, la Argentina entraba en una de las etapas más negras de su historia. Para mí, ese período estaría marcado por una larga y siempre creciente lista de ausencias, por viajes presurosos, por conversaciones cuyos temas merecían estar en alguno de los programas de televisión que se daban los sábados a medianoche y que yo tenía estrictamente prohibido ver porque me provocaban pesadillas. Cada vez que podía, los veía igual, con el resultado de que todavía hoy no tengo que hacer muchos esfuerzos para recordar la exacta gredocidad de la voz de Narciso Ibáñez Menta cuya risa calculada resonaba en mí con el eco de todas las muertes que lentamente poblaban mi infancia.

Con el tiempo, me daría cuenta de que tuve una niñez solitaria y aterrada, pero en ese entonces yo no podía saberlo porque leía. Mi voracidad por la lectura no se inició con Julio Verne, sino con los cuentos de hadas, en esa etapa de la infancia que sólo el delicado cinismo de un psicoanalista es capaz de resucitar. Y de una muy paciente bisabuela que había pagado un duro precio por su derecho a la lectura y que, por eso mismo, no podía concebir mejor regalo que un libro. Los libros poblaron mi memoria. Con avidez, acumulé libros sobre libros hasta que ya no fue posible controlar o medir lo que leía. Mis lecturas eran en sí mismas un presupuesto separado para una economía familiar precaria. Las novelas más voluminosas no duraban más de dos o tres días, por lo cual, con cierta resignación, mis padres, abuelos y maestros me abandonaron en los estantes polvorientos de sus bibliotecas, consumida en el vicio que absorbió mi niñez y mi adolescencia y que modeló mi lenguaje y mis ideas. Vivía en y por los libros, en recorridos caóticos y desenfrenados que me hicieron venerar la letra impresa en cualquier forma en que llegara a mis manos ya que por ella ingresaba a universos a veces exóticos, a veces familiares, a creencias y a prácticas que de otro modo me estaban vedados. Leer fue una suerte de religión laica porque los mundos que había en esas páginas tenían la virtud de perdurar en mis recuerdos con más realidad que ninguna otra cosa. Evocaría esa intensidad cuando leyese *El placer del texto* de Roland Barthes, y me preguntaría si su infancia, como la mía, habría tenido los mismos tintes de desolado aislamiento.

Mientras Wilhelm inauguraba su tradición de cantar largos y complicados réquiems, yo no sabía que había buena o mala literatura, géneros o cánones y creo que de haberlo sabido, no me hubiese importado. La lectura era el tiempo del abandono, de la más absoluta de las intimidades y de la más lasciva de las bacanales donde el lenguaje se convertía en una materia en permanente estado de expansión. Yo no era muy distinta de Wilhelm en su jaula soñando cielos abiertos. Con el cuerpo enrollado sobre la cama, sin ni siquiera moverme, podía desgajar el mundo, debatir el universo de posibilidades de lo que podía o podría ser. No había pasado o futuro, sólo un presente que se deslizaba sobre la página como una forma de ser acto de todo lo potencial. Cada lectura abría una mirilla al panóptico de una galaxia en fuga. Prestar o tomar prestado un libro eran gestos de confianza y de mutuo reconocimiento. Cada libro encarnaba un vínculo con aquello del otro a lo cual no podía accederse a través de una mera conversación; cada libro era una garantía de la existencia de una comunidad y por eso, la lectura sería, por el resto de mi vida, una de las formas del amor y del saber. Mis profesores le pondrían nombre a todo esto en la facultad. Lo que había sido mi más profunda interioridad cobraría cuerpo en la enciclopedia de la crítica y perdería su misticismo. Con el desgaste del aura, mi voracidad fue disminuyendo, excepto para unos pocos libros de los cuales nunca se hablaba en la facultad y a los cuales nadie hacía referencia. Libros que mis compañeros de clase miraban con el más absoluto desprecio y que la tradición ilustrada de la familia consideraba una verdadera perversión de mi parte. Pero eran los únicos libros que leía con verdadera gula porque en ellos estaba inscripto el futuro o eso creía yo.

Pienso ahora que toda tradición letrada es también una tradición utopista que pone su fe en los modelos a los que aspira mucho más que en la materialidad e inmediatez del presente. Ese deseo por la totalidad es un riesgo, aunque si por un instante puede atisbarse el mundo, parecen menos significativos los peligros que en la letra escrita están siempre ausentes. Jorge Luis Borges escribió sobre esos albures, pero hay veces que todas las advertencias son vanas. Quizás por las mismas circunstancias de mi infancia, no fue muy difícil caer en la tentación de la potencialidad aristotélica que encierra toda utopía. El mito de un porvenir prístino, ordenado, congruente, perfectamente equitativo, le daba mucho más sentido al caótico desorden del presente que cualquier origen remoto inscripto en las circunvoluciones de un pasado tan arcaico e inasible como ese mismo futuro que, al menos, no parecía clausurado. Y este porvenir tenía, a su modo, una forma de asomar sus tentáculos sobre el presente para transformarlo en la realización de la utopía del pasado que cobraba materialidad en objetos y nociones que, como se encargaban de recordarme a cada paso mis padres, mis ancestros no hubiesen podido imaginar. Desde los derechos de las mujeres a estudiar en la universidad hasta la calculadora de bolsillo alimentada a energía solar, el mundo caminaba en línea recta hacia un futuro que sería, finalmente, racional y ordenado. Y los libros, películas y programas televisivos de ciencia ficción me proveían con la cartografía imaginaria de ese porvenir. *Viaje a las estrellas* tenía la misma fuerza gravitacional que una cita de Karl Marx. En casi todos los artículos y libros críticos sobre la ciencia ficción, los autores coinciden en señalar que la mezcla de aventura y posibilidad fue la chispa que inició su gusto por la modalidad y yo no soy una excepción. Si bien fue uno de esos placeres un tanto vergonzantes, poco a poco, me fui dando cuenta que desde el principio yo sabía que esos mapas nunca eran fijos, que cambiaban de forma y rango a voluntad, que tenían voces fantasmales en los bordes de sus nunca nítidas proyecciones, y que, si bien me negaba a aceptarlo, yo estaba haciendo las preguntas erradas. Que mi noción de tiempo era una ilusión. Una y otra vez, por años, el cuerpo invisible de Wilhelm Storitz ha regresado para recordármelo. Convertido en mi esfinge personal a la entrada de cada uno de los textos de ciencia ficción que se iban acumulando en mi biblioteca, su voz insistía en que su invisibilidad era apenas un ardid para ocultar algo que se me escapaba. Y en este sentido, sospecho, lo inherente de la ciencia ficción es que los dispositivos del engaño no son intangibles, sino apenas turbios. La ciencia ficción fue el oscuro vocabulario de lo que podría ser, para bien o para mal. Era un lenguaje extraño cuya gramática me era, la más de las veces, desconocida... y aún así, yo era capaz de torpes traducciones, de trazar el arco de imágenes y deseos inscriptos en esa controlada aleatoriedad. El diccionario (y la lengua) es una herramienta incompleta, es apenas un atisbo en largas y complejas narrativas que también se borran de la superficie de lo dicho. Pero las preguntas siempre estuvieron allí, a mi más entera disposición, riéndose de que fuese capaz de mantener (contra toda pretensión crítica) un último bastión de lectura ingenua. La ciencia ficción me dio una forma de interrogarme sobre la naturaleza misma de la literatura, sobre las preguntas que la literatura hace en forma silenciosa y socavada en sus más logrados artefactos y en forma violenta en aquellos espacios donde toda pretensión es inútil. Como en *La carta robada* de Edgar Allan Poe, se me escapaba lo obvio. Tal vez por eso mismo, las marcas de esas primeras lecturas de ciencia ficción permanecieron en mi memoria clamando elucidaciones hasta que, finalmente, supe cuáles eran las preguntas correctas y pude, por fin, iniciar un retorno al mundo de lo posible, abandonando las presunciones utópicas que estaban inscriptas en textos que, quizás, nunca quisieron serlo. Las páginas que siguen son parte de ese diálogo y están dedicadas a mis padres, que me hicieron leer ciencia ficción, porque a pesar de todo, aún en su más desmadejada forma, una literatura sin quimeras, no merece la pena leerse.

Introducción

> *Todas las piezas que componen este volumen póstumo pertenecen a un género que podríamos definir como de imaginación razonada, pero los géneros no son otra cosa que comodidades o rótulos y ni siquiera sabemos con certidumbre si el universo es un espécimen de literatura fantástica o de realismo.*
>
> Jorge Luis Borges,
> Prólogo a *La muerte y su traje*

Un mapa de creencias

Todo estudio académico sobre la ciencia ficción se inicia con al menos dos argumentos. El primero cementa la legitimidad de las páginas que siguen, demostrando la alta jerarquía cultural, política e ideológica de la llamada para-literatura en general, y de un género menor como la ciencia ficción, en particular. Y en esa peculiar vena retórica, nunca dejan de subrayar como prueba la importancia del consumo masivo de los objetos un tanto inmanejables de esa siempre cambiante narrativa a la que atribuyen una larga e ilustre genealogía. El argumento es, muchas veces, un intento más de convertir algo que se percibe como popular en un objeto de la alta cultura. El origen de esta lectura tiene que ver con el aspecto más meta-historiográfico de esa modalidad de producción que, en cada nueva intervención, tiende a regresar sobre alguno de sus posibles libros fundacionales hasta llegar a la *Utopía* (1516) de Tomás Moro o, quizás más lejos, remontándose hasta la *Historia verdadera* (circa 160) de Luciano de Samosota, dependiendo de la línea genealógica que se escoja.

Una segunda explicación sostiene, como hipótesis de trabajo más frecuente, que los textos de ciencia ficción constituyen una utopía, una distopía o una eutopía, según cuál sea el punto de vista del crítico a cargo. Es un tanto obvio que una historiografía que retorna sobre Tomás Moro iniciará sus lecturas a partir de las críticas sociales y políticas que emerjan de esa tradición. Pero además, dado que la ciencia ficción provee de mundos imaginarios a la literatura, es una tentación casi inevitable cercenar toda conexión inmediata entre esos universos y el resto de la producción del campo cultural para proclamar la autonomía de un objeto casi inclasificable que delira el futuro y lo que éste pueda deparar. Esta segunda lectura tiene su origen en las tendencias críticas surgidas en los años cincuenta en los EE.UU., cuando se inició la profesionalización del estudio de la ciencia ficción en la academia a lomo de un fuerte impulso racionalista que privilegiaba el acercamiento a la construcción de imaginarios históricos del futuro basados en la extrapolación lógica de diversas transformaciones socio-políticas, de los nuevos descubrimientos científicos y de las posibles consecuencias que unas y otros pudieran acarrear para la sociedad.

Si el análisis estuviera destinado a un público estrictamente universitario, lo que sigue acostumbra ser una larga y detallada reflexión tanto sobre distintas perspectivas de la historia de la modalidad, como sobre todos los artículos eruditos que alguna vez siquiera rozaron el tema. Aunque estas tendencias no fueron necesariamente las que construyeron la crítica (y quizás, mucho menos, el *corpus*) de la ciencia ficción latinoamericana, algunos de estos elementos están presentes en la construcción del aparato crítico de esta modalidad. Así pues, antes de empezar, quizás un rápido paneo por las aproximaciones críticas que construyeron los modos de entender la ciencia ficción en la región provea el contexto necesario para un libro destinado a lectores para quienes la idea de la ciencia ficción en América Latina pueda parecer un tanto absurda.

La primera de las aproximaciones críticas posibles, en realidad, proviene de las reflexiones en los prólogos, de las publicaciones críticas y entrevistas en las mismas revistas de ciencia ficción y en los *fanzines*, de los grupos de discusión en la red, y de los debates en los congresos y eventos organizados por el *fandom* y por los clubes y grupos de discusión. Es quizás por este motivo que el fundador de los estudios sobre la ciencia ficción en Argentina, Pablo Capanna (1939), ha hablado con frecuencia de la "ghettoization" de este tipo de narrativa, tema sobre el que volveré en la primera y segunda parte de este estudio. Por ahora, baste mencionar que, aún cuando la producción y el público lector de la ciencia ficción han aumentado exponencialmente desde los años cincuenta, los críticos latinoamericanos en general, y los argentinos en particular, han sido renuentes a admitir su importancia y legitimidad en el campo cultural. Es cierto que la crítica académica latinoamericana sobre la ciencia ficción también ha crecido en las últimas dos décadas, pero la mayor parte de los análisis más importantes sobre el tema en el área siguen viniendo del *fandom* o de críticos formados en las revistas especializadas.

Aquí, las revistas son fundamentales como formadoras de un espíritu crítico y como árbitras del gusto del público lector. Críticos como Héctor R. Pessina y Pablo Capanna (por sólo nombrar dos de los más conocidos de la primera generación crítica) emergieron de las diferentes revistas de ciencia ficción que se empezaron a publicar en Argentina a partir de los cincuenta. Como veremos en la segunda parte del presente tomo, esta tendencia se caracteriza por ser fundamentalmente comunitaria, altamente orientada por las propias reglas internas de la cultura *fandom* y por la diversidad de sus enfoques conceptuales

La ilusión persistente

(sean políticos, sectoriales, de género, etc.).[1] En la mayoría de los casos, a la hora de las evaluaciones, no hay necesariamente una distinción entre críticos profesionales, escritores, editores y público, por lo cual, en las publicaciones, las cartas de lectores pueden llegar a tener el mismo peso crítico que trabajos especializados. Los análisis y comentarios están permeados tanto de las ataduras emocionales con la producción toda de la ciencia ficción (bien a favor, bien en contra), como con una percepción muy dúctil de lo que la ciencia ficción representa en tanto que modalidad de producción cultural. Aunque muchas críticas pueden ser consideradas impresionistas, los debates otorgan gran peso tanto al valor alegórico o metafórico de las obras, como a su calidad de *constructio*: cómo está hecha una obra, cuánto oficio hay en ella, es muchas veces tanto o más importante que la fábula misma.

Quizás, uno de los primeros en analizar un texto de ciencia ficción bajo este matiz fue Jorge Luis Borges en su prólogo a *La invención de Morel* (1940) de Adolfo Bioy Casares, donde enfatiza el "intrínseco rigor de la novela de peripecia" y la "primacía de la trama". Este punto de vista se mantendrá como piedra basal de las argumentaciones del *fandom* al acercarse a la modalidad, y explica que no haya una distinción tajante entre la producción de ciencia ficción literaria, musical, televisiva, cinematográfica (sea film o dibujo animado), de historietas o en la red. Aquí, lo que interesa es en qué medida los artefactos de esta modalidad son capaces de constituir mundo y cuál es el nivel de plausibilidad argumental una vez sellados los pactos de escritura/producción y de lectura/consumo/recepción iniciales.

La segunda tendencia proviene de la crítica académica. A diferencia de la corriente anterior, la primer dificultad con que se enfrenta este tipo de análisis es delimitar el "género" dado que, desde el punto de vista del canon, es necesario incluir no sólo diversos objetos sino además, aquellos que provienen de diferentes medios, lo que ha llevado a muchos críticos a hablar de la ciencia ficción como modalidad de producción y no como género, postura que, por cierto, comparto.[2] La variedad de lo que podríamos llamar sub-especies de la ciencia ficción vuelve muy problemático establecer un marco general de trabajo,

---

[1] Aunque en América Latina y España no existen, en EE.UU. hay estudios de la cultura *fandom* en trabajos etnográficos tales como el de Camille Bacon-Smith o, de modo más rudimentario, la película *Trekkies* (1997) de Roger Nygard. En todo caso, esas observaciones no se aplican a la región.

[2] Hay, además, otro problema: géneros *strictu sensu* como el gótico, lo fantástico, y la fantasía, en ciertos casos, también pueden ser leídos como ciencia ficción. El *fandom* y los escritores son plenamente conscientes de ésto, por lo cual, qué entra y qué no entra en la clasificación se vuelve sumamente complejo a la hora de hacer categorizaciones.

aunque más no sea precario. Esta cuestión se agrava cuando los críticos intentan basarse en las definiciones clásicas del género fantástico, centrándose en la línea que va de Tzvetan Todorov a Ana María Barrenechea (sobre todo cuando se habla de ciencia ficción en América Latina),[3] ya que lo real, lo natural, lo no-natural y cómo reacciona el lector/receptor/consumidor ante las diferentes combinaciones de esos elementos, no termina de cuadrar con la plasticidad de producción de la que es capaz la ciencia ficción. Pablo Capanna, en un estudio que prologaba la antología *Ciencia ficción argentina: antología de cuentos* (1990), sintetizaría la situación del siguiente modo:

> Hace unas décadas, la mayoría de la gente creía que la ciencia-ficción (cf) trataba exclusivamente de los viajes espaciales [...] La cf aprendió luego a convivir con todas las cosas que había previsto (los trasplantes, las computadoras, los robots, las naves espaciales) sin desparecer por ello.
> Ante este hecho, la gente optó por llamarle "ciencia-ficción" a todo lo que antes se había llamado "fantástico". (11)

Si bien es cierto que existe toda una línea estética dentro de la ciencia ficción que nace en la literatura fantástica (especialmente en América Latina, donde tanto el modernismo como el naturalismo fueron claves en la formación de la modalidad, permitiendo pensar en la legitimidad de este tipo de categorización, cosa sobre la que volveré en la sección tres), también es verdad que la modalidad se nutre de otras fuentes, desde la propia ciencia y la epistemología, hasta las historias de las religiones y de los lenguajes, pasando por la tradición del pensamiento utópico. Pero además, la ciencia ficción toma sus formas de géneros tan disímiles como la novela de aventuras, el policial, el cuento de hadas y la novela histórica, combinándolas con estéticas tan diversas como el romanticismo, el prerrafaelismo, y el futurismo, para mezclarlos con los folklores

---

[3] Quizás, el primer estudio académico que reconoce la presencia de algo que puede denominarse como ciencia ficción, sea *La literatura fantástica en Argentina* (1957) de Barrenechea y Speratti Piñero, donde las autoras hablan de la presencia de una narrativa "cientificista" que, según ellas, no alcanzó relieve o importancia alguna y que "ahoga" la capacidad creativa de los escritores que sucumben a la tentación de escribir dentro de esta línea. Aunque el texto es un análisis lúcido de la literatura fantástica, muestra claramente la tendencia crítica a evitar todo posible análisis de la ciencia ficción, aún en el caso de textos donde esa modalidad es claramente central, como en *Las fuerzas extrañas* (1906) de Leopoldo Lugones. En el caso de Borges, las autoras reconocen el diálogo con la epistemología y con las discusiones en torno a la naturaleza del tiempo, pero la lectura está completamente atada a la búsqueda de una ontología de la literatura latinoamericana que las lleva a desconocer el entramado de tendencias que están en juego en esos textos.

y tradiciones de los países donde se la produce.[4] Estas características no están ausentes de la producción de la ciencia ficción en castellano, lo cual ha generado serias interrogantes críticas desde la explosión comercial de esta modalidad de producción en los sesenta.

La renuencia a examinar la presencia de la ciencia ficción en América Latina es tal que las antologistas de *Cosmos Latinos: An Anthology of Science Fiction from Latin America and Spain* (2003) han descrito los prejuicios académicos contra la ciencia ficción en su introducción al volumen: "Little help has come from local academic circles, which have generally ignored the genre since it does not fall within the still-dominant paradigm of high modernist writing" (Bell y Molina-Gavilán 2). Y, un año después, otro texto insistía sobre este mismo problema:

> In Latin America, perhaps more so than elsewhere, science fiction has long been considered to be a lesser form of literature. This, in spite of the fact that Latin American writers have long been practicing (since at least the eighteenth century) the genre as a means of cultural expression. (Lockhart viii)

Tanto dentro como fuera de América Latina, la ciencia ficción escrita en castellano, es muy poco conocida y peor entendida. Aún trabajos críticos fundacionales como *El sentido de la ciencia ficción* (1966) de Pablo Capanna y sus siguientes reediciones (incluyendo el muy conocido *El mundo de la ciencia ficción. Sentido e historia* [1992]) no proveen modelos de análisis claros o son titubeantes en sus aproximaciones, ya que gran parte de su *corpus* proviene del mundo crítico y escriturario anglosajón.[5]

---

[4] En este sentido, un artículo como el de Ángela Dellepiane donde se intenta un catálogo de todas las posibles formas de la ciencia ficción es un interesante ejemplo de cómo organizar distintas operaciones narrativas en forma taxonómica que justifiquen el estudio académico. En el artículo, Dellepiane indica que la ciencia ficción "especulativa" (centrada en las emociones humanas y en problemas sociales) es "típica" de América Latina, y olvida toda la tradición vinculada con el desarrollo científico que emerge en el siglo XIX. Más aún, textos donde la divulgación científica es clave para comprender en qué consisten ciertas operaciones textuales (como es el caso de la rosa de cobre de las novelas de Roberto Arlt) son borrados de un plumazo, en función de hacer una categorización afín a la historia de la ciencia ficción en los EE.UU.

[5] En su trabajo, Capanna le dedica sólo el último capítulo a la literatura de ciencia ficción argentina, donde hablará de "la fuerte orientación hacia lo fantástico" que permea la literatura nacional, deplorando cómo esa misma influencia, de algún modo, contamina la producción de ciencia ficción deseada por la taxonomía que organiza el texto. Si bien su estudio provee un interesante *corpus*, su aproximación crítica está enteramente construida a partir de los debates en el mundo de habla inglesa, especialmente, las miradas de Darko Suvin y Brian Aldiss. Ésta será la mirada que determinará la estética de la revista argentina *El Péndulo*, a pesar de lo conflictiva que esta postura resultó, tal y como analizaré en el capítulo dos del presente tomo donde volveré sobre el rol de Capanna. Por ahora, baste mencionar que su figura ha sido

Esta situación ha sido también parcialmente alimentada por la arbitrariedad del mercado, por los gustos de editores "convencionales", y por el gran desconocimiento de la crítica (no sólo académica), que raramente ha escuchado al *fandom*, excepto a modo de curiosidad. Así, en 1985, críticos como Luis Vaisman A. todavía eran capaces de decir que "La CF, como género oficialmente establecido, es un producto de la industria editorial; específicamente, de la industria editorial magazinesca [sic] dedicada a la producción de revistas de alto tiraje y muy bajo precio y calidad de impresión" (8-9). La identificación con lo que había sido un fenómeno editorial particular de la Edad de Oro norteamericana (ca. 1930-1950) hacía imposible ver en qué radicaba la problemática de la ciencia ficción en el ámbito local.[6] El interés que en otras latitudes había despertado la llamada "literatura del *boom*" no se extendió a la producción de la ciencia ficción dado que ésta ofrecía un panóptico de materiales que operaban a contrapelo de todo posible reduccionismo cultural, de todo folklorismo, y de toda expectativa sobre lo que una América Latina en armas debía ser. Ya en los ochenta, Ángel Rama había advertido contra los peligros que ese tipo de lecturas implicaba para la comprensión de la cultura en América Latina ("El 'Boom' en perspectiva"). Si bien la ciencia ficción ofrecía un espacio de reflexión en el ámbito interno para campos culturales colapsados o en proceso de transformación, ésta no era una reflexión fácil pues, de ningún modo, brindaba lecturas positivo/negativas que dieran rápidas respuestas a la situación política del momento. Aquí no hay, al menos no abiertamente, la beligerancia que caracteriza a otras escrituras y cuyas adscripciones son fácilmente reconocibles.

Esa aparente ambivalencia pudo haber favorecido la falsa imagen de una literatura escapista que, a su vez, contribuyó al fenómeno de mercado de los setenta cuando la ciencia ficción pareció estallar en América Latina. Es más, el conglomerado de saberes y materiales necesarios para elucidar las lecturas propuestas en estos textos (que, como ya mencioné, incluían desde la escritura

---

capital en la formación del canon de la ciencia ficción en América Latina hasta mediados de los noventa.

[6] En tempranas intervenciones sobre el tema en 1975 y cuando ya existían interesantes debates académicos en EE.UU. desde hacía más de quince años en revistas como *Extrapolation* y la recién fundada *Science Fiction Studies* (creada por Darko Suvin y Fredric Jameson), críticos como Richard Reeve y Marvin D'Lugo mostraban la misma incapacidad para ofrecer lecturas que escaparan de los moldes del *pulp* o de la ciencia ficción dura de los cuarenta, aún en su aproximación a Bioy Casares y aún y a pesar de que éste no era el centro de la producción mayoritaria de ciencia ficción en la región. Cómo organizar el canon de la ciencia ficción latinoamericana (particularmente la del Río de la Plata) era ya entonces una cuestión compleja que estos críticos apenas si lograban esbozar como pregunta (Yates 133-44). Como vemos, la situación permaneció inalterada por años.

hasta las artes visuales, en un amplio recorrido que más bien tiende a la aglutinación en su sistema de decodificación) volvía muy difíciles operaciones críticas que afiliaran los textos a las tradiciones decimonónicas que permeaban el discurso y el imaginario de la segunda mitad del siglo XX latinoamericano. No obstante, la realidad es que a partir de los setenta, la ciencia ficción se convierte rápidamente en una de las narrativas más consumidas en Argentina[7] (país de cuya ciencia ficción nos ocuparemos en este trabajo) pero también aquella

---

[7] A partir de los ochenta, las encuestas llevadas a cabo en la Feria del Libro de Buenos Aires (una de las más importantes del mundo) por la Cámara Argentina del Libro, en cooperación con diversas empresas y universidades, indican un cambio en las modalidades de lectura del público. Esa transformación está acompañada por frecuentes artículos en los principales medios periodísticos del país que insisten en sorprenderse por el constante crecimiento de la ciencia ficción, particularmente, aquella producida en castellano. En su último reporte al respecto (2008), la Cámara del Libro informaba sobre el sostenido crecimiento de la producción y consumo de textos de ficción en castellano escritos por autores latinoamericanos y publicados en tiradas no mayores de 1.000 ejemplares, destinadas tanto al consumo interno como a la exportación, aunque de pequeña escala. Los datos indicaban que entre los lectores que leían fundamentalmente por placer, el 32% escogía novelas de ciencia ficción.
El reporte deja entrever la abierta contradicción entre el enorme crecimiento de la demanda de libros producidos en castellano (incluida la ciencia ficción y los cómics que son dos de las categorías más importantes de las encuestas) y el lento crecimiento de una industria que no llegó a expandirse más que en un 5% anual desde su colapso en los setenta. Si bien estas cifras nos hablan de un cierto nivel de recuperación de la industria editorial, evidentemente, las prensas locales todavía tienen que competir con las importaciones. Aunque aquí no analizo el problema más global de la industria del libro en el país, un comentario de Capanna a inicios de los noventa se hace cargo de reflejar tanto la declinación de las tiradas locales y su impacto en la industria editorial, como la supervivencia de la ciencia ficción aún en las más graves circunstancias: "Pese a que la cf goza en la Argentina de 1991 de mayor prestigio que en 1953, algunas cifras bastan para indicar la magnitud de la caída del mercado editorial y la declinación global de su economía: en 1956, *Más Allá* cerró porque 'apenas' vendía 20.000 ejemplares; en 1982, el segundo *Péndulo* desapareció porque había bajado a 8.000" (*El mundo* 188). Hay dos cuestiones a considerar en el comentario. La primera es que los números de ventas de las revistas en Argentina siempre han sido inciertos ya que muchas publicaciones de este tipo se venden a través de consignaciones y no a través de subscripciones. Y la segunda, es que Capanna parece olvidar que en esa década, la revista compite no sólo contra los fanzines que proliferan en las principales ciudades del país, sino contra la segunda reencarnación de *Minotauro* (que tenía una tirada inicial de 10.000 ejemplares) y las novelas de ciencia ficción escritas en castellano. Si bien es posible que, desde el punto de vista económico, publicar *El Péndulo* no fuera rentable para Ediciones de la Urraca, desde el punto de vista del campo cultural hay una gran diversificación de publicaciones: que haya lectores de ciencia ficción no implica que quieran nuclearse en tales o cuales revistas o identificarse con el *fandom* más comprometido. Más bien, lo importante es que existiera un mercado diversificado, aunque pequeño, ya que señala la salud y el crecimiento de ese sector de lectores y consumidores. Sobre estos temas, véase el informe Estudios sobre Hábitos de Lectura. Síntesis del Informe Final de la Cámara Argentina del Libro en http://www.editores.org.ar/habitos.html.

que contamina de modo cada vez más evidente la producción de los escritores canónicos que emergen a partir de los ochenta, como veremos en el capítulo tres.[8]
Mientras que en los EE.UU. el debate crítico en torno a la ciencia ficción se inicia en los años cincuenta, proveyendo un muy complejo (aunque por cierto debatible) instrumental analítico, en América Latina muchos estudiosos seguían discutiendo hasta bien entrados los noventa no sólo la legitimidad de la producción de un "género popular" que iba ganando cada vez más visibilidad y espacio, sino la plausibilidad de que escritores canónicos pudieran producir algo tan banal como ciencia ficción, y cuestionaban la "autenticidad" de un "género" que entendían como una implantación foránea.[9] Aproximaciones de este tipo requerirían que los lectores asumieran que el campo cultural en América Latina había evolucionado de manera paralela o simétrica al de los EE.UU. y otros países centrales, olvidando que ésta es una modalidad de producción que si bien suele ser considerada marginal, tiene una larga genealogía en los países periféricos. Imaginar una hipótesis contraria, es decir, pensar que ésta era una literatura "implantada" (cosa curiosamente sostenida, en principio, por críticos como Capanna) o "apropiada", hace muy difícil establecer conexiones estéticas e ideológicas con el resto de la producción de campo cultural, y genera toda suerte de debates sobre cuestiones de "autenticidad" que son improductivos e interminables.

Estas posturas parten de algunas premisas bastante inciertas. La primera es que la ciencia ficción es un género secundario y que, en el mejor de los casos, debe ser leído como parte de la producción de las literaturas populares, y en el peor,

---

[8] No quisiera extenderme sobre este punto aquí ya que es parte de la tercera sección, pero por ahora, baste señalar que la publicación de la novela *Insomnio* (1981) de Marcelo Cohen es un momento de absoluto vuelco en la modalidad de escritura de todo el campo cultural, donde el lenguaje y las imágenes de la ciencia ficción se naturalizan dentro de la narrativa, desplazando a la novela histórica y a otras formas discursivas en función de generar narrativas distópicas propias de la ciencia ficción.

[9] La percepción negativa sobre la ciencia ficción había permanecido inalterada por años. Leída desde España, la ciencia ficción nos ofrecía "una monótona prolongación del estado actual del mundo [...] con una falta de imaginación verdaderamente sorprendente" (Risco 253). Poco después, Richard Reeve agregaba que "Igual que con la novela policíaca, la ciencia ficción se trata de 'óperas del espacio' de poca calidad aunque recientemente han aparecido traducciones de los mejores autores del género" (Yates 135). Diez años después, Gabriela Mora todavía duda cuando intenta aproximarse a *De repente los lugares desaparecen* (1992) de Patricio Manns, diciendo: "la novela compartiría modalidades del género [ciencia ficción], *pero también se alejaría del patrón más popular en su práctica*, distancia que me interesa explorar mejor" (1047; énfasis mío). Es más, aún artículos que intentaron abrir el debate en torno a la ciencia ficción latinoamericana durante los ochenta, lo hicieron desde la perspectiva de la "implantación" o de la "importación". Ver Remi-Maure (1984).

como un sometimiento de los valores locales a formas difusas del imperialismo o de la globalización según la tendencia política de turno. La segunda premisa supone dos posibles clasificaciones: o bien asume una restricción categórica que reduce toda la ciencia ficción a los materiales del *pulp* producido en los EE.UU. durante las décadas del treinta al cincuenta, implicando que todo lo que no entre en esa estética es literatura fantástica y desconsiderando todas aquellas expresiones no-literarias;[10] o bien incluye toda posible narrativa no-realista dentro de la ciencia ficción, convirtiendo esta modalidad de producción en una suerte de epistemología del porvenir.[11] En cualquier caso, esas lecturas analizan la ciencia ficción desde interpretaciones restrictivas, a partir de las marcas del corte que trazan con respecto al resto de los campos culturales en los cuales emergen, pero son incapaces de buscar en qué consisten las conexiones entre distintas apuestas narrativas dentro de campos culturales diversificados. Los estudios sobre la ciencia ficción en América Latina son infrecuentes y abren más interrogantes de los que resuelven, aún y a pesar de algunos excelentes trabajos críticos de autores como el mismo Capanna quien, a pesar de ciertas vacilaciones sobre la calidad o el futuro de la ciencia ficción en castellano, la estudia desde una perspectiva filosófica, y como un género autorreferente y cerrado sobre sí mismo.

Dada la larga y compleja historia de esa tradición en América Latina, la mayoría de las lecturas suelen reemplazar el análisis de la ciencia ficción en favor de lo fantástico. Quizás, haya que buscar el origen de esta situación en la enorme influencia de escritores como Jorge Luis Borges, y su propia errática relación con la ciencia ficción. Borges fue muy cuidadoso en borrar las huellas de sus propias lecturas de este tipo de narrativa y, en consecuencia, la mayor parte de los estudios críticos sobre su obra raramente mencionan la íntima relación que existe entre la narrativa borgeana y la ciencia ficción.[12] Tal es así que J. Andrew

---

[10] Esta es la postura académica más difundida. Como ejemplo, baste mencionar el interesante trabajo de Alfonso de Toro que analiza la obra de Bioy Casares a partir de una lectura del trabajo de Jean Finné, donde se redefine lo fantástico como "neofantástico" en vistas de su capacidad analítica. El estudio retorna sobre las definiciones clásicas de Todorov como una forma de salvaguardar la producción de Bioy Casares en el espacio de la alta literatura. El propio de Toro sugiere que la ausencia de criaturas extraterrestres salva al texto de la "*Science Fiction*" (139), e inmediatamente da una larga lista de definiciones que apoyan su postura. Al descontextualizar tanto la producción de Bioy como las discusiones de Borges en torno a la ciencia ficción, en efecto, pareciera que éstos son textos que re-articulan lo fantástico. Volveré sobre este punto más adelante al hablar de los prólogos, pero por ahora quiero subrayar hasta qué punto una lectura sesgada de los materiales produce un efecto distorsionado sobre sus operaciones.

[11] Tal el caso de un sugestivo análisis de Daniel Link, donde argumenta que la ciencia-ficción sólo puede ser definida como "un relato del futuro puesto en pasado" (9).

[12] Para un análisis detallado de las conexiones entre la obra de Borges y la ciencia ficción véase el estudio de Carlos E. Abraham titulado *Borges y la ciencia ficción* (2005).

Brown resumía la cuestión en los siguientes términos:

> Leonard Cheever admits "the place of Jorge Luis Borges in the world of science fiction is, to say the least, somewhat ambiguous," but goes on to argue that "SF is primarily a literature of ideas rather than merely of icons and thus I choose to read Borges as a science fiction writer" (23); the rest of his article is a defense of that decision. Antonio Mora Vélez disputes such a characterization [... and] Ilan Stavans eschews any equivocation by opening his essay with the following question and statement: "Why did Borges not feel attracted to SF? Despite being an assiduous reader of Thomas More, Jonathan Swift, H.G. Wells, and C.S. Lewis, he had a natural disdain for the genre" (77). Stavans's argument depends on the fact that Borges did not write much science fiction[...] ("Edmundo Paz Soldán and his Precursors" [473-74])

Si en efecto la literatura borgeana es "primarily a literature of ideas", en especial de ideas vinculadas con problemas de epistemología y lógica matemática así como de crítica social organizada a través de la mirada crítica del discurso distópico, me pregunto qué operación metodológica permite afirmar que no escribía "ciencia ficción".

Más notable, pero no menor, es la segunda procedencia de esta desconfianza. Como ya he mencionado, la crítica académica sobre la ciencia ficción ha estado dominada desde sus inicios por sus fundadores en lengua inglesa. A pesar de las múltiples lecturas y tendencias político-ideológicas, el debate en el mundo anglosajón ha estado sujeto a una suerte de doble hélice fundacional: la definición de extrañamiento cognitivo de Darko Suvin de 1972, y la organización semántica de la narrativa de ciencia ficción en torno a la dis/u/topía tecnológica. Esta doble aproximación formal vino a sostener la racionalidad y legitimidad intelectual de una modalidad discursiva que hasta entonces sólo era vista en círculos académicos como un sub-producto del mercado de masas. Con la excepción de Borges (cuya narrativa a veces se avenía perfectamente a este elegante modelo de análisis), de escritores como los hermanos Strugatsky, y de Stanislaw Lem, estas lecturas casi nunca incorporaron la producción en otras lenguas que no fueran el inglés. En su descargo, debo decir que la ausencia de traducciones no facilitó la tarea. Pero los modelos analíticos que han dominado la producción crítica en inglés raramente asumen esta salvedad. En un estudio reciente, Istvan Csicsery-Ronay Jr. ha hecho el siguiente, contradictorio, comentario:

> For every such work as the Strugatsky brothers' *Roadside Picnic* [...] there are dozens if not hundreds, of non-Anglo works of sf that deserve attention [...] SF is undeniably a predominantly Anglo-American genre, and its current influence reflects the cultural power of U.S. hypermodernism and the technoscientific

ideology that undergirds its cultural hegemony. Other national traditions of scientific fantasy have existed parallel to the Anglo-Saxon mainline, and they should be included in an overview of the genre, not as evolutionary exceptions or atavisms, but as legitimate cultural expressions and, indeed, as possible alternate lines along which the genre may develop in the future. (11)

Ante la obvia aceptación del desconocimiento sobre cómo se forman y operan los *corpora* de la ciencia ficción fuera del mundo de habla inglesa, me pregunto cómo, en plena era de los debates sobre los interrogantes críticos en torno a las producciones locales, cierto sector crítico sobre la ciencia ficción todavía insiste en apostar a aparatos enciclopédicos y axiomáticos sobre cuerpos de lectura incompletos, más allá de la calidad del resto de este particular trabajo.[13] Como vemos, las discusiones que no partan de ejemplos concretos sobre la producción de ciencia ficción en castellano (en nuestro caso particular, aquella escrita en Argentina, el país que tomaremos de ejemplo en este trabajo), tienden a cierta circularidad, y no pueden evitar la necesidad de convertirse en catálogos, en *summas* de citas, en vanas interpretaciones, o en debates en torno a la autenticidad de las literaturas locales en oposición a la cultura global, llevando a discusiones ligeras sobre una modalidad de producción cultural caracterizada por su prodigiosa plasticidad y por la variedad de materiales que incluye. Además, sólo basta ojear apenas las bibliografías de cualquier trabajo crítico de ciencia ficción (incluyendo la del presente tomo) para comprender que un comentario exhaustivo sobre el tema se transformaría, irónicamente, en una operación borgeana un tanto ridícula. Con todo, tal vez sean explicaciones necesarias, particularmente en libros que pretenden analizar las operaciones de la ciencia ficción en tanto que objeto literario "serio". Así, quizás valga la pena recordar que uno de los cuentos más sobrecogedores de la literatura (de ciencia ficción o fantástica o como se elija catalogarlo) es "Tlön, Uqbar, Orbis Tertius" (1940) del propio Borges, donde todas estas cuestiones están perfecta y nítidamente planteadas.

La complejidad de los materiales y preguntas de la ciencia ficción han llevado a muchos críticos a negar la posibilidad de intentar una definición. Analistas como Peter Stockwell, han dicho que las definiciones académicas de ciencia

---

[13] Ya en 1971, en su Introducción al libro de Sam J. Lundwall, *Science Fiction What It's All About*, Donald A. Wollheim hablaba del "provincianismo" de los estudios académicos de lengua inglesa sobre la ciencia ficción. El propio Lundwall, que había ido al Reino Unido a cubrir la Convención de Ciencia Ficción inglesa de 1968 para la radio-televisión sueca, también repetiría esta queja con frecuencia en varios trabajos subsiguientes. Así pues, la ceguera crítica sobre este tipo de producción en castellano parece ser doble, y parece no haber mejorado demasiado a lo largo de los últimos cuarenta años.

ficción tienden a ser descriptivas, prescriptivas, filosóficas, lógicas, detalladas, circulares, y las más de las veces, fatuas:

> Science fiction has been called: a literary genre dealing with scientific discovery, superior or simply other than that known to exist [...], 'the search for a definition of man and his status in the universe' that is characteristically gothic [...]; has been said to be based on 'cognitive estrangement' or the projection of literary defamiliarisation [... an even as] the thing that people who understand science fiction point to when they point to something and say "That's science fiction". (6)

A tal punto esta visión es compartida por quienes estudian y producen ciencia ficción, que Samuel R. Delany[14] ha dicho que, para él (y en parte coincido con esta apreciación, como veremos más adelante), la ciencia ficción es, en realidad, *un modo de leer* literatura. Según Delany, la definición de la modalidad es una entidad imaginaria con el mismo status ontológico que un unicornio. Es quizás por ésto que me inclino, en parte, a coincidir con Elvio E. Gandolfo cuando dice que una de las mejores descripciones de la ciencia ficción fue hecha por James Gunn cuando dijo que

> Horror stories, and fantasy of any kind, are difficult to distinguish from science fiction, since both involve the fantastic. Many critics don't attempt to distinguish between them; some maintain that no meaningful distinction exists. But fantasy enchants or horrifies by the power of its vision or the rapture of its words; science fiction persuades with logic and explanation. Science fiction presents a strangeness the reader did not imagine could exist in his word; fantasy tells the reader that the world is strange beyond his imagining. (140)

Así pues, es necesario regresar sobre el propio sistema crítico que establecen quienes producen y trabajan ciencia ficción en castellano a fin de intentar una hipótesis de trabajo adecuada.

---

[14] Samuel R. Delany –quien antes de cumplir los 26 años había ganado el Premio Nebula cuatro veces– es uno de los escritores de ciencia ficción más importantes de los últimos treinta años. En una entrevista ha dicho: "When an interviewer asks me such questions, I have to reconstruct why I don't believe there is such a thing as plot for the writer in the usual sense; or why SF belongs to a category of object, as do all written genres, for which it is impossible to find necessary and sufficient conditions (that is, it belongs to a category of' object that resists definition in the rigorous sense of the word); or that ideas are not things but–even the simplest of them–complex processes and as such don't "come from" any "place" but are rather process-responses to any number of complex situations. With such questions, many of the ideas I'm dealing with are counterintuitive. And counter-intuitive ideas can't be explained quickly to someone who doesn't have a firm handle on them already" (Steiner).

Conjeturas desde los prólogos

Si bien Borges fue renuente a las etiquetas e hizo muy difícil seguir sus propias lecturas de ciencia ficción, fue también el primero en proveer una de las aproximaciones críticas iniciales en castellano a la ciencia ficción en el ya mencionado prólogo a la obra de Bioy:

> [...] despliega una odisea de prodigios que no parecen admitir otra clave que la alucinación o que el símbolo, y plenamente los descifra mediante un solo postulado fantástico pero no sobrenatural [...] En español, son infrecuentes y aun rarísimas las obras de imaginación razonada. (12)

Con este breve comentario, comienza un intento de articular una reflexión sobre la producción de una escritura de "imaginación razonada" o, como la llamará más tarde, "ficción científica", "especulación razonada" o "fantasía de carácter científico". Estos nombres aluden al vocabulario tentativo del primer período de la ciencia ficción, el anterior al impulsado por Hugo Gernsback en los EE.UU. No sólo sugieren la búsqueda de una traducción adecuada para los nombres propuestos al proyecto de publicaciones del famoso editor, sino también para los rótulos que, desde 1851,[15] se manejaban para referirse a un tipo de escritura que establecía un diálogo directo con las ciencias y que se apartaba de lo que consideraba formas irracionales de psicologicismo. Si en tal enunciación se advierte el *corpus* de lectura que Borges conoció mejor (Wells, Lovecraft, Bradbury, Dabove), también hay una virtual amplitud que permitirá incorporar otros materiales, como demostrarán prólogos posteriores y la selección de textos de la famosa antología de 1940 y de 1965.

En la lectura de Borges, estos son textos que operan con símbolos que se auto-descifran en la escritura misma, a través de la lógica, por cuanto son un artificio, y por ende, el realismo emerge como el recurso de una verosimilitud anclada en las experiencias culturales y sociales de los lectores.[16] Borges insiste con este argumento en el prólogo a las *Crónicas Marcianas* de Ray Bradbury,

---

[15] William Wilson usó el término por primera vez al referirse a la relación entre poesía, filosofía y ciencia en *A Little Earnest Book Upon a Great Old Subject* (1851). Ver Moskowitz, "That Early Coinage" (1976).

[16] No puede subestimarse la enorme importancia de esa observación. Años más tarde, el círculo de reflexiones se cerrará sobre sí mismo en torno a esa aseveración cuando Capanna diga que la ciencia ficción, "más allá de toda la parafernalia futurística y galáctica, trata siempre acerca del presente [...]; es lo que hace de ella la rama más realista de lo fantástico. Baste fechar las historias más imaginativas del género y considerar el contexto cultural de sus autores para descubrir las vetas políticas y sociales [...]" (Capanna, Prólogo 6).

escrito en 1955, donde señala que, a pesar de sus aspectos fantásticos, éstos son textos realistas por cuanto hablan de un "porvenir posible". Ese mismo tema volverá en el prólogo sobre Olaf Stapledon de quien alabará, además, su capacidad para seguir y registrar "con honesto rigor las complejas y sobrias vicisitudes de un sueño coherente" (Borges, "Olaf Stapledon" 167). Así pues, aunque en América Latina no hubo como en los EE.UU., un editor o grupos con suficiente peso como para establecer un marco rígido sobre cómo entender o producir la ciencia ficción,[17] en la primera mitad del siglo XX, emergió de manera algo dispersa en la escritura crítica de Borges lo que podríamos considerar la lectura que tendría mayor consenso: la ciencia ficción vista como una *constructio* que permite interrogarse sobre el presente y genera una práctica de lectura que requiere múltiples destrezas y experiencias para ser decodificado en forma "inteligente", es decir, en relación a un cúmulo de saberes que incluyen conocimientos intelectuales y experiencias vitales.

El prólogo de Bioy Casares a la *Antología de la literatura fantástica* (1965) volvería sobre estas cuestiones. La primera operación de este prólogo es deshacerse del intento taxonómico que organiza la lectura de la versión inicial de 1940. Todavía titubeante en cómo aproximarse al objeto ciencia ficción, y sin deslindarla completamente de lo fantástico *strictu sensu*, el prólogo enfoca dos temas: por un lado, reafirma la relación de la ciencia ficción con el realismo al decir "lo que podemos llamar la tendencia realista de la literatura fantástica (ejemplo: Wells)". Por otro, indica la estrecha relación entre ciencia ficción y ensayo, tomando como ejemplo los cuentos de Borges:

> Borges ha creado un nuevo género literario, que participa del ensayo y de la ficción; son ejercicios de incesante inteligencia y de imaginación feliz, carentes de languideces, de todo elemento humano, patético o sentimental, y destinados a lectores intelectuales, estudiosos de filosofía, casi especialistas en literatura. (Bioy 12)

En la segunda sección, cuando analice cómo las revistas finalmente organizaron la estética de la ciencia ficción, veremos cómo éste párrafo es el subtexto que sostiene toda la argumentación de lo que se llamaron "ejercicios intelectuales": para Bioy, este tipo de narrativa es, ante todo, un modo de poner a prueba, de experimentar con los mecanismos de lo real a través de múltiples

---

[17] Me refiero aquí al rol del editor en la etapa fundacional de las revistas. El papel de Marcial Souto a partir de los años sesenta es insoslayable, como veremos en la segunda sección, ya que sus lecturas y gustos influyeron en la difusión y consiguiente impacto de la *New Wave* en el país.

aproximaciones narrativas. Tanto Bioy como Borges consideraban la literatura como una invención.

Tres años después, en una de las primeras antologías que se hacen cargo de la existencia de la ciencia ficción como modalidad diferenciada de producción dentro del campo cultural, *Los argentinos en la Luna* (1968), Eduardo Goligorsky retomaría estos razonamientos y los re-organizaría en su prólogo en clave política, subrayado la afinidad de la ciencia ficción local con las discusiones de la *New Wave* (c. 1964-1972). Aparecido dos años después que el texto fundacional de Capanna, esta vez la argumentación intentaría generar algún tipo de definición crítica desde la perspectiva de uno de los más conocidos productores y difusores de ciencia ficción. Si Borges y Bioy habían sentado lineamientos generales en torno al realismo, a la importancia de la arquitectura narrativa, y a la reflexión crítica, Goligorsky vendría a sumar el elemento ideológico como dispositivo central para descifrar los objetos de esta modalidad de producción:

> [...] esta antología desconcertará a quienes aún conservan una idea anticuada del género, pues en los materiales seleccionados la ficción tiene una notable preponderancia sobre la ciencia [...] Estamos seguros de que esta coincidencia entre el enfoque de los escritores argentinos y sus colegas extranjeros no es producto de una imitación premeditada. El autor de ciencia ficción tiende generalmente a alegorizar su sociedad, ya sea en forma consciente, mediante la sátira de tipo utópico o antiutópico, o en forma inconsciente, mediante una fantasía que expresa las angustias ocultas, los temores y los anhelos de su época. (Goligorsky 10)

Incluso escritores y editores vinculados con lo que podría llamarse la línea "dura" de la ciencia ficción, como fue el caso de Alfredo Grassi y Alejandro Vignatti, coincidieron en subrayar la importancia central de la actividad humana, particularmente de la actividad política, como centro de la reflexión en la escritura de la ciencia ficción. Retomando los argumentos de Capanna, la dimensión mítica de este tipo de narrativa sería su otro aporte al aparato crítico que, como veremos en la tercera sección, hará a las operaciones de buena parte de la narrativa producida a partir de fines de los sesenta.

La década del sesenta cerraría con el conocido *Ciencia ficción. Realidad y psicoanálisis* (1969) del ya mencionado Goligorsky y de Marie Langer, una de las fundadoras de la Asociación Psicoanalítica Argentina. El texto sería el segundo intento de analizar la ciencia ficción como una narrativa completamente separada de lo fantástico. Como en el caso del texto de Capanna de 1966, los intentos de establecer una historiografía local son apenas rudimentarios, y gran parte de la construcción argumental se basa en textos de procedencia anglosajona. También, como el caso anterior, este trabajo hace un catálogo de problemáticas y enfoques de la ciencia ficción, convirtiéndose en algo no muy diferente de un manual introductorio. Sin embargo, el texto acierta en señalar, casi al paso, la relación de la ciencia ficción con el teatro del absurdo al apostar por la capacidad lúdica del lenguaje y de las construcciones en las cuales éste opera: en las secciones dos y tres analizaré hasta que punto esta observación fue atinada.

Con algunas excepciones, los siguientes años casi no vieron reflexiones críticas, sino más bien un asombro ante la expansión y contracción del mercado editor. Quizás, la excepción más importante haya sido la publicación de *Los universos vislumbrados. Antología de ciencia-ficción argentina* compilada por Jorge A. Sánchez en 1977. Allí, el escritor y editor Elvio E. Gandolfo inicia una abierta agenda metacrítica, donde no sólo sintetiza los escasos debates llevados a cabo hasta ese momento, sino donde además propone una serie de definiciones y objetos para algo que, en el ámbito local, hasta ese momento, todavía estaba peleando por establecer su identidad como objeto de crítica cultural. A diferencia de los casos anteriores, el texto establece una historiografía y un *corpus* de lecturas local (Holmberg, Lugones, Quiroga, Oesterheld, Borges, Bioy, Dabove, Gorodischer), pero además aquí, hay una clara intención de delimitar lo fantástico de la ciencia ficción y los cortes están hechos en función de sostener la lectura de la ciencia ficción como la narrativa donde se explora lo psicológico, lo filosófico o lo lingüístico desde una perspectiva ideológica y experimental. La reedición de esta antología, en 1995, agregaría a esta aproximación la importancia de la dimensión utópica.

Para inicios de los noventa, y tras las experiencias de los debates en revistas como *Péndulo* y *Minotauro*, se había hecho claro que, lo que tentativamente había aparecido en las lecturas iniciales de Borges en 1940 y había ido cobrando cuerpo crítico en los siguientes cincuenta años, era ya un objeto con una identidad y una consistencia propias. La importancia dada a la reflexión político-ideológica había adquirido un creciente peso, al punto de permear la amplia mayoría de las lecturas. La antología crítica publicada por Marcial Souto en 1985 para EUDEBA era evidencia plena no sólo de la existencia de un *corpus* ya claramente delimitado, sino también de las temáticas y vocabularios privilegiados. El texto crítico de Souto con ser quizás el más completo en cuanto a información, no logra, sin embargo, articular un aparato crítico claro ya que provee una lista de lecturas, pero no organiza el análisis.

En los años siguientes, la mayor parte de los nuevos prologuistas no serían capaces de salirse de los marcos descritos en los párrafos anteriores, y se lanzan a la búsqueda infructuosa de una definición, apelando a todo tipo de lenguajes críticos que delatan, en parte, que las discusiones sobre la ciencia ficción local se han llevado a cabo al margen de los debates internacionales, y a la vez, que muchas de esas mismas discusiones y de los materiales teóricos por ellas generados nunca llegaron (o llegaron sólo parcialmente) a América Latina, en general, y a Argentina, en particular.[18] Así, el prólogo a *Historias futuras. Antología de la ciencia ficción argentina* (2000) de Adriana Fernández y Edgardo Pígoli, establece tanto una genealogía y una reflexión teórica como una continuidad de problemáticas en el siguiente párrafo:

> Pareciera que a fines de siglo, la ciencia ficción vuelve a encontrarse con el realismo para brindar una respuesta que este modo de representación ya no puede dar. ¿Cómo construir una narrativa capaz de percibir un mundo real que parece delineado por la ciencia ficción, un mundo al que las proyecciones de futuro de hace algunos años ya alcanzaron? Una respuesta pueden ser los textos de Marcelo Cohen, que trascienden el propio género sin abandonarlo. Su particularidad consiste en componer una mirada que excita lo real, que percibe como extraños los espacios propios y contemporáneos. (Fernández y Pígoli 14)

OBJETIVOS DEL TRABAJO

Stanislaw Lem dijo alguna vez que era imposible leer y entender ciencia ficción, sin antes haber tenido la gozosa experiencia de la lectura de la literatura canónica. Esta reflexión recorre mi trabajo y es el punto de partida de mis interrogantes en torno a la ciencia ficción en Argentina: ¿qué puede significar (desde el punto de vista de producción de campo cultural) que exista un artefacto que pueda ser definido como ciencia ficción en un país como la Argentina? ¿Habla de los mismos problemas que en los países desarrollados o de otros? Y de ser otros, ¿cuáles son? ¿Con quién dialoga y por qué?

Ante la situación descripta en los apartados anteriores, creo necesario re-enfocar el análisis de la ciencia ficción producida en castellano, desde una perspectiva que contemple la especificidad de lo local (y que considere que ciertos aspectos pueden manifestarse en ciertas culturas y no en otras), que sea lo suficientemente abarcadora para incorporar diversos medios, y que, sobre

---

[18] El excelente trabajo de Javier Lorca, *Historia de la ciencia ficción y sus relaciones con las máquinas (de las naves espaciales a los cyborgs)* (2010), es a la vez una excepción a esta última observación y una muestra de cómo los análisis sobre la ciencia ficción hechos desde América Latina muchas veces se basan más en los textos del mundo anglosajón que en la producción local: por ejemplo, pese a contar un interesante análisis sobre el imaginario cyborg, casi no utiliza ejemplos de la producción mexicana o argentina y se centra en el *cyberpunk* norteamericano que emergió en los ochenta. Aunque la elección hace a la lógica de su análisis, subraya la doble dirección de la falencia que venimos analizando desde el inicio de estas páginas.

todo, plantee las conexiones entre las diversas narrativas y las diversas tendencias ideológicas que emergen en el devenir de un campo cultural dado. Si bien no pretendo dar cuenta de todas las operaciones posibles, sí intento plantear preguntas que permitan, eventualmente, asumir que esas problemáticas existen como parte de un diálogo. Tomo como ejemplo el caso argentino, en parte por ser uno de los espacios fundacionales de la ciencia ficción en castellano, en parte por ser el espacio de una de las producciones más diversas y complejas, para contestar las siguientes preguntas:

1. ¿En qué consisten las problemáticas de la ciencia ficción [argentina] y qué relaciones establecen con el resto de la producción del campo cultural?
2. ¿Cuáles son los materiales y códigos de los cuáles este tipo de modalidad de producción se apropia (si lo hace) y en función de qué cuestiones ideológicas, lo cual lleva a preguntarse, a su vez, si esas operaciones son siempre las mismas?
3. ¿Por qué son posibles estas operaciones en una modalidad de producción cultural que, en el caso argentino, se propone como indiscutiblemente marginal?
4. ¿Qué significa esa autodescripción de marginal y popular (y cómo opera) para una literatura que, desde los ochenta en adelante, no sólo ha alcanzado indiscutible éxito de mercado sino que además ha sido apropiada por las literaturas canónicas como parte central de su discurso?

Estas preguntas son relevantes por varias razones. Si se piensa en los grandes temas de la literatura argentina, raramente se menciona la cuestión de la ciencia y la tecnología y su impacto en la vida cotidiana, en las relaciones laborales, en las percepciones sociales, pero sobre todo, en la formación ideológica del campo cultural. Muy pocos estudios dan seria cuenta del peso de esta problemática en la construcción del imaginario cultural argentino. Posiblemente, los trabajos de investigación de Beatriz Sarlo en torno a los procesos culturales de las primeras décadas del siglo XX sean de los muy pocos donde se hace una seria reflexión sobre las posibilidades de ascenso social (incierto, temerario y, muchas veces, infructuoso), de creatividad y producción que ofrecían las nacientes industrias de aplicación científico-técnica y cómo las concibieron y aprovecharon distintos sectores sociales argentinos.[19] No nos referimos aquí al discurso científico y/o literario vinculado a la mirada sobre la naturaleza americana (ya sea la del etnógrafo, el antropólogo, el botanista o el geólogo), sino al nexo donde se

---

[19] El libro de Sarlo, *La imaginación técnica* (1992), se centra en el análisis de los textos de autores como Horacio Quiroga y Roberto Arlt, y en el estudio de las publicaciones de divulgación científica de los diarios *Crítica* y *El Mundo*, entre otros aspectos de la cultura argentina en las décadas del veinte al treinta.

cruzan las aplicaciones de las ciencias exactas duras con el imaginario del campo cultural. Aunque estas operaciones tienen su origen en el siglo XIX, la ciencia ficción no adquiriría su propia identidad sino hasta mucho más tarde.

Capanna señala que el fuerte arraigo de la literatura fantástica en el campo cultural podría haber ayudado al desarrollo de la modalidad en el país, pero que en las condiciones económico-sociales de la primera mitad del siglo XX, ésto no fue posible. Recién en la década del cincuenta, con la fundación de la Editorial Minotauro (1955) de Paco Porrúa y de las revistas *Hora Cero* (1957-1959), primero, y *Más Allá* (1953-1957; 1964-1968), después, la ciencia ficción se consolidó como un espacio cultural con identidad propia, aunque el primer *fandom* argentino, el Club Argentino de Ficción Científica, no se organizará sino hasta 1969. Sin embargo, habría que recordar aquí que, al momento de expandirse la producción de la ciencia ficción en la Argentina, ésta ya había dado un vuelco estético importante en los países desarrollados, y que la especulación científica dura había pasado a ser un asunto más dentro de la multiplicidad temática y estética de esos años.

Este lento desarrollo es notable en una cultura como la argentina, puesto que la reflexión sobre las posibilidades económicas y sociales de la ciencia y la tecnología que estaba tan presente en sus textos fundacionales de mediados del siglo XIX, se desplaza al inicio del siglo XX al espacio de un género secundario, marginal, casi de culto.[20] Son precisamente las promesas del avance tecnológico y cultural lo que se encapsula tanto en textos fundacionales como el *Facundo* (1845) de Domingo F. Sarmiento, como en las políticas de desarrollo cultural de la generación del 80, y hasta podría decirse que las políticas del primer Peronismo y de los gobiernos que lo siguieron hasta mediados de la década del sesenta, que todavía recogen ecos de aquel primer impulso.[21] Este trabajo no se ocupará de ver cómo se dio este proceso, pero sí me interesa apuntar que, junto con las posibilidades que encierran esas promesas y experiencias, aparece una enorme desconfianza tanto en su capacidad de hacerse realidad, como en

---

[20] El impulso utópico permea la última parte del siglo XIX, no sólo a través de las posibilidades especulativas que brindaba la presencia de experimentos sociales tan diversos como los falansterios del Paraguay o las colonias judías de Santa Fe y Entre Ríos, o las galesas en Chubut, sino con la fundación de ciudades como La Plata en la provincia de Buenos Aires en 1882, o de Piriápolis en Uruguay en 1893.

[21] Podría pensarse una historia de las paradójicas relaciones entre prácticas culturales, desarrollo tecnológico y planes económicos haciendo un arco punteado por la fundación del Museo de Ciencias Naturales en La Plata a fines del siglo XIX, el prestigio dado a la investigación por el reconocimiento a Bernardo Houssay (Premio Nobel de Medicina, 1947), la apertura de la Universidad Tecnológica Nacional durante los cincuenta, y el impulso dado a la investigación en temas como el agua pesada para fines militares durante los setenta.

su habilidad de transformación social positiva. Más aún: ese recelo organiza el discurso literario (y cultural) toda vez que se toca la cuestión.

Uno de los temas que emerge en la ciencia ficción argentina es el conflicto entre el mito de la Argentina agropecuaria (cuyo pico económico ya había quedado atrás para la década de 1920, y que había implotado definitivamente para 1930) y la incapacidad de la *intelligentsia* nacional no sólo para hacerse cargo de ese fracaso, sino para proponer alternativas (económicas, ideológicas) viables en el marco de las transformaciones del período de entreguerras y de la Guerra Fría. Para la cultura hegemónica, narrar la modernidad argentina fue, sobre todo, un intento de narrar a contrapelo de los hechos. En el centro del campo cultural, los médicos de Eduardo Wilde serán desplazados por los especialistas en quiromancia de Leopoldo Lugones, primero, por los inventores frustrados de Horacio Quiroga y de Roberto Arlt, después, y finalmente, por los cultores de patafísica de Julio Cortázar. La metamorfosis del investigador en charlatán visionario y del visionario en demiurgo, es parte de una misma operación lógica. Pero esa transformación acarrea consigo una segunda operación, invisible, en cierta forma pero nítida: lo que eran proyectos políticos hasta fines del siglo XIX, a medida que avanzara el siglo XX se transformaría en una teleología amenazante, cuyo sentido y dirección, de alguna manera, la literatura intentará reponer. Para cuando llegase el fin del siglo XX, para hacer posible el futuro, sería necesario darle orden al caos del pasado que se había construido de espaldas a la historia.[22]

La ciencia ficción intervino en ese diálogo de manera muy crítica, mostrando no sólo cómo el discurso que se había convertido en hegemónico vino a organizar muchas de las ideas que lo sostuvieron ideológicamente, sino también los lugares por donde esas mismas argumentaciones se mostraban incoherentes, ilógicas o simplemente, colapsaban. Así pues, el presente volumen se aproximará a la ciencia ficción argentina desde la perspectiva de la historia cultural, aún cuando, muchas veces, tome conceptos críticos centrales de las discusiones de los últimos años. Aquí, no intentaré hacer ninguna clasificación, ni organización taxonómica, no sólo porque me parece un intento vano, sino porque me interesa mucho más centrarme en el tipo de operaciones que hacen los objetos mismos a fin de ser reconocidos como parte de la ciencia ficción. A mi entender, la ciencia ficción es una práctica cultural y no creo que tenga, *a priori*, una identificación fuerte ni con la cultura alta ni con la cultura popular (como quiera que se las entienda) ni

---

[22] He analizado en otros trabajos la enorme importancia que ha tenido esta tendencia dentro de la literatura argentina: deconstruir la historia permitiría entender las causas del presente, y para ello, la literatura argentina se lanza, alucinada, a la reconstrucción del mito de origen de todos los posibles, y esa búsqueda se convierte en uno de los elementos básicos de la codificación del sistema literario.

que, por ende, acarree más proyecto político que el que desarrolla en su devenir. Es tesis de este volumen que la ciencia ficción es un modo de leer fenómenos culturales y sociales, y en ésto consisten los análisis de aquellos textos y objetos que tanto el *fandom* como la crítica han señalado como claves del derrotero de esta modalidad de producción: aquí estudiaré cómo la ciencia ficción argentina interpretó esos procesos, cuál fue su crítica al discurso hegemónico, y en qué medida y por qué tales operaciones fueron exitosas o no.

ORGANIZACIÓN DEL TRABAJO

Una de las hipótesis críticas del *fandom* en sus análisis sobre la ciencia ficción de los últimos veinte o treinta años, ha sido imaginar la modalidad como una suerte de espacio multimediático e interconectado, donde se debatían aquellos temas que, por un motivo u otro, la llamada alta cultura no tenía intenciones de tocar o de los que no podía hablar. El hecho de que la ciencia ficción fuese sumamente porosa desde el punto de vista de la discursividad, ha permitido al *fandom* trazar redes que unían medios tan diversos como la literatura, el cómic, el cine, la radio, la pintura, la ilustración, etc. Sin embargo, raramente se mencionan las relaciones de estos materiales entre sí o con la producción central de un campo cultural dado. Incluso, muchos estudios se hacen cargo, a veces con cierta confusión, de tomar nota de temas de marketing y economía de la cultura que aquí son notoriamente transparentes, pero no analizan cuál es su impacto en la producción misma de una modalidad particular, fuera del latiguillo de la "cultura de masas" y su relación con la "industria cultural". En lo que a nosotros se refiere, parte del problema radica en que la producción de ciencia ficción es un tanto difusa y, más que reglas uniformes de expectativas de escritura, lectura y/o recepción, hay una relación holística de retroalimentación entre los diferentes objetos de la modalidad. Lo que muchas veces parece unir objetos disímiles es una suerte de impulso, de *pathos* de lo que será. Sin embargo, esperar encontrar narrativas sobre cohetes en el espacio sideral en un eterno revivir de *La guerra de las galaxias*, no sólo es algo inocente, sino que impide comprender cuáles son las operaciones de la ciencia ficción en países como Argentina (o en regiones como América Latina, en general) y por qué es posible (contra toda imaginable hipótesis anterior) que exista algo como la ciencia ficción en campos culturales periféricos, o incluso cómo operan esos objetos en sus relaciones culturales, políticas y económicas. Aunque de ningún modo intento hacer aquí un trabajo exhaustivo sobre historia de la cultura, debo indagar en algunas de estas cuestiones. Así pues, este trabajo tomará en cuenta algunas problemáticas de esa disciplina, así como las operaciones mismas del campo cultural, entendido como un sistema.

A mi entender, y dado que me aproximo a esta forma de producción como modalidad, y no como género en un sentido clásico, reflexionaré sobre la ciencia ficción (tomando de manera muy libre un término de las matemáticas), en un sentido topológico: la ciencia ficción establece un espacio donde son posibles las múltiples transformaciones del imaginario ideológico de, al menos, el último siglo (y quizás más, pero me limito a la producción argentina más reciente en estas páginas), en sus materiales mismos. Como diría Michel Serres, la ciencia ficción es una suerte de plasma en constante movimiento, lo atraviesa todo, lo conecta todo, le da lenguaje e imagen a todo, fluye, se transforma y, finalmente, desaparece transformada en otra cosa. De manera tal que, me detendré primero para observar y estudiar cuáles son las operaciones de la ciencia ficción a través de diferentes medios, analizando en qué consiste ese permanente entrecruzamiento de materiales, para luego explorar en qué se convierte su discurso y cuál es su rol (si es que existe alguno) en la cultura argentina.

En la primera parte, exploro dos cómics, *El Eternauta* y *Ciudad*, como ejemplos paradigmáticos de algunas de las operaciones de producción y recepción más importantes de la ciencia ficción argentina. Estos textos ofrecen una panoplia de las problemáticas de la ciencia ficción en el sentido antes mencionado. Por una parte, *El Eternauta* (1957-1961; 1969; 1976-1978) establece dos inflexiones: en principio, el discurso político soterrado y en clave marca las tendencias ideológicas de lo que serán las grandes apuestas políticas nacionales de los siguientes veinte años, mucho antes que estas se hubieran hecho evidentes en el centro del espacio político y cultural. Pero al mismo tiempo, ese mismo discurso termina por enraizar, a nivel masivo, debates sobre la sociabilidad y la identidad política de grandes sectores sociales cuya agencia adquiere particular espesor en la trabazón pictórico-discursiva que establece esta publicación. Por otra parte, el análisis sobre la novela gráfica *Ciudad* (1983/1992) explora en qué medida las representaciones urbanas de la ciencia ficción argentina ponen en escena uno de los debates culturales más importantes del período al condensar (y reflexionar sobre) los argumentos y temáticas que preocuparon a gran parte de los escritores a partir de los ochenta: la aparición de nuevos sujetos sociales en el contexto de los fracasos políticos de la década del setenta. Uno y otro cómic son el inicio y el fin de una misma preocupación letrada sobre proyectos de Estado, sólo que enunciados en el espacio de lo popular como forma socavada de apropiarse de una discursividad-otra, allí donde la cultura canónica había fracasado. El capítulo analiza hasta qué punto tales operaciones fueron fructíferas y en qué medida el cómic es realmente un medio "popular" tal y como lo entiende la cultura letrada.

La segunda parte de este estudio analiza la formación y operaciones del *fandom* en dos revistas de la década del ochenta: *El Péndulo* y *Minotauro*. El capítulo explora los proyectos estético-ideológicos de las dos publicaciones y el tipo de agendas culturales que proponen, al mismo tiempo que ofrece algunas claves para decodificar el complejo sistema verbo-visual de ambas revistas. Para realizar esas operaciones, esta sección se remonta en la historia de las revistas de ciencia ficción más importantes de los últimos sesenta años, ilustrando como se fue organizando el entramado de materiales culturales que hicieron posible ese desarrollo. Aquí analizo cómo las relaciones entre el lenguaje visual y el lenguaje narrativo generaron nuevas formas de entender y producir objetos culturales, a partir de códigos de lectura que, si bien son propios de cada lenguaje, son también complementarios. Así, mi estudio analiza cómo estas revistas establecen una estética que dialoga con múltiples discursos narrativos y visuales del campo cultural. Dentro de este diálogo, examino cómo emerge la función de la cita a través de la gráfica y del discurso para establecer una suerte de paradigma metacrítico de la *praxis* de la ciencia ficción. Finalmente, esta sección concluye con un estudio sobre la formulación de un *canon* de ciencia ficción a partir del sistema de lecturas y teorizaciones que construyen las revistas no sólo como una forma de definición de la modalidad sino a partir de una mirada crítica sobre las operaciones del campo cultural.

En la parte final de este estudio, a través de una selección de novelas de autores que se han dedicado intensamente a la modalidad, analizo en qué forma la narrativa de ciencia ficción (contra toda hipótesis imaginable) se sitúa simbólicamente en el centro mismo del campo cultural al re-organizar su tradición local renunciando a toda posible conexión con el *pulp*, por un lado y, por otro, trazando una compleja genealogía que emparenta esta modalidad tanto con los escritores de la tradición liberal que, hasta mediados de los sesenta habían sido centrales en el campo cultural argentino, como con las estéticas de los movimientos de poesía neo-vanguardista. Esta tercera parte analiza las razones de tan problemática operación, qué se rescata y qué se descarta de esas ramas dispares, y las dificultades que ésto ocasionó en la organización del proyecto escriturario de la ciencia ficción, si es que éste existió. A partir de aquí, me concentro en indagar cómo esos mismos materiales sirvieron para sostener las operaciones textuales de la narrativa de ciencia ficción en sus embates contra el aparato ideológico que emergería como hegemónico en campo cultural, centrándome en cómo la modalidad lee el resto de la producción cultural y los proyectos de renovación cultural e ideológica que vivió la Argentina desde los sesenta en adelante. Partiendo de las ideas de Bloch y de Jameson acerca de la ciencia ficción como un *locus* de la utopía, mi análisis traza las inflexiones ideológicas sobre las que esta narrativa vino a reflexionar de manera crítica. Esta sección concluye por responder a cómo y por qué las preocupaciones estéticas y políticas de la ciencia ficción se filtran en el resto de la literatura a partir de mediados de la década del noventa.

En las conclusiones, retomando las operaciones de la ciencia ficción en los cómics, las revistas y la narrativa, analizo en qué medida la ubicación ambigua de la modalidad se organiza como una diferencia dentro del campo cultural y qué significa ésto en la construcción de discursos utópicos para un campo cultural obsesionado con la relación entre novela e historia, al decir de Piglia. En este sentido, las conclusiones exploran el lugar de la ciencia ficción dentro de la cultura argentina y analizan en qué medida los problemas de recepción (de público y crítica) han contribuido a su marginalización. Las conclusiones acaban con una breve reflexión sobre las relaciones de la ciencia ficción con otros espacios de producción, tales como el cine y el rock nacional.

A MODO DE ADVERTENCIA FINAL

Quisiera terminar esta introducción con algunas observaciones. Como todo trabajo sobre la ciencia ficción, éste es un texto incompleto: por razones de espacio no me ha sido posible incorporar todos los materiales a mi disposición y he tenido que seleccionar dentro de un *corpus* extenso, complejo, y siempre cambiante. Esas elecciones son sólo parcialmente arbitrarias, ya que para hacerlas me he guiado por el consenso crítico de quienes producen y consumen ciencia ficción en castellano. Por ejemplo, existe un acuerdo no especialmente tácito en la cultura argentina y latinoamericana sobre la importancia del *Eternauta*; la revista *El Péndulo* es conocida internacionalmente como una de las tres mejores revistas de ciencia ficción jamás publicadas; y Angélica Gorodischer es una de las pocas escritoras de ciencia ficción en castellano regularmente traducida a otros idiomas. Entiendo que, en apariencia, éstos sean criterios de selección guiados por factores como el consumo y el mercado, pero en verdad estos artefactos culturales han sido reconocidos por su calidad estética, más allá de los círculos de la ciencia ficción. Para corregir en parte esta situación, muchas veces, las notas al pie ofrecen información complementaria y el necesario mínimo contexto de los debates para un volumen que, de otro modo, se hubiera hecho infinito. Espero que el lector sepa disculpar esta suerte de estructura arborescente.

Este libro es un estudio sobre cómo ciertas prácticas culturales establecen relaciones (complejas, tensas, críticas, y también complacientes) entre materiales conflictivos para el campo cultural en el que emergen. Estos son artefactos que narran cómo se pensaron las transformaciones culturales y sociales en el momento en que sucedían, y no simplemente sus posibles consecuencias en una reflexión *a posteriori*. Es en parte, por este motivo, que los capítulos imitan el aprendizaje acumulativo de medios y formas de los lectores de la modalidad: quizás torpemente es un intento de que el lector comparta parte de la experiencia de consumo y retroalimentación de la ciencia ficción. En su acotado círculo, ésta es quizás una de las modalidades de producción capaces de generar el mayor grado de intermitencia en un campo cultural dado: es por este motivo que, en ningún momento asumo que ésta es una literatura popular o masiva o cualquiera de los otros rótulos que se le ha impuesto. Invito al lector a que haga lo mismo.

Primera parte

Entre *El Eternauta* y *Ciudad*: para un *desideratum* del imaginario de la cultura popular

> *Social comment is left to comic strip and TV. Epic has become synonymous with a certain kind of film and the heroic archetype is now buried deep in movie lore. If the artist is not to lose much of his ancient purpose he may have to plunder the popular arts to recover the imagery which is his rightful inheritance.*
> Richard Hamilton, "For the Finest Art, Try POP"

1

Cómics argentinos:
"historietas absurdas sobre historias verdaderas"[23]

Los años alrededor de la llamada Revolución Libertadora (1955) configuran un núcleo problemático central para abordar el análisis de la relación entre intelectuales y cultura popular, y la ubicación de los primeros con relación a los cada vez más marcados procesos de politización del campo cultural argentino. Los espacios de producción cultural empiezan a narrarse con frecuencia como campos de batalla o espacios en crisis, y los objetos de la producción cultural, como escaramuzas de una creciente guerra ideológica que, en gran parte, intentan revelar de un modo u otro, el fenómeno peronista. En los siguientes veinte años esas explicaciones vendrán a formar parte del sistema de claves de lectura de la historia nacional y de los programas de la izquierda argentina en sus múltiples vertientes. Uno de los nudos en las interpretaciones sobre el Peronismo fue el divorcio real o imaginario entre las *elites* letradas y las masas que ahora ocupaban un lugar central en la escena política nacional. La historia de esta divergencia no era nueva en la cultura argentina. Tanto Carlos Altamirano como Tulio Halperin Donghi la rastrean hasta los ensayos de Ramón Doll en las primeras décadas del siglo XX y trazan el derrotero de este concepto en los círculos nacionalistas y en las izquierdas para quienes el advenimiento del sufragio universal en 1912 acabaría por representar una suerte de pantomima donde se irían desprestigiando los partidos políticos y, finalmente, las fuerzas armadas cobrarían un rol capital en el arbitraje de intereses de los distintos sectores sociales. Altamirano dice:

> La cuestión del divorcio entre elites y masas recorrió, pues, todo el espacio ideológico, de una orilla a la otra. Moldeado en los años de 1930 con recursos de la cultura de la derecha, el tema se alojaría en la cultura de izquierda unas décadas después, proporcionándole, al menos a una parte de ella, la clave para describir e interpretar la marginalidad política de todas las variantes, reformistas o radicales, del socialismo [...] el divorcio de elites y pueblo alimentaba el deseo de otra alianza: una alianza que no se fundara en el proyecto de conversión del pueblo que había animado a las elites progresistas, sino que se anudara con la cultura política del pueblo y la historia de la nación. La izquierda de este nuevo pacto sería una izquierda nacional-popular. (*Para un programa* 73-75)

---
[23] Fabián Polosecki (1965-1996), apertura del programa *El Otro Lado*. Buenos Aires: Canal ATC, 1994-1995.

Nacional y popular serían los adjetivos más deseables que los intelectuales querrían auto-adjudicarse en sus intentos de legitimación a través de incursiones ciertamente conflictivas por la cultura popular (o por algo que parecía serlo) a partir de fines de la década del cincuenta. Sin embargo, como claramente percibe Ellen McCracken, esas incursiones eran más bien tímidas, y las más de las veces, los intelectuales eran sumamente cuidadosos en su tratamiento de los materiales utilizados a fin de dejar bien claro que no se trataba más que de excursiones en un mundo-otro desde la seguridad de la cultura letrada cuyos baluartes nunca se abandonaban. A principios de los sesenta, críticos como Noé Jitrik entendían que, en literatura, lo "nacional" era un principio ordenador y formal de interpretación de lo local en oposición a cierta estética cosmopolita mientras lo "popular" venía a representar el contenido que daba raigambre e historicidad a las lecturas sobre la realidad.[24] Experimentos de escritores como Manuel Puig, quien trabajaba el discurso popular de la radio y el cine desde el aparato de la cultura alta, mostraban la percepción que esta última tenía de la cultura de masas y de las industrias culturales. Eran, en palabras de Daniel Link, versiones pop de la cultura de masas, y aunque se leyera en los límites dudosos entre las culturas alta y baja, el marco de referencia era siempre la clase media acomodada, y una literatura que, en gran medida, se sabía metacrítica (263-64). En su lectura, Link suma, con todo, dos de los elementos que la literatura de Puig agrega a la ecuación sesentista, haciendo más complejo el binomio nacional y popular, pese a ser recursos llamativamente tardíos para la literatura:[25] las operaciones visuales del pop y de la grafía como mecanismos que ponen de manifiesto campos semánticos que de otro modo son mutuamente ciegos, generando un efecto complementario entre lo escrito y lo visual. Volviendo a Link: "hay que *ver* el diseño [...] para comprender qué se está leyendo. Pero si no se ve el diseño, igual, de todos modos, algo se entiende" (267).

---

[24] Véase el estudio de Noé Jitrik, "El proceso de nacionalización de la literatura argentina", publicado por Beatriz Sarlo en *La batalla de las ideas (1943-1973)* (2001).

[25] No me olvido de los experimentos vanguardistas que cruzan imagen y palabra: tal es el caso ejemplar del dadaísmo en la década del veinte y su búsqueda de un lenguaje universal que fuese además total en un medio que entonces se denominaba "intermedia" y que hoy denominaríamos "multimedia". El caso más conocido de estos experimentos es el llamado "optófono" de Raoul Hausmann que intentaba una traducción mutua de sonidos a imágenes. Con el tiempo, la palabra sería reemplazada por música, y ésta, a su vez, por pulsaciones. Similares evoluciones aparecerían en experimentos posteriores, incluyendo los casos de poesía ilustrada, donde la conexión entre imagen y palabra sería (y es) meramente interpretativa o ilustrativa. Si bien en su origen el cómic opera sobre algo que podría asimilarse a esta última premisa, el medio rápidamente evoluciona en otra dirección y desarrolla sus propios, imbricados mecanismos semánticos.

Esta aparente ampliación del catálogo de medios estéticos para expresar la relación con lo "nacional y popular" generó toda suerte de experimentos durante la década del sesenta. Sin embargo, el impacto del pop y del conceptualismo vio sus frutos más exitosos fuera del espacio de la literatura, al cobrar un espesor semántico concreto en dos eventos estético-políticos de las artes visuales. El primero fue el proyecto de arte colectivo *Tucumán arde*, presentado en las oficinas de la Confederación General de los Trabajadores (CGT) de Rosario el 3 de noviembre de 1968. El segundo fue la película *La hora de los hornos* de Fernando Pino Solanas y Octavio Getino, estrenada oficialmente el 1 de noviembre de 1973 en Buenos Aires después de varios años de filmación y presentaciones clandestinas.[26] Pensados como proyectos colectivos (creados por sujetos múltiples, multivocales) y populares (al proveer una voz-otra para la historia nacional), ambos intentaban ofrecer una visión de oposición a las políticas económicas del Estado y de alineación intelectual con el escindido sindicalismo argentino de fines de los sesenta.

Estas lecturas de lo popular, más que tener una forma y/o un programa concretos, articulaban repuestas a los "valores dominantes" de manera coyuntural, trazando una suerte de árbol genealógico contestatario que adquiría los distintos matices de los codiciados calificativos de "nacional y popular" según quién organizara la lectura crítica del día. Pese a su enorme éxito de recepción, cabría preguntarse hasta dónde tales eventos podían operar el deseado efecto transformador revolucionario que se autoadjudicaban ya que estas operaciones no dejan de ser problemáticas a la hora de los análisis.[27] Son apuestas estéticas que comparten con la literatura la pregunta acerca del emisor. Aquí también la voz intelectual (escritor/ director de cine/ artista plástico) selecciona y organiza de/en el discurso de ese sujeto-pueblo que automáticamente se convierte en Otro. Los principios de organización de esa historia prohibida que se pone en escena tiene, además, una larga genealogía en el revisionismo argentino, de manera tal que esas nuevas versiones están lejos de ser documentos espontáneos. Más bien, las prácticas militantes traen a la superficie todos los problemas ideológicos que encierra la figura de lo "nacional y popular" en el espacio del arte cuando se convierte en agenda de trabajo.

---

[26] La película se estrenó realmente en 1968 y se daba en forma clandestina en locales sindicales, centros de estudiantes, etc., pero estaba prohibida en el país.

[27] Véase, entre otros documentos, "Hacia un Tercer Cine" (1969) de Fernando Solanas y Octavio Getino, publicado en *Cine, cultura y descolonización* (1973); y también "Declaración de la muestra de Rosario" (1968) firmada por María Teresa Gramuglio y Nicolás Rosa, antologado en *Manifiestos argentinos. Políticas de lo visual 1900-2000* (2003) por Rafael Cippolini.

Pero en las artes visuales, particularmente en aquellas que cruzan la urgencia del mensaje político con la renovación de sus lenguajes como su objetivo central, se hacen presentes una serie de elementos que la literatura intentaba poner en escena, aunque sin mayor éxito o con uno acotado a las operaciones propias de las discusiones sobre lo popular dentro mismo del espacio letrado. Quizás no sean operaciones estrictamente similares, pero es claro que, al menos desde el punto de vista de la visibilidad y el consumo, la literatura no parecía capaz de competir con proyectos como los que he mencionado aún y a pesar del significado del *boom*: el efecto de mercado hace masiva (o todo lo masivo que puede ser el consumo de una literatura que juega a ser experimental), pero no popular una literatura que sigue circulando por los mismos circuitos institucionales, académicos, críticos, etc., (aunque ahora se hayan globalizado) por los que las clases medias acceden al consumo de bienes culturales. En los años siguientes, la discusión se irá agudizando y, al mismo tiempo que lo popular (que en la cultura letrada identifica al pueblo en el sentido de *Volk* [Kurlat Ares, *Para una intelectualidad*]), lo cual vuelve más compleja y opaca la percepción del concepto) será equiparado con revolucionario. Así, el lugar de la literatura en esa discusión se volverá cada vez más problemático hasta que sólo la abierta insurrección sea capaz de cerrar ese corte, incluyendo posturas de sectores más radicalizados que se volcarán a la lucha armada.

Aunque a la distancia es posible ver las limitaciones que proyectos como los que he mencionado tuvieron, también sugieren una transformación en el modo en que el campo cultural está haciendo un acuse de recibo del doble impacto no sólo de la cultura de masas sino también de nuevas formas de circulación de discursos ideológicos. Aun cuando no resuelvan la disyuntiva sobre cómo definir la cultura popular, son claros indicios de que la novela ya no podrá ser necesariamente el lugar privilegiado de la producción de valores culturales letrados o que, al menos, éste espacio empieza a cuestionarse abiertamente y no como un debate a puertas cerradas. Los resultados tardarán todavía varias décadas en ser obvios y adquirir nombre, pero éstos son los primeros elementos visibles de un desplazamiento. Pese a las discusiones que tuvieron lugar en esos años en torno a estas problemáticas (concretamente en cuanto al cuestionamiento del paradigma realista en las artes plásticas que fue, a su vez, paralelo a la discusión entre literatura fantástica y literatura realista), la apropiación de los lenguajes de los medios masivos de comunicación y de las industrias culturales significó, como lo quería el pop, hacerse de la energía y de la actitud de la cotidianeidad en su mismo lenguaje, sin necesariamente tener una visión de empatía sentimental hacia los objetos representados.

Pero en el caso del que nos ocupamos aquí, esa mirada fría e irónica que es en sí misma una crítica social, es reemplazada por la denuncia política que asume la forma del documento y se convierte así en un programa revolucionario: la imputación adquiere una función pedagógica simétrica a la de cierta literatura popular de la que dice descreer la alta literatura aunque intente establecer un diálogo condescendiente con ella. Y es que ese impulso didáctico hace a la voluntad normativa que es parte de todo programa letrado. Nacional y popular, en el lenguaje del cine y de la plástica, equivaldrán entonces no sólo a la denuncia política, sino también a formas estéticas de establecer agendas programáticas participativas a través de lo visual y de lecturas de esos mismos términos en clave socio-política antes que estética (es decir, que no ahonda en los llamados géneros populares más allá de los medios masivos de comunicación y de los productos directamente asociados con ellos *a pesar* de hacer uso de sus materiales), agendas que se irán radicalizando con el resto del campo cultural en la década siguiente. Aún con falencias, esa misma visibilidad también pone en el centro de las discusiones algo así como un nuevo sintagma, uno que elimina una distinción entre lenguajes y espacios, amalgamándolos: el inicio de lo que Luhmann llama un proceso de diferenciación.

No obstante, estos elementos ya estaban presentes, en tanto que operaciones de campo cultural, en otros espacios de producción discursiva y visual desde hacía más de diez años al momento de producirse los eventos de 1968. El entrecruzamiento de series de distinto orden no era para el cómic argentino un componente particularmente novedoso, ni siquiera en la percepción de un mercado internacionalizado ya que muchos dibujantes habían sido contratados en Italia y se habían mudado a la Argentina, que constituía desde los cincuenta una base de trabajo para publicaciones europeas y nacionales.[28] La idea de la documentación como parte de los antecedentes en la armazón de una narración, el concepto del trabajo de equipo, de la eliminación del autor como sujeto emisor único y su reemplazo por el sujeto-creador colectivo (de dos o más individuos en la creación de la historieta, además de los coloristas, compaginadores, etc., por no mencionar el enorme peso de los editores), la carga didáctico-política en la forma de transmitir la información como parte de la función estética, la transferencia de lo literario a otros medios y sobre todo, el borramiento entre culturas alta y baja como categorías absolutas en el discurso eran ya parte constitutiva de la narrativa del cómic. En el cómic hay una mezcla temprana

---

[28] Puede decirse que ésta era una tradición en la historieta argentina, ya que desde su misma fundación a fines del siglo XIX, muchos de los historietistas habían sido españoles contratados por revistas como *Caras y Caretas* (1898-1941).

de la alta cultura, de la cultura popular y de la cultura de masas (tal y como se las definía en los sesenta) a través de la apropiación de diversos materiales, por una parte y, por otra, de la industria y del mercado como procesos integradores: el cruce entre consumo, capacidad artesanal, y saberes culturales se convierten tanto en medidas del porte estético de la historieta misma, como del arbitraje público a la hora de la producción.

Dentro de la historieta, la batalla por lo nacional y popular se había dirimido (con variados grados de éxito) en los debates sobre las publicaciones de traducciones de tiras norteamericanas en los principales diarios del país y en la incorporación de temáticas y lenguajes que contemplaban los grandes interrogantes de la cultura argentina, fueran éstos narrados con tintes locales o no. La disputa por lo popular tomaría otros carriles, como veremos luego, pero en principio, polemizar sobre lo popular como una estética en sí y fuera de lo político era, pues, redundante. Pese a que en alguna parte el muy conocido historietista Carlos Trillo haya dicho que la historieta es un género cuya escritura atrasa con respecto al resto de las formas de la literatura popular, me interesa indicar que éste no era el caso a fines de la década del cincuenta. Lo que pudo ser un conflicto para la literatura y una novedad para la plástica a la que se empuja a la fuerza fuera de los museos y de las academias, obligándola a reflexionar una vez más sobre las categorías de "nacional", "popular", "visualidad", "materialidad del hecho artístico", "participación", etc., es en los resquicios y márgenes del campo cultural, en los artefactos de la industria cultural del cómic, un *fait accompli*.[29]

El cómic (o la historieta) es un artefacto cultural en todo el sentido del término: aquí se cruzan desde la literatura, el dibujo, la pintura, y el diseño gráfico, hasta los avatares del mercado y la recepción del público de manera frontal.[30] Tal es así que, cuando a fines de los ochenta críticos como Néstor García Canclini finalmente empiezan a buscar modelos analíticos más precisos para los

---

[29] Este proceso no se dio de manera clara y ordenada, ni sin discusiones y enfrentamientos. No me interesa debatir aquí cómo evoluciona el medio sino en qué situación se instala la escritura de los textos de ciencia ficción que he de analizar a fin de estudiar qué tipo de operaciones se establecen en el campo cultural argentino.

[30] Se impone aquí una aclaración de vocabulario. La palabra "historieta" tiene su traducción en la inglesa *comic*, por lo que en el presente trabajo podría haber optado por el uso perfectamente legítimo del castellano. Sin embargo, para los objetos aquí analizados, el término acaba por ser insuficiente pues no tiene su contracara en inglés, *comix*, es decir, la palabra que fuera modificada por el movimiento contracultural y muchas veces clandestino que la creó para rebelarse contra el Comics Code Authority. El uso de la palabra *comix* tiene por tanto una cierta connotación resistente y contra-autoritaria para la que no hay equivalente en castellano. De allí mi preferencia por la terminología en inglés: simplifica el universo semántico que intento transmitir.

lenguajes de la posmodernidad, no pueden sino sentirse algo intimidados por lo que llaman "géneros impuros" ya que aquí se cruzan lo visual y lo literario, lo culto y lo popular, lo artesanal y lo masivo (*Culturas híbridas* 314-27). Esta perspectiva tiene una larga tradición en la crítica a los cómics (y a los medios híbridos en general, como el cine o la radio) a los que se acusa de no ajustarse a parámetros estéticos fijos y de traicionar otras artes toda vez que no se refugian en la especificidad de formas unívocas: en el caso del cómic, para muchos críticos, pareciera ser insalvable el "conflicto" entre el lenguaje y la representación visual, olvidando que ésta es una perspectiva relativamente moderna y occidental de enfocar la cuestión.[31] Y olvidando, además, que *la historieta no es un género sino un medio*.

Especialistas como Thierry Groensteen, discutiendo el problema de la legitimación cultural del cómic, han indicado que hablar de lo "impuro" en el cómic tiene relación directa con las lecturas setentistas del noveno arte como un "género paraliterario", tal y como fuera definido por Samuel Delany (Groensteen, "Why Are Comics" 29-41). Groensteen nos dice que, en efecto, el cómic atenta contra una ideología de la pureza en las artes. Pero esa subversión es parte del surgimiento de una cultura visual que se hace clara desde mediados del siglo XIX. Resulta, por ende, bastante llamativo que el recelo y el descrédito que despiertan esa "nueva" expresión de la cultura visual sean tan ampliamente aceptados sin que la crítica parezca reconocer en sus mismos estudios el modo celebratorio con que se recibieron experiencias como *Tucumán arde* o *La hora de los hornos*: ¿es posible que sólo se recuerden estos eventos o bien por su carga política desde el punto de vista del análisis cultural, o bien por ser objetos de la cultura alta, más allá de lo que ésto signifique en el contexto de esos proyectos? Y además, ¿por qué, al debatir su relación con lo "popular", no se recuerda lo que implicaron sus renovaciones formales en áreas fuera de las artes visuales, particularmente, cuando éstas demostraron ser inconducentes para la literatura? Al respecto, observaba Oscar Steimberg:

> La historieta no había formado parte, en general, de los objetos redescubiertos por las miradas renovadoras sobre la narrativa y los géneros populares proyectadas antes de los sesenta; sólo era privilegiada por la tematización entonces reciente, en la plástica, del *pop* y el *camp*, que recontextualizaban en espacios artísticos las

---

[31] Esto se ha dicho hasta el cansancio, y no quisiera ser insistente, pero como contra-ejemplos, baste pensar cómo opera la integración de la caligrafía, la pintura paisajista y la poesía en el arte tradicional chino o, por nombrar otro caso, la fusión de caligrafía, cita religiosa, artes decorativas y arquitectura que aparece en el arte islámico: en ambos modelos, la representación y el lenguaje constituyen una unidad de significado estética.

imágenes de la narrativa impresa para grandes públicos, la publicidad y el diseño industrial. Era poco para reconducir a un público no especializado al interés por el relato dibujado [...]. ("La nueva historieta" 534)

Mucho más tarde, esas relaciones serán exploradas en parte por Carlos Monsiváis, para quien el cómic es un subgénero literario que se ubicaría en el espacio de lo popular por antonomasia ya que emerge como la expresión cultural de "las aportaciones tecnológicas del capitalismo: la imprenta, el grabado, la fotografía, las rotativas, el fonógrafo, el cine, la radio, la televisión, los satélites" (134-58). Pero Monsiváis, a diferencia de García Canclini, rescata, si nada más, el valor pedagógico del cómic al recuperar para el medio la función pedagógica de la cultura letrada, en una postura que lo acerca a los programas de alfabetización llevados a cabo en los setenta en Francia, donde se usaban los cómics como un instrumento de contacto inicial con la alta cultura.[32] Con firmes raíces en el trabajo de Ariel Dorfman y Armand Mattelart, *Para leer el Pato Donald* (1972), tanto este autor como García Canclini participan de una cierta desconfianza hacia la historieta a la que acusan de hacer una celebración del *status quo* social toda vez que la misma es "una manifestación plagiada del modo en que se les insta [a los lectores] a que vivan y el modo en que efectivamente se representan sus relaciones con el polo central" (Dorfman y Mattelart 157).

Esta visión fue ciertamente compartida por muchos creadores de historietas, aún por aquellos que consideraban que el medio podía usarse para fines didácticos (en un sentido revolucionario) que los acercaría más a las experiencias estético-políticas que hemos mencionado en las páginas anteriores. Como ejemplo, baste pensar que, cuando se funda la mítica Editorial Frontera en Argentina a inicios de los cincuenta, el marco conceptual de las publicaciones fue establecido por su director, Héctor G. Oesterheld, quien pensaba que "la historieta, si se hace bien, puede ser el libro educativo del futuro". Pero, hay varias cuestiones

---

[32] La noción de la historieta como un instrumento fundamentalmente pedagógico tiene, además, otros orígenes. En Argentina, la historieta de divulgación histórica destinada al público infantil se inicia en la década del '20 y abarca desde los "Pasajes de la historia argentina" (1928) del dibujante Raúl Roux en la revista *El Tony* (1923 al presente) hasta la sección "Nuestra historia" aparecida en la revista *Billiken* (1919 al presente). Hay toda una tradición de divulgación histórica en historieta a través de las revistas destinadas a niños y jóvenes. Las revistas antes mencionadas (y, en menor medida, *Anteojito* [1964-2001]) se distribuyeron ampliamente en toda América Latina y contribuyeron a formar tanto el gusto por la lectura de la historieta como la noción nuclear del siglo XIX bajo la conceptualización de las grandes gestas y los grandes hombres: en este sentido, la crítica parece ofrecer una mirada nostálgica sobre aproximaciones algo inocentes a materiales que nunca lo fueron. Dentro de esta perspectiva, en forma más reciente y en el marco de los festejos del bicentenario, el historiador Felipe Pigna dirigió la colección *La historieta argentina* (2010) para el diario *Perfil* (2005 al presente).

a considerar en este tipo de interpretaciones. La primera, y más obvia, retorna sobre las primeras observaciones de Antonio Gramsci sobre las relaciones entre intelectuales y cultura popular en *Literatura y vida nacional*, cuando con fina ironía hacía notar que:

> La aproximación al pueblo significaría, por consiguiente, una continuación del pensamiento burgués, que no quiere perder su hegemonía sobre las clases populares y que para ejercerlas mejor acoge una parte de la ideología proletaria [...] representa una etapa necesaria de transición y un episodio de la "educación popular" indirecta [...] Se podría "descubrir" una de aquellas "astucias de la naturaleza" como las llamaba Vico, o sea, descubrir cómo un impulso social, tendiente a un fin, realiza su contrario. (153)

Asumir el valor pedagógico directo de la historieta, en una relación de uno en uno es, cuando menos, *naïve*. Lecturas críticas apresuradas sobre qué y cómo surge en esos objetos y en qué medida las lecturas de lo "popular" están teñidas de expectativas que poco tienen que ver con lo que los cómics hacen, tienen relación con una imaginaria división de tareas rígida dentro del campo cultural que provienen de interpretaciones dogmáticas del modelo de Bourdieu. En este sentido, la perspectiva de Monsiváis responde también a este tipo de modelizaciones, donde el cómic viene a ser una forma derivativa de la literatura, destinada al entretenimiento y al placer, y cuyo público consumidor son o bien niños y adolescentes o bien adultos con poco tiempo y/o poca educación, o ambos.[33]

Pero hay algo más. Como bien señalan críticos como Martin Barker, el cómic no es una producción aislada dentro de un campo cultural dado sino un objeto cultural que es partícipe de su producción ideológica, tanto en sus libertades, como en sus restricciones y/o adscripciones: la recepción de un producto cultural fuera de su ámbito de producción original, se sabe, no necesariamente repite o imita las condiciones originales de emisión. Más aún: productos altamente codificados bien pueden significar cosas muy distintas en

---

[33] A modo de observación sobre este punto, una cita de *El placer del texto* (1974) donde Roland Barthes decía: "Toda una mitología menor tiende a hacernos creer que el placer (y específicamente el placer del texto) es una idea de derecha. La derecha, con un mismo movimiento expide hacia la izquierda todo lo que es abstracto, incómodo, político, y se guarda el placer para sí: ¡sed bienvenidos, vosotros que venís al placer de la literatura! Y en la izquierda, por moralidad (olvidando los cigarros de Marx y de Brecht), todo 'residuo de hedonismo' aparece como sospechoso y desdeñable. En la derecha, el placer es reivindicado *contra* el intelectualismo, la inteliguentsia [...] En la izquierda, el conocimiento, el método, el compromiso, el combate, se opone al 'simple deleite' [...] En ambos lados encontramos la extravagante idea de que el placer es una cosa *simple* [...]" (37; en itálicas en el original).

espacios culturales diversos.[34] El cómic no puede ser leído sin tener en cuenta el lugar desde el cual es producido. Una de las grandes falencias del análisis de Dorfman y Mattelart es, precisamente, no analizar cómo o por qué surgen ciertas cuestiones en los cómics escogidos.[35] Por eso mismo, en tanto que medio "popular" y/o masivo, es llamativo cómo los críticos leen este tipo de material:

> [critics] have already decided the issue by the way they decide to ask questions. Their "scientific" theory is already political. It commits them to assumptions which not only precede their evidence, but shape it [...] This theory instructs them on what to look for in the media. It also limits what kinds of theory and evidence could possibly be relevant [...]. (Barker 3)

Aún si se tratara de un "género impuro" que repite la *doxa* popular en una suerte de sistema de amplificación, Varnum y Gibbons nos recuerdan que:

> [W]ords and pictures can also stand in ironic juxtaposition to one another. Pictures can belie words. They provide contexts for words. They also provide subtexts [...] Words, conversely, can shape the way we look at pictures [...] There is a synergy between words and pictures in comics such that their combined effect is greater than or different from what might have been predicted. (xiv)

Esta situación no sólo es productiva, sino lo que da origen al cómic como arte *diferenciado* y, por ende, forja toda una serie de preguntas, empezando por cómo los materiales están organizados para *decir*. Autores como Magnussen y Christiansen agregan:

> [Furthermore] comics represent an almost complete catalogue of semiological problems and were, in that respect, an appropriate subject of study for theoretical semiology. The structuralist perspective can be divided into two main branches

---

[34] Un buen ejemplo de esta situación es la compleja recepción que ha tenido una historieta como *Boggie, el aceitoso* del argentino Roberto Fontanarrosa en un país como Colombia. Basado en los personajes del policial negro norteamericano, Boggie es un matón a sueldo, que vive en un ambiente de permanente violencia, corrupción e impunidad. Pese a los claros elementos paródicos de la tira, su publicación en el diario *El Tiempo* durante los setenta fue suspendida porque los editores consideraban que el personaje celebraba la matonería, por un lado, y por otro, su autor recibió cartas que demostraban una recepción absolutamente literal del texto.

[35] Sin abundar en demasiados detalles, baste mencionar que en ninguna parte de su texto estos autores mencionan que los cómics del Pato Donald *et al.* estaban sujetos a estricta censura bajo el Comic Code Authority que fuera puesto en vigencia desde 1954 como respuesta a imaginarios "efectos nocivos" de la lectura de historietas en los niños y jóvenes tal y como fuera presentada en *Seduction of the Innocent* (1954) de Fredric Wertham y que llevaron a una investigación del Senado de los EE.UU. sobre el tema de la violencia en el medio.

of which one is the study of the comics narrative, often analyzed as mythological systems, and the other the study of comics as a graphic language system. (12)

Es justamente por todas estas razones que este libro se inicia con el análisis de dos cómics de ciencia ficción. La doble materialidad de los textos (a caballo entre lo mitológico y lo metafórico, y entre lo escriturario y lo gráfico) es particularmente relevante para el trabajo que intento hacer aquí. Aunque en el cómic ya están presentes elementos que harán eclosión mucho más tarde en el centro del campo cultural (y claramente no podemos saber *a priori* si siempre el *medium*, por definición, preserva agenda política alguna), esos elementos no necesariamente emergen bajo la misma forma que tendrán. Sin embargo, mi hipótesis de trabajo es que aquí asumen su forma primera de enunciación. La aparente marginalidad de los textos lleva a examinar hasta qué punto se proponen discursos que a la vez participan y subvierten, contribuyen y se distancian de los debates que atraviesan el campo cultural en el cual emergen. Por lo tanto, cabe preguntarse qué pone en escena dentro del campo cultural la articulación de un doble descentramiento (o tal vez triple, si contamos el género de aventuras) de textos que enuncian no sólo desde el cómic sino también desde la ciencia ficción: a la marginalidad del cómic en tanto que espacio de enunciación de lo "popular" (como sea que se lo defina), debemos sumar la de la ciencia ficción. Son textos doblemente populares que articulan en los márgenes y no desde los márgenes, y en la lengua de la cultura de masas. Si bien enuncian un claro discurso sobre lo "nacional", no necesitan reclamarlo, justamente porque construyen una iconografía cultural que trabaja tanto con los sistemas simbólicos de los saberes populares como de los letrados, apelando al sistema de imágenes visuales que ya son, al momento de la publicación, parte de los saberes de esa cultura no-letrada, vasta y amplia, cuyos significados (y signos) connotan agendas que los textos traen a la superficie de la lectura. O, al menos, eso intentan hacernos creer. En este sentido, el arco que va desde el programa que aparece en *El Eternauta* hasta el tipo de diálogo establecido con el resto del campo cultural que se ofrece en *Ciudad*, nos da un panorama de los posibles desplazamientos y maniobras desde el cual podemos trazar el devenir y las transformaciones del sistema en el cual estos textos realizan sus intervenciones.

Las operaciones políticas de los textos escogidos subvierten nociones pre-concebidas sobre lo "popular" no desde un espacio que la crítica ha considerado menor o paraliterario (y ciertamente no independiente), sino a través de construcciones ideológicas que las acercan (y en muchos casos anticipan) al discurso letrado, desde un lugar que está lejos de ser pasivo o derivativo. En este sentido, quiero regresar un momento sobre lo que decía antes sobre el cómic de ciencia ficción en tanto que narrativa doblemente descentrada. Hablando de las literaturas marginales, el crítico Jorge B. Rivera decía que la misma marginalidad del cómic favorecía un tipo de producción que no se sometía a los controles sociales de la crítica.[36] Esa misma percepción tendrían, muchos años después, los creadores de la segunda versión de la serie televisiva *Battlestar Galactica* (2004-2009), cuando, en una entrevista con la revista *Rolling Stone* hablaran de su libertad para discutir abiertamente temas políticos candentes de los cuales nadie se atrevía a hablar en otros espacios, ya que al ser una serie de ciencia ficción, no se les imponían controles políticos y/o estéticos.[37] Más allá de lo discutible que pueda ser esa percibida libertad, está claro que éstos son espacios cuyas operaciones permiten decir de manera más abierta aquello que en el centro del campo cultural es necesario ocultar a fin de que sus narrativas puedan funcionar de acuerdo a reglas de inserción y circulación pre-establecidas que aquí no son particularmente ventajosas. Ese doble descentramiento, y la consiguiente autonomía que parece arrastrar consigo, convierte al cómic en el *locus* discursivo y visual en donde se anudarán las problemáticas de las novelas que veremos en los próximos capítulos.

En sus análisis sobre la historieta en América Latina, Ana Merino señala que, desde sus orígenes, el cómic argentino aúna dos tendencias: por una parte la tradición de la sátira y el comentario político que provienen de su momento fundacional a fines del siglo XVIII, y por otra, una relación fuerte con la literatura que se afianza a través de múltiples lecturas de la gauchesca, sobre todo en la década del treinta, período que coincide, además, con la expansión de la industria en el país. Desde su inicio (y como respuesta al éxito de mercado de las tiras que aparecen en varias revistas), la historieta argentina se vuelca sobre lo local y la crítica costumbrista se convertirá en una de sus marcas escriturarias

---

[36] Véase el ensayo de Jorge B. Rivera y Eduardo Romano, "Las literaturas marginales: de la historieta a la fotonovela" (1972).

[37] Al respecto, léase el artículo de Gavin Edwards "Intergalactic Terror: *Battlestar Galactica* tackles terrorism like no other show" publicado por la revista *Rolling Stone* el 27 de enero de 2006. En el artículo, el director ejecutivo de la serie explica la situación de ambigüedad en que se encuentran al momento de sentarse a escribir los guiones: "On *Battlestar*, these issues are more queasily ambiguous. Its futuristic tale of mass genocide of humans and persecution of survivors by the Cylons, a race of zealot androids, somehow manages to feel both realistic and oddly contemporary. «The networks are terrified of controversy,» says *Battlestar Galactica* executive producer Ronald D. Moore. «But in sci-fi, they don't notice or care so much–you get a free pass»" señala el artículo. Se refería, especialmente, a las escenas de tortura y a los debates sobre la razón de Estado donde se sobreseía toda otra racionalidad en nombre de la defensa de valores que ese mismo aparato estaba dispuesto a destruir para autoprotegerse.

fuertes. De hecho, la historieta de acción pura en escenarios locales aparece en la década del treinta y es contemporánea de la misma producción americana, aunque aquí tomará tintes decididamente nacionales, con una importante huella de la documentación etnográfica y naturalista. El que la historieta apareciera primero en revistas y semanarios, y no en diarios (a los cuales ingresa tardíamente y cuando ya el medio ha desarrollado un lenguaje y estilo propios), quizás contribuyó al notorio impulso del realismo (y de sus variantes procesadas a través del expresionismo), estética que permeará gran parte de la producción historietística nacional en las siguientes décadas.

La explosión editorial de la industria a partir de fines de la década del treinta se conoce como la "época de oro" de la historieta argentina y abarcó hasta comienzos de los sesenta, cuando una crisis editorial llevó al cierre de muchas revistas. Recién a mediados de los setenta, la industria empezó un lento proceso de recuperación que haría su pico diez años más tarde, cuando el humor gráfico y el cómic se convirtieran en los vehículos más accesibles de la protesta política.[38] Durante este período el cómic alcanza su madurez y empiezan a aparecer personajes no estereotipados cuyas historias exploran abiertamente aspectos sociales y psicológicos en la trama. La idea de buscar historias de "interés humano" cristalizará primero en la producción de las revistas *Frontera* (1957-1961) y *Hora Cero* (1957-1959) donde aparecerán no sólo equipos complejos de producción de cómics, sino también las más interesantes historietas de ciencia ficción producidas hasta entonces.[39]

Sin embargo, el cómic de ciencia ficción no formaría parte central de este movimiento sino hasta la década del setenta, cuando las historias aludieran directamente al estado de opresión que se vivía bajo la dictadura de 1976-1983 en términos claramente metafóricos: baste pensar que la revista de ciencia ficción *El Péndulo* (1979//1981-1983/4) se inicia como un suplemento de la revista política *Hum*® (1978-1999), abreviatura de *Humor registrado*. Este segundo auge de la historieta (en todas sus posibles formas) coincide también con lo que Pablo Capanna denominó la "segunda expansión" de la ciencia ficción en Argentina. La misma se caracterizó por la ampliación del mercado de consumidores que

---

[38] Para una historia detallada de la historieta en Argentina véase el estudio de Carlos Trillo y Guillermo Saccomanno: *Historia de la historieta argentina* (1980); también, Jorge B. Rivera: *Panorama de la historieta en la Argentina* (1992); y Judith Gociol y Diego Rosemberg: *La historieta argentina. Una historia* (2003).

[39] Las dos revistas eran publicaciones de la Editorial Frontera que quebró en 1961. Como parte de los pagos que debieron hacerse a los acreedores, las publicaciones de la editorial pasaron a Editorial Ramírez y a *Vea y Lea*, donde se siguieron publicando hasta 1963, aunque Oesterheld ya estaba desvinculado de estos proyectos.

acudieron primariamente a las revistas, convertidas ahora en espacios públicos de discusión para un campo cultural colapsado. La explosión del cómic durante los setenta y ochenta en Argentina coincidió, además, con la explosión del medio a escala internacional.[40] En el caso del cómic de ciencia ficción, esta concurrencia es triple, pues corresponde también al período en que el agotamiento (aparente) de las formas narrativas de géneros literarios canónicos (novela, cuento) promueve un desplazamiento hacia otras zonas de producción, recepción y consumo como los juegos de video, la televisión, el cine y, por supuesto, la novela gráfica.[41]

Los géneros no-literarios traerán a la ciencia ficción un modo más sincrético y eficiente de aprehender el mundo: la complejidad de la imagen visual proveerá una multiplicidad de sentidos no ya en la lectura de la fábula, sino en el mismo acto de lectura de la página. Aunque estas operaciones se irán acentuando con los años, las mismas ya están presentes en los primeros textos de lo que eventualmente podrá denominarse como novela gráfica. Este tipo de lectura satura los sentidos en dos direcciones: leemos y oímos las páginas, pero al mismo tiempo, todos los significados aparecen presentes en la visualidad misma del texto que tenemos delante. La condensación del tiempo (de lectura, de percepción) que ofrece el cómic se opone a la desmesura del tiempo sin tiempo de la ciencia ficción, generando un efecto de síntesis y emergencia de

---

[40] Aunque ya en los años sesenta importantes eventos culturales habían dado un primer indicio de la magnitud de la producción cultural del cómic (en Francia, el Louvre realizó una enorme exposición en 1967, imitada al año siguiente en el ámbito local por el Instituto Di Tella de Buenos Aires), la crítica siguió considerándolo un tema de menor importancia hasta casi terminada la década del ochenta. Por lo tanto, me refiero aquí tanto a la proliferación de textos de autor como al movimiento de pequeñas prensas independientes, muchas veces creadas con el solo fin de promover a los primeros. Si bien este comentario parece reflejar, sobre todo, la situación en los EE.UU., el crecimiento y el interés exponenciales por el medio también pudieron verse en Europa, aunque por carriles que podrían ser considerados institucionales (como la creación del grupo L'Association en 1990 en Francia) o académicos (como en el caso de la fundación del Centre National de la Bande Dessinée y de L'Image, o del Musée de la Bande Dessinée, también en Francia, aunque existen instituciones equivalentes en otros lugares de Europa). Argentina cuenta con su propio Museo del Dibujo y de la Ilustración, aunque su carácter itinerante complica su rol institucional. El período que se abre en los setenta está marcado por el amplio desarrollo de estudios semióticos de la historieta en todo el mundo.

[41] La década del ochenta se caracteriza por el aparente abandono del paradigma estético-político por parte de los escritores que ingresan al campo cultural desde los medios masivos de comunicación como los diarios y el cine, en particular. Este desplazamiento conlleva una mirada crítica sobre la producción novelística y sobre la literatura en general, a la que se considera, en palabras de Martín Caparrós, "un subproducto" en el mercado de bienes culturales. En otros trabajos he analizado este proceso. Para una perspectiva panorámica del mismo, véase mi ensayo "Post-Utopian Imaginaries. Narrating Uncertainty" publicado en *Blackwell Companion to Latin American Literature and Culture* (2008).

lo ideológico que hace diáfano el efecto de experimentación política que, en los textos canónicos, se oculta. Este efecto está subrayado por el entrecruzamiento de estéticas cuyas adscripciones están claramente demarcadas en el campo cultural. Así, cabe preguntarse ¿qué tipo de operaciones hace algo que se autodenomina como "cultura popular" con los materiales en circulación dentro de un campo cultural dado? La cuestión adquiere una dimensión central si consideramos que éstos son productos de un campo cultural donde arte y política conforman una unidad de sentido que emerge con la fundación misma del Estado nacional (y no exclusivamente por aquello de Piglia sobre "porque hay novela, hay Estado"). De manera tal que no podemos pensar que las estéticas a las que apela el cómic argentino sean fortuitas.

Por cierto, la elección del realismo tiene un ojo puesto en el mercado, pero no es la única razón de peso. A partir de la década del cincuenta, la discusión en torno al realismo es también un debate en torno a la identidad de la plástica argentina en el espacio mayor del mercado internacional del arte. Más aún, el rechazo a las vanguardias (sobre todo a aquellas tendencias que buscaban desarrollar formas abstractas y geométricas) se convertiría para un buen número de artistas plásticos en una forma de la resistencia a las "invasivas" culturas norteamericanas y europeas. Este debate no pudo pasar desapercibido en una industria tan internacionalizada como la del cómic,[42] ya que teñiría toda la década del sesenta y daría forma a los debates sobre la relación entre arte y política. Pero esa relación, aquí adquiere un sentido particular, ya que el medio opera sobre lo que Scott McCloud ha llamado "amplification through simplification", es decir una suerte de operación visual-escrituraria de reducción de los elementos realistas a su mínima expresión que permiten incrementar el doble efecto de la emisión narrativa en su doble plano semántico, por una parte, y por otro, el extrañamiento de la lectura/ recepción que conlleva esa maniobra. O, dicho de otro modo, la solidaridad icónica entre lo escriturario y lo visual desestabiliza lo que de realismo *strictu sensu* pueda tener el cómic a primera vista. Si la intención

---

[42] O de otras industrias vinculadas con la cultura "popular". Por ejemplo, habría que pensar qué tipo de operaciones hace un artista como Florencio Molina Campos, más conocido por sus caricaturescas ilustraciones de la vida gauchesca en la serie de almanaques para la empresa *Alpargatas*. Su obra trabaja una carnavalización tanto de la gauchesca como del realismo en el momento mismo en que esos temas pasan a un discreto segundo plano en la plástica argentina, y a dónde no volverán sino hasta mediados de los sesenta en clave expresionista. La mirada de Molina Campos, a medias entre la mordacidad y la nostalgia, convierte la gauchesca en un exotismo que aparece en sus intervenciones en la película *The Three Caballeros* (1943) producida por los estudios Walt Disney, y en el episodio *The Flying Gauchito* (1945) que fuera tomado de la película y dado en forma independiente dos años después.

del realismo es dar fe de algo, esa pretensión es puesta a prueba en textos que (des)organizan las expectativas de recepción del medio.

Hay, en la visualidad de los cómics de los que nos ocuparemos aquí una intensa contradicción: del lado realista aparece un intento de representar la realidad, el gesto *naïve* de copiar lo real a través de la documentación, de los mapas, de los gestos casi fotográficos de la representación, etc. Es, ciertamente, la expectativa didáctica acerca de lo popular: materiales que se prestan a aparentes lecturas de fácil acceso, sin requisitos de saberes previos. Pero del otro lado, la deformación expresionista hace evidente la inocencia del gesto, y articula, en el acto mismo de la mirada sobre la página, la (de)construcción de la realidad y de la palabra a través de imágenes que evocan resabios de iconografías políticas y claros aparatos estéticos marcados ideológicamente: todavía lejos de los imaginarios cósmicos de artistas como Hermenegildo Sábat o de los climas oníricos de Raúl Fortín, estas historietas se anclan firmemente en las ideologías de la cotidianeidad al reificar la experiencia de lo político como objeto de consumo. Y en tanto que objeto, se manejan con un lenguaje visual centrado en espacios urbanos fácilmente reconocibles; localizado pero no adscripto a tradiciones sobre lo "nacional" tal y como aparecen en pintores del realismo como Antonio Berni sobre todo en la serie de "Juanito Laguna"; o, en un registro visual más cercano a Alberto Breccia en *El Eternauta*, el expresionismo de Juan Carlos Castagnino y su serie de litografías para la edición del *Martín Fierro* (1963). Pero a diferencia de éstos plásticos, la trascendencia no se apoya nunca en las evocaciones de denuncia social de los retratos, sino en la construcción de los programas que surgen del doble entramado de la imagen y de la narrativa. De manera tal que las imágenes de los cómics juegan a ser naturalistas y a no cuestionar su relación con el mundo o con lo real, pero al mismo tiempo re-codifican la experiencia histórica a través de la alienación de la fábula y de la lectura, transformando la primera en arquetípica, y por ende, en material pasible de la épica o de la mítica, en un sentido que poco tiene que ver con las idealizaciones del realismo socialista.

Estas son épicas de la alienación cotidiana. En otras palabras: es un realismo opaco, anclado en la experiencia psicológica de lo político mucho más que en la percepción de nada o que en el cuestionamiento sobre esa misma percepción. De allí esa saturación que hace parecer obvio lo que en realidad no es nada evidente: uno cree leer algo cuando, en verdad, la lectura "de superficie" del medio es un espejismo (Barthes hablaba de esto como un *punctum*). Retomando la pregunta de Derrida a fin de re-formularla para nuestros fines, habría que pensar a partir de aquí, en que se asienta ese espejismo, ¿qué es la verdad en el cómic, particularmente en cómics que acumulan tantos descentramientos?

Para dar una primer intento de respuesta, regreso al final de *Postmodernism or, the Cultural Logic of Late Capitalism* (1991), donde Fredric Jameson decía que el terreno más crucial del debate ideológico había migrado de los conceptos a las representaciones y que esta transformación aparecía con más claridad en las estructuras oposicionales de los nuevos movimientos sociales y culturales. En los límites de las transformaciones socio-políticas que atravesó la Argentina desde mediados de la década del cincuenta hasta mediados de los ochenta, las novelas gráficas de ciencia ficción ofrecen no sólo la representación visual de esas mutaciones, sino también un modelo de cómo se produjeron esos desplazamientos, así como una proyección de la transformación de los tipos de sujeto social que, en el campo intelectual, vendrán a proponerse como deseables y representativos del devenir de sujetos que se definirán como nacionales y populares, primero, y como posmodernos, más tarde. La novela gráfica se hace cargo de estas transformaciones, convertidas ahora en vehículos de crítica política e ideológica, radicalizando las apuestas discursivas de la ciencia-ficción argentina (y en muchos casos, anticipando operaciones canónicas del campo cultural), sobre todo a partir de los ochenta. Si en la segunda etapa de la evolución de la industria editorial de las revistas se generarían las publicaciones que veremos en el próximo capítulo (*El Péndulo, Minotauro*), la primera etapa sería el espacio de desarrollo de complejas propuestas estéticas que consagrarían a dibujantes como Alberto Breccia, a escritores como Copi, y por supuesto, al primer historietista de quien nos ocupamos en este capítulo, Héctor Germán Oesterheld.

2
El Eternauta: *la revolución es un sueño eterno*

La figura de Héctor Germán Oesterheld es quizás una de las más veneradas por los lectores de historieta y por los de ciencia ficción en Argentina. No es el escritor fundacional de este último tipo de narrativa, pero es quién contribuyó en mayor medida a darle una identidad propia a algo que, hasta entonces, funcionaba en los resquicios de lo fantástico. Antes de Oesterheld, muchos escritores habían incursionado en la ciencia ficción en forma esporádica, como Jorge Luis Borges, o de manera continua, como Santiago Dabove. Pero sus publicaciones coincidieron con y cimentaron el llamado proceso de implantación de la ciencia ficción norteamericana en la Argentina: la revista *Más Allá de la Ciencia y la Fantasía* (1953-1957) en cuyas páginas se dio a conocer al canon de la modalidad en el país, publicó algunos de los primeros trabajos de Oesterheld, quien también fue su director. La obra de Oesterheld es muy extensa e incluye todo tipo de historietas, desde narraciones destinadas al público infantil, pasando por historietas histórico-políticas, hasta la ciencia ficción, de la cual nos ocuparemos en este trabajo. Justamente, la fundación de la revista *Hora Cero* (1957-1959) y la publicación de la historieta *El Eternauta* en sus páginas serían eventos pivotales para el campo cultural argentino.

La historieta *El Eternauta* fue publicada tres veces.[43] La primera versión

---

[43] Las distintas versiones de la fábula original del *Eternauta* sumado a la complejidad de lo que podríamos denominar problemas de "autor" en las sucesivas ediciones tanto de la historieta original como de sus ramificaciones, vuelven muy complejo el análisis del cómic. Este no es un problema inusual dentro del medio ya que la categoría de "autor" dentro de la industria del cómic refiere o bien a la producción conjunta de guionistas y dibujantes (tanto de individuos como de equipos) que trabajan un proyecto desde su inicio, o bien al proyecto creado en torno a un guionista que aúna la estética de diversos dibujantes a través de historias específicas. Generalmente y hasta la década del setenta, los personajes mismos solían ser propiedad de las casas editoriales que se ocupaban de entregarlos a diferentes artistas para que los revivieran de acuerdo a políticas y a necesidades editoriales de momento. De ahí las múltiples reencarnaciones de personajes que adquieren diversas coloraturas según quién les dé voz y figura. Aunque en estas páginas no ahondaré en esta problemática, ya que me ocuparé, estrictamente, de lo que se entiende como "producción de autor" en el sentido más llano del término y no analizaré las versiones del personaje Juan Salvo que no hayan sido creadas por el propio Oesterheld, no quisiera dejar de mencionar que es muy común que críticos no especializados tiendan a olvidar estas cuestiones y mezclen la producción de guionistas posteriores con la producción original del creador del *Eternauta*. A título informativo (y sin intentar hacer una lista exhaustiva), sin

(cuyo título completo era *Una cita con el futuro: El eternauta; memorias de una navegante del porvenir*, con dibujos de Francisco Solano López), apareció entre 1957 y 1959 en la ya mencionada revista que dirigía su propio guionista. Contaba con 350 planchas, en blanco y negro, con una estética realista que reproducía de modo muy claro la topografía y el paisaje de la ciudad de Buenos Aires. Presentada en tiras apaisadas y distribuida en grupos de 9 a 10 cuadros de distintos tamaños por plancha, la narrativa está organizada en secuencias de acción-a-acción o de escena-a-escena, con algunos casos de primeros planos que subrayan aspectos psicológicos de los personajes o de momentos clave de la narración. Es una narrativa clásica a la que Solano López volverá en *El Eternauta II*, aunque en este caso la factura del dibujo será menos limpia, generando cierta sensación de urgencia, de clima opresivo en cada una de las imágenes.

La segunda versión, apareció en 1969 en la revista *Gente*, esta vez con dibujos de Alberto Breccia.[44] La historieta se publicó en 50 planchas en blanco y negro, y muchos episodios están reducidos o referidos en cartuchos, lo cual afectó la parte narrativa: se hacía muy difícil seguir la fábula para alguien que no conociera la primera versión. Por otra parte, hay quienes sugieren que Oesterheld tenía la costumbre de no revisar las planchas que iban a imprenta, y que éste

---

embargo, quiero señalar que la primera versión de la tira fue recogida por primera vez como libro coloreado en 1962, en la Editorial Ramírez. Tres versiones más, en libros en blanco y negro, recogen también las ediciones iniciales y aparecieron sucesivamente en 1977 primero, y luego en 1997 y en 2002. *El Eternauta II* escrita por el propio Oesterheld con dibujos de Francisco Solano López apareció originalmente en la revista *Skorpio* hasta 1978 y fue recogida como libro en el 2004. Durante 1962, Oesterheld había intentado convertir la historieta en una novela, pero el proyecto no prosperó. Sin embargo, a partir del número 4 de su revista *El Eternauta*, apareció una serie de capítulos donde Juan Salvo es el narrador-testigo de eventos históricos como el bombardeo nuclear a Hiroshima o el terremoto de Pompeya, por una parte, y por otra, continúa narrando los eventos de la invasión extraterrestre. La publicación de estas narraciones (ilustradas por dibujantes como Leopoldo Durañona o Julio Schiaffino) completando un total de doce episodios, continuó hasta el cierre de la revista (número 15) y fue recogida como libro en 1995. Hasta aquí las versiones de Oesterheld. En 1983, como una forma de homenaje a Oesterheld, y porque en Italia había gran interés en los materiales de historieta publicados en Argentina (el país había ganado varios premios internacionales de humor gráfico e historieta), el director de *Skorpio* decide publicar la Tercera Parte del *Eternauta*, que se convertiría en la sexta publicación de este texto. Aunque Solano López realizó algunos de los dibujos iniciales, el proyecto fue completado por el guionista Alberto Ongaro y los dibujantes Mario Morhain y Osvaldo Viola (alias *Oswal*). Esta versión contó con 272 planchas. Desde entonces han aparecido también una serie de aventuras donde otros dibujantes y guionistas retoman el personaje, pero no me ocuparé de ninguna de ellas en este trabajo.

[44] En adelante, me refiero a las páginas de la edición de Colihue, que manejé para el presente análisis, como planchas tanto por razones técnicas como también porque la misma edición reproduce las planchas originales sin sus números de orden original.

es el origen de muchos cambios de nombres y detalles. La estructura narrativa de esta segunda versión cambia substancialmente, no sólo porque la estética de Breccia abandona el naturalismo y la factura limpia de Solano López en favor de una estética que absorbe las enseñanzas del expresionismo y de las artes gráficas, sino porque la presentación vertical de las planchas con grillas de no más de seis cuadros permite una mayor movilidad de la imagen que recarga los climas lóbregos, y porque, además, resulta en una más interesante presentación de la plancha donde la distribución de los cuadros no es uniforme y responde estrictamente a las necesidades estéticas de cada uno de los episodios narrados. La preponderancia de primeros planos, de cuadros en contrapicado, y de la diversidad de letras de molde completa el dinamismo de las imágenes.

Esta segunda adaptación incrementa la carga política inicial, y la invasión extraterrestre que en la primera versión afectaba a todo el planeta, aquí se convierte en el producto de una traición de las naciones desarrolladas que entregan América Latina a cambio de su propia seguridad.[45] El estilo de Breccia, que trabaja la tinta china y los grabados sobre yeso y madera, también generó problemas de recepción. La combinación de una historieta a todas luces radicalizada, tanto en sus aspectos estéticos como políticos, en el ámbito de una revista de chismes contribuyó a su abrupta cancelación. Recién en 1976, a pedido de la revista *Skorpio*, Oesterheld retoma la historieta, continuándola bajo el nombre *El Eternauta II*, otra vez con dibujos de Solano López, en 204 planchas en blanco y negro. Debido a la desaparición de su autor, la publicación de esta segunda parte se interrumpe (aunque la fábula aparece como completa), y *El Eternauta* pasa a convertirse en un objeto de culto que la crítica *fandom* lee como la pesadilla premonitoria de uno de los mártires de la dictadura.[46]

---

[45] Esta idea aparece en otra de las historietas de Oesterheld, donde el episodio es parte integral de la narración: en el capítulo V de *La guerra de los Antartes* (primera versión Oesterheld-León Napo, 1970; segunda versión Oesterheld-Gustavo Trigo, 1974), los invasores ofrecen traer a la Tierra su tecnología avanzada y su organización social racional para acabar con la pobreza, el hambre y las enfermedades a cambio del "dominio absoluto sobre un continente" para poder ser "una superpotencia amiga". Los antartes eligen Sudamérica, lo cual provoca el "alivio infinito en los jefes de estados europeos, asiáticos, norteamericanos [...] Ríe el japonés, ríe el australiano". Un análisis detallado de la mirada ideológica que la historieta hace sobre las relaciones internacionales en el marco del colonialismo tal y como se lo entendía en la década del sesenta excedería los alcances de este trabajo pues implicaría ampliar el *corpus* a novelas gráficas de Oesterheld (y de otros guionistas y escritores). Rachel Haywood Ferreira ofrece una aproximación muy interesante en esta dirección en su trabajo "Oesterheld´s Iconic and Ironic Eternautas" en la antología crítica *Latin American Science Fiction: Theory and Practice* (2012) de M. Elizabeth Gingway y J. Andrew Brown.

[46] Oesterheld, sus cuatro hijas y sus esposos, así como sus nietos fueron secuestrados durante 1977. Sólo dos de los nietos fueron recuperados; el resto de la familia permanece desaparecida.

La huella del *Eternauta* en la cultura popular argentina no es fácilmente medible, aunque algunos indicios pueden darnos pautas para pensar hasta qué punto la historieta fue consumida por amplios sectores de población y el impacto que esa lectura causó. Como datos curiosos, puede indicarse que existen desde una composición musical creada por el grupo Apertura en 1986 hasta una adaptación teatral diseñada por el grupo de teatro independiente Morena Cantera Jrs. (2003) y otra escrita por Jorge Claudio Morhaín y estrenada en el 2007 con motivo del cincuentenario de la historieta, durante la muestra homenaje *50/30* (Buenos Aires, julio 2007) y titulada *El viajero de la eternidad*. Existen múltiples piezas de homenaje incluyendo un documental (*H.G.O.* [1999] de Víctor Bailo y Daniel Stefanello) y una ópera rock (*El Eternauta* [2007] de Pablo Conti, y Pablo y Emiliano Magliano), pasando por toda una serie de reencarnaciones del personaje a través de distintos dibujantes y guionistas que desarrollaron aquellas historias que el personaje Juan Salvo menciona o refiere sin ampliar en las versiones originales, por no mencionar aquellas que simplemente toman al personaje y a su ideología como base para generar nuevas historias dentro del aparato de la industria cultural del cómic.

Pero el personaje y su autor ocupan un lugar algo peculiar en el imaginario cultural argentino y que desborda los límites del campo cultural.[47] En 1998, el Correo Argentino emitió una estampilla con el personaje (en una serie que incluía, entre otros, al *Loco Chávez* de Carlos Trillo y Horacio Altuna, a *Clemente* de Caloi y a *Mafalda* de Quino). En diciembre del 2001, los escultores Miguel Ángel Foncueva y Víctor Gourianov presentaron el modelo de un monumento de 2,5 metros de altura de "El Eternauta", que debería ser emplazada en un espacio público a determinar.[48] Así mismo, durante septiembre del 2002, se

---

Reportes de sobrevivientes que estuvieron con Oesterheld durante su cautiverio indican que sus hijas (dos de las cuales estaban embarazadas) y sus yernos fueron asesinados casi inmediatamente y que el guionista llegó a ver fotografías de sus cuerpos. Según estos mismos relatos, Oesterheld fue fusilado en algún momento de mediados de 1978. De acuerdo con el *Index on Censorship* de 1996, ninguna de sus obras fue censurada por la dictadura ni por los gobiernos que la precedieron. Su esposa y dos nietos le sobreviven.

[47] Decir que los "desborda" es literal. Durante varios años, también se discutió la posible filmación de una película basada en el cómic, con capitales italianos y a ser dirigida por el director Marcos Bellochio. Aparentemente, un anuncio formal sobre este proyecto fue hecho hacia junio del 2005, aunque no hay datos concretos sobre cómo prosiguió esta discusión. Existe un corto que narra el inicio de la historieta y que fue financiado con fondos del Centro de Formación Profesional del Sindicato de la Industria Cinematográfica Argentina en 2013.

[48] La plazoleta H. G. Oesterheld está en Puerto Madero en Buenos Aires. El monumento al Eternauta es parte de un proyecto financiado por BID-SC (Banco Interamericano de Desarrollo en conjunción con la Secretaría de Cultura de la Ciudad Buenos Aires) para el desarrollo

realizó una muestra en el Palais de Glace en Buenos Aires en homenaje a su autor con el título de "Oesterheld. Héroes colectivos". Declarada de interés nacional, la muestra abarcaba la vida y obra de Oesterheld al que se definía como un "héroe colectivo" en los documentos de petición al Senado de la Nación.[49] En el catálogo de la muestra, el entonces Secretario de Cultura de la Nación, Rubén Stella, decía:

> Como pocos prefiguró su propia historia a través de la ficción. Él mismo es hoy El Eternauta. Un viajero del espacio sin tiempo que late en nosotros como viva memoria. Que nos alienta y compromete. Y así como sé que algún día, que espero no lejano, recogeremos un nombre y lo llevaremos como bandera a la victoria; también sé que alguna vez, como Juan Salvo, Héctor se constituirá ante nosotros para contarnos de sí y guiarnos en la 'batalla final'.

Ya en la década del treinta, Gramsci había observado que:

> Los héroes de la literatura popular, cuando han entrado en la esfera de la vida intelectual popular, se separan de su origen "literario" y adquieren el valor de personaje histórico. Toda su vida interesa, desde el nacimiento a la muerte, y esto explica el éxito de las "continuaciones", aunque sean falsas [...]. (*Literatura y vida nacional* 149)

Pero si esto explica aspectos psicológicos y afectivos en el éxito y pervivencia de Juan Salvo en la cultura (popular) argentina, no explica en modo alguno en qué consisten ni las operaciones ideológicas de los textos ni su inserción en el campo cultural y, de ninguna manera, el tipo de cortes que opera con respecto al sistema cultural y, por ende, las razones estético-ideológicas de su preeminente posición. Estos interrogantes serán el foco de nuestro trabajo en las páginas que siguen.

La historia de las dos primeras versiones del *Eternauta* es relativamente simple.[50] En una casa del barrio de Vicente López, una noche de invierno, el propio guionista descubre una presencia en su estudio. Con este principio, el

---

de espacios públicos. Al momento de escribirse este trabajo no pude hallar datos sobre la finalización del proyecto o del emplazamiento de la estatua.
[49] Proyecto de Resolución 2650-S-02, redactado por la Senadora Graciela Yolanda Bar (Entre Ríos- Bloque PJ Para la Victoria).
[50] *El Eternauta II* se inicia unos minutos después del regreso de Juan Salvo a su casa en la primera versión, cuando Oesterheld, otra vez en la noche invernal de 1959, intenta prevenir a los amigos de los sucesos por venir, alterando la línea temporal original en casi cuatro años. La repetición de la estructura de relato enmarcado le permite al texto funcionar dentro de los carriles del realismo.

relato adquiere la estructura clásica de un relato enmarcado, donde el guionista abrirá y cerrará la narración, prestándole, además, los visos de verosimilitud necesarios para anclar más firmemente el relato de Juan Salvo. Este intruso se materializa en la figura del Eternauta que le refiere su historia, iniciada cuando cuatro amigos se encuentran para su habitual partida de truco. El dueño de casa, Juan Salvo, es de clase media acomodada, y vive en el tranquilo suburbio, sin que los vaivenes socio-políticos del momento lo afecten demasiado. Está casado con Elena, y es padre de una niña de diez u once años, Martita. Salvo es propietario de una pequeña empresa que fabrica televisores y, como sus amigos, es inventor. Su casa tiene un laboratorio casero donde el grupo se junta para hacer astromodelismo, inventar violines antiguos y un microlaser del que casi nada se sabe.

A poco de iniciarse la partida de truco, la radio da unas noticias extrañas, la luz se corta y empieza a nevar. Se hace un gran silencio y, tras las ventanas cerradas, los amigos pueden ver gente muerta. Tras unos instantes de confusión, concluyen que la nevada es lo que ha matado a los transeúntes. Uno de ellos, Polski, intenta regresar a su propio hogar, y al salir muere, confirmando esta hipótesis. Al volver a funcionar la radio, los presentes se enteran de que se trata de una invasión extraterrestre y que ellos están entre los pocos sobrevivientes que quedan. Tras varias escenas donde se debate la naturaleza de la supervivencia y de la solidaridad, Salvo y su amigo Favalli, son reclutados como maquíes por miembros del ejército que intentan una contraofensiva.

El resto de la historieta está compuesta por una serie de batallas y encuentros que les permiten dilucidar parte de las causas de la invasión, quiénes los han traicionado y los intentos de resistencia. La historieta empieza a girar sobre sí misma cuando Elena y Martita se pierden al quedar encerradas en una cápsula temporal que el propio Salvo acciona por error. Tratando de alcanzarlas, Salvo se convierte en el Eternauta quien, finalmente y tras muchos viajes, arriba a la casa de Oesterheld para descubrir que ha llegado cuatro años antes de los eventos narrados, con lo cual regresa a su hogar y recupera su antigua vida, pero pierde la memoria, y la historia se cierra en un círculo perfecto.[51]

En su introducción a la historieta en 1976, Oesterheld decía:

---

[51] En la primera versión, la narración de Juan Salvo se cierra en el invierno de 1959 y la invasión ocurre en 1963, lo que superpone el tiempo real de la publicación al del discurso. En la segunda versión, se intentó crear un efecto similar haciendo coincidir la fecha de las últimas publicaciones de septiembre de 1969 con el tiempo de la narración, trasladando la invasión a 1971. La cuestión de la temporalidad, dada la velocidad con que se cierra el relato, se volvió más problemática en este caso, y el golpe de efecto de la segunda versión no fue tan efectivo.

> Ahora que lo pienso, se me ocurre que quizá por esta falta de héroe central, *El Eternauta* es una de mis historias que recuerdo con más placer. El héroe verdadero de *El Eternauta* es un héroe colectivo, un grupo humano. Refleja así, aunque sin intención previa, mi sentir íntimo: el único héroe válido es el héroe "en grupo", nunca el héroe individual, el héroe solo.

Ha sido lugar común de la crítica que ha surgido sobre este texto en los últimos años tomar a pie juntillas la reflexión de su autor, particularmente en vistas de la atroz situación histórica que desgarró su vida. Sin embargo, creo necesario revisar esta afirmación por varios motivos. En primer lugar, porque en el texto la invasión opera una ruptura nihilista con el mundo, en un retorno a la idea nietzscheana de que todo futuro válido requiere de un corte epistemológico total con el pasado. Si bien esta idea no aparece plenamente desarrollada en la primera versión, sí está claramente delineada en la segunda, y es el subtexto que sostiene, desde el punto de vista ideológico, la estructura de *El Eternauta II*, donde los programas insinuados en las dos primeras versiones se articulan finalmente con toda claridad. Ciertamente ese corte dispara la aventura, convirtiéndose en el motor de las acciones, y permite generar series discursivas dentro de la producción de ciencia ficción más cercana al *pulp* americano de las décadas anteriores.

En este sentido, el *pathos* de *El Eternauta* está mucho más cerca de lecturas juvenilistas del *pulp* de la ciencia ficción del período de la *Golden Age* (1930-1950) en los EE.UU., que de los procesos reflexivos iniciados por los escritores de la *New Wave* desde fines de los cincuenta. Más bien, el subtexto nihilista acentúa el talante apocalíptico de un texto que dialoga primariamente con los aspectos visuales de la cinematografía de ciencia ficción de esa misma década (pienso en películas como *War of the Worlds* [1953] de Byron Haskin, o *Them!* [1954] de Gordon Douglas), donde la ansiedad causada por los avances tecnológicos y por la Guerra Fría, se convierten aquí en metáforas de la angustia imperialista/ colonialista y de la dicotomía industrializado/ no-industrializado en unos términos harto particulares.[52] Así, la saga del *Eternauta* responde muy bien a la descripción del cine de ciencia ficción producido hasta mediados de

---

[52] Esa mirada cobrará particular profundidad en la Nueva Figuración y en obras como *El cosmonauta saluda a Juanito Laguna a su paso sobre el bañado de Flores* (1961) de Antonio Berni, donde esta misma preocupación divide el cuadro en dos planos contrapuestos (el del espacio y el de la villa) no sólo por el uso contrastante de color, sino por las presencias divergentes de tecnologías (la nave espacial y el carrito) que claramente pertenecen a niveles distintos de desarrollo. Aquí, sin embargo, la iconografía de la desigualdad y la pobreza transforman la obra en un documento de denuncia que busca conmover a través de la reacción visceral a los materiales mucho más que adoctrinar a través del lenguaje narrativo.

los sesenta que hacía Susan Sontag: se trata de relatos donde hay una mirada desapasionada y fría sobre la destrucción y la violencia, y donde los objetos de la tecnología son el *locus* de la experiencia del poder (209-25).

Por tanto, si existe algún diálogo con la narrativa de ciencia ficción norteamericana o inglesa (cuyas traducciones ya para 1957 han aparecido en Buenos Aires desde hace algunos años), el imaginario proviene sobre todo de las publicaciones de revistas como *Astounding Science Fiction* (1939-1960), donde se cristaliza la imagen amenazante del invasor extraterrestre. Como veremos luego, este último punto es también problemático, pero por lo pronto, quisiera subrayar que resulta altamente llamativo que un artefacto que intenta constituir lo colectivo como el espacio de la solidaridad y de la autenticidad de lo nacional para generar futuro, se entronque tan claramente en tradiciones narrativas que, a su vez, apelan al militarismo y a la escatología del fin de la historia. El texto contemporáneo más cercano a *El Eternauta* es, no sin sorpresa, la novela *Starship Troopers* (1959) de Robert A. Heinlein.[53] De ninguna manera pretendo hablar de inexistentes influencias,[54] sino más bien de indicar la pertenencia de la saga del *Eternauta* al espacio discursivo donde la ciencia ficción se interroga no sólo sobre cómo los individuos enfrentan (y aceptan) exigencias de responsabilidad social por encima de la lógica o de expectativas racionales, sino también donde la ciencia ficción reflexiona sobre el rol de las fuerzas armadas en la formación de estructuras de control social de una comunidad y cómo se justifica la pérdida de derechos individuales ante aparentes causas de fuerza mayor. De manera tal que debemos preguntarnos en qué consiste el valor iconográfico de un pretendido "héroe colectivo" que apela tan rápidamente al subtexto de *Zarathustra* para crear sus arquetipos, por una parte, y por otra, qué operaciones ideológicas emergen en la construcción y selección de las cualidades de estos "héroes en grupo" en el espacio discursivo de un medio (popular) que re-organiza el espacio social a través de la masculinidad, la guerra y la anulación del tiempo histórico como devenir en una narrativa (tanto en el ámbito discursivo como visual) cuyas construcciones operan desde una paranoia no mediada por nada.

---

[53] Pablo Capanna comenta que Oesterheld tradujo y publicó varios de los trabajos de Heinlein en *Más Allá*, transformando su discurso derechista en "una parábola revolucionaria" al incorporar sus preocupaciones en *El Eternauta* ("Los futuros argentinos").

[54] No intento quitarle a Oesterheld nada de su originalidad. Si bien es posible que el escritor no haya leído el libro hasta mucho después de su publicación (si es que lo llegó a leerlo alguna vez), los paralelos no dejan de ser sorprendentes. Por otra parte, algunas de las escenas de las batallas, particularmente aquellas en que los Cascarudos intentan comer a los soldados, son parte del paradigma que, en el campo internacional, cristaliza con esta novela.

Hay un segundo motivo por el cual la afirmación de su autor me resulta problemática. El texto organiza una serie de oposiciones cuyo núcleo central es ese mentado "héroe colectivo" articulado como un "nosotros" en sentido fuerte, organizando una serie de elementos identitarios, que en la Argentina de fines de los cincuenta eran fácilmente reconocibles para un público lector consciente de la proscripción del Peronismo, y cuya función política es tan medular que no sólo se radicalizará en la segunda versión, sino que se volverá programática en *El Eternauta II*. Al reflexionar sobre la historia del Peronismo en Argentina, Emilio de Ípola hablaba de la construcción de la identidad del sujeto–pueblo "sobre la base de premisas organicistas que lo reifican en el Estado y que niegan su despliegue pluralista, transformando en oposición frontal las diferencias que existen en su seno, escindiendo el campo popular a base de la distinción 'amigo' y 'enemigo'" (Ípola 23).[55] En la historieta, la invasión justifica esa división tajante en la necesidad de la supervivencia: si hasta 1955 el Estado justicialista se había convertido en el parámetro unificador del "nosotros", aquí (en una clara metáfora acerca de la exclusión política del Peronismo), el "nosotros" será definido por la oposición militante al "Ellos" invasor del espacio de la Patria:

Figura 2.1
El Eternauta (Héctor G. Oesterheld y Francisco Solano López, 1955-1957)
Plancha 44, viñetas 4-10.

Una de las primeras (y muchas) instancias de discusión de la amistad en la formación del "nosotros" que identifica a los personajes frente a sus enemigos.

---

[55] Años después, críticos como Jon Beasley-Murray, en textos como *Poshegemonía* (2010), señalarían la pervivencia de todos los elementos aquí analizados en la formación ideológica del neopopulismo de inicios de siglo XXI. La anulación y radicalización de la diferencia como categoría no negociable, la asimilación entre líder y Estado, etc., son todos elementos que ya aparecen en esta historieta y que explican, *ab initio*, el pensamiento de Ernesto Laclau.

Obviamente, el texto simétricamente opuesto al *Eternauta* en esta línea de análisis es "Casa tomada" (de *Bestiario* [1951]) de Julio Cortázar, donde la lectura liberal transforma al "ellos" amenazante en las invisibles masas peronistas que se apropian del espacio público y privado, desplazando a las clases liberales de la casa patria, hasta obligarlas a exiliarse. En este sentido, el *Eternauta* es el reverso de las lecturas liberales sobre la situación política de la década del cincuenta. Aunque no sea la lectura "popular" de la historia en el sentido letrado del término, es claramente la versión de los hechos que abraza un alto porcentaje de la población que vio en la Revolución Libertadora de 1955 el fin del reconocimiento de sus necesidades. El des-centramiento visual y discursivo que opera la ciencia ficción permite, a partir de aquí, cargar semánticamente el "nosotros" con una serie de significados que, no sólo entroncan la historieta en el discurso del revisionismo, sino que además permiten reforzar el valor icónico del sujeto colectivo en la oposición de nacional/ nosotros vs. extranjero/ ellos que proviene de esa tradición historiográfica.

Desde esta perspectiva, el cómic será "nacional y popular". En la historieta, el "héroe colectivo" está claramente insertado en los debates en torno al Peronismo, y no es casual que el modo en que se articula la reflexión parta del sujeto social que está en el vórtice de las discusiones políticas e intelectuales del período, puesto que allí todos estos elementos convergen: si el *Eternauta* ha sobrevivido al *pulp*, es porque, a partir de dispositivos metafóricos ya presentes en el campo cultural, organiza una iconografía socialmente reconocible a través de los personajes y de las redes de relaciones que establecen entre sí. Hablando de los personajes de Rodolfo Walsh en *Operación masacre* (1957), Christian Ferrer decía:

> El peronismo de su primera investigación periodística es el maquis resistente a la ocupación de sindicatos y fábricas. Walsh le proporcionó inintencionadamente una primera leyenda a esa épica heroica que vegeta en las nebulosas de Clío. (27)

Exactamente lo mismo puede decirse de *El Eternauta* y de la suerte de discurso épico que atraviesa la narrativa de este cómic. Si Walsh provee esa épica del lado de la literatura alta, Oesterheld lo hace del lado de la literatura popular. Lo que ambos narran es la articulación de un imaginario colectivo de transformación social a partir de lo que Raymond Williams denominaba la estructura de sentimiento. A la retórica de la resistencia y de la lealtad se suma aquí la certeza trascendente de la causa en la cual ese "nosotros" se reconoce por pura virtud de la solidaridad (aún cuando ésta esté limitada a la dicotomía amigos/ enemigos, y aún cuando el discurso entero esté armado sobre la arquitectura de la traición). Esa trascendencia es lo que le da legitimidad al accionar de los sujetos, puesto que en la lucha misma está la posibilidad de la salvación. Igual que la improbable muerte de Perón que poblará los discursos políticos de los siguientes diez años,[56] aún en la derrota, ni la patria ni la causa mueren: el "nosotros" que puebla las páginas del cómic pre-anuncia cómo y quiénes deberán hacerse cargo de la lucha por la liberación nacional. Este lenguaje épico adquirirá la solidez de un mito identitario en el discurso peronista de los ochenta y noventa, sobre todo, en las reflexiones sobre las experiencias de la década precedente.[57]

Pero además, aunque la articulación del "héroe en grupo" del que hablaba su autor haya sido original en lo referente a su función de bisagra que une el medio con la ciencia ficción, está lejos de ser un sujeto novedoso para los debates del campo cultural. Debido a la naturaleza del arco de radicalización política que se encarna desde la primera versión a la segunda y tercera versiones de *El Eternauta*, es necesario reflexionar sobre el origen de estos materiales en el campo cultural argentino. Ya en la *Rebelión de las masas* (1930) –uno de los textos que más leen los nacionalistas y los revisionistas argentinos–, José Ortega y Gasset (1883-1955) desplazaba el concepto de masa como clase social (con un énfasis en el proletariado) a la de masa como "hombre medio": este es, precisamente, el lugar social que ocupan los personajes de la historieta. No se trata de sujetos que puedan ser definidos por su individualidad o por su clase (hay un pequeño comerciante, un obrero, un militar, dos profesores universitarios, un empleado bancario), sino por su capacidad para establecer redes colectivas de mutuo reconocimiento; una suerte de comunidad natural y espontánea. Los personajes de *El Eternauta* están agrupados por la necesidad y por la amistad ante enemigos foráneos comunes, y por saberes muchas veces arquetípicos que ofrecen a los lectores un mapa de las posibles miradas sobre distintos grupos sociales y sus roles dentro de una sociedad.

Esta concepción de la sociabilidad y de la vida pública aparece en la literatura argentina a través de los ojos poco penetrantes de Raúl Scalabrini Ortiz en la figura algo ambigua del hombre de Corrientes y Esmeralda que protagoniza su *El hombre que está solo y espera* (1931) y representa un retorno al concepto de *Volk* que tan caro fuera a los románticos y que será fundacional para el populismo

---

[56] "Perón no muere" y "Evita vive" eran dos de los lemas compartidos por varias de las agrupaciones peronistas más radicalizadas que reflejaban la impronta verticalista del justicialismo, pero que también subrayan el profundo organicismo de su ideología.

[57] Pienso, por ejemplo, en cómo la narrativa que articula ese "nosotros" que tan claramente delinea este cómic aparece narrado en términos casi idénticos en los tres tomos de *La Voluntad. Una historia de la militancia revolucionaria en la Argentina (1966-1973)* (1997/1998/1999) de Eduardo Anguita y Martín Caparrós.

de los noventa como veremos luego: si algo podemos decir de los personajes (y de sus agendas) es que su identidad se forma en su "hacer con otros", en su relación (pasajera, temporaria, débil) con el grupo, más basada en la lealtad a los símbolos y a los líderes que a un ideario concreto. En su ensayo, Scalabrini Ortiz decía que el verdadero argentino entrega su individualidad al grupo, a la nación, a través de su identificación absoluta con la tierra. En otras palabras: el proyecto individual deviene proyecto (de Estado) a través de un proceso de identificación telúrica, gracias a una relación directa (ya sea real o imaginaria) con los líderes que responden a las necesidades del pueblo-masa a través de un proceso de respuesta directa y no a través de la mediación institucional.[58] En este contexto, el líder se reconoce como tal porque, en términos heideggerianos, "es-con-los-otros". Juan Salvo no el único héroe renuente de la historieta, pero es quien se convierte en dirigente no sólo porque sus dudas tienen un valor legitimante, sino porque sus acciones son, en todo el sentido del término, la conducta paradigmática del pueblo-masa en su accionar:

Figura 2.2
El Eternauta (Héctor G. Oesterheld y Francisco Solano López, 1955-1957)
Plancha 194, viñetas 4-10.

Juan Salvo, para su sorpresa y contra su voluntad, se convierte en el jefe legítimo de la lucha contra los invasores tras sus incursiones fuera del estadio ante el fracaso de las fuerzas del ejército. Nótese como el historiador Mosca (el Historiador letrado) sigue los dictados de Salvo de modo casi intuitivo y sin preguntarse o cuestionarse por posibles alternativas: esta conducta es una constante en la historieta.

---

[58] En este sentido, véase el excelente análisis sobre la campaña de cartas que acompañó el trazado del Segundo Plan Quinquenal en 1951 en el estudio de Eduardo Elena, "What the People Want" (2005).

Las figuras políticas que emergen en estos textos son insurgentes, algo anárquicos, solitarios, que operan en el imaginario de los martirologios, apelando a la hagiografía: no por nada, uno de los primeros libros de Rodrigo Fresán, quien fuera uno de los jóvenes escritores que empiezan a cuestionar todo este aparato discursivo en los noventa, se llamaría, precisamente, *Vidas de santos* (1993). La abdicación absoluta de sí mismo, de la individualidad, y de los seres queridos en aras del bien común, el abandono de todo bien material en función de la verdad absoluta que en este caso facilita la función redentora de la masa-pueblo en ausencia de las instituciones, se convierte en la afirmación vital que rige las nuevas formas de actividad política de estos sujetos que parecen haber declinado toda forma racional de organización institucional para reconocerse en la ontología del organicismo. Es lo que Antonio Negri y Michael Hardt describirán muchos años después en *Empire* (2000) como el militante contemporáneo. Curiosamente, estos autores hacen un punto en desasociar las prácticas militantes de los programas políticos e ideológicos de principios de siglo que los tenían como objetivos (confundiendo movimientos de muy distintas vertientes en un sólo plumazo) y estableciendo las primeras en el espacio de la voluntad triunfante, en un giro novecentista que está mucho más en deuda con Arthur Schopenhauer de lo que están dispuestos a admitir.

El voluntarismo es el común denominador de estos pensadores y describe muy bien el accionar del Eternauta y sus camaradas de armas. El valor central de la insurgencia contra el aparato (del Estado) invasor sin que necesariamente se lo reemplace con ningún otro proyecto, o con un ilusorio retorno a imaginarios orígenes, reconstruye la relación militante/multitud. Donde antes había proyectos organizados en función de la razón de Estado o de una racionalidad económica, el (nuevo) militante asume la voz del descontento social a través de distintas formas de resistencia que no son representativas sino, en palabras de Hardt y Negri, constitutivas de actividad, en un notable eco del texto de Oesterheld, pero también de textos que continúan y articulan esta ideología como es el caso de una novela paradigmática de 1975, escrita por Haroldo Conti, *Mascaró, el cazador americano* (Kurlat Ares, *Para una intelectualidad*). Si en los textos clásicos de teoría política la masa indicaba una desintegración de la agencia política, cabrá preguntarse qué implica su ausencia en los textos y cómo re-aparecerá al momento de re-componerse el debate político tras la dictadura.

En este sentido, vale la pena mencionar, aunque sea de manera breve, que tanto en la primera como en la segunda versiones de la historieta, los personajes se comparan a sí mismos con Robinson Crusoe (planchas 38 y 91, respectivamente) y a la casa donde se cobijan, con una isla. La comparación es por cierto interesante, ya que el texto de Daniel Defoe provee una suerte de impreciso guión a la historieta. Como Robinson en su isla, a los personajes no les falta nada excepto una sociedad constituida. Tras el naufragio que representa la nevada, logran rescatar de las casas aledañas los elementos necesarios para la supervivencia, y con esos instrumentos se organizan para enfrentar el solitario destino que les espera. Más aún: como en la novela de 1719, las primeras figuras de actores fuera del grupo original se descubren gracias a una serie de huellas en la nieve, y la característica central de los "gurbos" y de los "cascarudos" es su canibalismo. El "nosotros" que representan Salvo y los suyos re-construye el significado de la sociabilidad que el texto defiende no sólo a través del destino trágico de los personajes o a través de la oposición a la barbarie de los invasores. De manera similar a la novela de Defoe, cada uno de los personajes aporta las categorías básicas de ciudadanos deseables (tanto en sus saberes como en su organización) para el nuevo orden que ha de emerger tras la *tabula rasa* que representa la invasión.

La invasión abate la vieja sociabilidad argentina (que no se discute ni se muestra) y se la reemplaza por otra que emerge en el hacer de los personajes que ahora ya no están atados a las reglas capitalistas de trabajo sino a las pautas de solidaridad que hacen a sujetos cuya agencia está claramente definida por su interacción social. Aquí, desaparecida la esperanza, y regidos por las necesidades primarias de subsistencia, los roles del verdadero Ser argentino emergen como acto. En la primera versión esa nueva sociabilidad será enmarcada por una "ley de la jungla. Matar o morir ... Sólo sobrevivirán los duros, los fuertes" (primera versión, plancha 44). La frase señala un subtexto ético harto particular que se nutre del darwinismo social más básico. En la segunda versión, esa misma visión, en la voz de Favalli repite: "[...] En cierto modo hemos vuelto a la prehistoria; cada grupo debe velar por sí. Sólo sobrevivirán los muy duros, los que sepan cuidarse [...]" (segunda versión, plancha 95), y se convierte en el sema que atraviesa toda la actividad resistente de Salvo y su grupo, aún en el fracaso. El regreso a la proto-historia como guerra en las dos primeras versiones, y como utopía pre-capitalista en la tercera, re-compone también los marcos de la sociabilidad de estos Robinsones militantes. Es una moralidad de absolutos, donde no hay ninguna posibilidad de aprehender del otro, que se convierte en una forma abyecta de la monstruosidad, como veremos luego. Que esa lectura coincida plenamente o no con el texto original de Defoe, es ya otro problema, pero su eco es inconfundible. El texto entero organiza su pretendido impulso utópico sobre una ontología abstracta que desconoce toda forma de ética que no sea la propia.

Por lo pronto, aquí, lo que articula el "nosotros" de la narración es la trascendencia de la lucha grupal encarnada en los individuos a través de sus múltiples sacrificios. Asegurar la permanencia de ese espíritu trascendente del "nosotros" identitario que recorre el texto, es la función central de Salvo. Su figura encarna los valores dispersos del pueblo-masa (disciplina, solidaridad, lealtad, patriotismo, heroísmo), organizándolos en la lógica del accionar militante que, a su vez, se transformará en un claro programa ideológico en la novelística de los setenta. Las alianzas entre diversos sectores de la clase media y del ejército a través de los maquíes, instituyen el discurso de la historia de fuerzas que quieren ser populares y que se organizan a sí mismas para defender la autonomía de la cultura nacional al costo que sea, incluyendo la muerte. Vale la pena recordar aquí, el análisis de Beatriz Sarlo al respecto:

> Las virtudes coagulan alrededor de un núcleo oscuro y poderoso: el del sacrificio y la disposición a la muerte. Sólo es posible matar bien, matar con justicia, si la aceptación a caer en la lucha acompaña las acciones [...] La tradición rioplatense abundó en el siglo XIX, en fórmulas donde la muerte se colocaba como única alternativa a la victoria o al nombre de la causa defendida, y donde se prometía muerte al enemigo. (Sarlo, *La pasión* 179)

Al final de la primera versión, cuando Juan Salvo asume su misión, los términos trascendentes de su identidad superan toda barrera local, para convertirse en una suerte de forma de reconocimiento universal cuyo único credo es la resistencia a la opresión. Más aún: los costos de la resistencia que al principio provocan dudas éticas en Salvo son eliminados en favor de la causa mayor por las que abogan todos los resistentes, independientemente de sus orígenes. La resistencia es una causa absoluta y constituye una ética en sí misma. Esa marca otorga una dimensión arquetípica a los personajes, proveyendo un anclaje para ese sujeto colectivo que el texto propone. Será un "Mano" exiliando en el Continuum 4 quien provea las claves de lectura de las que Salvo (y los lectores) carece(n):

> ¿Qué importa la destrucción de todo un planeta, el aniquilamiento de toda una especie inteligente? Lo que importa es la supervivencia del espíritu. Ya me entenderás, Juan Salvo. Así como hay entre los hombres, por sobre los sentimientos de familia o de patria, un sentimiento de solidaridad hacia todos los demás seres humanos, descubrirás que también existe entre todos los seres inteligentes del universo, por más diferentes que sean, sentimientos de solidaridad, un apego a todo lo que sea espíritu [...]. (Primera versión, planchas 346-347)

Si bien esta explicación desaparecerá en la segunda versión, su fuerza interpretativa permanecerá intacta. Tanto la trascendencia del espíritu de los oprimidos como el precio de la defensa de sus intereses están tematizados en los sacrificios hechos por los distintos personajes, ya que todos renuncian a sus familias si las tienen, al punto de que el auto-sacrificio de las dos versiones originales terminará en la inmolación mayor de la última versión, cuando Elena y Martita (y todos los personajes que defienden el Promontorio) mueran en aras de un imaginario bien común, la liberación, que se sale de los marcos del relato:

Figura 2.3
El Eternauta II (Héctor G. Oesterheld y Francisco Solano López, 1976-1978)
Plancha 196, viñetas 7-8.

La ilusión persistente

Figura 2.4
El Eternauta II (Héctor G. Oesterheld y Francisco Solano López, 1976-1978)
Plancha 197, viñetas 5-7.

En *El Eternauta II*, los finales de las planchas 196 y 197 respectivamente, muestran a un Juan Salvo apenas sí dolorido por el necesario sacrificio de su mujer y su hija, o de los habitantes de las cuevas. Nótese como el rostro de Salvo en el primer plano, apenas sí deja ver unas lágrimas mal reprimidas que desaparecen en los cuadros siguientes. La racionalización de la muerte permea los tres textos, donde los cadáveres humanos aparecen siempre como cuerpos hermosos, semejando alguna forma del sueño: los muertos son, literalmente, ovejas pascuales.

El sacrificio rige la vida del Eternauta y sus compañeros de armas. Es una perspectiva ética que se opondrá (aunque me permito aquí ciertas dudas sobre la efectividad de la operación) de manera absoluta a la fuerza de los invasores. Sin embargo, ya en la *Dialéctica del Iluminismo*, sus autores señalaban que:

> So long as individuals are sacrificed, and so long as sacrifice implies the antithesis of collective and individual, deceit will be a constant of sacrifice. If belief in sacrificial representation implies recollection of something that was not a primal component of the individual, but originated instead in the history of domination, it also becomes untruth in regard to the individual as he has developed [...] Every sacrifice is a restoration belied by the actual historical situation in which it occurs. The venerable belief in sacrifice, however, is probably already an impressed pattern according to which the subjected repeat upon themselves the injustice that was done to them, enacting it again in order to endure it. (Adorno y Horkheimer 51)

No obstante, en su celo por defender el terruño, los personajes del *Eternauta* no dudan y si lo hacen, el prístino futuro que les espera tras el triunfo, los justifica. La lógica de la guerra se impone sobre el texto no sólo porque la anécdota de la invasión organiza la fábula, sino porque ideológicamente el texto necesita de la guerra para reponer en su propio discurso, lo que ha sido escamoteado del discurso histórico. Es la misma operación que aparece en *Tucumán arde* o en *La hora de los hornos*, con idénticos materiales y como vemos, idéntica iconografía.

Para poder pensar cómo se organizan estos materiales en el cómic, es entonces importante retornar sobre la fábula misma y detenernos un momento sobre la invasión y sobre quiénes la coordinan. Orquestada inicialmente como un genocidio que permitirá a los intocables conquistadores apropiarse de los recursos naturales del planeta, la incursión es, inicialmente, global, y aparece planificada en avanzadas militares precisas que imitan operaciones *Blitzkrieg*: no hay frente de batalla ni guerra de ocupación, sino que los invasores aniquilan a sus enemigos rápidamente e irrumpen en todo el espacio de su territorio. La escalada del ataque reproduce claramente las tácticas alemanas: la nevada mortal es seguida por la llegada de los "cascarudos" (que representan una suerte de infantería móvil) y de los "gurbos" (que aquí son la artillería pesada), a quienes apoyan los rayos psicológicos desde el aire (es decir, el apoyo aéreo), y todos estos ataques son a su vez dirigidos por los "manos" (la estructura de comando descentralizada típica de este tipo de operaciones) que se apropian de los cuerpos de los muertos a quienes convierten en hombre robots. Desde el punto de vista de la *Blitzkrieg*, la función de éstos últimos es evitar, en la medida de lo posible, el combate directo entre los invasores y los maquíes.

Pero éstos no son los únicos elementos que sugieren la armazón del texto sobre la base de las tácticas alemanas de guerra. Desde el inicio del cómic, esta dirección está claramente planteada en la interrupción de las comunicaciones radiales y el sistema de desinformación en que operan los personajes, en la fragilidad de la moral de los defensores que aparecen peleando en pequeños grupos aislados, y en su incapacidad para organizar una contraofensiva ante la sorpresa del ataque inicial. Si bien el uso de las tácticas de guerra alemanas eran un recurso harto conocido en la historieta de aventuras y de guerra desde el final de la Segunda Guerra Mundial, aquí adquiere un valor particularmente relevante, ya que la invasión entera está descripta en términos de un imperialismo sin nombre, razón absoluta e inapelable de la destrucción de lo local en función de la construcción de maquinarias de producción megalíticas contra las cuales no parece haber posibilidad de resistencia. En este sentido, es reveladora la descripción donde un "mano" moribundo revela la naturaleza de los invasores, pero no su identidad:

> "Ellos" son el odio... El odio cósmico... Ellos quieren para sí el universo todo... Ellos nos obligan a destruir y a matar a "nosotros", los "manos", que sólo vivíamos pensando en lo bello... Ellos transformaron en máquinas a los "cascarudos" que no hacían otra cosa que vivir de los jugos de las grandes flores que crecían en su

planeta... ellos... ellos capturaron a los gurbos, a las fieras más feroces del universo, para lanzarlos contra quienes les resisten demasiado... ¡aquí, en la Tierra, tienen listos a varios gurbos! Pero... (Plancha 162)

En palabras de Adorno y Horkheimer, el impulso totalitario de los invasores organiza personas y objetos dentro de idénticas categorías de producción económica y por ende, la referencia a la Alemania nazi ofrece una rápida y reconocible cita sobre lo que ese nuevo orden puede implicar. Pero aquí, la metáfora historietística no se limita a una crítica a los regímenes totalitarios, sino que la inserta dentro de la historia nacional convirtiendo la fábula en un discurso anti-imperialista de muy distinto cuño. La primera de estas referencias la hace el historiador Mosca, y la segunda la hace Favalli:

Figura 2.5
El Eternauta (Héctor G. Oesterheld y Francisco Solano López, 1955-1957)
Plancha 72, viñetas 11-13.

Mosca re-contextualiza la invasión extraterrestre como una nueva invasión inglesa y/o como una nueva batalla en la guerra de Independencia, al decir que "estamos viviendo algo así como unas nuevas invasiones inglesas" y eligiendo batallas (Maipú, Chacabuco) donde las fuerzas criollas lograron victorias militares clave para asegurar la independencia...

Figura 2.6
El Eternauta (Héctor G. Oesterheld y Francisco Solano López, 1955-1957)
Plancha 107, viñetas 2-4.

... pero Favalli recuerda los éxitos parciales (e indirectamente, la resistencia) de los indígenas americanos frente a los invasores españoles, reorganizando la percepción del discurso, para finalmente...

Figura 2.7
El Eternauta (Héctor G. Oesterheld y Alberto Breccia, 1969)
Plancha 105, viñetas 3-4.

... resumir la postura política del texto en la versión más radicalizada de 1969. Nótese cómo en las dos primeras citas, la dimensión histórica y humana del conflicto está subrayada por la presencia de los personajes que emiten ese discurso (Mosca y Favalli), mientras que en la segunda versión, esa misma voz aparece en un globo y en un cartucho, sin relación con el sujeto que la emite. Más aún, en el segundo cuadro citado, el discurso ideológico aparece sobre una imagen gráfica abstracta, aislada de toda posible conexión con algo reconocible como humano.

La narración de *esta* invasión se instala en la articulación de los grandes discursos históricos anti-coloniales: la conquista de América, las invasiones inglesas de 1806 y 1807, y la gesta independentista.[59] Dentro de esa lógica se sitúa la resistencia a la invasión extraterrestre, y por ende, la resistencia de la que en realidad habla el texto. No se trata sólo de narrar la resistencia peronista en sordina, sino de re-contextualizarla en la oposición mayor al colonialismo y al imperialismo, tal y como eran entendidos por el revisionismo argentino hacia fines de la década del cincuenta. En este sentido, la gesta del Eternauta triangula sus alianzas con los militares de modos distintos en la primera y segunda versiones, en dos lecturas políticas que claramente coinciden con los cambios de posturas del Peronismo más radicalizado que es, en última instancia, el verdadero "nosotros" que atraviesa el texto y que aquí se revela por vez primera. Si en la primera versión los militares son parte integral del "nosotros" y constituyen un aliado natural en la gesta de liberación, en la segunda versión son apenas aliados circunstanciales en quienes no se puede confiar y que no dudarán en desertar a los defensores en caso necesario:

Figura 2.8
El Eternauta (Héctor G. Oesterheld y Francisco Solano López, 1955-1957)
Plancha 68, viñetas 1-7.

---

[59] Entre 1973 y 1974, en la revista *El Descamisado*, Oesterheld publicó una tira semanal titulada *Latinoamérica y el Imperialismo. 450 Años de Guerra*, que fue ilustrada por Leopoldo Duroñona. Allí, Oesterheld señala a los indígenas como nuestros "primeros mártires", y organiza la narrativa de la historia auténticamente popular como la de los resistentes y las víctimas del imperialismo.

Figura 2.9
El Eternauta (Héctor G. Oesterheld y Alberto Breccia, 1969)
Plancha 109, viñetas 3-5.

En las figuras 2.8 y 2.9 puede verse la escena de reclutamiento para los maquíes. En el primer caso, en la versión original de 1957-1959, está ilustrada por Solano López; y en el segundo caso, en la versión de 1969, ilustrada por Breccia. Nótese el fuerte contraste ideológico en la representación visual.

En la primera versión, el ejército se convierte en el elemento ordenador del caos social en que están inmersos los personajes. El ejército nuclea a los sobrevivientes, les provee armas, municiones, un muy breve entrenamiento, y objetivos precisos para retomar la ciudad. Gran parte de la primera versión de la historieta está articulada en torno a esta alianza que, aunque acaba por fracasar ante la superioridad militar de los invasores, es a todas luces no sólo considerada legítima sino también necesaria, condición *sine qua non* de cualquier posible victoria. Como bien señala Juan Sasturian, en el marco de las políticas del frondizismo, tal postura era parte misma de la agenda política del Peronismo (175). Por este motivo, Salvo y sus amigos se incorporan a las tropas voluntariamente: es tanto una continuación y una puesta en acto de la identidad, como una puesta en escena de los pactos sociales promulgados desde diversos sectores por el desarrollismo. En la segunda versión, por el contrario, el ejército se ha convertido en otra forma del enemigo, y es una fuerza amenazante. Aquí el ejército ya no forma parte del "nosotros", y Salvo y sus compañeros se integran a las fuerzas armadas bajo amenaza de muerte. El ejército vuelve a nuclear a los sobrevivientes, pero el sentido trascendente que esa función tenía en la primera versión desaparece. Si el Peronismo proscripto todavía recuerda el martirio del General Valle e incorpora esa alianza en su discurso,[60] éste ya no será el caso del Peronismo combatiente de fines de la década del sesenta: los militares podrán no ser el mismo enemigo que el imperialismo, pero son definitivamente parte de la otredad, ya que no participan del espíritu trascendente de solidaridad espiritual que identifica al "nosotros" de los personajes centrales.

Frente a ese "nosotros" tan difuso como politizado que recorre el texto, se opone, entonces, una otredad igualmente indefinida, pero mucho más problemática. Las contradicciones que aparecen en las dos primeras versiones de *El Eternauta* convierten la ciudad semi-vacía y poblada de invasores bestiales en el escenario para debatir, entre otros temas, las complejas y conflictivas relaciones entre sectores dominados cuyos intereses (económicos, sociales) están opuestos entre sí. A mi parecer, es al menos problemático, para el punto de vista ideológico que se intenta defender en este texto, que la otredad sea definida no sólo como una barbarie de absoluto, sino que, además, ese mismo Otro oprimido sea descrito como un monstruo cuya voluntad es imposible de re-conocer al mismo tiempo que se intenta definir al sujeto trascendente y oprimido que constituye al "nosotros" y que comparte algunas de esas mismas características. La otredad en *El Eternauta* está constituida por tres tipos de sujetos: aquellos a quienes no se puede integrar en la lucha resistente por las razones que fueren (que incluye desde los sobrevivientes que no tienen control de sí mismos, los hombres-robot y, eventualmente, los mismos "Manos"), los monstruos (los "cascarudos", los "gurbos"), y los invasores, los "Ellos", que carecen de cuerpo, a quienes nunca se ve y que permanecen fuera del espacio de visibilidad de todos los personajes y de los lectores.

El primer grupo está enteramente articulado sobre el ya mencionado binomio amigo/enemigo y la lógica de la traición. Es una otredad que opera como un desprendimiento feroz del "nosotros", como una deformación del ser-en-potencia que encarnan los defensores del planeta y que representan Salvo y su grupo. Uno de los "Manos" moribundo especifica, por oposición, las virtudes

---

[60] El 9 de junio de 1956, los generales Juan José Valle y Raúl Tanco encabezaron un levantamiento contra la Revolución Libertadora que había derrocado al General Perón en 1955. La revuelta fracasó y sus integrantes (tanto civiles como militares) fueron fusilados. Antes de ser ejecutado, el General Valle escribió una famosa carta al General Aramburu, donde denunciaba al régimen de la Libertadora como opresor de la gran mayoría de la población del país, y donde pronosticaba el violento fin de la dictadura.

de los resistentes cuando dice: "somos la peor especie de esclavos... esclavos del terror" (plancha 230). En esa oración final se encierra también una definición de lo nacional y popular que el texto construye a lo largo de toda la saga del *Eternauta:* los villanos de la historia son anti-argentinos por antonomasia, y son tanto quienes dominan como quienes se someten. El que resiste, aun si muere, encarna los valores del Ser-argentino. Aquí no hay lugar para ninguna posible forma de la diversidad.

En un regreso a una mala lectura de *The Time Machine* (1895) de H. G. Wells que reaparecerá en otras novelas gráficas –y quizás, a Karel Čapek y su *R.U.R.* (1920)–, en el *Eternauta II* los personajes deben enfrentarse a los "zarpos", mutantes híbridos, caníbales y asexuados que están al servicio de los últimos "Ellos" que dominan el planeta. La condición de esclavos monstruosos y sin conciencia los convierte en enemigos no sólo porque no participan de las virtudes y gnosis revolucionarias que animan a los otros personajes, sino porque su diferencia los convierte en algo similar a una máquina. Resultado de la ingeniería genética de los invasores, los "zarpos" ponen en escena tanto la ansiedad imperialista como la ansiedad tecnológica. En una clásica mirada sobre la monstruosidad en la ciencia ficción, la biología tecnificada de los "zarpos" se opone al virtuosismo adánico de los resistentes. Los "zarpos" son todo lo que es primitivo y brutal; el producto de una racionalidad a-moral, son una de las encarnaciones del mal. No se necesita demasiado análisis para comprender que su ícono complementario, los hombres-robot, también son producto de la reificación capitalista que trae el imperio tecnológico de los "Ellos". Ambos representan las dos caras de la deshumanización: si uno es la máquina biológica, los otros representan la alienación absoluta de la conciencia.

Pero a diferencia de los textos de Wells o Čapek, aquí no hay una reflexión crítica sobre el lugar y el rol de las clases trabajadoras, ni dentro mismo del "nosotros", ni dentro del "Ellos". Las diferencias son absolutas porque hacen a la esencia de la divisora de aguas del campo político. O para ponerlo en otras palabras, su diferencia es tal, que ni siquiera es aceptable en el núcleo que define el binomio amigo/enemigo. Así, el binomio amigo/enemigo se reorganiza en campos semánticos enfrentados que empiezan a operar como códigos difusos, pero claramente establecidos. Al término "amigo" corresponde el "nosotros", pero también lo nacional, lo popular, lo comunitario, la tierra, los valores y saberes revolucionarios, y sobre todo, la inocencia y el desinterés que se fijan en el horizonte del futuro por alcanzar. El "nosotros" es lo humano, o mejor dicho, el espíritu humano. A éstos vocablos se oponen los significados del término "enemigo", representado por el "Ellos", lo foráneo, la metrópolis, el imperio, la maquinaria, la tecnología, y el interés atados a la ganancia inmediata,[61] es decir, lo inhumano, lo monstruoso: Calibán desatado, pero sin nombre.

Aquí no aparece ninguna de las preguntas sobre la condición humana. Las dos primeras versiones, tan preocupadas por las virtudes adánicas de los resistentes, de-contextualizan toda posible valorización del quehacer humano al insertarlo en una teleología de absoluto enmarcada en el Apocalipsis.[62] Y obliteran toda posibilidad de futuro en el holocausto nuclear que parece ser la única solución al conflicto bélico con los "Ellos". Esta salida es particularmente llamativa, dado que éste es, precisamente, el marco de la gran pregunta filosófica de la década, sobre todo en vistas de los resultados de la Segunda Guerra Mundial (tan presente en la historieta) y su brutal cierre con los bombardeos en Japón, eventos ambos que aquí aparecen como materiales casi lisos, refractarios a toda reflexión ética ya que no entran dentro de la lógica revolucionaria que el texto defiende como propia, trivializando la violencia, e internalizando la pasión nacionalista como parte de un discurso apocalíptico donde, contra toda esperanza, los justos se inmolan por la causa.[63] Veinte años después, aquel

---

[61] En otro espacio marginal del campo cultural que empieza a operar en esos años, también aparecen estos binomios, aunque con un carácter y fines muy diferentes. Para la poética del rock, la dialéctica del ellos/ nosotros se opone diametralmente al discurso político sesentista. Notablemente, éste es el discurso que logrará cuajar a mediados de los ochenta en la llamada literatura "joven". Ver Kurlat Ares, "El lenguaje de la tribu" (2007).

[62] En este sentido, la saga del *Eternauta* se inserta con claridad en lo que se han llamado las narrativas del "último hombre", donde los personajes enfrentan la extinción no sólo de la especie humana sino también de la vida y del planeta mismos. Tales narrativas tienen una doble raíz, tanto en las historias apocalípticas de la Biblia y otros textos sagrados, como en los textos decimonónicos de H. G. Wells (véase, por ejemplo, "On extintion", 1893), o en textos como *The Last Day* (1959) de Helen Clarkson, o también *On the Beach* (1957) de Nevil Shute, novela que es particularmente cercana al *Eternauta*. Las pastorales postapocalípticas que emergen en la década del cincuenta intentan algún tipo de reconstrucción de la civilización que fue, una vez eliminada la amenaza nuclear, en una vena que es a la vez cercana y distante de este cómic.

[63] Notablemente, Oesterheld volverá sobre el tema del Holocausto nuclear a partir de una reflexión sobre Hiroshima y Nagasaki, en un texto posterior, también narrado por Salvo que asiste como testigo a los bombardeos de 1945. Escrito en 1962, es un relato en primera persona titulado "Hiroshima", contado desde la perspectiva de la ciudad atrincherada para la guerra y la resistencia contra la invasión norteamericana. Todo el discurso gira en torno a cómo los bombardeos afectaron a los ciudadanos comunes en las calles: madres, niños, conductores de tranvías, sobrevivientes, refugiados. La narrativa termina de este modo: "Así se justifica Hiroshima. ¿Pero se justifica así el hombre? Pobre raza de víctimas, el ser humano. Nadie es culpable. Nadie es culpable de Hiroshima. Todos fueron víctimas, aún los que lanzaron la bomba. Nadie es culpable en Nuremberg. Todos fueron víctimas, hasta los que encendieron los hornos. [...] Raza de víctimas, la humanidad. Pobre, patética raza de víctimas, queriendo alcanzar las estrellas". Si bien el sarcasmo de la construcción es evidente, el subtexto que atraviesa el relato es más problemático, ya que el discurso de la doble victimización y de la adscripción

interrogante podría, quizás, haber aparecido en el texto y cuestionar parte del discurso escatológico que permea tanto esta narración como su iconografía, y sin embargo, el discurso de *El Eternauta II* permanece igual a sí mismo, y lo que es más llamativo, traslada su visión fundacional de la política, a todo el campo cultural en el momento en que esa discusión toca a su fin: en este sentido, lo que abre y cierra la década del sesenta y las discusiones políticas que la puntearon es, justamente, este cómic.

El segundo sujeto que aparece en el texto como otredad son los monstruos, los "cascarudos" y los "gurbos". Son en un caso, insectos y, en el otro, animales, sin más especificidad que ser bestias de carga sin inteligencia, y que por tanto, son utilizados como fuerza de choque en los ataques. No poseen ni lengua ni cultura; son en muchos casos caníbales, y toda la información que se tiene sobre ellos es que sus planetas de origen fueron invadidos por los "Ellos" quienes no pudieron ver en esos seres utilidad alguna. En las pocas descripciones que aparecen de sus orígenes, hay algo cuasi-idílico en el modo de narrar sus *habitats* (los "cascarudos", por ejemplo, vivían de libar el néctar de las monstruosas flores de su planeta natal), pero esa información no llega a generar ningún sentimiento de empatía en los personajes. Más aún: desde el punto de vista de la representación visual, esa perspectiva se vuelve mucho más extrema de una versión a otra. En la primera versión, tanto los cascarudos como los gurbos tienen algún viso de anclaje en algo reconocible como terrestre, e incluso hay algo infantil y hasta inocente en el dibujo. Pero en la segunda, la impronta expresionista los convierte en algo informe, casi salido de una pesadilla, irreconocible y profundamente ajeno:

---

de responsabilidades, en cierta medida, descontextualiza el Holocausto nuclear como crimen de guerra. En este sentido, Oesterheld participa de las lecturas sobre la guerra nuclear que, desde mediados de los cuarenta, recorren la ciencia ficción norteamericana. Ésto no es de extrañar ya que la estética de Oesterheld es en mucho deudora de la revista *Astounding*, donde Campbell promovió hasta la saciedad una perspectiva casi acrítica de la ciencia y la tecnología como vehículos de un autoritarismo *naïve* y del avance hacia sociedades desarrolladas a pesar de los costos. Si bien los textos de Oesterheld nunca llegaron a los niveles laudatorios de autores como Heinlein, no puedo dejar de subrayar la gran ceguera que su ambivalencia representa.

La ilusión persistente

Figura 2.10
El Eternauta (Héctor G. Oesterheld y Francisco Solano López, 1955-1957)
Plancha 82, viñeta 5.

Figura 2.11
El Eternauta (Héctor G. Oesterheld y Alberto Breccia, 1969)
Plancha 116, viñeta 1.

La misma escena de canibalismo de los "cascarudos" en la primera y en la segunda versiones. Nótese cómo en el primer caso todavía se reconoce la naturaleza hipertrofiada de los insectos invasores, mientras que, en el segundo, ese reconocimiento cede paso a las características monstruosas y pesadillescas de seres que difícilmente puedan parearse a ninguna experiencia cotidiana, convirtiendo la otredad en una experiencia de absoluto.

Como en el caso de los "Manos" (que en la segunda versión visten máscaras, y por tanto el lector no puede ver sus rostros, convirtiéndolos en algo aún más siniestro), pero de una manera más extrema, los monstruos que aparecen en el *Eternauta* están aplanados en un grupo homogéneo donde no hay individualidad. Sin embargo, en tanto que animales esclavizados, son el reverso absoluto de sus amos, los "Ellos", y su cultura hipertecnificada. Estos monstruos son parte de una naturaleza hipertrofiada, bárbara, repulsiva e inaccesible. Son, como dirían Adorno y Horkheimer, lo que no es humano. No son simplemente lo que no pertenece al "nosotros", sino lo que permite que los valores del "nosotros" adquieran su sesgo positivo. Esa mirada está construida no sólo a escala ideológica en la narrativa, sino también a escala visual: las escenas de canibalismo o de brutalidad de los animales anteceden o siguen a algún acto donde las virtudes primordiales de los maquíes son puestas en escena. En este sentido, los "Ellos" y los terrestres son perfectamente simétricos. Si, para los "Ellos", los Otros pertenecen a lógica de la dominación y el utilitarismo capitalista; para los terrestres, al no poder dominar a los animales-monstruo en el espacio propio, se los debe destruir, aun con el uso de armas nucleares (la imagen de una Buenos Aires devastada por los efectos de una bomba nuclear es recurrente en los tres textos). Pertenecen a un orden de diferencia tan radical que se vuelve imposible toda negociación con ella. Afuera de la tecnología, no hay nada deseable en el universo de los Otros. Del mismo modo, para los "Ellos", fuera de los recursos naturales del planeta, no hay nada deseable en la Tierra.

Pero los animales (y los monstruos) juegan otro papel en la historieta. Para Adorno, la comprensión de la naturaleza permite, a su vez una visión lúcida sobre la relación entre el yo y el Otro. Es claro que, para los "Ellos", los animales (incluyendo a los humanos) son parte de la instrumentalidad, son objetos de uso. Sólo aquellos más inteligentes merecen, en un sentido cuasi-kantiano, ser tratados de modo diferenciado dentro de este paradigma (véase, por ejemplo, la relación con los "manos", o la selección de humanos "especiales" para tareas más delicadas). Pero esto no los transforma en parte del "Ellos", sino en esclavos de más alto rango o en máquinas más refinadas: siguen siendo Otros, diferenciados, ajenos al paradigma hipercivilizado que traen los invasores. En este sentido, aquí los cortes son tajantes y no son particularmente distintos a otras lecturas típicas de la ciencia ficción de la década del cincuenta. Pero sí es llamativo que dentro de ese mismo razonamiento y desde una perspectiva "terrestre", si los humanos pertenecen al mismo orden de otredad que los animales invasores, ¿cómo es posible que no se los integre en alguna forma del "nosotros" y que la mirada humana sea exactamente la misma que la de los "Ellos"? Para responder a esta pregunta podemos detenernos en el ejemplo de la figura 8, donde al canibalismo de los "cascarudos" se oponen tanto la inmediata observación de Favalli sobre las costumbres omnívoras de los humanos que opera como una racionalización de esa conducta, como la escena de mutua solidaridad entre los soldados durante la batalla de la General Paz que sigue. Sin embargo, el comentario de Favalli encierra su propia trampa ideológica:

> –Cállese Favalli, por favor... a ver si resulta que les tiene simpatía.
> Favalli calló, claro, aquellos hombres, hombres simples, de acción no podían comprender la perspectiva impersonal con que él miraba todo. Estábamos demasiado sumergidos en el peligro y el odio para poder razonar con lógica. (plancha 82, primera versión)

Este es uno de los raros momentos en que la historieta intenta extender cierta forma de empatía hacia ese Otro igualmente esclavizado y sometido, pero que no participa de las virtudes adánicas que se nuclean en el "nosotros". Más bien, en esta escena, lo que se reconoce en el Otro es justamente la propia animalidad, o la capacidad de ser animal del "nosotros" (devenir-animal, dirían Deleuze y Guatari) en el espejo bestial de la otredad. Y ante esa imagen fortuita e inesperada, ante la posibilidad de sentir la única virtud real que en ningún momento cruza el cómic, es decir, la piedad, la reacción del mayor y de los soldados es la censura. Que los militares que son máquinas de guerra no sean capaces de piedad puede bien ser considerado, incluso, un necesario toque realista. Que los personajes que constituyen esa tan deseada sociabilidad no encuentren problemática esa misma reacción, es por donde se filtra el autoritarismo de un artefacto cultural que sabe como disfrazar su visión totalitaria de la sociabilidad con una maestría asombrosa.

Esta perspectiva está subrayada por una de las primeras escenas de *Eternauta II*, donde toda la problemática de la instrumentalidad del Otro y de los usos de la piedad, no como un fin en sí mismo, sino por su ulterioridad, aparecen claramente escenificadas. Entre las planchas 33 y 35, Salvo y Oesterheld salvan a un cachorrito de perro que está atragantado y se lo devuelven a su jauría, atontado pero sano. Lo notable de la escena no es tanto la compasión de los personajes hacia la cría, sino que el gesto depende enteramente de dos factores: el reconocimiento del sentimiento de paternidad entre los perros y el hecho de que éstos sean casi humanos en su inteligencia:

> Agradecimiento en los ojos... en la boca distendida: es casi una sonrisa... Sí también en los perros operó una mutación que los hizo todavía más **inteligentes.** (Plancha 35, *El Eternauta II*; en negritas en el original)

Pero esta escena no acarrearía peso o gravedad algunas, si no fuese porque los perros regresan para pagar sus deudas de vida en las planchas 42 y 43 primero, y en las planchas 50 y 51, más tarde. Y porque las escenas ponen en práctica lo que se anuncia como programa en los textos anteriores. La piedad sólo puede ejercerse con aquellos que comparten las virtudes del "nosotros" y por ende, pueden pagar sus deudas de civilidad. Tal prescripción ya aparece en los textos anteriores cuando se habla de quiénes son sobrevivientes dignos de ser integrados al grupo de Salvo y quiénes deben quedar fuera. Sobrevivientes calificados. De allí que sólo los perros puedan ser receptores de misericordia: sus lealtades son, como la de Salvo, absolutas. Pero, ¿qué clase de ética promueve semejante postura, donde lo Otro no puede ni siquiera merecer nuestra piedad? La lógica de la piedad y de la empatía que emerge de una lectura combinada de los tres textos, apunta a sostener una mirada oblicua sobre los límites de la propia conducta, donde todo está justificado en función de las causas últimas que el texto construye como utopía, y que llevará a "necesarios" sacrificios. La ética del "nosotros" es de una naturaleza tan brutal que expele hacia lo Otro todo lo que no puede condensarse en el núcleo central de las virtudes primeras o que no puede ensayarse como una forma primaria de lo anhelado para el propio ser. Lo Otro, especialmente lo Otro-animal, lo Otro-alienado, en este texto está reducido a una nada que merece y debe ser destruida para que prevalezca el ideal del ser-nosotros, ser-resistente, ser-pueblo en abstracto que aquí está ausente como cuerpo, porque de lo que se trata es de re-construir su ontología.

Es en el universo del "nosotros" donde se fija el deseo (fundamentalmente, el deseo heterosexual representado tanto por Elena, como por Susana en la segunda versión, y por María en *El Eternauta II*), pero ese deseo no prospera en ese mundo de hombres en pie de guerra que es Buenos Aires invadida. Una a una, las mujeres desaparecen o mueren y sólo quedan hombres cuyo deseo, animalizado, flota sobre el mundo imaginario del porvenir sin invasores. Como en el caso del ser-pueblo, éste es un deseo sin cuerpo. Justamente esta nueva ausencia, subraya también la incapacidad de trazar alianzas con el ser-animal y, más bien, recalca la imposibilidad de un discurso que pretende ser "popular", para romper con las instituciones y el Estado y trazar nuevas coaliciones sociales. En este sentido, es interesante pensar en qué medida el narrador se interroga sobre su propia naturaleza animal frente al deseo que en él provoca Susana. Es apenas un episodio donde el personaje parece llegar a humanizarse, y luego todo el discurso es invadido por la racionalización de la lucha y de la muerte.

La ilusión persistente

Figura 2.12
El Eternauta (Héctor G. Oesterheld y Alberto Breccia, 1969)
Plancha 100, viñeta 6.

Susana se convierte en el objeto de deseo innombrable de todos los protagonistas masculinos. Obsérvese cómo la figura de la mujer invade todo el espacio visual, empequeñeciendo a los hombres que se ven reducidos a ser meros idólatras de Susana. Sin embargo, la cita de *La muerte en Venecia* (1912) de Thomas Mann genera una suerte desplazamiento sobre el mundo masculino, puesto que se trata de una obra que explora el deseo homosexual reprimido. En la novela, Venecia se convierte en el *locus* de la decadencia (los semas de la vejez, la putrefacción y la enfermedad recorren el texto), y en el enfrentamiento entre Eros y Thanatos, triunfa el deseo de muerte como una forma de liberación: otra vez, aún en el deseo animalizado, la muerte se convierte en un acto de sublimación del sujeto que narra.

El último grupo de Otros, los "Ellos", son una presencia amenazante y fantasmagórica de la que poco o nada se sabe. Protegidos en sus naves espaciales, dirigen la invasión desde lejos y nunca se los ve, ni siquiera en el final del *Eternauta II*, cuando Salvo logra acorralar y matar a uno. La invasión de los "Ellos" ofrece dos lecturas complementarias. Por una parte, es la puesta en escena de la ruptura de las formas tradicionales de relación de la clase media argentina a través de la tecnificación imperialista que representan no sólo los enfrentamientos entre formas antitéticas de tecnología (en las luchas en las calles, los invasores traen tecnologías mucho más avanzadas que son desconocidas en la Tierra), sino también la transformación que sufre Buenos Aires durante la década del cincuenta y sesenta cuando la ciudad incorporó nuevos servicios e infraestructuras que cambiaron notablemente el paisaje urbano (aquí la destrucción es causada por los "gurbos" en su carga a través de la ciudad).[64] Esa ruptura está subrayada por la mirada romántica sobre una cafetera que uno de los "manos" prisioneros hace al momento de morir: los objetos de la vida cotidiana se convierten en objetos de culto o en objetos de estudio para arqueólogos al momento en que estos pierden su función y desaparecen.

Por otra parte, la lectura complementaria de esta primera es el horror a la tecnificación de la vida cotidiana, que es vivido como una constante pesadilla por los personajes y que está claramente ilustrada por la mecanización y alienación absoluta de los hombres-robot, hasta que finalmente, en *El Eternauta II*, la sociedad entera retorna a un tipo de vida agraria pre-industrial, a una suerte de Edad Dorada donde se re-establecen la relaciones sociales que, en las dos primeras versiones, se habían perdido. Si bien el costo es alto, la recompensa no parece ser menor. Toda la saga de Juan Salvo puede leerse como una parábola contra los efectos de la tecnificación masiva y la modernización.

La relación ambivalente con la ciencia y el saber es llamativa.[65] Como sabemos, Juan Salvo y sus amigos son inventores. Gracias a sus destrezas como inventores o sus conocimientos de ciencia pueden plantear hipótesis (con respecto a la nevada, los hombre-robot, etc.), pueden organizar algunas estrategias para sobrevivir (los famosos trajes de buzo que se han convertido en el signo de reconocimiento del personaje), e incluso pueden deducir algunas cuestiones estratégicas de largo alcance (tal el caso de los usos de las máquinas de los "manos"). Sin embargo, sus conocimientos no son la ciencia en tanto que disciplina de investigación o la tecnología en cuanto instrumento de producción, sino lo que Beatriz Sarlo llamó "la imaginación técnica", es

---

[64] La carga de los "gurbos" puede leerse como una metáfora del proceso de transformación urbana que atraviesa la ciudad de Buenos Aires a partir de los años cincuenta. Con el incremento de población y el aumento de construcción en altos en barrios que, hasta entonces eran considerados alejados del centro (y que antiguamente habían sido barrios de quintas o de casas), la ciudad se densifica. Este fue el inicio de una reconversión urbana que daría lugar a la estructura del barrio contemporáneo donde ya ha desaparecido la vieja sociabilidad de gran aldea y el barrio opera de dormitorio. En urbanística, se describe este cambio como una mutación, por cuanto la identidad y funciones de ciertos espacios y barrios cambia radicalmente.

[65] En este tema, como en otros, mi perspectiva difiere enormemente de la de Joanna Page, cuyo análisis de *El Eternauta* indica que "In the words of one critic, these Argentines could put a spaceship together with two screws and a piece of wire. Such representations clearly extol the tactics of the colonized as the arts of the bricoleur. But they also construct science and technology as a means of social mobility and interaction between classes" (*Science Fiction in Argentina* 34).

decir, la relación entre la aplicación tecnológica dirigida (y desprendida de los saberes y de los universos conceptuales de la ciencia),[66] y la incipiente industria nacional como instrumentos de enriquecimiento personal. Esta relación que se inicia durante los años veinte, tuvo particular relevancia en el período del primer gobierno peronista ya que adquirió dimensiones de programa de desarrollo nacional y consolidó la dignificación del saber obrero en el imaginario de las clases trabajadoras que encontraron en la Universidad Obrera Nacional (1948), primero, y en la Universidad Tecnológica Nacional (1953),[67] más tarde, el espacio donde convertirse en técnicos especializados para una industria en franca expansión.

La fábrica de transformadores/ televisores de Salvo entra perfectamente en ese panorama cincuentista. No sólo eso: los tipos de saberes necesarios de los personajes también reflejan indirectamente debates en el ámbito nacional sobre el rumbo del desarrollo científico en el país. Favalli es la figura arquetípica de esos desplazamientos: en la primera versión es profesor de física en la carrera de electrónica; mientras que en la segunda es profesor de física atómica. Si en la primera versión el pasatiempo del grupo es la construcción de un contador Geiger para medir la radioactividad y el aeromodelismo; en la segunda, el primero será reemplazado por un microlaser, en un intento de refinar y actualizar los saberes que recorren el cómic. Los "violines antiguos" agregarán el primer giro romántico a la narración, pero más allá de ese detalle, la discusión sobre tecnología se mantendrá dentro de un claro carril contemporáneo a los debates del momento. En Favalli se encarnan, pues, los saberes que interesan a los programas de desarrollo tecnológico del Estado, pero en clave de "imaginación técnica". No sólo eso, sino que además Favalli viene a representar la versión absoluta del intelectual comprometido que será tema central de discusión en los siguientes diez años: lo que Oesterheld subraya en Favalli como opción ideológica es su adscripción al proyecto combatiente (literalmente).

Su contracara práctica es el tornero Franco, convertido en soldado, heroico más allá de lo que ningún otro carácter pueda hacer y quien, finalmente, salve

---

[66] Esta visión es notablemente conflictiva dado que Oesterheld era geólogo y dada su formación no podía tener una idea tan sesgada e incompleta de lo que es el quehacer científico. La elección de una ruptura entre lo tecnológico y lo científico en el cómic tiene mucho más que ver con una elección ideológica, como veremos luego, que con una visión seria (o meramente realista) del trabajo de investigación en ciencias duras.

[67] La U.T.N. no sería reconocida como universidad independiente sino hasta 1959, cuando finalmente se le otorgase autonomía y se reconociera la validez de sus planes de carrera y títulos. En su origen, la U.T.N. proveía técnicos altamente calificados (supervisores, expertos en modernización, etc.), pero no hacía ningún hincapié en la investigación pura. Hoy día, la U.T.N. provee más de la mitad de los ingenieros de la Argentina.

a Juan y a sus aliados en más de una oportunidad. Franco no tiene, como personaje, nada que envidiarle a los héroes del realismo socialista, sobre quienes parece estar moldeado. Hecho todo de corazonadas, pálpitos e instintos, es la encarnación misma del Ser-argentino que el texto promueve. Sus saberes y los de Favalli son al mismo tiempo, complementarios y contrapuestos. Por una parte, son cara y cruz de un mismo proyecto tecnológico impartido desde el Estado como modelo de desarrollo deseable. Pero a su vez, si del último debe desconfiarse porque "estamos en sus manos" y su saber es, en cierta medida, peligroso porque está más allá de lo que los personajes son capaces de asimilar y controlar; Franco, por el contrario, *es* a través de su hacer y, por ende, los otros personajes pueden acceder a cómo y por qué actúa.

Como contrapeso de ambos aparece el historiador Ruperto/ Heriberto Mosca, la figura intelectual cuyo saber se opone al de estos personajes. A primera vista, Favalli articula la posibilidad de supervivencia del grupo, mientras Mosca provee la dimensión histórica que, en las luchas cotidianas, parece esfumarse de la memoria colectiva. Sin embargo, estos dos sujetos intelectuales todavía están apegados a las dicotomías del primer Peronismo. Si Favalli es descripto en términos más favorables por ser el intelectual técnico que es, a la vez, actor en los procesos de lucha que enfrentan los personajes, Mosca, por el contrario, es criticado y hasta despreciado por ser el intelectual letrado, testigo, mero analizador de los hechos que intenta plasmar en su diario, pero que permanece ajeno a ellos a pesar de estar presente en los eventos. Mosca, el historiador, no tiene más función que mantener la crónica de los hechos: es apenas, como su nombre lo indica, un escriba molesto.

Pero en ese enfrentamiento aparece también una clave para analizar cómo el texto "lee" la ciencia: no se trata aquí de presentar algún tipo de prédica en favor del desarrollo científico en tanto que adquisición y acumulación de saber (tanto en términos de capital simbólico como en términos de su desarrollo para el crecimiento industrial) sino de cuáles puedan ser sus usos en términos técnicos. Lo que el cómic pone en escena es la tecnología, y no la ciencia, como instrumental del desarrollo del Estado. De hecho, en toda la historieta hay una sóla instancia en que el científico Favalli se pregunta sobre la naturaleza de los invasores en tanto que posible objeto de estudio para la biología como disciplina. En la plancha 211, Favalli dice:

> Lástima no poder estudiarlos detenidamente [...]. Son mucho más extraordinarios que los "cascarudos" [...]. Han de venir de algún planeta donde la fuerza de la gravedad es muy grande. Su estructura celular, la misma composición química de cada célula ha de ser totalmente distinta a cuanto conocemos [...]. (Primera versión, plancha 211)

Ante lo cual el mayor le contesta que "no es el momento, profesor Favalli, para observaciones científicas...". La realidad es que *no hay* observaciones científicas en todo el cómic, ni siquiera aquellos comentarios que serían de esperar, por convención, ya que ayudarían a sostener la narrativa con algún tipo de soporte lógico interno. Apropiarse de las armas de los invasores no equivale a conocer sus mecanismos, sus funciones o los saberes que permiten su existencia. Al contrario: cuando los defensores se apoderan de las armas las usan mientras marchan, pero nunca intentan saber cómo o por qué funcionan. En este sentido, la actitud es profundamente anticientífica por cuanto carece de método o de racionalidad alguna, aún bajo las circunstancias provistas por la estructura narrativa del cómic. Aquí la ciencia de la ciencia ficción no cumple más función que proyectar sobre el futuro las posibilidades ideológicas que están en germen en el presente. En otras palabras, la ciencia opera como un decorado para el espectáculo frío y necesario del fin de la historia que acaba con la explosión nuclear, preludiando la utopía que vendrá y purgando de males al presente.

Así pues, desde el punto de vista estructural, la circularidad del texto es doble: en el nivel de la narración, el regreso de Salvo a su hogar lo convierte en inesperado profeta del fin del mundo y genera el primer cierre dentro de un relato enmarcado en primera persona. Pero desde el punto de vista ideológico, toda la narrativa está construida desde las posibilidades de la literatura apocalíptica cristiana, incluyendo la posibilidad redentora de la utopía lejana: sólo la tercera versión la proveerá de manera abierta y completa, pero su presencia intangible permea también las dos primeras. Es en las explosiones nucleares donde todos los sellos del juicio final se abren y el mundo viejo perece para iniciarse a nuevo. No es de extrañar, entonces, el éxito de un artefacto que, lejos de ser "simple", requiere de variadas destrezas para su decodificación puesto que cruza múltiples paradigmas que son amalgamados en unidades semánticas a nivel iconográfico y discursivo, generando una síntesis de los múltiples discursos políticos que dominan buena parte del imaginario social, y permitiendo un acceso inmediato y directo al espacio de lo ideológico, aún para lectores no-letrados, ya que los "mecanismos de sentido" (Groensteen, *Système*) que pone en escena son parte del horizonte cultural de la Argentina de los cincuenta y sesenta: nacionalismo revisionista, cristianismo apocalíptico, resistencia peronista, discurso anti-intelectual, militarismo.

Aquí, lo "popular" *es* porque se exponen saberes que son parte del sistema de referencias del horizonte cultural. Pero, sobre todo, existe como tal desde la perspectiva del discurso letrado disidente. En efecto, si la ciencia ficción es la modalidad de lo posible, cabría preguntarse en qué consiste la imposibilidad que se plantea en esta historia: cuando las contingencias se cierran sobre sí mismas, se anulan. El viaje circular del Eternauta, en el fondo, es la imposibilidad de ser acto del futuro y en este sentido, el texto lleva al paroxismo los códigos del sistema literario. De algún modo, este cómic traza un grafema de todo lo no-dicho en el espacio letrado. Es una posición contradictoria, cuando menos, porque sólo aquí hay plena conciencia del futuro, de la posibilidad de aprehender el futuro, de asirlo. Y se renuncia a esta chance retornando al pasado, o bien a nivel personal o bien a nivel histórico. Oesterheld trabaja dentro de moldes discursivos muy ajustados, y no puede salirse de sus trampas. Es inútil que lo haga desde los bordes del campo cultural: en los márgenes todo se vuelve transparente.

La crítica tiende a pensar que *El Eternauta* es una anti-utopía porque se refiere a los hechos futuros de un tiempo posible. Más bien, es una anti-utopía porque reniega de la posibilidad del futuro de hacerse acto. En un texto que intenta definir el *pathos* revolucionario y las promesas mismas de transformación social, el futuro es una negación absoluta. Esa contradicción emerge a través de la mecánica de relaciones entre los diferentes elementos narrativos y visuales. Las operaciones ideológicas de *El Eternauta* pueden ser descritas en palabras de Moylan, ya que que:

> [Some conservative anti-utopian positions] tap into a radical dissatisfaction with the present system even if the politics with which they are affiliated are distorted or reactionary. [Yet] an anti-utopian perspective, insofar as it does not simply reinforce the status quo, can also fulfill a utopian purpose by virtue of its capacity to indict and delegitimize a particular hegemonic or counter-hegemonic position as "utopian" (that is, as an abstraction that signifies the contradictions and possibilities of the historical situation by denying or suppressing them or, in Suvin's term, as a "fake"). (*Scraps* 142)

Del mismo modo que el canon re-construye ciertos eventos del siglo XIX en mito de origen, este cómic hace esa operación para el presente, cargándolo de significados, de manera tal que desplaza todo el aparato ideológico discursivo del canon sobre sí como si fuese una proyección sobre lo que vendrá. Si el canon construye sus apuestas en el presente como una forma de continuación del pasado, Oesterheld las re-organiza con el mismo vocabulario e idénticos objetivos para el presente. Lo que está implícito en el canon, se hace explícito en la historieta. La mano muerta de la historia, la inercia de los movimientos canónicos sobre los márgenes, aplastan toda posibilidad de abandono de las teleologías, de abrir el discurso al devenir. La pregunta, entonces, es quién podrá romper la semántica discursiva del mito y reírse, para ser dueño de todo lo posible.

3

Ciudad: *imaginarios urbanos*

> *A mí se me hace cuento que empezó Buenos Aires:*
> *La juzgo tan eterna como el agua y como el aire.*
> Jorge Luis Borges, "Fundación mítica de Buenos Aires"

La imagen de una Buenos Aires en ruinas tras las demoliciones de los "gurbos", los bombardeos atómicos, y el inexorable paso del tiempo que por primera vez se cristalizan visualmente en la saga de *El Eternauta*, continuará reapareciendo en los cómics argentinos con cierta frecuencia. El imaginario constante de una ciudad desolada, controlada por poderes despóticos, y cuyos habitantes están reducidos por el terror y marcados por la resistencia aparece en historietas tan variadas como *Bárbara* (1979) de Ricardo Barreiro y Juan Zanotto, en la fantasmagoría de *Perramus* (1985-1989) de Juan Sasturain y Alberto Breccia, o en *Caín* (1988) de Ricardo Barreiro y Eduardo Risso. Estas versiones de la ciudad en ruinas también aparecerán en la narrativa de ciencia ficción argentina, y tienden a mostrar espacios sobre los cuales es posible montar discursos distópicos que, de alguna manera, parecen anticipar y tematizar los efectos de sucesivas crisis sociales (Reati, "Fronteras"). Desde novelas como *A la sombra de los bárbaros* (1977) de Eduardo Goligorsky a *Insomnio* (1985) de Marcelo Cohen, el espacio urbano aparece reducido a una suerte de esqueleto de lo que fue, constituido en una especie de metáfora de los restos de la civilización perdida e imposible de recuperar. Lo que queda de la ciudad es apenas su morfología, los patrones de los barrios, y los mojones de los monumentos más fáciles de reconocer. El resto ha sido arrasado y vuelto a ser absorbido por la Pampa que reclama para sí el espacio, imponiendo nuevas formas de la barbarie. Qué significan esas formas es ya otra cuestión, pero lo que interesa aquí es que la ciudad se ha convertido en un resto arqueológico.

Sin embargo, estas ciudades devastadas por la falta de inversión en infraestructura, por las transformaciones sociales y por la violencia, ciudades donde la barbarie se ha convertido en norma de conducta, aparecen en espacios centrales de la literatura argentina tempranamente, y no sólo en la ciencia ficción. La metáfora de la ciudad-casa, del universo social comprimido en una minúscula célula del enorme tejido en descomposición que es la urbe, quizás tenga lejanas raíces en las novelas del ciclo de la Bolsa del final del siglo XIX y, más tarde, en las novelas de Roberto Arlt durante la década de 1930. No será sino hasta los años sesenta, por lo menos, cuando la transmutación de los valores de la fórmula sarmientina de civilización–barbarie convierta al primer término del binomio en el polo negativo de los proyectos utópicos de los sectores culturales vinculados con la izquierda y el Peronismo (Kurlat Ares, *Para una intelectualidad*). En la novelística que emerge en esos años, los significantes de lo "civilizado" se desplazarán sobre el espacio abierto del campo bárbaro a fin de sustentar los nuevos proyectos narrativos que cuestionan los valores del liberalismo decimonónico.[68]

Pero, la ciencia ficción no saldrá de la ciudad, sino con raras excepciones. Si bien aquí lo urbano no será ya el espacio de la sociabilidad que soñara Domingo Faustino Sarmiento en el *Facundo* (1845) ni el espacio de la alienación por antonomasia que sugería Haroldo Conti, el discurso sobre la barbarie urbana que emerge en la ciencia ficción operará una suerte de síntesis de ambas lecturas, tomando un aspecto muy diferente al que aparecía en espacios centrales de la narrativa argentina que, para la década del setenta, tenía ya valor hegemónico.

Los elementos que permitieron las operaciones de la lectura del espacio citadino (y la transformación subsiguiente de los valores del binomio de Sarmiento) son comunes a la literatura canónica y a ese género menor (y no tan marginal) del que nos ocupamos aquí. Ya en su ensayo *La cabeza de Goliat* (1940), Ezequiel Martínez Estrada representaba a Buenos Aires como una suerte de vampiro que absorbía todos los recursos económicos y demográficos del país, parásito monstruoso que inhibía "la facultad del raciocinio y uno niega o afirma en estado hipnótico" (21). En sus descripciones iniciales, Martínez Estrada hablaba de Buenos Aires como de una cárcel donde se había naturalizado el salvajismo porque éste era "el estado de supercivilización" (40). La idea de la ciudad como cárcel y cementerio es recurrente en su trabajo: "desde muy alto, una ciudad no difiere de un cementerio. El cementerio es una ciudad dentro de otra donde se hace simétricamente todo lo contrario" (229).

Algunos años después, en el *Adán Buenosayres* (1948) de Leopoldo Marechal, esa cárcel se convertiría en una suerte de paseo dantesco donde se ponían en evidencia los clichés de una sociedad en permanente estado de conflicto interno. Esta novela muestra una angustiosa tensión entre la visión cosmopolita de la metrópolis en pleno proceso de expansión y la intimidad de los barrios donde

---

[68] Otra vez es necesario regresar sobre el ejemplo magistral de la narrativa de Haroldo Conti cuya novela *Mascaró, el cazador americano* (1974) convierte esa metamorfosis en programa. La novela es un *fulcrum* a donde apuntan toda una serie de elementos que iré mencionando a lo largo de los próximos capítulos, así que, se me perdonará la insistencia en este texto capital desde el punto de vista ideológico.

La ilusión persistente

la memoria popular pone en escena una identidad destinada a transformarse hasta olvidarse de sí misma y desaparecer. Al iniciar el viaje por Cacodelphia (la ciudad subterránea diseñada por el astrólogo Schultze a modo de averno personal) se apunta la existencia de esa dualidad en la percepción de una Buenos Aires bifronte: "las ciudades se unen para formar una sola. O mejor dicho, son dos aspectos de una misma ciudad. Y esa Urbe, sólo visible para los ojos del intelecto, es una contrafigura de la Buenos Aires visible" (407).

Aunque las citas parecen indicar direcciones contradictorias en su percepción de la ciudad de Buenos Aires, provienen de discursos que operan en forma complementaria, y para quienes la mirada intelectual viene a develar el universo oculto de lo infernal, aquello que no puede ser percibido a simple vista y que, no sólo requiere de un vate para ser examinado, sino que además convierte ese vistazo en un ejercicio de morfología urbana que devela el paisaje cultural, los sistemas de percepción del ambiente, el relevamiento topográfico, las características funcionales del espacio, etc. Por este motivo, me interesa la observación de Adrián Gorelik en uno de los ensayos de *Miradas sobre Buenos Aires* (2004) donde se indica que las hipótesis que constituyen una ciudad como problema también definen la forma en que se la recorre y se la mira. Si en efecto el espacio urbano fue durante casi ciento cincuenta años el repositorio de las virtudes y fracasos de la civilización, cabría preguntarse qué nuevas hipótesis (políticas, sociales, demográficas) arrasan Buenos Aires y la reducen a escombros y qué se oculta entre esas ruinas que, o bien son una presidio, o bien son una Babel en peligroso e inestable equilibrio.

Figura 3.1
Ciudad (Ricardo Barreiro y Juan Giménez, 1992) Episodio "Barrio Castillo".
Plancha 14, Viñetas 1-2.

Barrio-Castillo, uno de los barrios de *Ciudad*, es a la vez la cárcel y el cementerio de sus habitantes que no pueden concebir abandonarla para enfrentarse a la metrópolis en expansión.

Aunque ni Martínez Estrada ni Marechal hayan siquiera intentado adherir a forma alguna de la ciencia ficción, tanto el ensayo como la novela citados son ejemplificadores de lo que Fredric Jameson señala como una de las potencialidades más importantes de la modalidad: su capacidad de proveer variaciones experimentales de nuestro universo empírico (*Archaeologies* 270). Para Jameson, la ciencia ficción es un desplazamiento (narrativo, visual, etc.) de las contradicciones ideológicas del presente sobre el futuro aún no constituido como acto. En este sentido, la ciencia ficción, nos dice Jameson, no intenta darnos las posibles postales del futuro, sino (y sobre todo) re-estructurar nuestra experiencia del presente a través de un extrañamiento cognitivo (Suvin, *Metamorphoses*; Jameson, *Archeologies*). Es decir: lo que la ciencia ficción hace al de-familiarizarnos de nuestra experiencia presente, es de-familiarizarnos de *nuestra experiencia ideológica de ese presente* para dejarnos con los hilos de Ariadna de nuestros propios materiales ideológicos, revelándonos sus paradojas.

Llamativamente, la misma descripción puede aplicarse a las operaciones que hace Martínez Estrada en los ensayos que indagan sobre la nacionalidad argentina, en especial, en aquellos textos que intentan desglosar lo que la constituye, ya que sus descripciones alienan la experiencia de la ciudad, transformándola en algo ajeno a lo que sus lectores perciben en sus vidas cotidianas. Aquí, las masas porteñas (donde los individuos se han convertido en "seres inferiores", algo de lo que claramente también se hará eco Oesterheld cuando describe a los "hombres-robot") son "tumores" atávicos engendrados por la ciudad como una suerte de pesadilla monstruosa de lo que fueron y volverán a ser los seres humanos, y que sirven al ensayista para viviseccionar la ciudad, poniéndola frente a un espejo donde su identidad se desdobla para exhibir la siniestra galería de aberraciones invisibles que residen en el corazón de la vida diaria.

Es justamente esta forma de ver la monstruosidad de Buenos Aires en autores canónicos como Martínez Estrada o Marechal lo que más me interesa,[69] ya que se trata de operaciones análogas a las que aparecen en las ciudades de la ciencia ficción del cyberpunk. Cuando Martínez Estrada hablaba de los "tipos representativos" de una ciudad, los reducía a algo caricaturesco, que perdía todo rasgo humano ya que:

---

[69] Si bien aquí no analizo el tema de lo monstruoso en la línea de reflexión que nos remontaría a Roberto Arlt, ya que forma parte de otro trabajo, no quisiera dejar de mencionar que muchos de estos elementos aparecen también en *Los siete locos* (1929), particularmente en el discurso del Astrólogo, y sobre todo, en *El lanzallamas* (1931). La noción de la ciudad como un espacio bifronte, por un lado, e insular, por otro, es lo que estructura la experiencia de la alineación de los personajes arltianos: los personajes de *Ciudad*, comparten, ciertamente, esa perspectiva.

> [...] los ídolos de las ciudades pueden ser con toda legitimidad tipos de antihéroe nacional, exponentes de valores ínfimos, sin perder por ello su carácter de seres representativos [...] La ciudad casi siempre pare monstruos [...] Se diría que la gran ciudad es una cárcel y que el criminal más distinguido es un ciudadano honorario. (130-132)

En el caso de Marechal y los personajes de Cacodelphia, esa caricaturización es llevada al grotesco en función de hacer una crítica feroz a las clases media y alta, enmarcándolas en lo que el astrólogo Schultze define como "el pobre *demos* [...] la mayoría nuestra que, inclinada igualmente al bien y al mal, sigue la dirección de cualquier viento. Sus actos y voces anuncian a las claras que hoy la solicitan vientos despreciables" (Marechal 415). En ambos casos, la lectura de los cambios socio-económicos es conflictiva y pesimista: el precio de los avances económicos es la pérdida de partes constitutivas de la identidad y esa merma es condenatoria.

Desde una perspectiva muy distinta, pero logrando efectos similares al crear una mirada crítica que, si bien no es melancólica, alude a cómo la velocidad de los cambios en los sistemas de información transforman a los individuos, el cyberpunk analiza la transformación de la vida cotidiana y de la sociabilidad en la urbe globalizada y convierte la monstruosidad y la criminalidad en formas intrínsecas de la supervivencia. Cuando se consolidó el cyberpunk a mediados de los ochenta (véase, entre otras novelas, *Neuromancer* [1984] de William Gibson) la crítica señaló que sus megápolis eran espacios urbanos completamente fragmentados, densos y confusos cuyos habitantes estaban alienados de cualquier forma de poder, o bien por el exceso o bien por la absoluta falta de información. En este sentido, es notable la descripción del canillita (vendedor callejero de diarios) que hace Martínez Estrada ya que podría ser leída en esos mismos términos:

> Lo que para nosotros es movimiento, para ellos es un punto quieto, porque van arrastrados por el sistema circulatorio, como partículas insignificantes. Permanecen ajenos al mundo, aunque propagan los ritmos de su vida y el mundo permanece ajeno a ellos. Todos los días cambia el mundo y todos los días ellos conducen las rectificaciones y modificaciones que el tiempo produce en los hechos... [Las noticias] pasan bajo su brazo como pasaron por el cable. (Martínez Estrada 156)

Para estos sujetos (como para los personajes del cyberpunk) la relación con el espacio no encuentra en el discurso una forma de mediación que permita una aprehensión de lo real. Estos son textos donde el lenguaje es insuficiente para expresar la experiencia de la multiplicidad, y quizás ni siquiera sea particularmente relevante. Esta problemática daba lugar en las novelas del cyberpunk no a interrogantes sobre la naturaleza de lo real o a una crítica social melancólica como en los casos de Martínez Estrada y Marechal, sino a preguntas sobre la naturaleza misma de la humanidad, es decir, sobre los sujetos en tanto que observadores del mundo. Para el cyberpunk esas dudas se resolvían (o no) en el contexto de las redes de sistemas de información, que operaban como lo que Darko Suvin, en su famoso trabajo sobre la ciencia ficción, definía como *novum*.

En *Metamorphoses of Science Fiction* (1979), y siguiendo a Ernst Bloch, Suvin define al *novum* como la innovación o novedad histórica que permitía trazar una distinción (a la manera de Luhmann) entre la realidad del mundo y la de la lectura/ texto. Para Suvin, el *novum* era tanto un artefacto científicamente construido (o proyectado) como un paradigma lógico que siguiera hasta sus últimas consecuencias las potencialidades inscriptas en la pregunta ¿y si si...? El *novum* permitía hilar las consecuencias de un proceso coherente y racionalmente articulado. Varios críticos han hecho notar que la relación entre *novum* y de-familiarización cognitiva (concepto en el que se apoya, por cierto, Jameson) constituye parte de las características centrales de los proyectos utópicos. Buenos Aires, motor semoviente del proyecto de Estado-Nación decimonónico que Sarmiento articulara en su famoso libro de 1845, es en el imaginario sociopolítico argentino el *fulcrum* en donde todo proyecto político apoya al menos uno de sus ejes. De ahí que la búsqueda de la identidad nacional argentina haya residido en el espacio urbano y no en la Argentina profunda como fue el caso europeo. De ahí también, que en el momento mismo en que esos proyectos empezaron a mostrar sus primeras y muy claras fisuras, fuera la ciudad de Buenos Aires la primera en ser diagnosticada con todos los posibles males de esos proyectos.

Para la (ciencia-) ficción argentina, el espacio urbano Buenos Aires no es simplemente el *locus* de los proyectos civilizatorios de Sarmiento y de la generación liberal de 1880: la metrópolis se convierte en un instrumento de las operaciones ideológicas de los textos. Buenos Aires (o, para el caso la urbe) es el *novum* que permite incorporar en la narrativa el proceso de de-familiarización a partir del cual es posible experimentar con lo ideológico, e interpretarlo. Buenos Aires es un espécimen en el laboratorio de la literatura sea para los casos de Martínez Estrada y de Marechal,[70] sea para los productores de cómics

---

[70] Estas operaciones pueden, obviamente, rastrearse hasta *Argirópolis* (1850) de Sarmiento. Sin embargo, el tipo de lecturas sobre el espacio urbano que aparece en la novela gráfica de ciencia ficción está mucho más en deuda con la línea ideológica que se inicia con Martínez Estrada que con la del sanjuanino.

que intentan definir nuevas formas de sociabilidad o narrar la experiencia de la dictadura, o para los escritores que a mediados de los ochenta se enfrenten con las ciudades en crisis del período posdictatorial. Así, Beatriz Sarlo, hablando de los textos que empiezan a aparecer en Argentina en esta década, señalaba que hacían una suerte de cita irónica de la polis griega ya que en esas narrativas todo concepto de organización institucional era disfuncional.[71] Sin embargo, en estos textos, la ciudad es, si no una aspiración utópica de absoluto, al menos un espacio donde todavía se reconoce ese impulso. Las re-lecturas de Martínez Estrada o de Marechal (o incluso de Scalabrini Ortiz) no se harán, llamativamente, en los espacios canónicos aún y a pesar del amplio debate teórico en torno a la historiografía que permeó la década del ochenta.

El debate historiográfico entra de pleno al campo cultural por dos bandos muy distintos. Por una parte, la narrativa centrará sus debates en la recuperación de los sujetos sociales silenciados por el discurso liberal e intentará recobrar, a partir de las lecturas críticas del revisionismo, a aquellos que no habían ingresado al discurso oficial, incorporándolos en el amplio ciclo de novelas históricas producidas a partir de los ochenta. Sin embargo, la novela histórica es notablemente sigilosa en su modo de manipular los materiales que sostienen el impulso utópico del liberalismo. En el foco del discurso canónico, las ciudades serán evanescentes y, aunque muchas novelas centren su discurso en el espacio urbano, éste es raramente problematizado.[72] Por otro lado, la recuperación de la función de *novum* de la urbe, en la línea de lecturas que arranca con los autores que he analizado hasta aquí, proviene justamente de los espacios considerados como marginales por la crítica académica, tales como el rock y la ciencia ficción cuyos lenguajes se re-codifican para enunciar lo urbano y la experiencia de la ciudad. Precisamente, ésta es una de las operaciones más notables del cómic, sobre todo, en la novela gráfica. Ya he analizado cómo una historieta como *El*

---

[71] Para los autores en quienes estoy pensando aquí (incluyendo a escritores tan diversos como Rodrigo Fresán, Marcelo Cohen, Juan Forn o Martín Caparrós, por sólo dar unos ejemplos), la ciudad constituye una escenografía dada donde los personajes circulan entre los vestigios de lo que fue: la ciudad es la acumulación de las ruinas de proyectos políticos e ideológicos fracasados, que por otra parte ya ni siquiera son interesantes desde una perspectiva estética. El único que quizás podría pensarse como una suerte de bisagra es César Aira, aunque sus novelas *Ema, la cautiva* (1981) y *La liebre* (1991) intentan una re-articulación del espacio bárbaro a través del lenguaje de la civilización.

[72] Sólo puedo pensar en la novela *La villa* (2001) de César Aira como un ejemplo dentro de esta línea. Al mismo tiempo, la estética desarrollada por escritores como Washington Cucurto desde inicios del presente siglo reorganizan la mirada sobre la constitución de lo urbano al desplazar la voz y la mirada sobre los sectores más bajos de la población. Por razones de espacio, no puedo aquí explayarme sobre este punto, pero es necesario mencionarlo.

Eternauta repone el debate en torno al tipo de sujetos sociales deseables para un proyecto político popular. Será también en la historieta donde la naturaleza misma de esos proyectos se ponga a prueba utilizando también la óptica del revisionismo, aunque quizás con un carácter menos marcado que en el texto anterior.

Uno de los casos de novela gráfica que mejor sintetiza las reflexiones hechas en las páginas anteriores es *Ciudad* (1992) con guión de Ricardo Barreiro e ilustraciones de Juan Jiménez.[73] *Ciudad* está constituida de doce episodios o capítulos de catorce planchas de cuadros variables cada uno (con excepción de dos episodios que sólo cuentan con doce planchas), que generalmente siguen una estructura narrativa de cuadros de acción-a-acción o de escena-a-escena. En cada plancha la distribución de las viñetas es casi siempre uniforme, generando una lectura de cuadro de izquierda a derecha que sigue los modelos clásicos de la historieta occidental. A lo largo del relato hay muy pocos ejemplos de ruptura del cuadro o de sangrado en los blancos, y cuando éstos ocurren no son siempre funcionales. La historieta narra las aventuras de Jean y Karen en una metrópolis quizás imaginaria donde los personajes van buscando, a través de los infiernos de los barrios, una salida imposible para finalmente llegar al centro de la ciudad y descubrir que la huida es imposible o sólo viable a través de la muerte.

Como la urbe de Martínez Estrada, la ciudad es una cárcel llena de trampas y arquetipos criminales. Como la Cacodelphia de Marechal, es una suerte de infierno personal donde los "náufragos" de la civilización yerran entre monstruos (a)sociales e instituciones impersonales que literalmente buscan sacrificarlos y devorarlos. Como en el capítulo final de *Adán Buenosayres*, el texto es una intensa caída libre en crecientes grados de monstruosidad que escamotea de la lectura el efecto realista que las ilustraciones del espacio citadino intentan reponer en cada episodio. Pero, a diferencia de esos textos, *Ciudad* es un recorrido por barrios que, las más de las veces, están casi deshabitados; donde los pocos residentes no son una muchedumbre imposible de navegar a causa de la explosión demográfica que acompaña el proceso de crecimiento urbano, sino la ilustración ejemplar del "pobre *demos*" de Marechal, ya desnudado de sus aspectos caricaturescos, y habiendo naturalizado la locura y lo bárbaro a través de la monstruosidad. Este ya no es un viaje de aprendizaje por la contracara urbana, sino un viaje a través

---

[73] Los primeros episodios de *Ciudad* se publicaron por primera vez entre noviembre y diciembre de 1983 en la revista *Cuero* que dirigía Oscar Steimberg. Tras el cierre de la revista, el cómic volvió a salir en la reencarnación de *Hora Cero* en 1990. Los episodios fueron recogidos en un tomo por Ediciones de la Urraca dos años más tarde. Una segunda parte de la historieta apareció en 1993 (esta vez con dibujos de García Durán) en el *Libro de Fierro I*, pero no nos ocuparemos de ese texto en el presente trabajo.

de los restos desolados de una infraestructura que se mantiene en funcionamiento sin que se sepa claramente cómo, por qué, o para qué: en este sentido, anticipa lo que serán las escenografías urbanas de las novelas "posmodernas" que aparecen desde mediados de los ochenta, especialmente textos como *Insomnio* (1985) de Marcelo Cohen y los paisajes de *La villa* (2001) de César Aira.

El modelo de planta urbana que propone esta novela gráfica está basado en el modelo colonial español que a su vez sigue a Vitrubio (siglo I a.C.). Aquí, la representación de la imagen de orden que ofrece ese diseño concéntrico (con un núcleo público en el medio, rodeado de un espacio de transición, y ambos a su vez, cercados por los suburbios y, finalmente, por el campo que, en este caso, es reemplazado por los infinitos barrios vacíos que recorren los personajes) está rota en el ámbito simbólico y en el ámbito gráfico. En el primer aspecto no sólo son la anomalía y la enajenación las presencias discordantes, sino también el inesperado y complejo sistema de citas que encadena la narración a versiones hiperbólicas de los relatos bíblicos, de los cuentos de hadas, de la literatura canónica y, como en toda la narrativa de ciencia ficción, a las citas de la propia modalidad: la novela cierra con la imagen aérea de la ciudad, vista a través de los ojos de Juan Salvo, el mítico personaje central del *Eternauta* de Oesterheld, que hace aquí una aparición estelar para poner en evidencia que la ciencia ficción tiene que ser leída no sólo dentro de su propia historia (en tanto que un metalenguaje autorreferente) sino como parte de una discusión mayor dentro de un campo cultural dado. De manera tal que las referencias textuales funcionan, a su vez, en dos direcciones. En primer lugar, remiten al aspecto más meta-historiográfico de la ciencia ficción en general, que en cada nueva intervención, tiende a regresar sobre alguno de sus posibles libros fundacionales: baste mencionar que el diseño de la una de las últimas páginas repite la disposición de la página que el lector tiene en sus manos, generando una suerte de efecto de fuga donde los personajes Karen, Jean y Juan Salvo se convierten a su vez en lectores de sí mismos:

Figura 3.2
Ciudad (Ricardo Barreiro y Juan Giménez, 1992) Episodio "La salida final".
Plancha 10, Viñeta 4.

La aparición de Juan Salvo y la *mise-en-abîme* de la *mise-en-abîme*.

Esta es una operación central de la ciencia ficción y que, a mi modo de ver, permite recordar al lector que este es una modalidad sistémica, es decir, que en la ciencia ficción toda lectura sería incompleta si no se leyeran los textos/ artefactos en relación con su propia historia y con los debates que en ella se plantean: más adelante veremos cómo los novelistas hablan de un efecto de *feed-back*. Aquí se nota uno de los primeros rasgos de madurez de un medio que, a diferencia de las operaciones internas del *Eternauta*, puede citarse doblemente a sí mismo. En este sentido, muchas de las citas arman la biblioteca "culta" del lector de ciencia ficción, que arranca con la figura fundacional de Juan Salvo, pero que continúa con las menciones breves al género gótico, con las discusiones en torno al enfrentamiento entre hombre y máquina y entre hombre y naturaleza, para trasladarse finalmente a la biblioteca "popular" del cine y la televisión a través de figuras como "Alien". Interesa remarcar, a partir de aquí, que la cita no funciona tanto como un espacio cuasi-académico de reflexión sobre la cultura, sino como el sistema de referencias que un lector tiene que manejar para poder simplemente *leer* un texto, independientemente de que este sea de la cultura alta o popular. De alguna manera, este texto continúa la tradición cortázariana de eliminar esas diferencias, pero con un modelo más claro y quizás, más exitoso.[74]

En segundo lugar, el guiño sobre otros géneros y espacios (consagrados) de la literatura supone un segundo metalenguaje, aunque éste no se haga explícito más allá de la cita. Si en efecto la ciencia ficción es el lenguaje crítico de lo canónico, esas señas son más bien advertencias sobre cómo se lee. Como en aquel cuadro surrealista de René Magritte donde aparecía una pipa sobre la leyenda "Ceçi n'est pas une pipe" (*La trahison des images*, 1928-1929), *Ciudad* nos está diciendo que el texto no es sólo o simplemente una novela de aventuras de ciencia ficción. Si algo caracteriza una lectura atenta de *Ciudad* es la exacerbación de la cita, la necesaria acumulación de saberes provenientes de las culturas alta y popular que un lector avisado necesita para poder acceder a un texto que, de otro modo, parece refractario a la lectura. Pese a todos los posibles prejuicios críticos sobre las novelas gráficas, el lector implícito de *Ciudad* es altamente sofisticado y requiere un manejo de y una familiaridad con materiales sumamente heterogéneos que abarcan no sólo la literatura canónica universal, sino también los medios masivos de comunicación, particularmente la historia del cine, además de la ciencia ficción y el cómic en general. *Ciudad* es el punto de fuga de una masa de conocimientos que requieren de múltiples destrezas si se quiere saber de qué se habla aquí. La biblioteca de Cortázar estalla en la Babel de la red, en una versión amplificada que sólo puede ser leída y decodificada gracias a la plasticidad del medio en que el texto enuncia, es decir, el de la novela gráfica. Lo cual nos lleva al segundo nivel de ruptura, es decir, la imagen gráfica de la ciudad circular que debería abrirse sobre la planicie de la Pampa como si se desgranase, y en cambio permanece cerrada sobre sí misma y sin posible salida.

---

[74] En 1975, Julio Cortázar publicó *Fantomas contra los vampiros multinacionales*, probablemente una de sus obras menos estudiadas y peor entendidas por la crítica. Cruza de *nouvelle*, cómic, documento de denuncia y ensayo, en el texto las fronteras entre literatura canónica y popular están rotas por la presencia del personaje de Fantomas, ahora convertido en justiciero al servicio de los intelectuales hegemónicos de los setenta. El texto pone en escena la cuestión de la biblioteca, aunque en términos muy alejados de sus apuestas iniciales en *Rayuela* (1963). La mezcla de registros en *Fantomas* anticipa lo que hoy en día la crítica genética lee como espacios de interconexión.

Las imágenes finales de la ciudad, remiten otra vez a la descripción de planta urbana que hace Martínez Estrada, que imaginaba ver su cárcel infinita desde mil quinientos metros de altura como: "[...] el plano de la ciudad se recorta del margen blanco de la tela, e ignoramos si efectivamente es una abstracción que tiene la pared por alrededores, o si está, en efecto, ligada a otras poblaciones [...] Pues más bien parece una isla" (60). La ciudad como isla, como un espacio literalmente cercenado del resto del mundo, se inscribe, a su vez, en las tradiciones utópicas que construyen sus proyectos en espacios a donde los viajeros llegan por azar, encontrándose con entidades más o menos ideales que justifican los más variados proyectos sociales como contrapartida de las sociedades de origen de los narradores. Pero aquí estamos frente a un lenguaje más bien apocalíptico, donde los viajeros son náufragos sin posibilidad de regreso, incapaces de expresar el nivel de alienación impuesto tanto por su mundo de origen como por la ciudad misma. Tal es así, que el lenguaje narrativo es sustituido completamente por la imagen, particularmente en las escenas de violencia, obligando al lector a completar la narración en una suerte de mutismo cargado de significados.

Es notable que en un cómic de tanta violencia y con tantos muertos, casi no haya cadáveres. Se muestra el momento de la muerte, la agonía, pero raramente los resultados o los efectos de esas mismas muertes, con las excepciones de uno de los sacerdotes satánicos y de los hombres-lagarto. Por lo demás, los muertos humanos que deberían poblar esta ciudad de fantasmas enloquecidos no son ni siquiera presencias residuales. La muerte reina soberana sobre el vacío porque la ciudad ha tomado su forma. Es, como diría Martínez Estrada, "una máquina" que opera con independencia de los seres humanos. Este concepto se repite en varios episodios de *Ciudad* (especialmente en "Auto Super Market" y en "En nombre de la ley"). Pero la deshumanización de la urbe ya está presente en la siguiente escena de "Sin salida" (el segundo episodio del texto) dónde sólo la imagen es capaz de transmitir el nivel de violencia de los eventos. Aún la onomatopeya (ver los ángulos superiores del primer cuadro con los restos de las letras B y M respectivamente) parece ser insuficiente para narrar y el discurso se desvanece enteramente de la plancha:

La ilusión persistente

Figura 3.3
Ciudad (Ricardo Barreiro y Juan Giménez, 1992) Episodio "Sin salida".
Plancha 6, Viñeta 1-4.

Si bien este es sólo la mitad de la plancha, podemos observar cómo el lenguaje se desvanece para dejar paso a la contundencia de la imagen.

La ausencia de lenguaje pone en evidencia la imposibilidad de expresar la experiencia de la alienación, pero al mismo tiempo, es una *mise-en-abîme* de las preocupaciones del cyberpunk que indicamos antes: la imagen nos satura de información pero esa información no es decodificable en términos de comunicación lingüística. La violencia, la alienación y la degradación pueden (y deben) mostrarse, pero no se puede hablar sobre ellas sin, de algún modo, degradar el mensaje. Pero hay algo más: aún cuando los lectores saben que el colectivo que acaba de ser volado era conducido por uno de los enemigos de los personajes centrales, la imagen no nos muestra el cadáver del conductor sino los restos metálicos de lo que fue una máquina: en forma paralela, el lector no recorre una ciudad viva sino los restos de lo que debiera ser una ciudad pujante, ahora poblada de vagabundos y criminales. Aquí el animal urbano no es el ciudadano de una polis idealizada, sino el nómada, el sin-techo obligado por las circunstancias a errar por el espacio público sin hallar correspondencias que permitan forma alguna de sociabilidad con grupos de referencia. El espacio público, la plaza central, también está escamoteado, y en su lugar se erige un misterioso ascensor que sólo admite a uno o dos náufragos por vez. La plaza es ahora el lugar del silencio: en el espacio público los náufragos se transforman, incapaces de ejercer la violencia, incapaces de expresar emociones, alistándose para la muerte, en una clara referencia al colapso de la esfera pública durante la dictadura de los setenta.

El mapa de la ciudad que provee el dibujante Giménez muestra un inmenso laberinto con un centro vacío,[75] donde se han borrado las marcas distintivas de los barrios cuya iconología sólo podía percibirse a escala horizontal. Las miradas aéreas de Giménez y Martínez Estrada son coincidentes: la ciudad es una maquinaria que pone a prueba la capacidad de supervivencia de quienes se atrevan a recorrerla.[76] Nótese como la figura 3.4 resume estas observaciones: el diseño de la planta concéntrica del laberinto en donde el centro (que es a su vez el barrio que es el objeto de la búsqueda de los náufragos) es un espacio vacío y un ágora que ha perdido su función política, y asimismo, está completamente cercado por los barrios, convirtiendo la escapatoria en un imposible. La representación de las manzanas uniformes de Buenos Aires con sus techos reducidos a meras líneas, que recuerdan más los microchips y los circuitos de una computadora que el plano de una ciudad, también lleva al lector a re-imaginar la narración como una suerte de artilugio, de circuito cerrado, y para los noventa, cuando se reeditó el cómic en formato de libro, de juego de video.

---

[75] Otra posible lectura de la iconografía que presenta *Ciudad* puede tomar en cuenta la perspectiva clásica sobre los laberintos griegos y leer a los personajes centrales como un Teseo y una Ariadna pos-apocalípticos que se enfrentan a todas las posibles formas del Minotauro para ser, finalmente, salvados por los espíritus capaces de vencer a la muerte.

[76] Nótese que esta perspectiva proviene de William Shakespeare y *The Tempest* (1610): esta es la única obra que aparece directamente citada en el texto y no es casual. Como se sabe, los personajes de Ariel y Calibán han sido importantes metáforas para la interpretación de la identidad latinoamericana –véase, respectivamente, *Ariel* (1900) de José Enrique Rodó; y *Calibán* (1971) de Roberto Fernández Retamar–, pero no el personaje de Próspero que es, a fin de cuentas, el intelectual letrado al que aspiraron como modelo los intelectuales latinoamericanos de los siglos XIX y XX. Cabría preguntarse, no sin cierta ironía, si el destino y los yerros de Próspero no debieron servir de advertencias. Sin embargo, aquí la línea de razonamiento no avanza en función de dar una agenda intelectual o de ofrecer un programa, sino en función de recorrer espacios culturales ya conocidos sin necesariamente ofrecer soluciones y ninguna salida.

La ilusión persistente

Figura 3.4
Ciudad (Ricardo Barreiro y Juan Giménez, 1992) Episodio "La salida final".
Plancha 14, Viñetas 1-3.

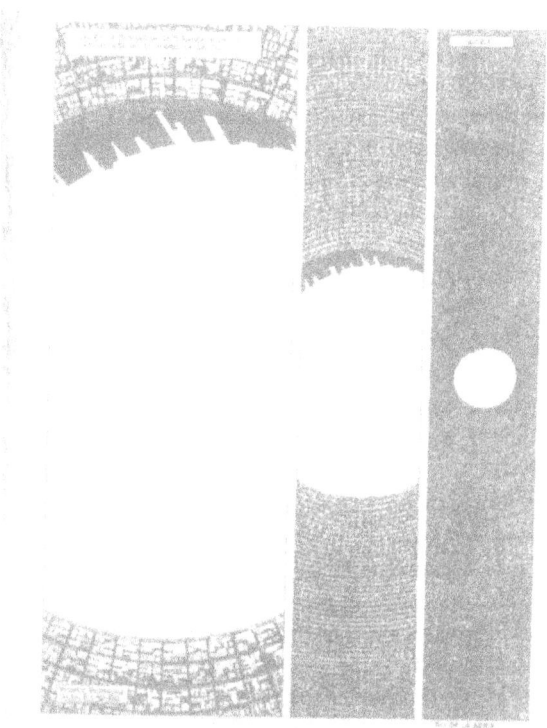

Vista aérea de la *Ciudad* desde la perspectiva de Juan Salvo, el Eternauta.

Ciudad se inicia con un día común en la vida de Jean, empleado como diseñador gráfico en un París un tanto borroso.[77] Al final de una salida nocturna aburrida y, al doblar en una calle llamada *Rue Le Aleph*, Jean descubre que se ha perdido y que la ciudad donde está ya no es París. Su asombro crece cuando es atacado por un grupo de automovilistas en una imagen que recuerda una

---

[77] Habría que indicar que el cómic del que me ocupo aquí tiene una enorme deuda con un texto anterior del escritor uruguayo Mario Levrero, quien escribiera la novela corta *La ciudad* en 1970, y que forma parte de una trilogía que incluye *París* (1979) y *El lugar* (1982/1984). La trama argumental de ambos textos es notoriamente similar, pero por razones de extensión no me ocuparé de ésto en el presente capítulo.

escena de la primera *Mad Max* (George Miller, 1979), y es salvado por Karen, una ex prostituta, que se convertirá en su Beatriz en esta Cacodelphia que parece conectar todas y ninguna de las ciudades del mundo. Karen (como el Shultze de Marechal) parece ser la única poseedora de los conocimientos necesarios para sobrevivir a esa suerte de viaje metafísico que la urbe impone a través de la vivencia de los códigos sociales de los diferentes barrios. Pero en contraste con la dimensión socio-política que desenmascara la experiencia grotesca a la que es sometido Buenosayres a fin de que se le revele el lado oculto de la Buenos Aires real, la ciudad que recorren Jean y Karen está vaciada de cualquier forma de historicidad. La historia es, literalmente, el plano de la página, y la identidad surge de la repulsión que causa la mecanización sin anclaje de la experiencia.

Como en el caso de la novela de Marechal la percepción de la ciudad es el resultado de la aglomeración de lo microcósmico: el lector de uno y otro texto concibe la desmesura del espacio urbano en la acumulación de códigos y experiencias en cada uno de los diferentes barrios. No por nada el recorrido se inicia con la cita de Borges. El Aleph, se sabe, es la condensación del universo en un punto del espacio (una letra, una palabra de Dios) y es, por ende, la puerta de acceso a la *summa* de todos los saberes posibles. Entrar a la ciudad por Borges implica la apertura de una serie de citas literarias: ésta es una lectura contraborgeana, diría Graciela Montaldo,[78] de la ciudad, ésta es una lectura magna de todas las versiones posibles de la metrópolis, ésta es una lectura glosada de los imaginarios urbanos de Buenos Aires. La bifurcación en el camino es un Aleph tanto para los personajes que quedan atrapados en la fábula como para los lectores a quienes se avisa rápidamente que éste es un texto a ser leído desde la biblioteca de la literatura canónica, más allá de las otras que se irán proveyendo de manera más sutil a lo largo del texto. Casi sobre el final de la aventura, el

---

[78] Es una lectura contraborgeana porque exotiza la ciudad de Buenos Aires, pero las operaciones textuales en sí mismas (desde la mezcla de saberes altos y populares, hasta la mirada babélica, casi caníbal sobre la cultura) son operaciones estrictamente borgeanas. Las operaciones de Jorge Luis Borges sobre la ciencia ficción, particularmente las relecturas de autores como J. G. Ballard (uno de cuyos textos parece estar citado en el episodio "Diluvio"), constituyen el fundamento indirecto de muchas de las operaciones de esta novela gráfica. Por otra parte, habría que preguntarse cómo *Ciudad* establece un diálogo con la película *Invasión* (1969) dirigida por Hugo Santiago y con guión del propio Borges y de Adolfo Bioy Casares. Esta película fue la primera de una trilogía que se completaría mucho más tarde con los estrenos de *Las veredas de Saturno* (1988) con guión de Juan José Saer, y de *Le loup de la côte Ouest* (2002) con guión de Santiago Amigorena y Ross Macdonald. Sobre estos temas, véase el ensayo de Graciela Montaldo, "La invención del artificio. La aventura de la historia", Roland Spiller (ed.) *La novela argentina en los años 80* (1991).

narrador insiste: en la ciudad, "detrás de cada posibilidad existe una trampa... Esa es la única certeza, la única ley de la ciudad... La trampa".

Ciudad es un no-lugar, pero es a la vez la condensación de la metrópolis contemporánea: de aquí en más el sistema de referencias espaciales obliga al lector a decodificar el territorio recorrido no sólo desde lo social, sino también desde claves que permitan identificarlo en términos históricos y geográficos. Karen y Jean deambulan como *flâneurs*, como viajeros, como turistas, como náufragos. Serán (son) antropólogos y etnólogos de un universo que las más de las veces los convierte en sus víctimas. La capacidad de agencia de estos personajes es muy limitada, o mejor dicho, limitada sólo a la supervivencia. Lo que para ellos es una larga y traumática aventura, para el lector es un rápido desplazamiento sobre los mitos y leyendas urbanas de la metrópolis globalizada. Pero como esos relatos están construidos en directo diálogo con las ciudades de *La cabeza de Goliat* y de *Adán Buenosayres* (por sólo nombrar los textos con que hemos trabajado hasta aquí), el relato se ancla en Buenos Aires, en su lenguaje, y en su cultura. A partir del tercer episodio ("Auto Super Market") los vehículos dejan de ser los autos-tanque de episodios anteriores, para convertirse en colectivos; los graffitis en las paredes van adquiriendo un notable viso setentista, y finalmente, la brecha de la 9 de Julio y la estación de subte Agüero, nos traen a la ciudad que es el verdadero *locus* de la reflexión política que emerge del texto.

Figura 3.5
Ciudad (Ricardo Barreiro y Juan Giménez, 1992) Episodio "Metro a ninguna parte". Plancha 3, Viñetas 1-2.

Ciudad deviene, finalmente, Buenos Aires.

Con todo, si bien el paisaje de los primeros episodios es más bien genérico, no lo son las problemáticas. Aunque es cierto que la violencia urbana, la presencia de los supermercados con cajeros automáticos, y las plagas de ratas son fenómenos urbanos comunes, la reacción de los personajes ante ellos es más descriptiva de un provincianismo fascinado con la novedad, que de la indiferencia que provoca la costumbre. Los personajes guían al lector en su propia lección sobre como aprehender las tensiones que aparecen en el paisaje urbano. Tanto Karen como Jean descubren el galimatías de la ciudad a medida que avanzan hacia el centro. Todos los elementos de las ciudades en crecimiento están presentes con el mismo abigarramiento que se espera ver en cualquier megápolis del mundo: subtes, supermercados, policías, negocios, plazas, pestes, lo que sea. Sin embargo, ninguno de los dos personajes es capaz de imaginar qué les depara esa cosa viva y muerta a la vez que es la ciudad. En este sentido, los recorridos reponen la experiencia urbana de la década del treinta mucho más que la experiencia urbana de los ochenta. Esta es una ciudad detenida en un tiempo fuera del tiempo. Adrián Gorelik habla de este imaginario como de un futuro pasado:

> La confusa percepción de un *futuro pasado* es el primer rasgo de inquietud que producen estos paisajes de fábricas, estos restos de tecnología incomprensible que asoma la memoria de lo que quiso ser más nuevo entre pastizales sin tiempo. Son representaciones frágiles, que ponen en cuestión el imaginario nostálgico: critican el doble aplanamiento de la complejidad del tiempo que produce la nostalgia que lejos de enfrentarnos a la angustia muda del futuro pasado, se consuela figurando la restauración de un pasado mitificado. (153; en itálicas en el original)

¿Es necesario recordar que ésta es también la mirada de Borges en sus primeras poesías sobre Buenos Aires? Quizás. En el episodio "Metro a ninguna parte", el subterráneo es la línea que conecta el pasado y el futuro a través de las estaciones que obligan a los personajes a revivir los fracasos que son el origen potencial de su transformación de náufragos metafísicos en náufragos reales. Pero además, la línea de subte es también la potencialidad del cambio: sólo cuando Karen y Jean descubren qué encierra su futuro son capaces de tomar la iniciativa para alcanzar alguna perspectiva de supervivencia, aunque ésto no necesariamente implique una salida de la ciudad. Cuando Karen y Jean se convierten en amantes, se transforman también en una copia fiel de las parejas fundacionales de la literatura argentina y se convierten en el punto de fuga de todo mito de inicio.[79] Pero aquí, a diferencia de lo que sucede en la novela, hay una conciencia de lo remanido de la situación, y la ciudad que está en la

---

[79] Véase, además de mi propio trabajo ya citado, Sommer, *Foundational Fictions* (1991).

finalidad de los mitos liberales de la civilización se convierte, literalmente, en una maqueta: la ciudad proyectada de ese futuro pasado es una escenografía para los recorridos de personajes incapaces de comprender la experiencia del cambio urbano:

Figuras 3.6
Ciudad (Ricardo Barreiro y Juan Giménez, 1992) Episodio "Metro a ninguna parte". Plancha 2, Viñetas 1-3.

Karen y Jean descubren que, al menos este barrio, es una maqueta vacía.

En este sentido, la taxonomía de la ciudad nos ofrece otra perspectiva de esta misma lectura. Cada uno de los capítulos alude a un posible enfoque de alguna de las etapas que la morfología urbana hace en sus estudios diacrónicos de la arquitectura de las ciudades, pero también de una lectura positivista de la historia. Así, tenemos ciudades catedrales donde la religión regresa sobre los sacrificios humanos adquiriendo la forma del culto satánico ("Pueblo catedral"), capítulo al que sigue el de la ciudad inundada por el diluvio ("Diluvio"), ciudades-castillo cercadas por la peste ("Barrio-Castillo"), ciudades amenazadas por la naturaleza que devora ruinas y sobrevivientes ("El jardín de las delicias"), y finalmente, el sistema cloacal donde los feroces "Morlocks" de H. G. Wells —que aquí le adeudan más a la versión cinematográfica de 1960 que dirigiera George Pal, que a una lectura atenta de *The Time Machine* (1895)– regresan para sacrificar en rituales caníbales los restos de humanidad ("En la oscuridad de las cloacas") que apenas lograron sobrevivir a la ciudad-Estado totalitario del episodio anterior, en que un policía toma la ley en sus manos e impone un toque de queda permanente en la ciudad solitaria y enajenada ("En nombre de la ley").

Notablemente, en una lectura sobre la sociabilidad que entronca a este texto con *El Eternauta*, volvemos a encontrar las mismas reglas de sociabilidad donde el mundo de la ciudad se divide entre el nosotros/ adentro/ barrio y el ellos/ afuera/ extranjero. El espacio del *nosotros* expele lo foráneo, sólo que aquí, ese elemento lo constituyen los protagonistas que ya no pueden encontrar en las viejas marcas de reconocimiento social asidero alguno para una identidad que ya es, en sí misma, una ruptura. Algo de las viejas marcas quedan: Jean y Karen están unidos por la solidaridad y buscan en otros idéntico amarre. Pero tal operación, nos dice el cómic, es imposible. Avanzar por la ciudad es trasladarse a través de la historia, o más bien, la versión escolar de la historia que aquí aparece siempre vaciada de sentido y dirección. En otras palabras: avanzar por la ciudad es atravesar los fracasos de la historia y la imposibilidad de ser acto del futuro. El mítico centro que los personajes buscan es la "tierra de nadie", "una excepción dentro del caos. La paz más absoluta. La ciudad cuida atentamente de la tranquilidad del centro" (Plancha 3, "La salida final"). Es literalmente, el fin de la historia, tanto para la fábula que con ésto termina, como para todos los posibles experimentos políticos que cada uno de los capítulos anteriores llevaran a cabo o aludieron. Juan Salvo se pregunta si acaso la ciudad no es simplemente un dispositivo de ficción y sus habitantes meros personajes de novelas o de historietas antes de tomar el ascensor que lo llevará a la salida y/o la muerte.

Figura 3.7
Ciudad (Ricardo Barreiro y Juan Giménez, 1992) Episodio "En la oscuridad de las cloacas". Plancha 3, Viñeta 3.

Figura 3.8
Fotografía de un morlock de la película *The Time Machine* (1960) para Metro Goldwyn Meyer con dirección de George Pal y guión de David Duncan.

Las máscaras de los morlocks fueron diseñadas por el propio Pal.

Pero ninguna de estas lecturas sería por cierto completa, si no nos detuviéramos en el entramado ideológico del texto. Precisamente, la lectura crítica de los aspectos ideológicos de la alta cultura cuya raíz está en Martínez Estrada, Marechal y, de manera más solapada en Borges, sólo puede develarse en la correlación de la novela gráfica con los materiales del cine. Como las citas literarias, las cinematográficas proveen claves de lectura aunque por razones algo distintas, como veremos a continuación. El sistema de citas cinematográficas es casi tan abigarrado como el literario, y ambos son complementarios. Ya he mencionado cómo las batallas con los motociclistas en "Sin salida" nos ponen directamente en la escenografía de *Mad Max*: la ausencia del Estado y de las organizaciones institucionales constituye el centro de este capítulo y sostiene la situación de caos pos-apocalíptico que las batallas de los siguientes episodios aluden sin necesidad de contextualizar la narración cada vez.

Pero este capítulo es estructuralmente complementario del noveno, "En nombre de la ley", que a su vez cita, al menos, dos películas, además del subgénero de las películas de camioneros que vio su auge en el cine norteamericano de la década del setenta. En este episodio, los personajes Karen y Jean son perseguidos por dos policías sin que, como en el caso anterior, haya razón aparente. Aquí se privilegia la perspectiva del policía para quien la ciudad está bajo un permanente toque de queda y el solo ingreso a este territorio hace sospechosos a los personajes. Que entren a contramano sin saberlo, accidentalmente (es decir, desconociendo la ley), los condena a muerte. Esta es la primera de las citas del capítulo: "En nombre de la ley" es el título en castellano de la película *Lawman* (1971), de Michael Winner y Gerald Wilson, donde se discute hasta qué punto es lógico y útil para una sociedad seguir rígidamente la letra de la ley y qué sucede cuando ese *dictum* adquiere visos de absoluta irracionalidad.

La segunda cita es al género de las persecuciones automovilísticas, particularmente las de camioneros y policías puesto que estos últimos son hostigados por una banda de "camiones salvajes", vehículos con vida propia que operan sin necesidad de conductor y que circulan en grupo por la ciudad, atacando a los que se pongan en su camino sin causa ni provocación. Si bien las escenas sugieren el largo enfrentamiento entre hombres y máquinas, los aspectos visuales remiten inmediatamente a las escenas de acecho en la película *Duel* (1971) de Steven Spielberg: los camiones impiden los desplazamientos de un lado a otro de los espacios civilizados de la ciudad y su voluntad es absolutamente irreconocible para los habitantes. Más aún, la idea de la máquina, como metáfora de la fantasmagoría gótica que la película explota, se hace aquí patente por la ausencia real de los conductores que en la película está apenas insinuada.

El último elemento necesario para leer este capítulo que se desarrolla casi enteramente sin diálogo es el imaginario de las persecuciones entre autos y camiones que proviene, como he dicho antes, de los "*trucker movies*". Es evidente que los policías y los camiones se disputan el control sobre este barrio de la ciudad: desde la perspectiva de la literatura argentina es un claro enfrentamiento entre las instituciones de la civilización (policía, sistema legal) y la barbarie (que aquí es representada por una maquinaria demonizada). Pero esa confrontación está teñida de la iconografía del cine, de manera tal que esa oposición no implica sólo una vuelta sobre las lecturas críticas de Sarmiento. Aquí, el policía que opera como el personaje de Jared Maddox (el protagonista de *Lawman*), es tanto la ley de un Estado ausente como el aparato policial y paramilitar que operó en la Argentina durante la década del setenta. Los personajes quedan atrapados entre un sistema legal refractario a toda forma de humanidad, y el vacío de sentido de la barbarie de los camiones salvajes. A mi modo de ver, para los narradores de *Ciudad*, ésta es la trampa ideológica en la que cae la alta cultura en su elaboración de proyectos de Estado-nación que basan su fundamento en elementos telúricos e intangibles. Aún teniendo una visión crítica, ni Marechal ni Martínez Estrada son capaces de interpretar el Estado sin recurrir al imaginario de Sarmiento, aunque lo rechacen. Aquí, en cambio, la maquinaria del Estado cuyo emblema es la ciudad (¿o quizá, mejor, los aparatos del Estado?) se convierte en un afuera, en un elemento extraño tanto a la civilización que colapsa como a la barbarie que es incapaz de aprehenderlo.

En este sentido, habrá que re-pensar entonces qué narran las repetidas aventuras de *Ciudad*. Desde un punto de vista estructural, cada uno de los episodios está construido de manera muy similar: los desplazamientos de un espacio a otro provocan una situación de conflicto donde lo único que parece cambiar es el paisaje y la naturaleza de ese trance. De los doce capítulos de *Ciudad*, sólo dos están centrados en la relación entre hombre y naturaleza y son, llamativamente, los únicos estructurados en doce planchas. Un tercer episodio ("Diluvio"), toma la inundación como marco de referencia para desarrollar la idea de la falta de relaciones solidarias entre los distintos náufragos/ grupos sociales que se disputan los recursos públicos. El capítulo (claramente ubicado en la zona de Pacífico en Buenos Aires, que por cierto, siempre se inunda con las lluvias) es una suerte de extensión a la escapatoria de la Catedral, y está cargado de simbolismo religioso y acaba cuando los personajes naufragan frente a una desvencijada Arca de Noé que parece haber encallado contra el viejo edificio de la Secretaría de Transporte. En los otros dos capítulos, la naturaleza es siempre amenazante, puesto que devora todo elemento extraño, incluyendo seres humanos.

En el caso de "Hamelin", el músico frustrado que convive con las ratas es, a su vez, controlado por ellas, y la relación simbiótica que establece con sus compañeras contribuye a una forma de alienación aún más monstruosa que la soledad de Karen y Jean. Ni siquiera el arte puede redimirlo o salvarlo ya que han sido su mediocridad y la incomprensión del público las que lo ha exilado en la ciudad, en una suerte de eco de una mala lectura de Kafka. En el caso del episodio "El jardín de las delicias", la plaza entera se convierte en una planta carnívora que intenta devorar a los personajes que, tras hacer el amor, duermen a la sombra de los primeros árboles que aparecen en toda la historieta, con lo que la alusión al tríptico homónimo del Bosco se vuelve aún más contundente.

Pero aquí no se trata de hacer una reflexión sobre el pecado carnal: la naturaleza domina a los personajes que luchan contra ella y finalmente, escapan para seguir su deambular por la ciudad. La religión no ofrece ninguna forma de salvación, no a través de sus instituciones ni a través de la moral o de la ética que la muy leve mención del Bosco parece traer a colación. La naturaleza no es, tampoco, el espacio de salvación que subyace en el discurso hegemónico de los setenta a través de un discurso que facilite proyectos utópicos alternativos. Tampoco es la naturaleza abierta de la llanura pampeana donde Sarmiento fundara el *locus* de la barbarie. Esta naturaleza, integrada al espacio urbano, demonizada, es un monstruo más en la galería de horrores que recorren Jean y Karen. Al igual de todos los posibles contratos sociales que se ofrecen en los barrios, los de la naturaleza también terminan con alguna de las formas de la muerte y de la locura.

El resto de los capítulos trabajan el tema de la alienación, de la implosión de las instituciones del Estado, y de la incapacidad del desarrollo capitalista para generar respuestas de consenso social con programas claros de desarrollo racional en sociedades en descomposición. Lo notable es que el texto siempre parezca aproximarse a alguno de los programas intelectuales que marcaron el siglo XX, sólo para hacerlo implotar. Por ejemplo: el guerrillero que pelea contra el avance de la tecnificación en el supermercado sabe que está condenado a fracasar, sino por ninguna otra razón, porque pelea solo; el subte que conecta el pasado y el presente de la ciudad funciona en barrios que son maquetas vacías de la urbe del porvenir; la religión no tiene más función que perpetuarse a sí misma; el único barrio planeado y organizado por banqueros es un cementerio; y la ley se ha convertido en una maquinaria ciega a la justicia. Todo posible elemento de un contrato social funcional aparece roto. Ésta tampoco es la civilización de Sarmiento.

Si nos detenemos a pensar un poco en la reflexión hecha en las páginas anteriores, veremos que todos los eventos de *Ciudad* implican la descomposición de los pactos de lectura que, desde el siglo XIX, permean la narrativa argentina. Aquello que decía Ricardo Piglia sobre la relación entre Estado y novela aparece desmentido por la repetición de la fábula a través de la mecánica de la aventura.

La repetición de la aventura, entonces, es la puesta en escena a nivel textual de la incapacidad del discurso (literario, narrativo) para generar discurso utópico o distópico: ésta es la puesta en marcha de un límite que se percibe en las novelas de los ochenta como una suerte de descontento, de frontera de la función literaria donde el *locus* urbano ya no opera su impulso renovador. La historia se ha convertido en una suerte de marasmo y regresar sobre ella sólo tematiza la imposibilidad. De manera tal que, regresando un momento sobre Jameson, si la operación central de la ciencia ficción es la experimentación ideológica con materiales ya presentes en el campo cultural (incluyendo las lecturas sobre lo urbano, para el caso argentino) a través de un proceso de extrañamiento tan radical que esa operación se hace invisible (las paradojas de Luhmann), la escritura de mundos utópicos o distópicos es, más bien, un resultado residual de las operaciones de aquello que englobamos dentro del fácil rótulo de la ciencia ficción.

Al contrario de lo que sucede en otros discursos narrativos donde lo político emerge en forma simultánea o paralela a lo literario, como bien ilustra el ejemplo de *Ciudad*, aquí lo literario es un efecto secundario (aún en sus más refinadas y bellas versiones) de un discurso (que experimenta con lo) político de manera abierta. Lo que la ciencia ficción (argentina) *hace* es llevar hasta su ultimo límite todo lo que esos materiales ideológicos implican en tanto que materia prima de proyectos políticos de variados signos. Aquí, la ciencia ficción no representa nada, sino que sigue la lógica de hierro de las premisas ideológicas de las cuales forma parte. La literatura canónica no puede hacer esto porque generalmente es ciega a sus propios materiales. Pero en los márgenes todo estalla y la ciencia ficción se regodea en hacer transparente y pedestre lo que de otro modo está oculto. No por nada, uno de los epígrafes que abre el libro de Darko Suvin, es una cita de Benjamin que reza:

> What is at issue is not (merely) relating the works of literary art to the historical context of their origin, but representing the time of interpretation (i.e. our time) in the time of their genesis. Thus literature becomes an organon of history [...].
> "Literary History and Literary Scholarship"

Que *Ciudad* nos da una visión posmoderna de la metrópoli es poco decir. El único atisbo de salvación vendrá de una lectura distorsionada de Francisco de Goya, aquello de "El sueño de la razón produce monstruos" (*Los caprichos*, 1799), tal y como aparece en la *Dialéctica del iluminismo* (1944) de Adorno y Horkheimer. Pero aquí, son literalmente nuestras pesadillas quienes nos redimen: el hombre-lobo, *Alien*, la momia y el Conde Drácula vienen a rescatar a Karen y Jean de los hombres-lagarto. Citando los famosos versos de Próspero en *La tempestad* de William Shakespeare,[80] Drácula dice:

> No hay nada que temer. Nunca le causaríamos daño a un ser humano. *Somos los monstruos que habéis creado. Estamos hechos de la materia de vuestros sueños.* Son vuestras leyendas y fantasías las que nos dan vida. Os debemos nuestra existencia y sabremos pagar la deuda... (las itálicas son mías)

La voz de la razón intelectual que en la obra de Shakespeare representaba Próspero aquí se desplaza sobre los monstruos y los sueños mismos como el espacio positivo de toda apuesta vital. La imaginación que da vida a estos monstruos duales es la misma que da vida a la utopía que subyace en el último episodio y que es también una pesadilla de la imposibilidad. En cierta medida, las representaciones urbanas que aparecen en *Ciudad* (y en otros textos de ciencia ficción) debaten desde la cultura popular los presupuestos ideológicos de lo que Ángel Rama llamó "la ciudad letrada" y que claramente tocaban su fin a inicios de los noventa. No se trataba aquí de proponer alternativas u otro tipo de programa. Al contrario, *Ciudad* termina con la muerte que vendrá, la que no se menciona, pero que es la única salida al proyecto civilizatorio, tal y como aparece planteado en el texto. El espacio urbano, transformado por la guerra y por los desastres naturales, es literalmente el espacio de la alienación ya que la ciudad se remite constantemente a sí misma. Ya no hay campo, ya no hay la barbarie del Otro porque esa barbarie está integrada en la identidad de la comunidad, más allá de cómo se la defina y por disfuncional que sea. La ciudad es más que el *locus* de la experimentación de programas político-ideológicos: la ciudad es la maquinaria de esos programas, su dispositivo de enunciación, y no sólo el espacio donde la literatura hace una crítica que debate o intenta romper con la agenda del liberalismo decimonónico.

Ésta es una puesta en marcha de una agenda de consecuencias lógicas que ese liberalismo no hubiese podido imaginar. Que estas consecuencias sean distópicas o no depende de cómo se organicen los recorridos simbólicos, de cómo se establezcan estas representaciones urbanas. *Ciudad* resume los recorridos de estas cuestiones en la ciencia ficción a partir de la entropía del diseño urbano. Que la única salida posible sea la muerte, abre pues otra serie de interrogantes que

---

[80] Los versos provienen del Acto IV, Escena I de *La tempestad* (1611). PROSPERO: "The solemn temples, the great globe itself,/ Yea, all which it inherit, shall dissolve,/ And, like this insubstantial pageant faded,/ Leave not a rack behind. We are such stuff/ As dreams are made on, and our little life/ is rounded with a sleep".

deben ser leídos como una advertencia que exige un regreso al presente y quizás una renuncia a los mandatos del pasado. Pero eso ya no forma parte del texto.

Conclusiones

Al inicio de este capítulo había reflexionado sobre la forma en que distintos sectores del campo cultural habían intentado operaciones de legitimación de su propia producción a partir de la apropiación y re-semantización de lo "nacional y popular" pensado tanto en términos revolucionarios (en sus muy distintas versiones) como en términos nacionalistas. Una parte importante de esas operaciones había sido la apropiación de los lenguajes de la cultura popular (muchas veces en forma incluso algo cándida, ya que no se cuestionaban ni los contenidos ni las operaciones de dicha producción) como una manera de identificarse con el Otro-pueblo a quien se intentaba dar una voz. Cuáles eran los signos de esa mentada cultura, cuál era su genealogía, y cómo se los había procesado políticamente a nivel masivo, eran asuntos que parecían escapar al marco de las preocupaciones de los textos visuales trabajados. Si bien aquí no intento resolver esas cuestiones, me interesa indagar en qué medida estas dudas reflejan una serie de puntos que atañen a la producción de uno de los medios que tradicionalmente muchos críticos miran con cierto desdén, es decir, el cómic. Más aún: en vistas de las problemáticas planteadas en las páginas precedentes me preguntaba en qué medida un medio ya de por sí marginalizado de los debates centrales del campo cultural podía hacerse cargo de esas preguntas y desde dónde y cómo las resolvía utilizando el imaginario de otro producto cultural también descentrado como es la ciencia ficción. Esa yuxtaposición nos daba la oportunidad de ventilar, al menos, parte de estas preocupaciones ya que la heterogeneidad de los materiales hacía estallar toda posible solidez argumental de las propuestas políticas que confluían en el seno de estos artefactos, permitiendo que salieran a la luz, no simplemente contradicciones de enunciado, sino las relaciones de reciprocidad y de mutua contigüidad y solidaridad entre apuestas ideológicas en permanente estado de flujo.

Si algo puede decirse de los cómics estudiados en este capítulo es que no son simplemente híbridos en el sentido de los géneros o de las estéticas como ha querido cierta crítica académica, sino que se articulan como objetos complejos dada la diversidad de paradigmas, saberes, y referencias necesarias para decodificar algo que a todas luces no es nada "simple" y para lo que la palabra "complicado" es insuficiente. La aparente llaneza de objetos que juegan a ser populares (y que ciertamente son masivos) es, más bien, una cortina de humo para distraer la atención de cuestiones capitales que recorren la armazón de estos artefactos culturales ¿Cómo se articula la relación entre intelectuales y cultura popular desde el interior mismo de un medio que es percibido y construido como tal y también como parte de los productos masivos de las industrias culturales? En su libro *El arte de la transición* (2001), Francine Masiello hacía la siguiente reflexión:

> *Cuando los escritores se vuelcan a las raíces populares como tema para la ficción, muestran esos sentidos opacados que subyacen al discurso oficial; nos remiten a una visión no autorizada del conjunto de la sociedad.* Ese impulso nos permite reflexionar sobre los idiomas diferentes de la sociedad civil, ampliar la base para la experiencia común y reformular el sitio desde el cual el arte y la literatura inventan a sus espectadores y lectores. (286-87; énfasis mío)

La idea de que la literatura popular, o para el caso, que un medio popular nos revela algo oculto, deseable y verdadero por ser la contracara del discurso oficial suele ser más una aspiración de la crítica letrada que la descripción de las operaciones de esa producción, en donde se vuelcan, *a priori*, expectativas de un orden positivo (o negativo, si tal es la perspectiva crítica), más allá de lo que esos artefactos enuncien y hasta con independencia de los orígenes de esas lecturas. De ahí la necesidad de estudiar esos objetos, sin ideas pre-concebidas, para analizar tanto qué tipo de diálogo establecen con el resto del campo cultural, como las operaciones y problemáticas que emergen en su seno.

Como notoriamente demuestra una lectura atenta al medio a partir de los ejemplos dados, los límites entre cultura oficial, cultura popular y cultura canónica son inestables y, desde ese espacio en permanente estado de transformación, los cómics ponen en circulación (y hacen acto) los mismos mitos y discursos que aparecen en forma difusa en el centro del espacio social y político, aunque desde perspectivas muy distintas. En un extremo, *El Eternauta* reconfigura nuevas formas de sociabilidad política a partir del discurso de la resistencia peronista, reclamando parte del imaginario de la historiografía revisionista que, si bien no se cuestiona, se convierte en el subtexto que sostiene la fábula. En el otro, *Ciudad* articula una crítica del discurso liberal a partir de sus múltiples fracasos, de alguna manera continuando las operaciones del primer cómic, pero también señalando un corte ya que aquí no queda lugar ni para la utopía.

Una de las operaciones que emerge del estudio de las historietas es, entonces, que la ciencia ficción re-procesa los materiales que el canon (ya) no lee o que ha integrado dentro de su imaginario de manera problemática, poniendo en escena la ambigua acumulación de significados, y transformándolos: ésto no implica que eso mismo no aparezca ni se articule dentro de otros espacios del discurso intelectual o que no sea parte de programas ya en circulación dentro del campo cultural, sino que no necesariamente esté estructurado como parte dominante del discurso letrado al momento de articularse en los cómics (o en cualquier otro espacio de producción percibido como no-central). Si esa operación es generalmente cierta en el medio, está llevada a la exacerbación en el cómic de ciencia ficción, donde los múltiples descentramientos permiten lecturas oblicuas de las matrices ideológicas del sistema cultural.

Al principio de este capítulo decía que la doble materialidad de los textos (a caballo entre lo mitológico y lo metafórico, y entre lo escriturario y lo gráfico) era particularmente relevante para el trabajo que intentaba hacer aquí, ya que hacían evidentes una serie de cuestiones. Construidos desde el imaginario del Apocalipsis, estos cómics ofrecen un vocabulario desbordado de los materiales ideológicos con los cuales trabaja: el exceso y la acumulación de significados de la destrucción y la muerte a través de la repetición mecánica de la lucha o de la aventura permiten que emerja una visión de insatisfacción con respecto al presente, que pide algún tipo de salida con respecto al futuro. Sin embargo, ninguno de los dos cómics logra salirse de los parámetros impuestos por la simbología escatológica que los permea y la utopía anhelada se hace inviable. En cierta medida, ambas historietas son un excelente contraejemplo de la capacidad política del discurso letrado, pero no llegan a proveer, como quería Masiello, "idiomas diferentes", sino que ponen en escena contradicciones internas de ese mismo discurso. La materialidad de la imagen-palabra, permite, literalmente, ver el punto de ruptura de discursos cuya misma rigidez los vuelve frágiles. En esa misma operación, los cómics ofrecen una suerte de listado de cualidades esperadas en la producción de lo "nacional y popular", convirtiéndose en un *desideratum* del imaginario de la cultura popular. Es así que emerge una nueva dimensión política a través de la lectura de estos cómics de ciencia ficción.

Como ya he mencionado, tanto *El Eternauta* como *Ciudad* proponen nuevas formas de lo popular, pero debe entenderse que estas propuestas están arraigadas en la historiografía revisionista aún de manera sesgada. Si bien estos cómics no necesariamente retoman lecturas de la historia nacional que examinan los hechos (como hará la novela histórica con enorme meticulosidad y variado grado de éxito a partir de los ochenta), definitivamente se proponen la búsqueda de nuevos sujetos y agentes. Sin embargo, son operaciones en abstracto y absolutas: los personajes del *Eternauta* articulan el *ethos* revolucionario, del mismo modo que los personajes de *Ciudad* articulan el *ethos* posmoderno. En ambos casos, éstos emergen antes que la narrativa los incorpore como parte de sus operaciones, y sólo en este sentido podemos hablar de una literatura de anticipación: se enuncia antes que en el canon. Pero tales operaciones son posibles porque aquí, como diría Wittgenstein, la imagen hace emerger relaciones que en la lógica del lenguaje no existen (19-25). La solidaridad icónica del cómic permite que operaciones de comunicación de campo cultural (en un sentido luhmanniano) se hagan literal y materialmente visibles. Si estos son artefactos que se construyen como ontologías de lo popular, pueden enunciar desde un medio (falsamente) percibido como tal, aunque claramente el discurso se adscriba a alguno de los bandos letrados en pugna en el campo cultural.

Sólo que hay un problema: los cómics definen cómo es el pueblo y cuáles son sus condiciones de posibilidad para convertir su definición misma en una ausencia. El sujeto-pueblo, concretamente, no es. Así pues, aquí se narra la epopeya de las potencialidades. Y entonces, ¿por qué narrar como epopeya algo que ya pertenece al género popular? No se trata simplemente de narrar la desintegración de la agencia política, porque aquí la imposibilidad de trazar alianzas es constante: estos artefactos tematizan la ruptura de y con las instituciones y el Estado no sólo en la inmediatez del presente sino como proyecto histórico. El devenir-animal de los personajes, su devenir-otro nunca admite la posibilidad de una metamorfosis completa del *yo* o de las estructuras institucionales en las cuales ese *yo* se inserta. Y aún así, no se trata de narrar la historia de la alienación de los condenados de la tierra, sino la fábula deseada de su despertar a la conciencia de sí. De ahí que no haya múltiples voces en los textos escogidos sino sólo una: la de los letrados que de alguna manera creen o esperan ver en ese despertar, una revelación. De ahí, también, que éstos no sean los sujetos del proletariado del marxismo clásico, sino una categoría más bien amorfa que incorpora elementos que en el marxismo habían sido dejados de lado o no eran identitarios el sujeto revolucionario *par excellence*.

Se trata, más bien, de sujetos heterogéneos, para quienes la dominación y/o la alineación capitalista representa no simplemente una intrusión en su cotidianeidad, sino un avasallamiento de su experiencia de lo social. En ambos textos esa experiencia está narrada en términos de una destrucción absoluta de todo posible lazo comunitario, en el marco genocida en un caso, en el marco pos-apocalíptico, en el otro. El problema es que ambos textos son incapaces de reponer forma alguna de relación, de proponer nuevas, o de reconocer la capacidad de agencia de los sujetos sometidos a tales presiones fuera del paradigma revolucionario y/o utópico. Si algo caracteriza a estos textos es la ausencia de multitudes, de masas: antes bien, estamos ante la más absoluta de las soledades existenciales. La trascendencia de la lucha o de las búsquedas que permitan encontrar una salida se indica a cada paso, pero ante la imposibilidad de incorporarse en la historia como devenir, los cómics acaban por narrar la soledad y la enajenación de sujetos cuyas angustiadas profecías sobre el fin de la historia están destinadas al vacío.

Segunda parte

*De cómo ejercitarse en leer ciencia-ficción:
los proyectos de* El Péndulo *y de* Minotauro

> *... es como si los autores y los lectores que son pasivos ante los libros se volvieran activos ante las revistas...*
> Marcial Souto, Introducción a *La ciencia ficción en la Argentina*

4

Tarjetas de presentación en el mercado

En la memoria colectiva del *fandom* argentino existen tres momentos luminosos de irrupción de la ciencia ficción en el *hortus conclusus* del campo cultural: la década del cincuenta con la publicación de la revista *Más Allá* y de la historieta *El Eternauta*; seguidas casi diez años después por el final de los sesenta con su proliferación de compilaciones y revistas iniciados con la publicación de la antología *Ecuación fantástica* (1966) de Mauricio Abadi; y finalmente, la década del ochenta con las revistas de las que nos ocuparemos en este capítulo. Pablo Capanna los ha designado respectivamente como los períodos de implantación al primero, de expansión al segundo, y de segunda expansión al último. Con distintas denominaciones y con algunas leves modificaciones temporales, ésta ha sido más o menos la lectura crítica de consenso que se ha mantenido en los últimos treinta años. En verdad, los primeros textos de ciencia ficción argentina datan del siglo XIX. En general, son relatos que aparecieron primero dispersos en diarios y revistas, muchas veces sin que sus autores quisieran hacerse cargo de ellos, precisamente por ser textos populares, destinados al consumo, al comentario social (muchas veces satírico) y, también, al entretenimiento más que al placer estético. Tal el caso de los cuentos que Horacio Quiroga publicara en la revista *Caras y Caretas* (1898-1941) entre 1908 y 1911 bajo el seudónimo S. Fragoso Lima.[81]

Las narrativas centradas en lo raro, fantasmagórico y extraño de los mal llamados precursores de la ciencia ficción pueden ser descriptas como exámenes sobre las discusiones sociales y/o científicas en boga al momento de

---

[81] No es ésta la postura crítica del presente trabajo sino la de los autores de esos textos, quienes muchas veces los vieron como divertimentos o como trabajos pagos, pero no necesariamente como parte intrínseca de su propia producción intelectual. Esta es también una aproximación algo problemática, ya que puede ser considerada una estrategia de producción y/o de posicionamiento en el campo intelectual. No voy a ocuparme de esos textos aquí, ya que están fuera del marco temporal de trabajo del presente capítulo. Véase, por ejemplo, Horacio Quiroga, *El hombre artificial. El mono que asesinó*. Para una información más completa sobre los precursores de la ciencia ficción argentina en las revistas, véase el estudio "La ciencia-ficción y la literatura fantástica en *Caras y Caretas*" de Alejandro Zaccardi y Carlos Abraham en la *Revista Nautilus* [La Plata, Argentina], publicado en los nº I- IV entre los años 2004-2005. La revista contaba con otros estudios sobre la ciencia ficción argentina y latinoamericana en el siglo XIX que también son de gran interés.

su publicación.[82] Eran escritos en clave ideológica que permitían, tanto a la generación positivista como a la del Centenario, deliberar sobre la situación socio-política del proyecto de Estado-nación. Sin embargo, existen numerosos textos anteriores a lo largo del siglo XIX y antes. Por convención (y porque la investigación en esta área todavía está por completarse), se suele pensar que el primer cuento en esta línea es "Delirio", publicado en 1816 en el periódico *La Prensa Argentina*. De acuerdo con Luis Pestarini:

> [...] el primer antecedente para la ciencia-ficción argentina se produce el 11 de junio de 1816, días antes de la declaración oficial de la independencia de la corona española, que se llevaría a cabo el 9 del mes siguiente. En un pequeño periódico de Buenos Aires aparece "Delirio", una voltariana crítica de costumbres ambientada en 1880, más de medio siglo en el futuro, donde un poderoso gigante recorre las calles de la aldea enfurecido por las costumbres y hábitos alejados de la modernidad europea. Publicado anónimamente, es altamente probable, según las prácticas de la época, que el autor fuera el periodista español [sic] Antonio José Valdés. ("La ciencia ficción en la literatura argentina")

Aquí, me interesa subrayar que lo que más tarde se denominará como ciencia ficción aparece desde sus inicios vinculado tanto a la narrativa como al mercado a través de las revistas y los periódicos. Si la reflexión ideológica parece ser la primera inflexión de los textos, como indica la cita anterior (y tal y como hemos analizado en el capítulo precedente), la segunda es la vinculación con el imaginario de las invenciones que aparece disperso en diarios como *Crítica* (1913-1962), *El Mundo* (1928-1967), y las revistas de los aficionados a la radiofonía, como claramente describe Beatriz Sarlo en su trabajo *La imaginación técnica* (2004). La primera revista especializada en este tipo de narrativa que tuvo continuidad fue *Narraciones Terroríficas* (1939-1952),[83] mensuario que divulgaba, en gran parte, traducciones del inglés en una tónica *pulp*,[84] mezclando todo tipo de géneros y aproximaciones, aunque en ella

---

[82] El voluminoso estudio de Carlos Abraham sobre la ciencia ficción, lo fantástico, lo gótico, y lo insólito en Argentina durante el siglo XIX, demuestra que llamar precursores a estos autores es, cuando menos, un gesto simplista dada la enorme cantidad de textos producidos en este período. No puedo por razones de espacio explayarme en este tema, así que se disculpará el uso de un término que, entiendo perfectamente, es incorrecto.

[83] De acuerdo con la exhaustiva y detallada investigación de Carlos Abraham, en rigor de verdad, la primera revista de ciencia ficción argentina (y en castellano, como tiene a bien señalar), fue *La novela fantástica* publicada en 1937 (*Las revistas* 41-54).

[84] Una historia detallada de la revista y de sus vaivenes editoriales puede verse en el ya mencionado estudio sobre revistas de ciencia ficción de Abraham. La investigación de Abraham y la mía coinciden en señalar que *Narraciones Terroríficas* tenía sus fuentes originales en revistas norteamericanas como *Horror Stories* (1935), *Terror Tales* (1934) o *All Detective Magazine*

habría una clara dirección hacia la ciencia ficción, y aunque más no fuera por la constante presencia de las historias mismas:[85] sólo en este sentido la revista se convertiría en la primera publicación periódica de algo cercano a la ciencia ficción en Argentina.

Así pues, no será sino hasta 1947 cuando se haga el primer intento serio de publicar una revista de ciencia ficción nacional. *Hombres del Futuro* vio tres números entre agosto y octubre de ese año, ofreciendo una serie de traducciones del inglés tanto de cuentos como de notas científicas, aproximándose tanto al *space opera* como a la línea dura de la ciencia ficción norteamericana (incluso llegaron a publicar "Ladrones de cerebros de Marte" [1936] de John W. Campbell Jr.). De acuerdo con Carlos Abraham, la revista producida por la familia Botana copiaba el modelo de *Captain Future* (1940-1944), y traducía materiales de *Astounding Science Fiction* (publicada desde 1930), de *Thrilling Wonder Stories* (1936-1955) y de *Amazing Stories* (1926-2005) (*Las revistas* 89-122).

Las revistas que, interesadas en el aparente éxito de mercado de esa producción, continuarían con esa primitiva línea editorial serían *Urania*. La

---

(1934-1935). Las tapas de estas revistas eran famosas por exhibir escenas de inminente violencia, con monstruos informes y amenazantes, y jóvenes mujeres a punto de ser atacadas. Tanto los contenidos como el arte gráfico y las ilustraciones de las revistas serían tachados de indecentes, justificando la censura y las campañas contra el *pulp* que se inician en los cincuenta en EE.UU. En realidad, la conexión más fuerte entre estas revistas y la ciencia ficción es la imagen de los científicos locos o amorales (y sus consabidas máquinas infernales) que pueblan muchas historias, por una parte, y por otra, la relación de estas revistas con la industria del *pulp* de ciencia ficción que en ese mismo momento están desarrollando revistas de ciencia ficción que no llegarán a América Latina sino hasta mucho después. No obstante, esporádicamente, algunos escritores publicaban cuentos de ciencia ficción en castellano, generando una suerte de refugio para esa modalidad. Dados algunos interesantes paralelos que podrían pensarse con la ciencia ficción, sugiero ver el análisis completo sobre cómo se formaron los prejuicios sobre el *pulp* y el ataque contra esa industria en los EE.UU. en el estudio de David Hajdu, *The Ten-Cent Plague* (2008).

[85] Según Carlos Abraham (a cuyos detallados trabajos he de referirme con frecuencia), en el mismo período, otras publicaciones como por ejemplo las revistas *Leoplán* (1933-1967) o *Tipperary* (1928-1960) así como diversas publicaciones de la editorial Tor, también publicaban con regularidad textos de ciencia ficción mezclados con otros géneros. La ciencia ficción seleccionada (aún la que original y excepcionalmente estaba escrita en castellano) era parte de un conjunto de materiales destinados al consumo masivo, en ediciones poco cuidadas, y los materiales eran (en general) de poca calidad. Aún así, de vez en cuando se publicaban textos clásicos del género, particularmente de Julio Verne y H. G. Wells, en ediciones pirata y algún que otro texto original en castellano. En el mismo período, en México se publicaron dos revistas *pulp*, la *Revista de Revistas* (1929) y *Emoción* (1934-1936), que también tradujeron materiales de fuentes norteamericanas similares. Otra vez aquí, la industria editorial argentina se adelantó al resto del continente en su rol de divulgadora.

revista del año 2000 (1953) y *Pistas del Espacio* (1957-1959).[86] Esta última traduciría sus materiales de múltiples fuentes, incluyendo las mismas que *Hombres del Futuro*, y agregando algunos textos originales en castellano de autores como Alfredo Julio Grassi quien fuera su director, y de Miguel Marseglia, de los traductores Sara Poggi y Julio Vacarezza, del bibliotecario Ricardo Gietz, y de Maximiliano Mariotti. *Hombres del Futuro* tenía una tirada promedio de 12.000 ejemplares por número y se llegó a distribuir no sólo en el resto de América Latina sino también en los EE.UU., preanunciando los fenómenos de *Más Allá* y de *Planète*.

Con las excepciones mencionadas, en general, las revistas casi no incluían materiales literarios originales en castellano, y podría pensarse que el apego a la estética y lineamientos de la *Golden Age* anglosajona podría haber sido el origen de sus fracasos editoriales. Sin embargo, estos primeros intentos más que nada, demarcaron un primer límite formal para el espacio de producción de la ciencia ficción en el ámbito local. En cierta forma, esa existencia efímera reproduce un fenómeno de mercado similar al que se dio en otras latitudes donde, sin un fuerte desarrollo de la industria de los libros de ciencia ficción, las publicaciones periódicas terminaban por desaparecer (Westfahl et al., *Science Fiction* 11). La relación entre revistas y libros, tanto desde el punto de vista de mercado como desde el punto de vista de inserción en el campo cultural, así también como desde la perspectiva de su emergencia como una literatura diferenciada dentro de un sistema, es un proceso simultáneo y simbiótico. A medida que el *fandom* argentino fuese desarrollando sus propios gustos y tendencias dentro de un mercado fluctuante, este tipo de revistas de corta de vida reaparecería con frecuencia en los años siguientes, aunque sus modalidades editoriales serían ya radicalmente distintas y estarían modeladas desde otras perspectivas ideológicas y estéticas. Más aún, esa recurrencia permitiría forjar espacios de difusión cada vez más firmes y, también, desbrozar una identidad.

La ciencia ficción comienza a cohesionarse en todos sus aspectos tanto literarios como visuales en la década de 1950: de allí la imagen de ese momento de irrupción, por cierto falaz.[87] Es entonces cuando florecen el *fandom*, los

---

[86] Paradójicamente, la publicación que heredaría esta tendencia dura de la ciencia ficción sería la revista *Clepsidra* (1984-1992), originalmente una revista literaria, que fue continuación de y fusión con la revista *Parsec* (1983-1984), dirigidas ambas por Daniel R. Mourelle y su equipo de colaboradores. Como en otros casos, la revista tenía una línea algo ecléctica, pero publicaba centralmente autores de habla castellana. La revista ganó el Primer Premio del Certamen Nacional de Revistas Literarias de 1988, organizado por el Fondo Nacional de las Artes.

[87] Desde el punto de vista de mercado, ese momento coincide con la expansión de la ciencia ficción a escala mundial. Muchos críticos percibieron la expansión argentina como un fenómeno

cómix, las revistas y los *fanzines*. Durante este período, la ciencia ficción argentina se fija en forma definitiva, con un doble engarce: por una parte, lo local que proviene de sus raíces decimonónicas, y por otra, las relaciones con las tradiciones globales que permitieron los cambios en la percepción de una forma narrativa cuyo discurso metacrítico, si no alcanza su madurez, logra enunciar sus propias premisas discursivas. Se trata, más bien, de una cuestión de visibilidad plena en el ámbito local. O, visto desde otra perspectiva, es el momento en el cual la ciencia ficción argentina alcanza suficiente capital simbólico como para articular algún tipo de respuesta independiente a cuestiones que no hallan un espacio de reflexión apropiado en otro lado.

No se trata sólo de las preguntas en torno a las relaciones entre literatura (o quizás de modo más amplio, entre las humanidades) y ciencia lo que emerge en el espacio de *Más Allá* (1953-1957), quizás la revista más importante de la década, sino de las relaciones entre distintas formas de representación de un mundo cultural en curso de profunda mutación, tanto a escala visual como narrativa. Así pues, no fue sino hasta la aparición de esta última revista donde se traducían fundamentalmente los materiales de su par norteamericana *Galaxy Science Fiction* (1950 a la fecha) que por ese entonces era dirigida por el legendario H(orace) L(eonard) Gold, cuando la identidad de la ciencia ficción se consolida como tal en la Argentina y empieza a tener cierto peso fuera del espacio de lo fantástico. La relación entre *Más Allá* y *Galaxy* en este proceso no puede dejar de subrayarse porque, bajo la dirección de Gold, esta última revista había tornado la producción de la ciencia ficción norteamericana hacia cuestiones de orden sociológico y psicológico con claras agendas políticas.

Esa tendencia "soft" se dejaría entrever en la selección de los noveles autores de lo que eventualmente sería la *New Wave* y que durante los sesenta impulsarían los cambios en la ciencia ficción norteamericana desde *Galaxy*: Philip K. Dick, Frank Herbert y Robert Silverberg están entre los principales autores traducidos durante el período.[88] Aunque no fue la única

---

local, donde la ciencia ficción parece "emerger" o "implantarse" a partir de la publicación del *Eternauta*, pero tal perspectiva suele no contemplar qué sucedía en otras latitudes, especialmente con las revistas y la expansión editorial de la ciencia ficción en países como EE.UU. y el Reino Unido.

[88] Esta es una lectura de la *New Wave* hecha desde América Latina y no, necesariamente, una lectura apegada a los hechos o rigurosa desde la perspectiva crítica. Si bien la *New Wave* se inició en el Reino Unido en la revista *New Worlds* (1946-1971) con escritores como Michael Moorcock (quien dirigió la revista desde 1964, dando origen al movimiento en sus páginas), y Brian Aldiss a mediados de los sesenta, la vertiente y la recepción norteamericanas de esa tendencia se hicieron conocidas en la Argentina a través de las traducciones de *Galaxy*

causa, la temprana recepción de una literatura que ya empieza a cuestionar los marcos de producción de su propio género, pudo haber sido una de las razones para que la literatura de ciencia ficción argentina pareciera irrumpir ya íntegramente identificada con una narrativa en cierta forma ambigua, que raramente incursionaba en la línea dura del género y que, de hacerlo, era de modo soterrado y en espacios completamente inesperados.[89]

Estas temáticas se acomodaban muy bien a la sensibilidad de poéticas que apuntaban en esa misma dirección en la producción de escritores como Borges, Bioy y Dabove cuyas escrituras no parecían poder identificarse directa o abiertamente con la ciencia ficción ya que sus raíces estaban en lo fantástico. Sin embargo, estos narradores se reconocían en esta modalidad y como tal, su producción era considerada tanto por los propios autores (aunque de manera conflictiva y ambivalente), como por el emergente *fandom*.[90] Pero esa narrativa

---

primero. La *New Wave* como movimiento constituido no llegaría a la Argentina sino hasta las traducciones de la primera *Minotauro*.

[89] Dos cuestiones a mencionar. Todavía ha de estudiarse la emergencia de la ciencia ficción en el contexto de su evolución desde el siglo XIX. Por otra parte, hay muy pocos estudios serios sobre el impacto de la literatura de masas en la producción escrita local a excepción del libro de Beatriz Sarlo, *El imperio de los sentimientos* (1985), y más recientemente, los detallados estudios de Carlos Abraham que dan cuenta de la enorme producción y consumo de este tipo de literatura en el país. El caso de Puig es problemático en este aspecto y no es un buen referente, ya que su mirada es subjetiva y más bien, despectiva. A pesar del gran número de traducciones de ciencia ficción *pulp* en circulación desde la década del veinte y, a pesar de la proliferación de pequeñas colecciones de formato chico (o libros de bolsillo, de no más de 120 páginas, y en un formato de 15x10 cm.), esta producción es completamente ignorada tanto por los escritores como por la propia crítica de ciencia ficción que han optado por construir su genealogía a partir de materiales cultos, es decir, desde las tradiciones letradas que emergen a partir de fines del siglo XIX y desde el diálogo con las traducciones del mundo de habla inglesa. Esto es notable, ya que con la excepción de la colección *Fantaciencia* de Jacobo Muchnick que editaba traducciones, las demás colecciones (unas cinco en total) publicaban trabajos originales en castellano desde inicios de la década del cincuenta, en la mayoría de los casos, firmados con seudónimos. Oesterheld fue un asiduo escritor de este tipo de literatura. Alfredo Julio Grassi, uno de los editores y escritores fundacionales de la ciencia ficción argentina, editó la colección *Ultra* para Editorial Tor. Estos libros se distribuían a España y América Latina.

[90] Como mencioné en la Introducción, en más de una oportunidad Borges habló de la producción de una escritura de "ficción científica" o de "especulación razonada", nombres que aluden al vocabulario tentativo del primer período de la ciencia ficción anterior al impulso dado por Hugo Gernsback, pero también a la búsqueda de una traducción adecuada para el proyecto de publicaciones del famoso editor. Por otra parte, en el caso de Borges, "El jardín de los senderos que se bifurcan" (1941) es un cuento de ciencia ficción que ha sido leído como una denuncia del nazismo y/o como un alegato antibelicista. En el caso de Bioy, *Diario de la guerra del cerdo* (1969) es una clásica sátira política de ciencia ficción cuya mirada crítica ya está presente en *La invención de Morel* (1940). Y, finalmente, en el caso de Dabove, la obsesiva pregunta sobre

poco tenía que ver con el imaginario clásico del *pulp*, y la reflexión científica que había en sus páginas provenía o bien de problemas teóricos de la ciencia o bien de un racionalismo apegado a las filosofías del lenguaje, de la lógica y de la matemática.[91] En los discursos de estos escritores emerge una preocupación ética, consecuencia de la (in)capacidad del lenguaje para garantizar el valor de verdad de lo narrado o para darle permanencia a formas ya adquiridas de conocimiento. Aquí, la historia como devenir y el rol y las responsabilidades de los sujetos en ella toman una dimensión central. La ciencia se convierte en el detonante y en el soporte de la argumentación ideológica, y permite sostener de manera lógica el discurso distópico de los textos.

Así, la inflexión tecnológica que había aparecido en las publicaciones iniciales de la ciencia ficción en castellano (y que estaba ligada tanto al último modernismo, como a la literatura de Roberto Arlt) desaparecerá casi por completo a partir de esta etapa. La línea narrativa de lo que Sarlo denominó "saberes plebeyos", irónicamente desaparece con la emergencia de la revista fundacional de la ciencia ficción en castellano. En este sentido, cabe destacar la reflexión de Carlos Abraham sobre los objetivos declarados de la revista, ya que a los textos literarios se sumaban:

> […] artículos extensos y bien documentados sobre astronomía, astronáutica, y otras áreas vinculadas con la temática tratada en las narraciones. El objetivo de esa inclusión era legitimar un género bastante insólito en nuestras tierras mediante la defensa de su componente científico, para demostrar que no se trataba de simples fantasías más o menos audaces sino de especulaciones con una base sólida y real. (*Las revistas* 138)

Pero además, *Más Allá* vino a consolidar el universo de la u-topía como *locus* de la experimentación política. La correspondencia entre *Más Allá* y *Galaxy* cierra en el ámbito local (y de modo por cierto problemático, dadas la estética y preocupaciones de narradores como Oesterheld, quien fuera uno de sus directores), el nexo entre ciencia ficción e ideología, por una parte, y por otra, la búsqueda de un lenguaje y una estética autónomas, aún y a pesar de que la revista todavía se mantuvo muy cerca de una suerte de ciencia ficción dura. Estas preocupaciones pueden verse en la selección de materiales originales en castellano que se publicaron en la revista. Así, *Más Allá* establece una suerte de canon inicial de lectura y de escritura en castellano a través de autores como

---

la naturaleza de la muerte pone en escena interrogantes sobre la trascendencia misma del ser humano.
[91] En este sentido, véase los comentarios hechos en la Introducción sobre el trabajo de 1957 escrito por Barrenechea y Speratti Piñero.

Abel Asquini, Julio Almada,[92] Pablo Capanna (que, a los quince años, publica una de sus muy pocas obras de ficción, el cuento "Incomprensión"), Julián de Córdoba, Juan Fernández, el ya mencionado Maximiliano Mariotti, Jorge Mora (el seudónimo de Jorge Oesterheld, hermano Héctor Germán), Claudio Paz, Antonio Ribera i Jordà,[93] Félix Vosálta y, curiosamente, las poesías de Manuel González Prada.[94]

La importancia simbólica de *Más Allá* como revista fundacional de la ciencia ficción en castellano se verá subrayada en los años siguientes,[95] además, porque las historias de los escritores latinoamericanos y españoles se presentaban como de ciencia ficción, es decir, como una narrativa enteramente separada de otras modalidades de escritura, incluida la literatura fantástica. El número 49 de 1973 de la revista española *Nueva Dimensión. Ciencia-ficción y Fantasía* (1968-1983), recogió esas historias en una edición de homenaje que resumía muy bien el espíritu de *Más Allá*, incluyendo en la selección dos historias de Héctor Germán Oesterheld (una de ellas firmada con seudónimo). A diferencia de las revistas anteriores, aquí aparece una agenda de escritura que, conscientemente o no, madura o no, asume una estética y una ideología propias, ancladas con claridad en el imaginario de la ciencia ficción.

Muchos de esos cuentos en castellano transcurrían en Argentina o en espacios que podían ser identificados como cercanos a los lectores de la revista, con personajes y problemáticas que eran claramente reconocidos como locales. La perspectiva política de estas narraciones será reforzada con el paso del tiempo a través de la mirada crítica que retornará sobre las claves sociológicas en sus análisis. Tal es el caso de críticos como Juan Sasturain que intentará

---

[92] Este era el seudónimo de Julio Aníbal Portas, un conocido guionista de historietas.

[93] Antonio Ribera i Jordà sería más tarde el director de la edición en castellano de la revista *Planète* entre 1968 y 1971, que en España apareció con el nombre *Horizonte*. Véase más adelante.

[94] Es posible que el anarquismo del poeta y ensayista peruano atrajera al editor de la revista, Oesterheld, que publicó algunos de sus textos en el número 44, pero es también su visión cósmica lo que le interesa. Poco antes, en el número 39, había publicado los poemas de Tomás Enrique Briglia, uno de los poetas de la generación del '40 que participara junto con Juan L. Ortiz y Fernando Birri, de la revista *Cosmorama* (1943-1945).

[95] La primera revista de ciencia ficción mexicana fue *Enigmas* (1955-1958) donde se tradujeron materiales de la revista *Startling Stories* (1939-1955) y que se publicó poco después que *Más Allá*. Una edición pirata de *Astounding* había aparecido en México entre 1948 y 1953, bajo el nombre *Los Cuentos Fantásticos*, es decir, un año después que las primeras revistas argentinas que he mencionado. Por su parte, España había producido la primera parte de la saga de *La familia Aznar* de Pascual Enguídanos Usach (mejor conocido como George H. White) entre 1954 y 1963 (la segunda parte apareció entre 1972 y 1978). Asimismo, la revista *Nueva Dimensión* no empezó a publicarse sino hasta 1968 y su principal fuente fueron los materiales y traducciones argentinas, sobre todo, en su primera etapa.

establecer el canon de la historieta a partir de los lineamientos políticos de revistas como *Hora Cero* (1957-1959), la cual es leída como una continuación de *Más Allá*, gracias a la figura del Eternauta.[96] En esa lectura, el peso simbólico de revista y personaje fundan la identidad política de la ciencia ficción que, a su vez, se asume de manera holística, aún y a pesar de la marginalidad en la que opera el medio, por un lado, y de la precariedad de la producción de la ciencia ficción, por otro.

Es de notar que la genealogía que organizan tanto la crítica como el *fandom* pasa de una revista notoriamente literaria y de divulgación científica a otra de cómic, donde parecen coagular los elementos ideológicos y simbólicos que se proponen de manera difusa e inorgánica en las primeras publicaciones y que, lentamente, van cobrando forma a través de diversas ediciones: como hemos visto en el capítulo anterior, *El Eternauta* se convierte en una suerte de *fulcrum* para la ciencia ficción en Argentina.

Pero *Más Allá* tuvo otro importante rol. Vino a probar de manera contundente la existencia de un cuerpo de lectores con suficiente capital económico y cultural como para ocupar un espacio visible y autónomo dentro del campo literario.[97] La revista logró cohesionar elementos hasta entonces

---

[96] En el 2004, Juan Sasturain publicó *Buscados vivos*, donde intenta establecer un canon del cómix desde los años cincuenta hasta los ochenta. Una de las críticas que se le ha hecho a este texto es que se basa en la estética y preocupaciones de cuatro guionistas-dibujantes, y deja de lado todo un universo de productores dentro del medio, en función de subrayar la función política de la genealogía que intenta construir.

[97] El concepto de capital cultural más divulgado en la crítica literaria proviene de la sociología, en particular de Pierre Bourdieu, quien lo define como un bien (libro, cuadro, instrumento, maquinaria, etc.), pero también como una disposición, un posicionamiento dentro del campo cultural, y finalmente, como un reconocimiento que puede venir o bien por un título, o bien por prestigio, o bien por otras formas de reconocimiento institucional. Esta primera visión un tanto rígida (y muy popularizada, sobre todo en América Latina, tal y como estudia Moraña [2014]) ha sido discutida en los últimos quince años, en parte porque presupone una valoración positiva absoluta de la alta cultura, por una parte, y por otra, porque describe, sobre todo, la situación de la sociedad francesa que, en gran medida, está altamente estratificada y tiene una muy baja movilidad social. En sociedades con tradiciones más flexibles, distintas clases sociales (particularmente la clase media y la clase media alta) consumen cultura de manera más caótica, o bien desde la alta cultura o bien desde la cultura popular, generando catálogos culturales complejos donde la alta cultura es sólo un aspecto (y no el central) del repertorio cultural de esos grupos (Gripsrud; Lamont, 1989, 1992; Fiske, *Understanding*.) En consecuencia, teorías más actuales, tienden a reforzar el concepto de agencia elaborado por el propio Bourdieu, y a analizar el capital cultural como parte integral de redes flexibles capaces de mutar. Luhmann hablará de estos temas como de la evolución y la interpenetración de los distintos sistemas. En este trabajo, me refiero al concepto de capital cultural desarrollado en la última década, ya que se trata de un concepto más dinámico y abarcador, que contempla la modalidad omnívora de producir y consumir cultura de diferentes sectores sociales. En el caso de América Latina,

dispersos, proveyéndolos de una identidad, pero además generando un espacio cultural unificado con una estética propia, diferenciados del *pulp* o de lo fantástico. En su misma existencia, cambió los parámetros de percepción acerca de la ciencia ficción, abriendo los ojos del público a todo un universo de producción y reflexión narrativas. Por este motivo, el cierre de *Más Allá* no representó un abrupto vacío de revistas de ciencia ficción. Aunque no fuera estrictamente un proyecto de ciencia ficción, en efecto, puede decirse que *Hora Cero* (especialmente a través de su suplemento *Hora Cero Semanal*) proporcionó un espacio para la producción de cómics de ciencia ficción bajo la égida de Oesterheld. Pero, al mismo tiempo, hubo *fanzines* (*The Argentine Science Fiction Review*, 1960) y revistas (*Pistas del Espacio*, 1957-1959) que poblaron la década del sesenta con traducciones y con la producción de jóvenes escritores que veían en esa modalidad de escritura una manera de reflexionar que los acercaba tanto a la ciencia como a la filosofía, aunque no siempre por vías racionalistas.

Por otra parte, el propio Oesterheld intentaría continuar el proyecto de *Más Allá* en la revista *Géminis. Ciencia-ficción* (1965), cuyos únicos dos números se publicaron bajo su propio sello editorial (HGO Ediciones). *Géminis* volvería sobre los autores raros del período *pulp* y, además, publicaría a creadores tan diversos como Ludwig Bemelmans o Alfred E. van Vogt.[98]

Quizás por estas razones, autores como Ana María Shua recordarían ese período como de gran apertura:

> ésta es una tradición particularmente importante ya que es imposible de separarla del gesto inicial de las vanguardias y su búsqueda de tradiciones universales que se nutrían de lo popular, más allá de que esas búsquedas hayan sido fructíferas o no: las formas de legitimidad cultural que surgen de estas operaciones sólo pueden entenderse al desarrollarse las competencias para entender *todos* los códigos que están en juego en el objeto estético. Por este motivo, a partir de los ochenta, críticos como Beatriz Sarlo abandonarían lo que percibían como una visión dicotómica sin sentido de la cultura, en favor de modelos más fluidos. La ciencia ficción, que retoma el gesto antropofágico sobre la cultura desde una perspectiva renovada, es un buen ejemplo de este tipo de perspectiva. Lo que se cruzan aquí son los saberes necesarios para decodificar no sólo objetos de toda forma de producción cultural: es un acceso múltiple que vuelve los objetos enteramente opacos a aquellos que carezcan de alguno de los posibles códigos de entrada.

[98] Aunque Bemelmans es más conocido como el autor de la serie de libros infantiles cuyo personaje central es Madelaine, fue también un prestigioso historietista e ilustrador para diversos medios de prensa, incluyendo *The New Yorker*. Por su parte, van Vogt inició su carrera de escritor de ciencia ficción en *Astounding Science Fiction* y es considerado uno de los fundadores de la ciencia ficción contemporánea en su tendencia *pulp* por la crítica norteamericana, mientras que la francesa lo lee como un escritor cercano al surrealismo. Esa ambigüedad se explica por la presencia de lo mecánico, la aventura y la atmósfera de sueño de su narrativa, lo cual es, a su vez, el origen de su presencia en las traducciones al castellano.

> [...] Ray Bradbury había comenzado a seducir a los argentinos con sus *Crónicas Marcianas*. Esa seducción abrió el camino al desembarco de la ciencia ficción a través de la editorial Minotauro, dirigida desde Sudamericana por el editor español Paco Porrúa. La colección y la revista *Minotauro* me hicieron creer que la ciencia ficción era esa gran literatura que leía y releía con pasión. Ahora sé que en la cf esa calidad literaria existe, pero que está muy lejos de ser el promedio general. (Me refiero a la primera revista *Minotauro*, la de los sesenta. Hubo otra del mismo nombre en los ochenta, dirigida con excelencia por Marcial Souto).
>
> Aquella *Minotauro* era una exquisita selección que hacía Paco Porrúa de la exquisita selección que hacía *The Magazine of Fantasy and Science Fiction*, proclamada la mejor revista del mundo en 1963 por la Convención Mundial de Ciencia Ficción. Era bimestral y yo corría a buscarla con ansiedad en librerías, a veces en quioscos. La revista tenía forma de libro y por primera vez en la historia, los quioscos empezaban a vender libros.
>
> Hasta entonces, la cf no era un género en la Argentina, salvo para unos pocos iniciados. ("Ciencia ficción: El desembarco)

Por lo tanto, al finalizar la década del sesenta, el campo cultural argentino ya había tenido amplios contactos con la ciencia ficción internacional, especialmente, con la variante en lengua inglesa. Esa experiencia venía a entroncarse de manera quizás lateral, con la literatura local publicada desde el siglo XIX, especialmente aquella producida durante el período positivista que reflexionaba sobre medicina, evolución e invenciones. Y, al mismo tiempo, ya habían aparecido los textos que se convertirían en clásicos de esa modalidad de escritura: Eduardo Goligorsky y Alberto Vanasco publicaron sus *Memorias del futuro* en 1966,[99] y Angélica Gorodischer publicó *Opus dos* en 1967. En ambos libros, los relatos se vuelcan claramente sobre lo político, demostrando que el giro que se venía anunciando en las revistas ya se había hecho escritura.

La coincidencia de esas series vendría a acentuar la importancia del giro político de la ciencia ficción en castellano que se haría muy clara en la primera época de la revista que menciona Shua, *Minotauro* (1964-1968). En efecto, bajo la dirección de Francisco "Paco" Porrúa, quien firmaba en la revista con el alias "Ricardo Gosseyn", tanto esta revista como la editorial homónima tradujeron al castellano y difundieron a los grandes narradores de la ciencia

---

[99] Cuando se publica este texto, Vanasco era ya un poeta relativamente conocido y respetado, al punto que su nombre sería incluido en uno de los números de la *Colección Capítulo de La Historia de la Literatura Argentina* (1967-1968/1979). Su nombre aparece en el n° 4 de la primera etapa. Asimismo, Vanasco había integrado el grupo de la revista *Poesía Buenos Aires* (1950-1960) y más tarde participaría en la revista *Zona de Poesía Americana* (1963-1964) que dirigiera Paco Urondo.

ficción,[100] consolidando no sólo la difusión de autores consagrados, sino también asegurando un espacio de circulación de materiales fuera del ámbito de las revistas. Originalmente, la primer *Minotauro* llegó a ver diez números antes de cerrar. Dice Mike Ashley:

> Stories were selected from various issues rather than a direct issue-by-issue reprint, and it found space for the occasional new story. Although of the very high quality the magazine had problems reaching a wide enough readership [and] Porrúa alternated issues with *Planete*, an Argentine edition of the French science-fact magazine. *Planete* outlived *Minotauro* [...]. *Transformations* 306-07)[101]

---

[100] En este mismo período, se publicaron en México dos números de la revista *Crononauta* (1964) dirigida por Alejandro Jodorowsky y por René Rebetez. Si bien la revista debe ser considerada mucho más un fanzine que ninguna otra cosa, tanto el *fandom* mexicano como el colombiano la consideran la primera revista centroamericana de ciencia ficción en castellano ya que allí colaboraron diversos escritores latinoamericanos. Con todo, la propuesta de *Crononauta* se acerca a esa especie de pastiche de tendencias que fue *Planète* (salvando las distancias). Más bien, la experiencia de la revista mexicana se entronca en las experimentaciones de la patafísica, cosa que no es de extrañar ya que Jodorowsky fue uno de los fundadores del Grupo Pánico en Chile, cuya estética y filosofía, como las de la patafísica, eran una reacción contra las corrientes de pensamiento francés cuya influencia marcaría la década del sesenta. Aunque la falta de continuidad de *Crononauta* no permitió que esta tendencia se desarrollara completamente, la patafísica como búsqueda estética encontró un nicho en las revistas de ciencia ficción de los sesenta, como veremos luego. Por su parte, Jodorowsky es un conocido escritor, guionista, poeta, actor y autor de cómix de ciencia ficción. Fue el guionista, director y actor de la famosa película mexicana *El topo* (1970), un western de culto donde se exploran y deconstruyen todos los mitos imaginables a través de la violencia. Sus cómix (traducidos a múltiples idiomas) incluyen *El Incal* (1981-1988), *Los tecnopapas* (1998-2002) y *La casta de los Metabarones* (1992-2002).

[101] La mencionada revista francesa *Planète* (1961-1972), dirigida por Louis Pauwels y Jacques Bergier, era una publicación algo ecléctica que cubría temas de ciencia ficción en una orientación cercana a la especulación futurista de la década del cincuenta, aunque también incluía algunos textos de literatura fantástica. Sin embargo, el fuerte de la revista eran los temas esotéricos vinculados con la parapsicología, las teorías conspirativas, los OVNIS, etc. Incluso las tapas de la revista anunciaban esta embrollada propuesta, ya que en todas ellas aparecían máscaras de lo que en los sesenta se denominaban "pueblos primitivos", dejando entrever una muy confusa línea editorial que mezclaba antropología, sociología, diversas variantes del ocultismo y de la ciencia ficción. La revista fue famosa porque en sus páginas publicaron desde Jorge Luis Borges a Umberto Eco y Mircea Eliade. En Francia se convirtió en uno de los grandes fenómenos culturales de la década del sesenta, generando conferencias y encuentros internacionales a los que asistieron grandes intelectuales. Si bien esta cuestión se sale de los marcos con los que trabajo aquí, entiendo que sería una discusión interesante analizar hasta qué punto las traducciones de la revista aportan a la formación de la ciencia ficción en Argentina, ya que casi todo el *fandom* coincide en descartarla como una de sus fuentes de origen. Más aún: la revista tampoco aparece mencionada ni en el capítulo sobre Francia ni en el capítulo sobre España del cuidadoso estudio de Mike Ashley. Por otra parte, años después, la revista que más se parecería a *Planète*, no sólo en su eclecticismo, sino también en su capacidad para integrar

Pero hay algo más. *Minotauro* representaba también un vuelco estético ya que la línea editorial de *The Magazine of Fantasy and Science Fiction* (1949) era muy distinta a la de otras revistas de ciencia ficción en los EE.UU. *The Magazine of Fantasy and Science Fiction* cultivaba la fama de ser la más liberal de las revistas de ciencia ficción, se había convertido en la principal promotora de la mayoría de las mujeres que exploraban y publicaban esta modalidad narrativa en sus páginas desde los cincuenta, e incluía textos de literatura fantástica. El énfasis de la revista estaba puesto, sobre todo, en la calidad literaria de los materiales seleccionados (de ahí el comentario de Shua) y en la diversidad de enfoques. Estas características se vieron reflejadas no sólo en las traducciones del inglés y del ruso de *Minotauro*, sino también en la publicación de algunos autores de habla castellana como José Pedro Díaz, Juan G. Atienza y José Agustín Mahieu. Aunque la revista no creó un *corpus* de autores nacionales, sí afianzó un *corpus* de lectura internacionalizado, flexible y ecléctico que se alejaba de las propuestas de las revistas anteriores.

Nombrar un cierto *corpus* de escritores de habla inglesa también implicaba una suerte de marcador político-ideológico que se convertiría en tarjeta de presentación implícita para los autores ya mencionados y también para escritores como Mario Levrero o Norma Viti, quienes publicaron sus primeros relatos en *La Revista de Ciencia Ficción y Fantasía* (1976-1977) que dirigieron Martín Renaud y Marcial Souto. Tanto esta revista como su continuadora, *Entropía: Toda la Ciencia Ficción y la Fantasía* (1978), también dirigida por Marcial Souto, fueron las primeras en abrir un espacio altamente profesionalizado. A diferencia de las revistas anteriores, estas fueron las primeras que, desde sus tapas, anunciaban la publicación de textos en castellano en pie de igualdad con las traducciones, haciéndose eco del espíritu igualitario de la revista homónima en inglés, de donde salen gran parte de los textos originales. Para cuando aparece la antología *Los universos vislumbrados. Antología de ciencia ficción argentina* (1978) de Jorge A. Sánchez, la ciencia ficción está en el medio de un *boom* editorial sin precedentes, las revistas y *fanzines* (aún los de corta

---

temáticas de muy diverso origen, sería la revista norteamericana *Omni* (1978-1995), que a su vez tendría enorme influencia en la ciencia ficción internacional. Dicho esto, debo agregar que, con el tiempo, la revista argentina *Mutantia* (1980-1987) publicaría en sus páginas numerosas y frecuentes traducciones de *Omni*, ya que era una de sus fuentes internacionales. En el ámbito local, *Mutantia* fue uno de los voceros del movimiento filosófico *La cultura del futuro* (integrado entre otros por Alejandro Piscitelli y Leonardo Sacco), pero ni siquiera esta vinculación fue suficiente para incorporarla al *corpus* de la ciencia ficción, permaneciendo como una revista *New Age* contracultural con un notable éxito de mercado. Todavía está por estudiarse el rol de su editor, Miguel Grinberg (Albert Schweitzer Prize 1990), en la formación político-ideológica del movimiento contracultural y ecologista en la Argentina.

existencia) son frecuentes en las librerías y en los quioscos, y la mayor parte de sus autores son ampliamente conocidos como productores de este tipo de escritura.

La larga y fluctuante tradición de revistas y *fanzines* de ciencia ficción continuaría en los ochenta con revistas como *Cuásar* (1984-2007), dirigida por Luis Pestarini y Mónica Nicastro, y cuya versión digital sigue publicándose hasta la fecha. O también *Pársec* (1983-1984) dirigida por Daniel R. Mourelle y Sergio Gaut vel Hartman. Cierto que algunas de estas publicaciones no vieron más que un número, pero algunas sobrevivieron y se trasladaron a la red, donde han funcionado con resultados notables y generando zonas comunitarias de extraordinaria importancia para el *fandom* en lengua castellana. Merece la pena recalcarse la persistencia de estos proyectos editoriales, ya que son, además, antecedentes de revistas virtuales de enorme éxito e importancia como *Axxón* (1989-al presente) dirigida por Eduardo J. Carletti. Sólo durante la década del ochenta, en Argentina se publicaban más de diez fanzines de ciencia ficción, incluyendo *El Planetoide Inepto* (1985-1987) dirigida por Edgardo Iñigo, o inclusive la revista *Sinergia* (1983-1987) dirigida por Sergio Gaut vel Hartman y ganadora del Premio *Más Allá* al mejor fanzine.[102]

El número y la constancia de la aparición de publicaciones nos habla tanto de una sólida producción local de ciencia ficción, como de un sostenido interés del público lector por debatir y conocer más sobre esta modalidad de escritura, a pesar de lo acotado de las actividades originales del Círculo Argentino de Ciencia Ficción y Fantasía refundado en 1982 por Gaut vel Hartman.[103] Debe destacarse que, pese a su modesto cuerpo, el Círculo llegó a instituir un prestigioso galardón a la ciencia ficción en castellano (el mencionado Premio *Más Allá*, en honor a la revista homónima) que se otorgó anualmente entre 1986 y 1994, y organizó una convención de ciencia ficción latinoamericana en Buenos Aires (Cono Sur I y II), así como toda una serie de conferencias y actividades a lo largo de esa década y hasta entrados los noventa. Estos elementos

---

[102] Es importante señalar que, tras muchos años, *Sinergia* volvió a aparecer en forma de revista electrónica, otra vez dirigida por Sergio Gaut vel Hartman, y con un espíritu internacionalista y criterios editoriales muy cercanos a los de la publicación original.

[103] Este era el segundo intento de formalizar el *fandom*. El primero se había cristalizado en el Club Argentino de Ficción Científica en 1969 gracias a los esfuerzos de Héctor R. Pessina. Pessina había organizado, además, la Primera Convención de Ciencia Ficción Argentina en 1967, y había dirigido el fanzine *Argentine Science Fiction Review*, cuya publicación se había iniciado en 1960 y se vendía no sólo en Argentina, sino también en los EE.UU. e Inglaterra, aunque su recepción era algo desigual. Más tarde fundaría los *fanzines El Alienígeno Solitario* (1960, edición bilingüe) y *Omicrón* (1969).

subrayan la importancia y vitalidad de una comunidad de escritores, editores, artistas, críticos y lectores interesados en la producción de la ciencia ficción en el ámbito nacional e internacional, pese a los serios problemas económicos que cercenaban la posibilidad de mantener canales de comunicación fluidos y abiertos en forma permanente.

Roles Económicos/Roles Culturales

> One of the challenges facing magazines was whether they could rebrand their image to look more sophisticated, so as to attract the more mature reader, while at the same time not wholly alienating the younger reader. [...] Magazines had to be either big business and entrepreneurial or small and safe [...].
> Mike Ashley, *Gateways to Forever*

Las revistas de ciencia ficción cumplen un doble rol con respecto a la modalidad de producción. En primer lugar, ofrecen un espacio donde el *fandom* puede nuclearse y reconocerse, donde es posible discutir sobre novedades editoriales, y donde se introducen flamantes autores, mientras los ya conocidos presentan recientes materiales. Como hemos visto en los párrafos anteriores, las revistas argentinas tuvieron desde el principio esa función, más allá de que las publicaciones fueran especializadas en ciencia ficción o no. Lo que Gaut vel Hartman llamaría "zapping" es una forma de educar el gusto y de expandir la enciclopedia de los lectores. El carácter difuso de las publicaciones, el hecho de que muchas veces estuvieran desperdigadas (particularmente durante la primera mitad del siglo XX) contribuyó a formar un cierto espíritu anti-canónico tanto en los lectores como en los productores de la ciencia ficción. Sin embargo, ese canon se constituyó primariamente en las revistas y a través de debates que, si no fueron ampliamente participativos, al menos, no tuvieron el carácter de cenáculo cerrado de otros espacios del campo cultural y, a pesar de que muchos *fanzines* emergieron como respuesta a un percibido "entre nos" de las revistas profesionales. Este es, precisamente, el segundo rol de las revistas: establecer un *corpus* de lecturas con una estética y un lenguaje claramente definidos. El canon de la ciencia ficción que establecen las revistas se organiza en los espacios que no le interesan a la cultura letrada, pero a partir de sus mismos materiales, y no a partir de lo que aquella descarta. Por este motivo, entre otros, sería erróneo decir que esta característica le otorgaría a la ciencia ficción el deseado sello de popular que discutimos en el capítulo anterior: es importante subrayar la peculiar porosidad receptiva de esta modalidad narrativa que incorpora múltiples discursos que, en particular desde los sesenta, son parte de los saberes académicos.

La historia de las revistas está íntimamente atada al desarrollo mismo de las distintas modalidades de producción de la ciencia ficción: ese rasgo ha sido capital en sus transformaciones en países centrales como EE.UU. y el Reino Unido donde casi nada ha aparecido en soporte libro sin haber pasado por alguna encarnación en las revistas. En cierta medida, puede decirse lo mismo para las revistas locales. Más que ninguna otra publicación en la historia de la ciencia ficción argentina y latinoamericana, las revistas de las que nos ocuparemos en este capítulo (*Minotauro* y *El Péndulo*) cumplieron ese doble rol de árbitro y de editor y, aunque no fueron las únicas, sí fueron las que mejor constituyeron distintas modalidades e inflexiones de escritura y de lectura: una por ser parte capital del proyecto editorial de Porrúa, la otra por generar un espacio integrador para los distintos medios de la ciencia ficción.

Las décadas del setenta y del ochenta son un período complejo de entender para la historiografía de la ciencia ficción en Argentina. Por una parte, los setenta verán el resurgimiento de las revistas de historieta tras el colapso que la industria editorial había sufrido a fines de la década anterior, pero también la aparición de revistas políticas y revistas de humor que se transformarán en un importante espacio de debate público, en ausencia de otros canales institucionales. Particularmente, durante el período de la transición (1981-1984), las revistas (especialmente las revistas políticas publicadas en México y en Argentina, así como los suplementos de diversos diarios) se convirtieron en foros de debate que sostuvieron, en parte, la reestructuración de la esfera pública que había colapsado en el período más grave de la represión ejercida por el régimen militar del Proceso de Reorganización Nacional (1976-1984) durante los años 1976-1979. Pese al clima opresivo que vivía el país, y pese a los altos costos de publicación, la ciencia ficción encontró un paradójico clima de bonanza editorial ya que en estos años expandió su público lector y aumentó la cantidad de publicaciones de autores nacionales gracias a la labor de pequeñas editoriales, hasta la emergencia de *Minotauro* y Ediciones de la Urraca que concentraron la tarea de seleccionar y publicar ciencia ficción dentro del campo cultural. Hablando de ese período, Marcial Souto decía:

> Nunca habían existido tantos libros de cf en las librerías de nuestro país, y era tal el interés del público que en 1977 Aníbal Vinelli publicó una *Guía para el lector de ciencia-ficción* (Convergencia) [...] el hecho de que existiera un prejuicio en contra de la cf por el cual se la consideraba mera evasión, contribuyó a preservar su difusión; de tal modo, muchos lectores potenciales que iban hartándose de los

best sellers y buscaban algo con que hacer trabajar sus neuronas, descubrieron la cf. (15-16)[104]

Tal y como he indicado en el capítulo anterior, pero también como subraya este comentario, la expansión puede ser atribuida al menos a dos factores: la indiferencia académica y crítica ante algo que sospechaban de baja calidad por ser "masivo" (en una perspectiva que desconocía no sólo los números reales de las tiradas sino también el perfil local de los textos y de sus lectores), sumadas a un inesperado *boom* editorial. La doble conceptualización por parte de la "alta cultura" (pero también de muchos lectores) de la ciencia ficción como el *locus* de producción de un género menor, paraliterario y, en consecuencia, de poca o nula importancia política y cultural, añadidas a la marginalización y ghettoización ya bastante menos imaginarias de sus agentes en el campo cultural, permitió que en ese espacio floreciera un debate si no imposible, al menos muy difícil de llevar a cabo en otros lugares. Este fenómeno fue simétrico al que ocurrió, mucho más tarde, en otros espacios también considerados no-canónicos y con fuertes vínculos con el mercado, aunque no fueran necesariamente marginales. Tal el caso del rock y de los cómics donde este proceso hizo aún más fuertes los vínculos entre productos culturales que, por diversos motivos, sentían que sus coincidencias los compenetraban mutuamente,[105] aunque ésto no les abriera las puertas del centro del campo cultural.

Pero, a diferencia de lo que sucederá con el rock primero, y con los cómics después, las revistas de ciencia ficción ocupan un lugar algo extraño. Al momento de empezar a aparecer en números suficientes como para ser

---

[104] La segunda parte de la cita es una cita, a su vez, del trabajo de Pablo Capanna, "La ciencia-ficción y los argentinos", *Revista Minotauro* 10, Segunda Época (abril 1985): 43-56.

[105] La trabazón entre rock, ciencia ficción y las nuevas formas de artes visuales que emergen a partir de los setenta serán exploradas a lo largo del presente capítulo. Como ejemplo preliminar, baste mencionar que muchas tapas de discos en los setenta y ochenta fueron hechas por conocidos historietistas y artistas gráficos. Una tapa de disco icónica fue la del grupo La máquina de hacer pájaros (1976-1977) cuya placa homónima de 1976 tenía un doble sobre con una historieta de Juan Orestes Gatti. En otro registro, la tapa del disco *Un muchacho como yo* (1971) de Ramón "Palito" Ortega fue diseñada por el conocido artista plástico Carlos Alonso. No quisiera dejar de subrayar que tanto la narrativa erótica como el policial pasaron por procesos similares, aunque no establecieron lazos tan estrechos con otras formas de representación en el campo cultural. Habiendo dicho esto, me pregunto cuál es la relación entre distintos géneros y medios, y entre éstos y la emergencia de cómix con diversas modalidades a partir de los ochenta dada su enorme preponderancia en el mercado. Más aún: la relación entre medios y distintas artes plásticas aparece en novelas como *Esperanto* (1995) de Fresán o *Frivolidad* (1995) de Juan Forn. Cómix como *Las puertitas del Sr. López* (1979-1982) de Carlos Trillo y Horacio Altuna, o también *Perramus* (1985) de Alberto Breccia y Juan Sasturain indican que, a pesar de todo, esas conexiones estaban presentes.

registradas como un fenómeno consistente y no como algo aislado o esporádico, y a pesar del capital cultural acumulado, estas revistas no tienen legitimidad suficiente como para hacer frente al discurso canónico en polémicas abiertas, y sus alcances económicos (al menos, en este período y dada la celeridad con que muchas de ellas desaparecen) son limitados. De manera tal que, en los setenta se dan varios fenómenos sincrónicos y contradictorios. Por una parte, hay una obvia expansión de la ciencia ficción que empieza a explorar su propia capacidad estética a través de las revistas. Simultáneamente, se amplía el público lector cuyo creciente poder adquisitivo desde los sesenta permitiría generar los mencionados fenómenos de mercado de la siguiente década. Pero, por otra parte, la percepción crítica de este fenómeno como marginal y popular a la vez relega a la ciencia ficción *in totum* a la categoría de lo raro,[106] foráneo, importado (recordemos cómo la historiografía nos habla de "implantación" aún y a pesar de la existencia de una fuerte tradición local) que convertirá la marginalización en parte intrínseca de su propio programa inicial.

El decano de los estudios de ciencia ficción en Argentina, Pablo Capanna, hablaba en una entrevista de cómo "la cf ha sido tolerada, con la condición de que se mantuviera dentro de los límites del ghetto donde se la ha encerrado y es estudiada como un 'género' subliterario [... que ahora ya] es el ghetto de la industria editorial". Y más adelante agregaba que esa situación se trasladaba a los lectores, convirtiéndose en uno de los peores defectos posibles de este tipo de literatura ya que "nos tienta a hacernos miembros de un grupo de contención donde todos hablan de lo mismo y la realidad no entra. Además, siempre está el peligro de creer en todo lo que se dice, *olvidándose de que es literatura*" (Carletti; énfasis mío). Notablemente, Capanna dice que los productores de ciencia ficción se olvidan de que la ciencia ficción es también parte del sistema de producción literaria. Si la función ideológico-política se convierte en aquello que tanto productores, como lectores, traductores y editores privilegian, cabe preguntarse cómo y por qué sería posible semejante omisión. Ese olvido es un arma de doble filo: si la ciencia ficción no es literatura, cabría preguntarse qué es o qué hace, o por qué es un peligro en un espacio de producción tan complejo y diverso. El comentario implica una restricción en el quehacer mismo de la ciencia ficción.

Por otra parte, como bien nos demuestra esta misma interpretación, es cierto que sus agentes se vieron desplazados a lugares en apariencia secundarios dentro del campo cultural, pero esta misma situación también les dio una gran libertad para articular una serie de cuestiones políticas y estéticas que, en el

---

[106] La ironía del oxímoron no se me escapa.

centro del campo cultural eran inoperantes, aún para textos que enunciaban en clave y que no pudieron escapar a la censura.[107] En este sentido, la situación de las revistas en la Argentina de los setenta y ochenta fue muy similar a la de sus pares norteamericanas durante los cincuenta, las cuales de alguna manera se convirtieron en un oasis contra el macartismo (Ashley, *Transformations* 16-18). El comentario de Capanna repite en mucho una vieja queja de los escritores y lectores de ciencia ficción: la especialización de esta modalidad de escritura a partir de la producción en las revistas generó una suerte de espacio cerrado sobre sí mismo, en aparente aislamiento con respecto al resto de la producción literaria nacional. Que ésto sea verdad o no (aunque los ejemplos del capítulo anterior desmienten tal aseveración y aunque claramente el *boom* editorial de esos años contradiga la aseveración Capanna), es ya otra cuestión, pero es importante subrayar que la existencia de esta compleja mirada de irritación y desprecio, de deseo y de mutua curiosidad, hace a las operaciones que fueron posibles en las revistas de las que nos ocuparemos aquí.

La saturación del campo cultural con materiales de ciencia ficción que además se asumen como tales es un fenómeno de mercado, pero es también un fenómeno cultural. La relación entre mercado y cultura ha dado lugar a manifestaciones críticas por cierto discutibles. Si bien Buenos Aires fue un polo central en el desarrollo de la ciencia ficción en castellano, no fue ciertamente el único. Tal es así que en 1970 aparece (en Buenos Aires) la *Primera antología de ciencia-ficción latino-americana: la narrativa más joven de todo un continente* compilada por la editorial de Rodolfo Alonso. Aunque es un volumen que puede debatirse, cubre una larga lista de autores a escala continental mostrando que, en efecto, la producción de esta modalidad narrativa excede lo que pudo percibirse como una cuestión únicamente comercial en el ámbito local.[108]

---

[107] Aunque con el tiempo se transformarían en textos canónicos, novelas como *El beso de la Mujer Araña* (1976) de Manuel Puig, *Cuerpo a cuerpo* (1979) de David Viñas o incluso, *Respiración artificial* (1980) de Ricardo Piglia (1941), encontraron serias dificultades para ser publicadas y distribuidas en Argentina durante la dictadura. Ni siquiera la novela de Piglia escapó a ese destino, ya que la crítica, mantuvo un silencio absoluto sobre su publicación hasta después del retorno de la democracia (Kurlat Ares, *Para una intelectualidad*). Notablemente, uno de los pocos textos de ciencia ficción que tuvo que enfrentar abierta censura fue el cuento "Gu ta gutarrak" (1968) de Magdalena A. Moujan Otaño, cuya publicación en la revista española *Nueva Dimensión* fue prohibida en España durante el franquismo (el n° 14 de la revista fue secuestrado íntegro por las autoridades el 26 de junio de 1970). La clara alusión al origen de la identidad vasca fue lo que generó el conflicto. El cuento se publicaría años después, ya durante la apertura.

[108] Para una información más completa de la situación de la ciencia ficción desde mediados de los setenta en adelante, ver Sergio Gaut vel Hartman, "The Continental Scene", publicado en *Asimov's Science Fiction* 20, september/ october (2005).

España (que tenía también una larga, aunque mucho más débil tradición vinculada con la *space opera*) publicará la famosa revista *Nueva Dimensión* en estos años. Más aún: los setenta y los ochenta han sido declaradas "décadas doradas" en la producción de la ciencia ficción por el *fandom* y por la crítica en casi toda América Latina, aún cuando esto signifique la aparición de no más de dos o tres autores por país.[109] Problemas de la industria editorial marcaron cómo y dónde se distribuían libros y revistas.[110] Aunque habían estado entre las primeras editoriales que difundieron ciencia ficción en forma consistente, empresas como la sección Argentina de ACME con la serie Robin Hood del Espacio (desde los cuarenta) y Minotauro (desde los sesenta) no tenían ya para los setenta los alcances internacionales de otros períodos: los vaivenes del mercado agregados a la inestable situación política local, provocaron el

---

[109] En 1985 apareció la recopilación *Latinoamérica fantástica* que incluía una abrumadora mayoría de escritores argentinos (diecisiete contra dos uruguayos). Un año después se vuelve a publicar *Lo mejor de la ciencia ficción latinoamericana* originalmente compilada por Bernard Goorden y A. E. van Vogt que, aunque más amplia en la selección que el primer tomo, también pone un enorme peso en la narrativa rioplatense. Si bien una parte de las razones puede estar en la existencia real de una producción fuerte de ciencia ficción en el Río de la Plata, ambos volúmenes han sido criticados por el obvio desconocimiento de la abundante producción de ciencia ficción en otros países, como los casos de Cuba y México, cuyas narrativas son casi ignoradas fuera de sus fronteras. Para la revisión de estos temas, véase Bernard Goorden y A. E. van Vogt, *Lo mejor de la ciencia ficción latinoamericana* (Barcelona: Martínez Roca Editor, 1982; Barcelona: Editorial Orbis, 1986). Así como también la compilación de Augusto Uribe, *Latinoamérica fantástica* (Barcelona: Editorial Ultramar, 1985).

[110] El colapso de la industria del cómic a fines de los sesenta debió ser una suerte de pre-aviso acerca de las zozobras por las que pasaría el resto de la industria editorial argentina, que no lograría recuperarse de su caída de los setenta, sino hasta después de los noventa. Un proyecto de defensa de la industria editorial permanecía en el Congreso desde 1973 (Ley del Libro), sancionado, pero no reglamentado, y por ende, inoperante. En 1976, la Cámara Argentina de Editores de Libros deploraba la pérdida de divisas que la política de exportación vigente implicaba para las editoriales nacionales. En el marco de la crisis financiera, el costo del papel aumentó un 2800% en el curso de un año, sumado al aumento de un 700% en el costo de la impresión, contra un 400% en el aumento en el costo de los libros a los consumidores. Esto explica la migración de las casas editoras a España, cuando no, la quiebra masiva de empresas. Diez años después, en 1986, la caída de la demanda de libros nacionales de ficción sumada a la competencia comercial con las empresas españolas estaba todavía en el centro de los debates. Esa tendencia cambiaría con el final del primer gobierno democrático, en una curva de aumento progresivo donde la ficción lentamente pasaría a ocupar el primer puesto de demanda, en una primera etapa caracterizada por el consumo de la ficción histórico-política, y más tarde por el policial y la ciencia ficción. Para la revisión de estos temas, véase el artículo "Dramática situación de los sellos editores argentinos. Agoniza una industria que acarrea divisas" publicado en *Diario La Opinión* de Buenos Aires, febrero 5, 1976, p. 13. Asimismo, léase el texto de Daniel Chirom, "Libros: El Mercado Perdido Anda en Bicicleta", *El Periodista de Buenos Aires*, año 2, n° 81, marzo 28- abril 3, 1986, pp. 27-29.

traslado de la industria editorial (de la ciencia ficción) a España, desde donde empezarían a comercializarse gran parte de los libros destinados a América Latina. No obstante, ésto no disminuyó el consumo de libros y revistas (tal y como muestran los comentarios citados) sino que, más bien, parece haber contribuido a la difusión de un género poco acreditado, al menos dentro de los países de habla hispana. El cambio contribuyó, sobre todo, a la difusión de los autores anglosajones, ya que los autores locales siguieron distribuyéndose a través de editoriales pequeñas y dentro de limitados espacios nacionales. Las revistas se encargaron de difundir sus nombres y obras, como veremos luego.

En vistas de las estrechas relaciones que existen entre la producción de las revistas, el mercado editorial en general, y la ciencia ficción, se podría argumentar ingenuamente hasta qué punto este fenómeno infringe formas de nacionalismo cultural o desmantela el canon tradicional en detrimento de la producción de algo que puede entenderse como portador de un valor cultural positivo (lo que Graciela Montaldo y María Teresa Gramuglio llamaban en los ochenta "buena literatura"), organizando un debate sobre las conflictivas relaciones entre mercado y cultura. Considerando que distintos mercados tienen distintos comportamientos y distintas culturas, no sólo en cuanto a cómo circulan sus bienes sino también a qué y cómo se consume, cabría preguntarse, en primer lugar, más bien, qué valores se están debatiendo en estas revistas y por qué la discusión se desplaza sobre un espacio aparentemente tan precario y marginal.

Las revistas proveen una zona simbólica que, claramente, no existe en otra parte y que a la "buena" literatura no parece interesarle demasiado a pesar de estar presente como problemática dentro del campo cultural. Un ejemplo de esto son las relaciones entre literatura y mercado, no como zona de conflicto, sino como una zona de diálogo e intercambio de información.[111] En este sentido, las revistas se convierten en una verdadera ágora, donde

---

[111] No sería sino hasta los noventa cuando unas pocas novelas tratarían la problemática relación entre literatura y mercado desde el centro mismo del campo cultural. En este período, la relación entre literatura y mercado se convierte en un tema en vigor e invade la producción novelística para argumentar acerca de la naturaleza misma de la producción escrituraria en tanto que producto de consumo. De modo muy esquemático, puede armarse una serie con novelas que recorren diversos aspectos de esta cuestión, incluyendo textos tales como *Los bajos del temor* (1992) de Vlady Kociancich, *Frivolidad* (1995) de Juan Forn, *Coloquio* (1990) de Alan Pauls, *El traductor* (1996) de Salvador Benesdra, *La mendiga* (1998) de César Aira, *Filosofía y Letras* (1998) de Pablo de Santis y, quizás, algunos de los cuentos en *La velocidad de las cosas* (1998) de Rodrigo Fresán. He trabajado este tema en un artículo no publicado que presenté en LASA XXIII, Washington D.C., USA (septiembre 6-8, 2001), bajo el título: "La feria en la plaza: la cultura como mercancía en la Argentina neoliberal".

el rol de los editores es capital: no sólo organizan la estética de una revista sino también los temas de discusión con y a través del *fandom*. Durante los ochenta, muchas revistas asumieron ese papel mediador y organizativo. Pero en el caso de la ciencia ficción tal actividad es constitutiva de la modalidad de producción misma. La actividad del *fandom* en las revistas de ciencia ficción no sólo constituye el sentido de comunidad que caracteriza al medio, sino que genera un espacio crítico a través del cual es posible redefinir el mercado de la ciencia ficción. Como ejemplo, basta mirar las propagandas de las revistas, que tienden a reforzar la producción de aquellos materiales que las propias publicaciones privilegian (otras revistas, libros, películas) y a establecer líneas de productividad dentro del *fandom*.

La productividad del *fandom* (es decir, su habilidad para producir cultura fuera de los circuitos de la industria cultural, generando un mercado paralelo),[112] ofrece algunos puntos de entrada para seguir meditando esta cuestión. En países como Argentina, la productividad tiende a instalarse sobre la lectura/escritura, surgiendo en su forma visible en el fanzine que fue y es el artefacto principal del intercambio económico paralelo que genera el *fandom*.[113] El fanzine no sólo ofrece una alternativa a lo que el *fandom* percibe como la estética privilegiada del medio, sino también una pluralidad de voces tanto sobre las discusiones en las revistas "oficiales", como temarios alternativos que abren el debate a otras áreas. Muchos *fanzines* (especialmente, el más destacado entre ellos, *Sinergia*) hacían un punto de privilegiar una literatura que deconstruyera la realidad a través de una escritura puramente experimental donde lo utópico no estuviera necesariamente atado al imaginario del espacio exterior. Ese clamor sería descrito años después por Fredric Jameson cuando, hablando del instrumental de la ciencia ficción, señalara que la utopía se constituye de múltiples planos a contraluz de la realidad, el lugar donde se hace visible lo invisible desde lo político. Con distintos grados de intensidad, tanto las revistas como los *fanzines* se fueron alejando del universo de lo galáctico,

---

[112] Los alcances y posibilidades de la productividad en un mercado como el norteamericano y el latinoamericano son bien diferentes. En los circuitos latinoamericanos, también existe un mercado paralelo como el del que hablamos aquí, donde hay toda una serie de productos destinados al *fandom*, pero éstos no circulan de manera masiva por razones económicas. Léase el ensayo de John Fiske, "The Cultural Economy of Fandom", antologado por Lisa A. Lewis en *The Adoring Audience. Fan Culture and Popular Media* (London and New York: Rutledge University Press, 1992), 30- 49.

[113] Las convenciones que también suelen ser generadas por el *fandom*, han sido difíciles de organizar en lugares como Argentina debido a la compleja situación económica de la región. Aún así, gracias en parte a las redes electrónicas, el *fandom* latinoamericano y el español han logrado generar redes de contacto que treinta años atrás hubieran sido impensables.

para construir un lenguaje experimental donde la reflexión político-ideológica ocuparía un rol central.

Así pues, es útil regresar un momento sobre una observación de Beatriz Sarlo, cuando hablaba sobre cómo los lectores del diario *Crítica* percibían la tecnología de la radio durante la década del veinte, ya que ésta:

> [r]ealiza fantasías inscriptas en la literatura de anticipación que se revelaron no como utopías tecnológicas sino como posibilidades que, en pocas décadas, se incorporaron al espacio cotidiano [...] en su carácter fantástico, que materializa hipótesis consideradas hasta entonces ficcionales y 'maravillosas'. (Sarlo, *La imaginación técnica* 115)

Si la "buena literatura" sólo estaba dispuesta a polemizar sobre la utopía en términos históricos, las cuestiones vinculadas con las transformaciones tecnológicas y sociales de la modernidad quedaban relegadas a lugares marginales.[114] A diferencia de lo que sucedió en los países centrales, la ciencia ficción no vino ocupar el espacio de contigüidad entre el pasado y el futuro. Más bien, la potencialidad política del futuro que en la narrativa realista (y, más tarde, en la histórica) se volcaba enteramente sobre el pasado para analizar el presente (ya que era incapaz de delirar lo que vendría); en el caso de la ciencia ficción, se expresará en la inmediatez de un presente-futuro extraordinariamente tangible. La ciencia ficción tendrá que reorganizar su discurso precisamente porque las narrativas sobre el pasado y el presente son obviamente incompletas, cuando no falaces. Como dice Carl Freedman:

> [s]cience fiction is of all genres the most devoted to historical concreteness: for, after all, the science-fictional world is not only one different in time or place from our own, but one whose chief interest is precisely the difference that such difference makes, and, in addition, one whose difference is nonetheless concretized within a cognitive continuum with the actual. (63)

Las revistas iniciarán esa reflexión a través de la ciencia primero (notablemente, el punto de partida de la propia generación positivista), pero

---

[114] Como ya he mencionado anteriormente, recién en la literatura de Manuel Puig aparece una discusión en torno al consumo y percepción de los medios masivos de comunicación a través de sus versiones más populares que, por otra parte, el propio Puig se encarga de reducir a una estética *kitsch* en función de articular su crítica de la clase media de los pueblos de provincias. En la obra de Puig no se tematiza la tecnología de los sesenta en adelante, sino la experiencia de la tecnología de las décadas del treinta y del cuarenta. La velocidad de los cambios sociales que acompañan el impulso de modernización no se harán presentes en la literatura sino hasta mediados los ochenta en la llamada literatura posmoderna. Por lo demás, sólo la historieta se hará cargo de narrar esa transformación en forma casi inmediata.

la abandonará para poder reorganizar sus materiales ideológicos en función de establecer un diálogo con el canon, generando una literatura cada vez más alejada de cualquier posible modelo *pulp*, alejada de la literatura de los libros de bolsillo que la estética de las revistas desconoce como antecedente de la producción de la ciencia ficción local, pero también desviada de los propios modelos propuestos en las mismas revistas. Una lectura en orden cronológico de los materiales en castellano aparecidos en las revistas desde los cincuenta en adelante, presenta una creciente tendencia a experimentar con los materiales ideológicos del campo cultural, a cuestionar las bases mismas de las ideologías de lo real, y el abandono del imaginario de los universos del espacio exterior, excepto como *locus* de la diferencia. De manera tal que la literatura de ciencia ficción que aparece en las revistas a partir de los setenta, se vuelve cada vez más experimental. En este sentido, el proceso que se da en las revistas argentinas de los ochenta es exactamente opuesto al que sucedió en los EE.UU. en ese mismo período. Dice David G. Hartwell:

> As the audience to whom the literature is marketed becomes the homogenous mass audience, the literature is adapted by writers, editors, and publishers to fit the new conditions. That is a nice way of saying the profile of the audience becomes closer and closer to the profile of the mass reader. Not the science fiction reader, the mass reader. (47)

Así pues, la función política y la forma experimental de los textos son capitales y pueden ser atribuidas, en parte, a lo que la crítica ha llamado la tradición wellsleniana de la ciencia ficción rioplatense. Estas características formaron parte de una evolución paulatina, y no implicaron, *a priori*, un programa, ni en la escritura ni en la producción de otros medios. El impulso utópico que encierra la transformación de lo que la propia Sarlo había llamado la "imaginación técnica", había tardado años en organizar su propio *locus* de enunciación, y al emerger tendría una forma que no coincidiría con las expectativas de los fundadores de las revistas o de la modalidad. *Más Allá* había demarcado un límite inicial al dividir aguas entre ciencia y superchería, al formular un canon de temáticas y al proveer el arco de las apuestas políticas, pero no había generado un vocabulario o un imaginario para una literatura de masas a pesar de sus primeros titubeos. En esa falencia esté quizá su mejor y más conflictivo legado, como veremos en las siguientes páginas.

Notablemente amplio, el espacio abierto por las revistas genera un mecanismo de retroalimentación entre la industria editorial de la ciencia ficción y sus consumidores. Si, en efecto, durante los cuarenta hay una alta coincidencia entre la percepción de marginalidad y el número de consumidores, para los ochenta, esa percepción es sólo imaginaria, ya que se ha producido un desplazamiento en cómo y dónde se consumen los materiales de la ciencia ficción. Más aún: cada nueva intervención de las revistas y *fanzines* amplía la capacidad narrativa y discursiva de lo que entra en "la utopía tecnológica", hasta que, durante esa última década, ya no habrá temática o forma que esté vedada. A partir de este período, productores y lectores encuentran espacios más eficientes desde donde producir sentido, ingresando a zonas discursivas canonizadas, lo que eventualmente llevará a críticos como Pablo Capanna a anunciar la muerte de la ciencia ficción ya que ésta:

> Sobrevive como categoría comercial pero ha perdido empuje. Nació como género literario y luego se extendió a todos los medios: colonizó el cine, pasó a formar parte del diseño. Quienes vivimos la década del sesenta nos criamos en un mundo de ciencia ficción. Los autos tenían una cola que imitaban a los cohetes de Flash Gordon y todo lo que veíamos se presentaba como "la tecnología del futuro" cuando en realidad era del presente. La ciencia ficción configuró un imaginario y después se agotó [...] Suele decirse que lo que distingue una novela de ciencia ficción de una novela utópica general [...] es que en las primeras siempre hay alguna vuelta de tuerca donde, por caso, un grupo se resiste al sistema y plantea una alternativa para que las cosas cambien o comiencen a cambiar [...] Y los académicos, que han contribuido mucho para que el género fuera aceptado por la cultura, al mismo tiempo lo acotaron. Definieron convenciones estrictas que en términos prácticos no son respetadas pero que para los editores funcionan como criterio. (Manso, "Qué nos dejó la ciencia ficción")

Dentro de esta misma tónica, Sergio Gaut vel Hartman percibía el proceso de apertura e institucionalización del *fandom* en Argentina como una suerte de pérdida del "entre nos". Hablando de la (re)fundación del Círculo Argentino de Ciencia y Ficción en los ochenta, señalaba cómo había sido un hecho fortuito y que

> [n]adie podía prever cuál sería el efecto de la carta que escribí y Souto publicó en *El Péndulo*. La idea era juntar a los que leían cf, pero no necesariamente en una "institución"; no creía en 1982, y no creo ahora, en las "instituciones". De hecho, transcurrió ese primer año en medio de reuniones de amigos en un bar de Salta y Moreno, cerca de la redacción de *El Péndulo* [...] Cuando el nexo de un grupo es un tema, una afición, un hobby, la selección del personal se realiza a partir de ese factor común. Nadie pudo evitar que el CACyF se llenara de locos, imbéciles y borrachos a quienes, por supuesto, les gustaba la cf [...] Las diferencias entre el CACyF de los primeros tiempos y este tienen que ver con la degradación cultural de nuestro medio, pero tal vez no sean decisivas. (Alonso, "Entrevista")

Aunque los ribetes negativos que les asignan Capanna o Gaut vel Hartman sean discutibles, los procesos mencionados (formación de un imaginario tanto narrativo como visual, fundación de un canon, formación del *fandom*), en efecto, se dieron en las revistas. Aún así, el propio Gaut vel Hartman, mítico director de *Sinergia*, afirmaba en la misma entrevista que:

> [i]dentifico la forma revista con lo heterogéneo y prefiero la forma "colección de relatos", como un modo de acumular elementos en base a unidad temática, lo que permite una profundización que la cultura de la imagen escamotea. La revista es cómplice del zapping literario [...].

Pero además, esa transformación permitió constituir una ideología y una identidad gracias a las cuales la ciencia ficción logrará, finalmente en los noventa, ingresar al espacio central de la literatura argentina como un discurso legítimo y, al mismo tiempo, negociar las difíciles relaciones con el mercado de un modo mucho más dinámico que otros sectores (desplazados) de la cultura letrada. Si estos críticos no lo vieron así, se debe, en parte, a su propia mirada de miembros fundadores de una narrativa que todavía se percibe a sí misma como secundaria y cuyas reglas de interacción con el resto del campo cultural aún necesitan de ese posicionamiento marginalizado para operar críticamente. Pero hay, quizás un segundo y contradictorio motivo: el éxito de las revistas fue su misma capacidad para generar la posibilidad de existencia de casas editoriales especializadas en ciencia ficción en castellano, de abrir puertas en el campo cultural al punto que jóvenes narradores se apoderarían de esa modalidad de escritura como parte de sus propias estéticas, de crear espacios diversos de debate. Como paradójica consecuencia, y en un eco de lo sucedido en los mercados norteamericano e inglés, los lectores de revistas profesionales migrarían primero a los *fanzines* y a los libros, a las películas, y, más tarde, a la red y los videojuegos. Las revistas cerrarían por falta de compradores. Dada la larga historia de las revistas en el campo cultural argentino y su notable influencia en el mundo de la ciencia ficción en castellano, dada su capacidad para ampliar el público consumidor de esta modalidad de producción, cabría pensar que ese mismo rol democratizador permitió eliminar la marginalización de la ciencia ficción ante la crítica académica o ante la cultura letrada. No fue el caso. Las complejas relaciones con estos sectores continuaron siendo ásperas.

5
Mirando tapas se conoce mundo

> [...] *it is no longer sufficient to define culture solely as something that a minority guards for the few and the future (though such art is uniquely valuable and a precious as ever). Our definition of culture is being stretched beyond the fine art limits imposed on it by Renaissance theory, and refers now, increasingly, to the whole complex of human activities. Within this definition, rejection of the mass produced arts is not, as critics think, a defense of culture but an attack on it.*
> Lawrence Alloway, "The Arts and the Mass Media"

La tapa de una revista no es sólo el primer elemento que ve su comprador/lector, aquello que lo atrae y lo que se convierte en su puerta de ingreso al universo que propone una publicación. Es también el espacio donde se asienta visualmente el imaginario editorial, no sólo porque en muchos casos las ilustraciones de tapa se refieren a la historia que intenta ser el centro editorial de la revista, sino porque allí se condensan los elementos ideológicos que cada uno de los números de una publicación periódica construye como su identidad. Brad Linaweaver, hablando de las ilustraciones de Forrest J. Ackerman, ha dicho que ese artista:

> [he] employed the most powerful images of past science fiction–from serials to monster movies–to rope in young fans and teach them to read real books by the real writers [...] He made a career out of understanding that the eye is the window to the soul. He was the atheist with a sense of wonder and a love of childhood. He felt the same emotions as deeply religious and sentimental people, which was an unusual quality for a true materialist. (12)

Esta descripción bien puede aplicarse a toda la producción de los ilustradores de las revistas de ciencia ficción, puesto que las imágenes montan un entramado de múltiples registros. Las ilustraciones de tapa de las revistas de ciencia ficción son umbrales en el mundo de la metáfora, no en el sentido de la retórica, sino en el sentido en que Joseph Campbell leía el imaginario de la religión y la mitología: un lugar de entrada en un mundo-otro, donde el espacio y el tiempo se condensan en el presente absoluto de la conciencia. En esa operación confluyen los sueños tecnológicos que se asientan en la nueva urbe y sus maquinarias, y las múltiples formas del Estado, inhumano, burocrático, ideal en el orden que propone, inaccesible en su misma grandiosidad; así como también los sujetos que habitarán esos espacios geográficos y simbólicos. Aquí, ese proceso está articulado a través de imágenes que reconstruyen los arquetipos (requeridos) para acceder a una nueva forma de *gnosis*, lo que Campbell mismo describía en algún momento, haciéndose eco de Joyce, como la capacidad de aprehender, en una visión inteligible, la naturaleza sospechada del arte, y en nuestro caso, de la ficción especulativa:

> Without images (whether mental or visual) there is no mythology [...] Thus a mythology is a control system, on the one hand framing its community to accord with an intuited order of nature and, on the other hand, by means of its symbolic pedagogic rites, conducting individuals through the ineluctable psychophysiological stages of transformation of a human lifetime [...]. (Campbell, *The Inner Reaches* xxii-xxiii)

Las ilustraciones de tapa son, entonces, tanto una mitología (por cuanto nos revelan las posibilidades de una nueva realidad o de una realidad-otra, futura, potencial, pero sobre todo, monumental en su capacidad de asir lo que vendrá) como una pedagogía (por cuanto nos develan los usos de los instrumentos y de la tecnología que nos permitirán hacer acto esa realidad posible). Beatriz Sarlo, hablando del imaginario que construye la ciudad de Buenos Aires como el espacio mítico de las *elites* letradas, diría que éste se compone con fragmentos distorsionados por la traducción y la mezcla de registros culturales:

> Against the commonplace many times repeated, Paris was not the only European model. It was, certainly, an urban myth: a system of images and a dream that in twentieth-century popular culture resonates with the modern myth that is New York. An American imaginary developed in Buenos Aires under the European imaginary and the boastful claims of the Argentine elites. (Sarlo, "Buenos Aires" 28)

Estas características aparecen tempranamente en las representaciones visuales que intentan augurar el futuro, aunque de manera muy apegada a las ilustraciones de las novelas europeas de ciencia ficción que se recibían en Buenos Aires, particularmente, las de Édouard Riou para Julio Verne y las de Henrique Alvim Corrêa y Warwick Goble para H. G. Wells. En una serie de ilustraciones publicadas con motivo del Centenario de 1910 en la revista *PBT. Semanario Infantil Ilustrado para niños de 6 a 80 años* (1904-1955),[115] Arturo

---

[115] Si bien *El Eternauta* es el texto que simbólicamente abre la producción de la ciencia ficción en el

Nemesio Eusevi ilustró un artículo titulado "Buenos Aires, 2010", donde muestra la ciudad cruzada por autopistas y puentes colgantes, con el horizonte cercenado por rascacielos de "más de cincuenta pisos", y con un imposible tráfico de aviones o planeadores particulares. Aunque la composición es una clara referencia a Giovanni Battista Piranesi y sus cárceles imaginarias, son imágenes donde lo que prima es una exagerada visión de la tecnología y de la arquitectura del día y donde se celebra la capacidad tecnológica y artística de la ingeniería: las construcciones son claras citas de las obras de Gustave Eiffel o de John A. Roebling con grandes cables de suspensión y columnas sosteniendo arcos góticos, mientras las fachadas nos recuerdan los edificios de las Exposiciones Universales de fin de siglo, particularmente las construcciones de Charles-Louis-Ferdinand Dutert o de Charles-Louis Girault y, finalmente, los parques recuerdan los amplios bulevares del Barón Haussmann.[116] Es, en cierta forma, la ciudad deseada por la generación positivista que a partir de 1880 empieza las obras de remodelación de la ciudad de Buenos Aires que llegarán a su punto cúlmine en el período de los Centenarios (1910-1916).

Estas ilustraciones constituyen el imaginario visual de la polis tecnológica, vaciada de sus habitantes.[117] Aquí, los seres humanos aparecen desdibujados

---

país, tal y como analicé en el capítulo anterior, es cronológicamente en *PBT* donde se publica en realidad la primera historieta de ciencia ficción argentina. El honor corresponde a *El explorador interplanetario* (1916) de José Serrano (otro de los muchos dibujantes nacidos en España que trabajaban en Argentina). De manera análoga a las operaciones de otros textos del período, la historieta establece una mirada carnavalesca sobre las costumbres porteñas. Tanto en esta revista como en la ya mencionada *Caras y Caretas*, el espíritu positivista que ponía su fe en los avances de la tecnología como única forma posible del desarrollo económico del país, también dejaba traslucir sus reservas en estas narrativas que funcionaban en una suerte de equilibrio inestable entre su impulso utópico y los primeros atisbos de la mirada distópica de la sátira. La siguiente historieta sería *Más Allá. La aventura del siglo* (1917) de Raúl Roux, publicada entre 1938 y 1940 en el diario *La razón*. Este es quizá el único ejemplo de una historieta que se acerca al lenguaje auténticamente *pulp*, aunque en ella predomina lo visual (casi no hay diálogos) y el diseño gráfico es central en la disposición de planos marcados por grandes diagonales y valores opuestos de luz. La década siguiente estaría poblada de personajes cuyos saberes técnicos se ajustan muy bien a las descripciones de Sarlo en *La imaginación técnica*, y no será sino hasta la llegada de Oesterheld cuando estos intentos se articulen de manera clara.

[116] La impronta de ese imaginario es tal que ilustraciones casi calcadas de las de Eusevi aparecieron en *Amazing Stories Quarterly* entre 1927 y en 1928 dibujadas por Frank R. Paul en los EE.UU., y en los pósters que anunciaban la novela *Metrópolis* (1927) de Thea von Harbou que sería llevada al cine por Fritz Lang en Alemania en 1927, por sólo nombrar dos ejemplos. La fascinación por las ciudades futuras es uno de los temas centrales de las primeras tres décadas del siglo XX y su imaginario ordenado es heredero directo de las tradiciones sansimonianas y owenianas.

[117] La cultura también tiene otros registros de los procesos de modernización que trae la tecnología que parece augurar el futuro. Por ejemplo, el correo argentino editó entre 1928 y 1930 una serie

y reducidos a trazos diminutos, empequeñecidos por la grandiosidad de las construcciones. Este temprano imaginario visual se mantendrá en los años por venir a través del acercamiento de la pintura al universo visual racionalizado del cubismo y del futurismo que emerge en artistas plásticos como Emilio Pettoruti y el primer Xul Solar, quien crea espacios fantásticos donde prima la geometría y que están poblados de máquinas voladoras y seres semimecánicos que preanuncian a los cyborgs del fin de siglo. Notablemente, los mitos visuales de Xul Solar no serán una huella fácilmente reconocible en el arte de ciencia ficción que emergerá en las tapas que estudiaremos en las próximas páginas, aunque podamos reconocer la afinidad de lenguajes y preocupaciones. La reflexión sobre la transformación tecnológica de la urbe también poblará la narrativa de Leopoldo Marechal (que hará de Xul Solar su vate personal en el astrólogo Schultze), de Roberto Arlt y de Juan Jacobo Bajarlía, para reaparecer con particular ímpetu en las tapas de las revistas de ciencia ficción, aunque sus raíces ya no estarán en Europa (ni en la producción pictórica local, pese a las preocupaciones comunes), sino en la abrumadora reproducción de las tapas e ilustraciones de las revistas norteamericanas que fueron las fuentes de las publicaciones nacionales.

Se ha dicho con frecuencia que la función del diseño gráfico es proveer y comunicar en forma efectiva y sintética una cantidad de información que pueda ser consumida a través de un vocabulario visual sistematizado. Sobre la página, se vuelcan no sólo los significados que la mirada rescata, sino también su contexto social, político e histórico, distribuidos y organizados en el espacio bidimensional del plano. Las tapas de las revistas de ciencia ficción que se publican en Argentina a partir de 1947, evolucionan de manera tal que los diseños crean una semántica visual que lentamente se irá desprendiendo de sus raíces anglosajonas para desarrollar su propio imaginario. Tanto las tapas de *Hombres del Futuro* como las de *Pistas del Espacio* comparten la sensibilidad *pulp* que permea la década bajo la égida de los materiales de la Era Campbell y,[118] en este sentido, desarrollan una pedagogía del porvenir: las ilustraciones

---

de estampillas que conmemoraban los vuelos en zeppelin a Sudamérica donde se mostraban los famosos dirigibles. Pese a que se estableció una línea de vuelos a Río de Janeiro, los vuelos a Buenos Aires encontraron enorme resistencia. Entre los intelectuales, el único y famoso vuelo de 1934, sería recibido de manera diversa. Sólo Manuel Mújica Láinez abordaría el dirigible antes de que partiera con rumbo a Montevideo.

[118] Las ilustraciones de artistas como Rafael Navarro, Leandro N. Sesarego y Rubens O. Corrado eran muchas veces copias de tapas de revistas norteamericanas adaptadas a la diagramación de las revistas locales. Este tipo de reproducción era corriente en casi todas las revistas producidas durante este período y se mantendría en el ámbito de la ciencia ficción casi hasta el final de la publicación de *Más Allá*.

muestran robots de utilería secuestrando desvanecidas damiselas en peligro, paisajes apocalípticos poblados de cohetes o misiles a punto de despegar y de ciudades derruidas o vacías que recuerdan las peores pesadillas del futurismo italiano;[119] los seres extraterrestres que pueblan ese universo en descomposición son monstruos en un espacio vacío surcado por naves hiperestilizadas que poco tienen que ver con las naves y artefactos de los programas de NASA o SOYUZ, sino más bien con el imaginario hollywoodense que alimenta las pantallas de cine de la década del cincuenta y del sesenta.

Los seres humanos que aparecen en estas tapas, con sus pieles viradas a los azules y a los verdes, anuncian más el fin de la humanidad que sus posibles triunfos en una imaginaria carrera expansionista en el espacio. Aún en el caso de tapas más poéticas, que ilustran narraciones como *The Humanoids* (1949) de Jack Williamson en el nº 8 de *Pistas del Espacio* (1957), los seres que parecen danzar al infinito en el vacío del espacio, flotan abandonados y fantasmales hacia algo que no puede ser sino su propia muerte. Más allá de las conexiones con la(s) historia(s) que la(s) tapa(s) ilustra(n), quiero indicar la consistencia de un cierto *pathos* pesimista que parece contradecir los contenidos de los textos y cuya raíz ya está presente en el imaginario visual que se despliega de manera abierta y clara en *El Eternauta*, aunque en una vena que, como hemos visto, apela al realismo para reorganizar su agenda ideológica. Con todo, los artistas locales mantienen en sus creaciones la iconografía de la transformación:

> Instead of symbols [...] we have landscape of icons, whose presence summon deeper mythic activity and significance. Stepping from his pedestal into action is the knight become iconic spaceman, fussing the images of heraldry with those of high-technology weaponry [...] the abstraction of symbol now a concretizing trope [...]. (Slusser, "Introduction: The Iconology" 8)

---

[119] El número 12 de *Pistas del Espacio* (1958), presenta una tapa de Malar que cita al famoso arquitecto Antonio Sant'Elia y su *Città Nuova* (1913), cuya estética es, por otra parte, casi un cliché de la referencia visual en las ilustraciones de espacios urbanos altamente tecnologizados de la ciencia ficción. Estas conexiones son estrechas, entroncándose con Marinetti y su *Guerra, sola igiene del mondo* (1915) donde hablaba de la guerra como un modo de "purificar" a la especie humana a través del fuego. La celebración futurista de la mecanización y de la tecnología, así como la mirada fría y desapegada sobre los sujetos que son vistos como máquinas eficientes o como objetos a ser destruidos en nombre de un supuesto bien común, tiñen la perspectiva sobre el espacio que se vacía de seres humanos reales para ser reemplazados por maniquíes y figuras fantasmales. Aquí, sin embargo, la mirada retiene esos orígenes, pero los complejiza al forzar a los seres humanos a repoblar esos espacios para convertirlos no en simples *maquettes*, sino en lugares habitables, aunque, como veremos luego, de modo bastante problemático.

Es en la revista *Más Allá* donde ese proceso se articula de modo más claro.[120] La revista no sólo fue un espacio de iniciación sino también una bisagra entre la ciencia ficción dura, el *pulp*, y lo que vendría. Aunque la revista mantuvo su tónica cincuentista, y aunque muchas de sus tapas eran reproducciones de los trabajos de artistas americanos como Emsh, Chesley K. Bonestell o Mel Hunter, la selección apelaba al sentido del humor y a la autorreferencialidad. El imaginario que emerge de sus tapas habla de una tensión entre la mirada *pulp* y un poco *camp*, y el anhelo por materializar las transformaciones científico-técnicas que la revista promueve. Esta tensión se hace evidente sobre todo a partir del número tres, con la reproducción de la tapa de Emsh,[121] donde se muestra a un grupo de turistas extraterrestres paseando por una ciudad cualquiera de la Tierra en algo que podría ser un fin de semana, y donde se ve a uno de estos marcianos, separado de su grupo, en el primer plano y emergiendo desde el ángulo inferior izquierdo de la página, mientras toma una foto de los lectores/observadores, con lo cual rompe el marco y, al mismo tiempo, le quita toda posible solemnidad a la imagen.

De ahí en más, en las tapas dibujadas por artistas locales como Hugo Csecs, Guillermo Roux (el famoso pintor, hijo del conocido ilustrador e historietista), Guillermo Camps, Julio Orione o Luciano de la Torre, tanto la monstruosidad de los seres extraterrestres como la tecnología tomarán otro cariz: los robots se convierten en máquinas que hacen estrictamente su trabajo, incluyendo transportar heridos para la Cruz Roja, los monstruos son seres a dominar o diplomáticos interplanetarios, y las naves espaciales ya empiezan a parecerse cada vez más a los cohetes reales que se estaban enviando al espacio (el Sputnik se puso en órbita en 1957), al punto que muchas tapas (siguiendo la estética de Bonestell) representan posibles imágenes cuasi-fotográficas del descenso de humanos en otros planetas que convierten el realismo en un instrumento de la proyección mitológica sobre el futuro. La relación de continuidad y contigüidad entre pasado y presente aparece subrayada en más de una ocasión

---

[120] Todas las tapas de *Más Allá* están disponibles en forma digital en la *Enciclopedia Digital de Axxón OnLine* y pueden consultarse en <http://axxon.com.ar/wiki/index.php?title=Revista_Más_Allá>.

[121] Publicada en 1953, esta tapa reproduce parte de la que fuera publicada originalmente en 1952. Aunque la diagramación de la revista argentina no lo necesitaba ya que tenía una distribución similar del plano, la versión local eliminó los márgenes superior e izquierdo, recortando también casi un tercio de la parte inferior de la imagen original. Además, el título de la revista está dispuesto como una diagonal en la parte superior de la página, borrando parte de la línea de rascacielos. El resultado de la nueva diagramación es un subrayado de los aspectos cómicos del original y la casi imposibilidad de reconocer la ciudad de Nueva York como el espacio del paseo marciano.

en las tapas de la revista que yuxtaponen lo muy primitivo (un dinosaurio) y lo muy tecnológico (un cohete espacial) conviviendo en el mismo espacio, o que parten la página en dos, representado una Navidad del siglo XVIII y otra en el siglo XXI como parte de una misma, inalterada costumbre familiar.[122] Esta relación entre el pasado y el futuro, que en las revistas americanas es una implicación y que se desplazará sobre el vocabulario visual de la fantasía, aquí aparece plenamente expresada, aunque todavía atada a preocupaciones científicas sobre la naturaleza del tiempo.

La ciencia concreta de esos años, que en la imaginería de las revistas anteriores estaba completamente ausente en tanto que actividad del presente (es, más bien, parte de un *desideratum* científico-tecnológico), aquí surge a través de Einstein (física) y de Darwin (biología) quienes aparecerán en una de las tapas, subrayando la importancia de la divulgación de información científica y aportando otra capa de legitimidad al discurso de la ciencia ficción,[123] al conectarlo, no con el reino de lo imaginario, sino con el de las posibilidades concretas del desarrollo científico-técnico.[124] Cada vez más alejada de la imagen del "científico loco" tan divulgada por el *pulp*, por el cine y por la televisión, esa búsqueda de los valores asociados a la racionalidad, la experimentación y el método científico emerge en los dibujos de imaginarios laboratorios y en los paisajes dominados por observatorios astronómicos. Poco a poco, las tapas de *Más Allá* van abandonando el lenguaje *pulp* de las revistas anteriores (que se mantiene casi intacto durante los primeros once números), para ceder paso a un imaginario visual cada vez más vinculado con la ciencia. Aún la violencia explícita casi desaparece para dejar lugar a imágenes donde resuenan todos los semas del Iluminismo, ya que el hombre termina dominando la naturaleza, favoreciendo imágenes del progreso continuo de la sociedad.

---

[122] Aunque ya lo he mencionado en el capítulo anterior, es necesario recordar cómo la división de la página también separa espacios de conocimiento en términos de valores positivo-negativo, subrayados o bien por la saturación del color o bien por el uso de paletas altas y bajas. El contraste genera cadenas semánticas fácilmente reconocibles, donde el polo positivo, marcado por la presencia de colores saturados o vivos, se carga con los significados de la tecnología, el futuro y el progreso, en una articulación conflictiva y contradictoria.

[123] Los artículos científicos de la revista eran muy cuidadosos y estaban al corriente de las discusiones del momento. Originalmente, *Más Allá* publicó los muy conocidos artículos científicos de Willy Ley ilustrados por Chesley Bonestell, quien se convertiría en uno de los ilustradores de *Scientific American*. A medida que los lectores presentaban más preguntas, se abrió una sección de respuestas a consultas científicas. Entre los asesores científicos de la revista estaba el conocido físico José Federico Westerkamp quien estuviera preso durante el Proceso en los setenta y fuera, además, uno de los fundadores del CELS.

[124] En este sentido, la operación de las imágenes es estrictamente positivista, y es la primera conexión fuerte con el imaginario decimonónico.

La imagen del Otro que emerge de este complejo sistema visual, también será problemática. Si ilustraciones como las de Emsh tienen una cierta lúdica comicidad, ésta desaparece en las tapas de los argentinos y de los españoles del plantel de Editorial Abril que muchas veces contribuían a *Más Allá*. Si bien es cierto que estos extraterrestres juegan al ajedrez, o son embajadores y compañeros de trabajo, son todavía una fuerza a neutralizar, como bien muestra una temprana tapa de Camps, donde los extraterrestres parecen ser esclavos o trabajadores forzados bajo la mirada vigilante de un capataz que recuerda en mucho, las figuras humanas del realismo socialista o del arte monumental del estilo internacional de los treinta. Al mismo tiempo, el espacio urbano donde se instala la polis que vendrá, hace una triple cita de la arquitectura funcionalista, del futurismo (que había llegado algo tardíamente a la Argentina) y del surrealismo, movimiento que, como veremos luego, será capital en la transformación de la estética de la ciencia ficción.

Más Allá, como las revistas americanas (incluyendo *The Magazine of Fantasy and Science Fiction* que *Minotauro* traducirá), despliega en sus tapas el mapa del orbe futuro, lo alucina. Provee imágenes de las ciudades del porvenir y de los sujetos que las habitarán, de las grandiosas tecnologías que serán necesarias para sobrevivir en esos paisajes monumentales, y de los cataclismos, las invasiones, las guerras, y la soledad del espacio. Las imágenes están firmemente ancladas en el realismo, pero es un realismo inestable, casi romántico. Pese a que Brian Aldiss decía que el arte de ciencia ficción se nutre del gótico, más vale, habría que decir, que su mismo desequilibrio lo convierte en un objeto neo-barroco ya que el extrañamiento que producen las imágenes clásicas de la ciencia ficción proviene de la acumulación de formas experimentales y citas para nombrar y dar forma a la ambición tecnológica, sin por eso convertirla en una forma de trascendencia. Es una puesta en escena del deseo de cambio, sin ironía alguna ni cursilerías. Más bien, le da cuerpo a las alucinaciones de la imaginación a través de formas racionales de interrogarse sobre la naturaleza misma de los objetos representados al ponerlos en escena, en un sentido muy similar al *pop*: es lo que Deleuze llamaba las "pequeñas percepciones". La imagen reconstruye el pasado-presente a través de los usos ideológicos de las citas que se convierten en el verdadero mensaje de las imágenes que se proyectan sobre el porvenir. En este sentido, las tapas de *Más Allá* y de las revistas que la precedieron, nos proveen sintagmas sobre la naturaleza de la ciencia ficción como espacio de enunciación visual de lo que Raymond Williams llamó la estructura de sentimiento de la ciencia ficción: el espacio donde emerge una voz que logra articular el estado de situación de la sociedad contemporánea sobre su propio devenir ideológico ("Science Fiction" 41).

En el caso argentino, la fuerte trabazón con la ciencia y la tecnología es quizás el elemento más llamativo, ya que es el componente que permea todo el discurso político de la década, pero es también la gran ausencia de la narrativa canónica y, en la ciencia ficción, es el dispositivo sobreentendido, pero inarticulado.[125] O, como diría Joseph Campbell:

> The second function of a mythology is to render a cosmology, an image of the universe, and for this we all turn today, of course, not to archaic religious texts but to science. An here even the briefest, most elementary review of the main crises in the modern transformation of the image of the universe suffices to remind us off the fact-world that now has to be recognized, appropriated, and assimilated by the mythopoetic imagination. (*Creative Mythology* 611)

El principio mimético que sustentan las imágenes viene a completar el discurso racionalista de la narrativa de ciencia ficción escrita en castellano, de manera algo titubeante, pero consistente. Las imágenes proveen, además, el enlace entre las narrativas locales y las traducciones, al articular el imaginario del porvenir con la iconología de la máquina y de las ciudades futuras. Los dos números de la sucesora de *Más Allá*, la revista *Géminis*, serán ya más problemáticos. Sus tapas hacen un claro retorno hacia el *pulp* más clásico y hacia el horror, por el lado del gótico, pero desde el punto de vista visual son mucho más interesantes, ya que manejan técnicas mixtas, que incluyen la fotografía. Además, empiezan a hacer un acuse de recibo de la renovación de las artes gráficas a través de la diagramación de la página usando espacios negativos como fondos, en lugar de imágenes. Este viraje hacia lo que Romero Brest llamaba "irrealidades" verá su mejor ejemplo en la primera versión de la revista *Minotauro*.[126]

Con diseños de Juan Esteban Fassio[127] donde prima la geometría y

---

[125] Tanto el Peronismo (a través de la subvención de la industria liviana) como el desarrollismo (con su apoyo a las inversiones extranjeras en el país) tenían un discurso y una agenda política que enfatizaba la inversión en el desarrollo de nuevas tecnologías como una manera de asegurar el futuro del país, generando una diferenciación visible con políticas económicas anteriores que apoyaban con mayor fuerza la inversión agropecuaria y otras formas más tradicionales de la economía. La literatura canónica no registró este cambio sino hasta la década del ochenta, por lo menos.

[126] Todas las tapas de *Minotauro Primera Época* están disponibles en forma digital en la *Enciclopedia Digital Axxón OnLine* y puede consultarse en <http://axxon.com.ar/wiki/index.Minotauro_primera_época>.

[127] Juan Esteban Fassio (1924-1980) firmaba solamente como Juan Esteban, y se hizo cargo de varias carátulas para Editorial Minotauro y para Editorial Sudamericana a fines de los sesenta. Es muy conocido por ser uno de los grandes promotores de la patafísica, que desde mediados de los cincuenta era una de las corrientes que habían reaccionado contra el anquilosamiento del

donde al menos dos tapas se identifican claramente con la estética *pop* más vanguardista (a través de citas de Andy Warhol y de Jasper Johns), las tapas de *Minotauro* son una clara transformación no sólo de la estética, sino también de las expectativas de los pactos de lectura y del imaginario visual de la ciencia ficción, como muestran los siguientes ejemplos:

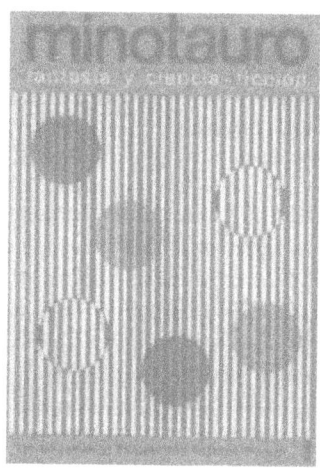

Figura 5.1
Minotauro (Diseño de tapa por Juan Esteban –Fassio– para Editorial Minotauro) Septiembre-Octubre 1964 n° 1.
Las "irrealidades" del Op Art al servicio de la ciencia ficción.

La clara, casi obvia, iconografía que aparecía desplegada en las páginas de *Más Allá* se desvanece para dejar paso a la abstracción. Son tapas donde, a primera vista, la apelación gráfica al consumo masivo de la iconografía cincuentista entra en contradicción con la búsqueda estética que proviene tanto del surrealismo como del *op art* y del *pop art*. De ahí que el vuelco estético de la primera *Minotauro* sea una indicación tan clara sobre la naturaleza

---

surrealismo francés. Fassio formó parte de la redacción de la revista *Letra y Línea* (1953-1954) dirigida por Aldo Pellegrini, de donde emergerían los miembros del Instituto de Altos Estudios Patafísicos de Buenos Aires. El Instituto se fundó en la casa de Fassio en abril de 1957. Fassio no sólo es uno de los más conocidos traductores al castellano de Alfred Jarry, sino que su obra gráfica se publicó y reprodujo en diversos medios tanto en Argentina como en los EE.UU. y Francia. Para información adicional, véase la entrevista de Carles Álvarez Garriga, "Entrevista con Francisco Porrúa", publicado por el *Diario ABC*, Sección Cultural, en el año 2003, http://www.abc.es/cultural/dossier/dossier40/fijas/dossier_003.asp.

La ilusión persistente

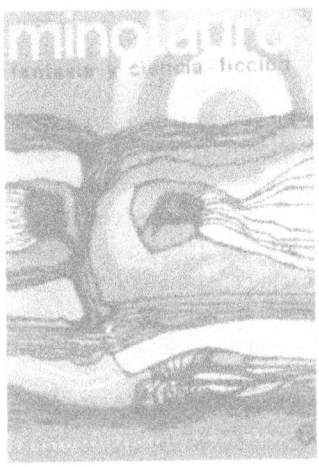

Figura 5.2
Minotauro (Diseño de tapa por Juan Esteban –Fassio– para Editorial Minotauro) Julio-Agosto 1965 n° 6.
El inicio de los paisajes surrealistas.

de la narrativa de ciencia ficción que aparecerá en Argentina en este mismo período.[128] Ciertamente, no me olvido de que estas elegantes tapas resuelven una serie de problemas gráficos que incluyen invocar un público lector más maduro y con gustos más refinados. Pero, más allá de lo que esta apreciación pueda significar, más allá de su efectividad, esas tapas exigen una atenta decodificación. El título mismo de la revista se refiere a la que originalmente había sido una de las revistas orgánicas de los surrealistas franceses: *Minotaure* (1933-1939).

Dirigida por Albert Skira, *Minotaure* desplegaba una compleja agenda que abarcaba desde la etnografía hasta problemas estéticos vinculados con la agenda del movimiento. Cada una de las tapas de la revista hacía alusión

---

[128] Esta transformación también puede rastrearse en las tapas de los libros. Tal es el caso de la colección de libros de bolsillo *Fantaciencia* (1956-1961) de la editorial de Jacobo Muchnick, donde se publicaban traducciones de ciencia ficción escrita en inglés. Por ejemplo, uno de sus ilustradores, Ricardo de los Heros se caracterizaba por tener una estética claramente surrealista, quizás algo directa en su intención ilustrativa, pero también alejada de las estéticas anteriores. Esta transformación coincide, además, con la explosión de las artes gráficas y del dibujo desde fines de los sesenta. Dice Marta Traba: "The flowering of graphics in Latin America is highly significant for the resistance it represents to the spectacular effort that was then being made on the international stage to find replacements for traditional art forms, which were held to be 'dead'" (137).

explícita a alguno de los mitos cretenses, donde la imagen del minotauro se convertía en la figura central de la destrucción del mundo presente, metáfora, por otra parte, cara a la rebelión surrealista del grupo de André Breton que sería retomada por los surrealistas argentinos a través de los manifiestos y escritos de Aldo Pellegrini.[129] Pero, para la década del sesenta, el surrealismo había perdido su fuerza y visión originales, y los argentinos que peregrinaban a París en busca de sus fundadores escribían cartas pesimistas y desencantadas (Giunta 103-12). La revitalización del movimiento en Buenos Aires vendría a través de la peculiar mirada del propio Pellegrini, quien reclamaría el arte abstracto para el surrealismo en su fórmula de la "objetivación de lo espiritual" (9-11). Esa fórmula, se trasladaría a la patafísica como el carácter lúdico de la percepción de la realidad.

Sin embargo, ese carácter convierte al extrañamiento en un objeto a través de prácticas ya probadas. En las manos de Fassio, la experiencia del extrañamiento como objeto de consumo es literal: la experiencia estética, desprendida de todo contexto que no sea el espacio del kiosco o la librería, consumida en la marginalidad de la ciencia ficción, se convierte en algo productivo.[130] Si las historietas reificaban la experiencia política como objeto de consumo, a partir de la primera *Minotauro,* las tapas de las revistas vendrán a reificar la experiencia estética dentro del mercado de bienes culturales. Pero esta práctica, antes que ser alienante, aquí adquiere un sentido crítico a través del humor y de la sátira que hacen que toda expectativa modernista sobre la trascendencia de la alta cultura se convierta en algo banal y, el arte, en algo usual y pedestre, vaciado de metafísica en un sentido supracategorial, y por ende, adscrito a la inmediatez de la experiencia.

---

[129] Haciéndose eco de los manifiestos surrealistas de los treinta, en su libro *Para contribuir a la confusión general* (1965), Pellegrini decía: "lo que la naturaleza destruye tiene siempre sentido creador. Los peores cataclismos responden a las necesidades de la naturaleza misma, aunque en pugna con las necesidades del hombre. En la destrucción manejada por el hombre aparecen dos elementos que la naturaleza ignora: destrucción sin sentido [...y] destrucción por el odio" (Cippolini 298).

[130] Notablemente, lo que podría ser considerado el origen del fracaso surrealista (y el de sus continuadores), es decir, la reificación de la experiencia estética, se vuelve productiva (como deseaba Benjamin) en la ciencia ficción. De ningún modo creo que Benjamin pensara que éste sería el espacio donde se realizaría la potencialidad que él veía en este movimiento, sino que en la ciencia ficción el lenguaje mítico que en otros espacios se apodera de la historia y la intoxica de su propia circularidad, aquí desaparece, lo cual permite, precisamente, acercarse a la historia para reconstruirla sin nostalgia. Así, la acumulación de citas en las imágenes de Fassio, sacadas de su marco, de su raíz, se ponen en movimiento para generar nuevos sintagmas, recuperando la capacidad lúdica y creativa que les está vedada en otros espacios.

La definición de Alfred Jarry para la patafísica ha estado en el horizonte de las tesis sobre la ciencia ficción en forma teórica, al menos, desde la publicación del libro de Sam J. Lundwall en 1978.[131] En su trabajo, Lundwall incluía a Alfred Jarry entre los fundadores de la ciencia ficción contemporánea, en especial, por su novela de 1902, *Le Surmâle*, diciendo:

> Pataphysics is a metaphysical approach to the riddles of reality, which, again, is another definition of science fiction with its imaginary solutions to problems that might, or might not, confront us. "All people are 'pataphysicists'" says Jarry: "although a few are aware of it." How true. [...] 'pataphysical revolt against the stern scientific, or pseudo scientific, attitudes of fantastic literature in the Victorian age. [...] The 'pataphysic tradition of science fiction remained strong in Italy, France, Spain, and Latin America [...]. (*Science Fiction* 48; 54)

A partir de aquí, Lundwall trazaba una línea genealógica que unía a Jarry con las tradiciones wellslenianas pasando por Jorge Luis Borges y Philip K. Dick. Esta lectura es de particular importancia ya que, como veremos en el próximo capítulo, constituye uno de los nudos gordianos de la narrativa de ciencia ficción argentina que emerge desde fines de los sesenta. Por ahora, sin embargo, baste mencionar que esa tradición surge a través del imaginario visual de las tapas y que un receptor atento la hubiese podido reconstruir con facilidad, de haber recordado la evolución de surrealismo en América Latina. La propia revista *El Péndulo* retomaría la hipótesis de Lundwall como clave de lectura en su número inicial a través de la definición tentativa de Carlos

---

[131] Ya en sus trabajos de 1974 y 1976, David Ketterer hacía referencia a la ausencia de estudios que conectaran la ciencia ficción con el surrealismo dada "the considerable affinity which exists between Surrealism and SF" ("Science Fiction" 71). Y agregaba que la búsqueda de una nueva objetividad en ese movimiento coincidía con la preocupación por la redefinición de lo real que atraviesan las lecturas apocalípticas de la ciencia ficción que, precisamente el propio Ketterer analizaba en su libro de 1974. Pese a tan temprana observación, en el mundo crítico anglosajón, esta hipótesis de análisis casi no ha sido explorada. Tal es así, que algo más de veinte años más tarde, Roger Bozzetto y Arthur B. Evans (para profunda frustración de Ketterer que les contestaría en una *SFS* en 1998) seguían quejándose de la ausencia de estudios que relacionaran ambos movimientos, sobre todo al enfrentarse a la lectura de exponentes de la ciencia ficción francesa como Serge Brussolo. Esa relación está claramente presente tanto en la producción de la ciencia ficción europea como latinoamericana. Recientemente ha aparecido un excelente estudio monográfico de Gavin Parkinson que explora esta relación en Francia. Exploraré esta cuestión en el próximo capítulo, al analizar las operaciones de la ciencia ficción argentina a partir de la década del sesenta. Para una lectura de estos temas, léase los estudios de David Ketterer en *New Worlds for Old: The Apocalyptic Imagination, Science Fiction, and American Literature* (1974) y "Science Fiction and Allied Literature" (1976), así como también el trabajo de Roger Bozzetto y Arthur B. Evans en "The Surrealistic Science Fiction of Serge Brussolo" (1997).

Gardini cuando hablara sobre Boris Vian y su relación con la ciencia ficción. Dice Gardini:

> Ese modo de razonamiento es una forma de impulsar las ideas por cauces poco habituales, de funcionar con una lógica que no sea lo que el mismo Vian llamaba 'la lógica de lo blanco y lo negro, la lógica de dos únicos valores contrapuestos'. ("Travesuras" 61-66)

De manera más extensa, en el caso argentino, esa conexión es central para comprender la estética que se desarrolla en las revistas desde fines de los sesenta. Desde esta perspectiva, las tapas de la primera *Minotauro* tienen un doble rol. Por una parte, rompen toda posible conexión visual entre la narrativa de ciencia ficción que se publica en sus páginas, y también con los imaginarios del *pulp* y de la historieta. Es, en todo el sentido del término, una rebelión contra la percepción del público de lo que era o hacía la ciencia ficción hasta ese momento. Por otra parte, hacen de la cita pictórica, un metalenguaje donde las formas masivas de reproducción del objeto de arte entran en una zona de reflexión estética ambigua. Cada una de las tapas de *Minotauro* cita alguno de los movimientos artísticos que durante los sesenta se disputaron espacios en el campo cultural. Las citas no son exactas, sino que aglutinan la percepción del público sobre esos movimientos. Algunas son fácilmente reconocibles, otras requieren de conocimientos más profundos. Las tapas reifican las premisas estéticas de los debates al convertir su vocabulario visual en objetos de consumo. Pero, al mismo tiempo, la cita tiene una función operativa más importante: la reduplicación del lenguaje estético codifica la información/no-información a la que acceden los consumidores de ciencia ficción. Brad Linaweaver reconocía esta situación con las siguientes palabras:

> Suddenly talented illustrators realized that they could apply lessons from every school of modern art by incorporating the experimental stuff into recognizable commercial forms. You want cubism? Check out this robot! You want surrealism? Here's an alien landscape. (Ackerman y Linaweaver 13)

La mordacidad del comentario no oculta hasta qué punto los productores de estas imágenes tienen clara conciencia de las operaciones que están llevando a cabo dentro del sistema cultural. Luhmann hablaba de cómo ciertos objetos culturales tienen dos "lados". Mientras la cara externa toca el mundo, no lo modifica sino que opera como límite. Por su parte, la cara interna de esos objetos se nutre de esa información, ya desprendida de reglas sociales preestablecidas. Esa transformación permite operaciones de recodificación de la información, en este caso, información sobre el lenguaje estético y la función del arte.

Las citas de las tapas las convierten en este tipo de objetos: son el *locus* donde se fija la memoria de cómo se percibió, como se pensó, cómo se imaginó información (estética) dentro del campo cultural. Esas operaciones ejecutan un corte con respecto a las expectativas del imaginario de la ciencia ficción, pero también anuncian la transformación de la narrativa que intentan vender. Tales operaciones ya están muy lejos de las búsquedas de lo "nacional y popular" que habían marcado las indagaciones estéticas de los cincuenta y sesenta que hemos analizado en el capítulo anterior. Más bien, la preocupación por y la capacidad para alcanzar grandes números de público a través de una estética *diferenciada* dentro de un mercado en eclosión, se convierte en la marca legitimante de las operaciones. Esta es, notablemente, una operación netamente surrealista ya que convierte la rebelión estética en un producto de intercambio en el mercado de bienes culturales: la fetichización de los objetos estéticos ahora convertidos en tapas, es instrumental para acceder a esa otra realidad de la que hablará la ciencia ficción, aunque esa realidad ya no será la de la mirada etnográfica ni la de la percepción psicoanalítica. A diferencia del surrealismo, aquí no hay un intento de desbrozar ninguna forma de ontología, sino de abrir el aparato ideológico del campo cultural en el cual operan esos instrumentos.

En múltiples entrevistas, los dibujantes y los historietistas hablan de su desdén por la academia y por los circuitos de los *marchands* y los críticos por ser espacios cerrados. ¿Cómo hablar de reificación en el sentido que hubieran pensado Adorno o incluso Benjamin, ante el éxito de una nueva área de producción que lentamente va ganando espacios consagratorios para finalmente, entrar a los mismos circuitos que antes despreciaba?[132] Quizá, un modo de verlo sea aproximarse a esta transformación como la realización del *desideratum* de proyectos como *Tucumán arde*: es la ruptura de todo academicismo, de toda forma institucional, y de la naturalización del lenguaje estético en los medios masivos de comunicación. Estas operaciones nada tienen que ver con el *camp*. Pero el programa ideológico que montan tampoco

---

[132] En los últimos diez años, las planchas originales de historietistas latinoamericanos y europeos se han vendido en subastas de arte en todo el mundo, alcanzando precios sin precedentes y compitiendo con el mercado de arte más tradicional. Por ejemplo, un original de Hergé con su personaje de la serie *Tintín*, se vendió en abril del 2008 por 764.000 euros, es decir algo más de un millón de dólares a valores cambiarios de la fecha. Planchas de Enki Bilal han alcanzado el cuarto de millón de dólares. Con precios ciertamente más modestos (y que no podían siquiera pensarse a mediados de los noventa), las planchas de los historietistas, ilustradores y dibujantes argentinos, también circulan por el mercado internacional avalados por muestras y retrospectivas en museos, así como por los numerosos premios y reconocimiento que reciben los artistas de lo que se ha dado en llamar la "escuela argentina" de historieta e ilustración.

apunta a recomponer las relaciones entre elites letradas y pueblo. Más bien, es la rearticulación del lenguaje estético en función de reconfigurar los espacios ciegos del discurso letrado en un bombardeo violento desde todos los ángulos posibles. Esta operación no fue programática, pero aún así se convierte en el código operacional de la ciencia ficción en su mismo diálogo con el resto de los materiales del resto campo cultural.

Aunque en las tapas de *Minotauro* todavía está presente la relación entre el lenguaje poético y el matemático a través de la geometría (herencia que, por otra parte, no es ajena a la influencia del futurismo o del *op art* en la Argentina), esa búsqueda de un lenguaje visual equilibrado y cuasi-racional cederá paso a los universos oníricos de la siguiente generación de revistas. A partir de la *Revista de Ciencia Ficción y Fantasía*, lo que antes había sido un espacio visual mesurado y elegante, dejará lugar a los colores puros, brillantes, y hasta fluorescentes del *pop art* y del último surrealismo, aunque sin nada del experimentalismo que caracterizara a *Minotauro*. Son tapas que intentan ser *naïve*, pero es una inocencia falsa, en donde claramente pueden verse los efectos de la cultura de masas. Construidas con un lenguaje completamente onírico, las tapas de esta revista retornan sobre el surrealismo en una vena que las vincula visualmente (pero no desde el punto de vista ideológico) con la estética del rock que aparecerá en revistas como *Expreso Imaginario* (1970-1976).[133]

Las tapas de la revista original (*The Magazine of Fantasy and Science Fiction*) también eran conocidas por presentar una estética muy diferente a la de sus pares, pero la versión local se alejó de ese tipo de propuestas y se volcó sobre un imaginario visual donde eran centrales tanto la insistencia en un vocabulario alucinado donde la ausencia de significado vinculaba esa estética con el pop, como la producción de espacios cuasi-virtuales que rompían con el lenguaje racional que se había intentado establecer hasta el período anterior. El cambio no fue exitoso y, esa falla sumada a los crecientes problemas del mercado llevaron al cierre de la revista en tres números. Sin embargo, la revista dejó dos huellas importantes desde la perspectiva estética: por una parte, una relación fuerte con algunos de los elementos del surrealismo pop que en esos años emergía en California (y también en España con el nombre de "pospop")

---

[133] Uno de los más importantes ilustradores de esta revista, Eduardo Santellán, conocido además por las cubiertas de los discos de los grupos Almendra (*El valle interior* [1980]) y Spinetta Jade (*Bajo Belgrano* [1983]), hizo la tapa n° 14 del *Péndulo* (1987), siguiendo la estética surrealista que lo caracteriza: no quisiera dejar de subrayar la importancia de estas conexiones, no sólo a nivel simbólico o en el ámbito de la producción misma, sino también en el espacio del mercado.

La ilusión persistente

y, por otra, la centralidad de la relación entre estética y mercado.[134] En las tres tapas, el papel de la cita es central para la recepción de las imágenes. Esta función, repetida con la misma insistencia metódica de las historietas, será clave para comprender las operaciones posteriores de las tapas de las revistas.

En los años siguientes, las dos revistas que re-organizarían el paradigma estético de la ciencia ficción argentina serían *El Péndulo* y la reencarnación de *Minotauro*.[135] Ambas fueron algo inusuales tanto por la persistencia de sus proyectos editoriales, como por la inusitada calidad de sus publicaciones. En su segunda vida, *Minotauro* tenía un formato de 19,5 x 13,5cm (formato octavo) y estaba dirigida por Marcial Souto. Apareció entre 1983 y 1986, con once números. Como en su primera etapa, la revista incluyó entre sus publicaciones (aunque tardíamente) a jóvenes autores argentinos, siguiendo la tónica de la editorial, lo que permitió que se conociera la creciente producción local de ciencia ficción y que se consolidara el *fandom* alrededor de la revista, que se convertiría en un símbolo de la capacidad de pervivencia de ciencia ficción en el país.

Por su parte, *El Péndulo*, también dirigida por Souto, esta vez para Ediciones de la Urraca, se inició como un suplemento de la revista *Hum*® en 1979. Inicialmente se publicaron sólo dos números del suplemento antes de que la revista adquiriese su nombre oficial. En esta primera época se publicaron sólo cuatro números que mantuvieron un formato de publicación *quarto* similar al de *Hum*®. A partir de 1981 se inicia la segunda época de la revista y *El Péndulo* adquiere su conocido formato de 17 x 22,5cm (formato small pulp o libro-

---

[134] Si algo puede decirse de estas tapas (y de las tapas de *El Péndulo*) es que juegan con los elementos de la alta cultura a través del humor, sin llegar a la sátira, pero con una clara mirada burlona y sarcástica acerca de sus expectativas y operaciones. En Argentina, uno de los antecesores directos del pospop fue la neofiguración, particularmente a través de plásticos como Antonio Seguí. Sin embargo, la estética de este movimiento no aparece en las tapas que están más pegadas a la tendencia norteamericana, aunque quizá sí en las ilustraciones del interior de las revistas. El uso de íconos fácilmente reconocibles, en especial del imaginario comercializado de René Magritte, es absolutamente intencional ya que permite un rápido reconocimiento por parte de los receptores y una aguda deconstrucción, como veremos a continuación. El surrealismo pop se caracteriza por mezclar registros culturales en lo que se ha dado en llamar *nobrow* y constituye una mirada ácida que reorganiza la percepción de/sobre los productos estéticos de la alta cultura pero también de la cultura de masas en una percepción igualitaria que democratiza (y quizás, a veces aplana) toda producción cultural como producto de mercado. Más allá de esta referencia, es necesario recordar, además, que he analizado en la sección anterior cómo la historieta realiza operaciones similares que anclan la posibilidad de ser de las tapas de las revistas.

[135] Las tapas de *Péndulo* y *Minotauro* aquí utilizadas, pertenecen a mi colección.

revista), que a su vez imita la presentación de *Nueva Dimensión*.¹³⁶ La revista se publicó en forma mensual hasta el final de 1982. La publicación se interrumpió por razones económicas hasta 1986, cuando aparecieron otros cinco números que llegaron a salir hasta 1987, y luego la revista dejó de aparecer como tal, habiendo completado la colección central con un total de quince números. Entre 1990 y 1991, aparecieron sólo dos números de *El Péndulo-Libros*, con mucho menos énfasis en el material gráfico, continuando los lineamientos de los materiales seleccionados, pero subrayando la producción en castellano.

Marta Traba fue una de las primeras críticas de arte en indicar la sensibilidad por los mundos imaginarios de la ciencia ficción en algunos los artistas plásticos cuya influencia sería decisiva para esa modalidad:

> On the other hand, the macerated figures appearing in the relief paintings of Alberto Gironella (Mexican, b. 1929), Roger von Gunten (Mexican, b. 1933), and Hermenegildo Sábat (Uruguayan, b. 1933) bespeak a certain ontological disorder. In a science-fiction vein, which was to be taken up in the '60s by the Argentine Raquel Forner, the Venezuelan Alirio Rodríguez (b. 1934) sought to convey visions of man's cosmic fate using an improvisational technique close to finger painting. (128-29)

"Desorden ontológico" es quizá la mejor manera de describir lo que las tapas *El Péndulo* dejan entrever desde su primer número, aunque quizás, no de manera muy lograda. Para empezar, el lenguaje y el imaginario del surrealismo, transformados a los fines de la ciencia ficción, ya no abandonarán la estética de casi ninguna revista en los próximos veinte años, ni siquiera en los casos donde haya un regreso sobre el futurismo, como en la tapa del *Péndulo* n° 7 ilustrado por María Cristina Brusca quien relee los paisajes de Giorgio de Chirico, a través de la presentación del espacio geométrico, en donde predominan tres colores planos, y donde aparece un martillo llorando que, a su vez, evoca los pasajes de los martillos de "Waiting for the Worms" de *The Wall* (1979) de Pink Floyd.¹³⁷ Esa segunda evocación y el uso de los pasteles cancela la mirada

---

[136] La organización interna de la revista, incluyendo las famosas páginas verdes de la sección de crítica inicial, también reproducía la arquitectura de *Nueva Dimensión*.

[137] La referencia no es en absoluto casual y aparece por primera vez en el número inicial de la revista *Péndulo* en 1979, iniciando el frecuente trazado de relaciones entre la ciencia ficción y otras modalidades (marginales) de producción dentro del campo cultural. En este caso, Gloria Guerrero se preguntaba "¿En qué momento comenzó el rock a fusionarse con la ciencia ficción?". Guerrero señalaba el momento de convergencia en 1966, en un concierto de la banda Pink Floyd, para quienes los imaginarios del Bosco y H. P. Lovecraft eran centrales en la formación de su propia estética. Composiciones como "Interstellar Overdrive" y "Astronomy Domine" del disco *The Piper at the Gates of Dawn* (1967) se convierten en fundacionales de lo

futurista en favor del imaginario ideológico del rock forzando un retorno sobre el presente. Sin embargo, a pesar de las claras referencias políticas, esa estética fue rechazada por el *fandom*, que la encontraba demasiado llana y pueril.

Los elementos a decodificar en las tapas generaron una zona de conflicto entre los lectores que exigían una estética más madura y apropiada a sus gustos (dadas las experiencias previas en la revista *Minotauro* y en las ilustraciones de las cubiertas de los libros de la editorial homónima), y las necesidades de rápida identificación de la revista en el mercado. Los lectores de la revista rechazaron el surrealismo aparentemente simple de dibujantes como Raúl Fortín, exigiendo ilustraciones más complejas:

> ¡Basta de monstruos surrealistas, por favor! Fortín dibuja muy bien pero que se limite a usar su talento en hacer paisajes de delirio u otra cosa, sin bichos. Será llamativo, no lo dudo, pero ¿por qué quieren que los eventuales lectores piensen que se van a tragar un sapo si compran la revista, cuando su contenido es muy bueno?[138]

> [...] ¿piensan ustedes que sus lectores –actuales y posibles– son una suerte de entomólogos extraterrestres que adquirirán la revista cautivados por sus tapas? La del número uno era tan espantosa que tuve que vencer un sentimiento repulsivo para comprarlo (bueno, me dirán que el contenido valía la pena, y es verdad.) La del número dos, horrible, pero al menos era compatible con la SF [...].[139]

Las citas de René Magritte y sus hombres sin rostro, lentamente serán suplantadas por animales fantásticos (aunque todavía reconocibles) y finalmente, los monstruos cuyas voces escucharíamos en *Ciudad*, y que habían irrumpido por primera vez en la tapa n° 4 de 1979 de Raúl Fortín, como seres íntegramente ajenos, por completo extraños, amenazantes y lejanos, serán

---

que será la estética del space-rock y de una larga producción de temas musicales centrados en el imaginario de la exploración espacial. El artículo es una rápida historiografía de las relaciones entre la ciencia ficción y el rock en los EE.UU. e Inglaterra, pero no habla de la situación en Argentina. Así pues, durante el período del que se ocupa Guerrero en su trabajo, en el ámbito local, una banda como Invisible (1973-1977), dirigida por Luis Alberto Spinetta, generó nudos semánticos similares aunque más tenues, en discos como *El jardín de los presentes* (1976), en especial con la canción "El anillo del Capitán Beto": "Ahí va el Capitán Beto por el espacio,/ con su nave de fibra hecha en Haedo./ Ayer colectivero,/ hoy amo entre los amos del aire". Sobre esto, léase el ensayo "El rock y la ciencia ficción: los mismos caminos, la misma búsqueda" (1979) de Gloria Guerrero.

[138] Carta del lector Daniel M. A. Croci, en *El Péndulo* n° 3 [Segunda época], septiembre 1981, sección "Correo", 127.
[139] Carta del lector Juan C. Ceriani, *El Péndulo* n°5 [Segunda época], noviembre 1981, sección "Correo", 128.

suplantados por las paletas monocromáticas de las tapas de la tercera época de *El Péndulo*, donde aparecerá el imaginario de los cyborgs y de la monstruosidad tecnológica, en un giro hacia el romanticismo y la historieta que los lectores no sólo aplaudirán sino que aceptarán como parte intrínseca del programa de la ciencia ficción. En este sentido, el abandono de la estética cincuentista no representa un desentendimiento por las preocupaciones centrales de la ciencia ficción, sino una puesta en escena de sus materiales políticos a escala visual. La transparencia iconográfica de los monstruos es lo que la volvió conflictiva a los ojos del *fandom* que, por otra parte, aceptó sin mayores comentarios, las ilustraciones de los cuentos y artículos en el interior de las revistas. Aquí vale la pena recordar una observación de Derrida sobre lo monstruoso, porque explica, a mi parecer, una reacción tan visceral:

> Faced with a monster, one may become aware of what the norm is and when this norm has a history [...] any appearance of monstrosity in this domain allows an analysis of the history of the norms. [...] The monster is also that which appears for the first time and, consequently, is not yet recognized. A monster is a species for which we do not yet have a name, which does not mean that the species is abnormal, namely, the composition or hybridization of already known species. Simply, it *shows* itself [*elle se* montre]–that is what the word monster means–it shows itself in something that is not yet shown and that therefore looks like an hallucination [...] But as soon as one perceives a monster [...] one begins to domesticate it, one begins [...] to compare it to the norms, to analyze it, consequently to master whatever could be terrifying in this figure of the monster. And the movement of accustoming oneself, but also of legitimation and, consequently, of normalization, has already begun. (*Points* 385-86)

Lo monstruoso permite desestabilizar nuestra percepción de toda normativa, sea a nivel estético, sea a nivel ideológico. Así, las tapas juegan a perturbar las expectativas de los observadores al mismo tiempo que reorganizan los parámetros estéticos de la ciencia ficción a partir de la agenda "soft" de la producción en castellano: si ese intento no fue programático, fue al menos cohesivo, convirtiendo la monstruosidad (en todas sus variantes) en la modalidad visual dominante del lenguaje plástico de la ciencia ficción durante los siguientes diez o quince años. Notablemente, la iconología dura de la ciencia ficción hallará espacio en los cómix, particularmente en la estética de autores como Juan Giménez, Lucho Olivera o Juan Zanotto. Lo mismo sucederá con la tendencia gótica que verá sus cultores en dibujantes como Enrique Alcatena. Muy pocos cómix seguirán dentro de una tónica cuasi-surrealista, como es el caso de los personajes de Nine.

El vuelco estético que se produce a partir de la primera *Minotauro*, y que es indicadora de cómo la ciencia ficción acaba por desarrollar su propia identidad, se mantendrá en las décadas siguientes en las revistas profesionales. Hay, dentro de las revistas, una tensión entre el surrealismo pop de las tapas y la tendencia al expresionismo de las ilustraciones que, en la mayoría de los casos, no apela a la iconología de la ciencia ficción, sino que se sostiene gracias a un lenguaje visual casi espartano. Las ilustraciones de estas revistas seguirán apegadas a la estética de la segunda *Minotauro*, generando una doble lectura: si por un lado las tapas anuncian un imaginario en clave sobre las relaciones entre lectores y productores de ciencia ficción y sobre las operaciones de la ciencia ficción en el campo cultural, las ilustraciones, conformarán, en el ámbito visual, su propio universo ideológico. A diferencia de las tapas, que no pueden ser separadas del producto que anuncian ya que son la fetichización del objeto estético, las ilustraciones tienen una cierta autonomía.

En alguna parte, alguien hablaba de la relación entre ilustración y narrativa diciendo que proveían tanto una representación actual o potencial de una historia, como un discurso sobre la naturaleza del género al cual pertenecían (Svilpis 278-91). Aunque las ilustraciones de los cuentos publicados en *El Péndulo* cumplen parcialmente esta función, responden también a otros parámetros. Mucho más opacas en su lenguaje visual, y más complejas en su estructura, las ilustraciones en blanco y negro del interior de la revista se avienen a ese desorden ontológico del que hablaba Marta Traba de manera más acabada. Son imágenes donde desaparecen las figuras emblemáticas de la ciencia ficción, lo cual las hace particularmente efectivas ya que, aunque no participan de la sensibilidad onírica, casi lúdica de las tapas, tampoco se adscriben a la iconografía clásica de esa modalidad de producción. Aquí, como en las historias, el universo aparece en permanente descomposición y los seres que pueblan ese espacio están condenados a la soledad y el aislamiento. Las ilustraciones son, literalmente, un pliegue visual, y ofrecen la contracara de las tapas. Pero, al mismo tiempo, hay un flujo visual y simbólico entre lo exterior y lo interior que se remiten mutuamente. En ese diálogo, toda pretensión de ingenuidad queda anulada, los semas de la violencia se convierten en centrales, y el imaginario se desterritorializa (Deleuze y Guatari, *Kafka* 24).

Así pues, es necesario regresar sobre qué intentan articular las tapas, más allá de lo que el *fandom* haya visto (o no) en ellas. Si bien es cierto que los "bichos" citan los animales de las cubiertas de las revistas de los años cuarenta y cincuenta, lo hacen en una versión mucho más estilizada que no tiene ningún trazo del *pulp* de aquellas ilustraciones. Aquí, la factura limpia y académica del surrealismo otorga toda la verosimilitud necesaria a la existencia de esos seres ciclópeos. Ya no son los monstruos informes de aquellas décadas, ya no son los Otros del *Eternauta*. Los monstruos del *Péndulo* son, literalmente, el límite visual de todo "naturalismo" y, por ende, de todo discurso cuya lógica interna exija esa ontología.

Es importante subrayar que la mayor parte de los monstruos de las tapas de las revistas de ciencia ficción argentina no necesariamente encarnan la otredad bárbara que aparece en las problemáticas bestias del *Eternauta:* las tensiones y ambivalencias que emergen en esos seres volverán con enorme fuerza en las representaciones visuales de estos años, pero no en los monstruos, sino en las ilustraciones de seres humanos condenados a la soledad, el dolor y el fracaso.[140] De hecho, es imposible saber si esos seres son héroes o villanos, demonios o ángeles, porque se trata de puestas en escena de la heterogeneidad. Aunque el *fandom* los viera como meros objetos de catálogo para exoentomólogos o exozoólogos (o quizás, algo así como las ilustraciones para el *Manual de zoología fantástica* [1957] de Jorge Luis Borges y Margarita Guerrero), y carentes de cualquier atributo metafísico, organizan visualmente el programa de la ciencia ficción.

A partir de la sonrisa del sapo del *Péndulo nº1*, estos monstruos nos interrogan directamente no sólo sobre nuestros saberes sino sobre la naturaleza del arte, sobre los medios masivos de comunicación, y sobre los debates en el seno del campo cultural. No es aleatoria la inconfundible sonrisa que campea en el rostro del sapo y que claramente nos recuerda la ilustración de "El gato de Cheshire" de John Tenniel[141] para *Alicia en el país de las maravillas* (1865) de Lewis Carroll.[142] Esa sonrisa simboliza el enigma, pero también la racionalidad y el auto-conocimiento (el gato sabe que está loco y cuestiona la sanidad de los otros personajes, obligándolos a poner en evidencia sus propias

---

[140] En este sentido, las ilustraciones parecen retomar cierta perspectiva vanguardista, en especial la del grupo de Boedo, a través de Raúl González Tuñón y la articulación máquina/hombre como objeto de uso. En un poema como "El cementerio de los tranvías", los tranvías se convierten en "nevados obreros, las máquinas vencidas". No es el único caso donde los tranvías rozan el imaginario de los cyborgs en su poesía: en "Los niños muertos" son el medio de transporte de la muerte misma y se identifican con ella, en "Cosas que ocurrieron el 17 de octubre", son una "oruga tierna, luminosa". Las máquinas abandonadas, alienadas de sus funciones "naturales" encarnan la tragedia del desempleo, la explotación y la criminalización de los sectores más pobres de la sociedad.

[141] La famosa sonrisa del gato es autoría de Tenniel: todas las versiones posteriores copiaron o imitaron su versión original.

[142] Fortín volverá sobre *Alicia en el país de las maravillas* en la tapa del nº 13, donde aparece un huevo en una habitación cerrada, en una clara cita de Humpty Dumpty, pero también en una alusión a la idea de la adivinanza y de la pista falsa.

contradicciones). Como en la patafísica, el gato nunca comunica sentido de manera directa, sino a través de adivinanzas y chistes, haciendo claro que su conversación apunta hacia problemas de lógica del sentido y del significado. La cita de la sonrisa de Tenniel en el sapo, entonces, hace evidente la primera y más obvia apuesta en la publicación y la (expectativa de) lectura de la ciencia ficción: lo que se lee debe entenderse como una operación metadiscursiva. Pero a diferencia del surrealismo, aquí no se intentan develar los sueños o la suprarealidad, sino otra cosa.

Posiblemente, esa lectura fuese demasiado obvia para el *fandom* ya establecido (que es el que manda las cartas que se publican en la revista), pero no necesariamente para el público que accede a la ciencia ficción por primera vez a través del *Péndulo*. A medida que aparezcan los siguientes números, las citas serán más crípticas y más violentas. El n° 5, también ilustrado por Fortín, es una cita distorsionada de las ilustraciones de Heinz Edelmann para la película *Yellow Submarine* (1968) de los Beatles. Aquí, un tomate que recuerda a los "Meannies", flota amenazante sobre una ciudad vacía e invadida por plantas monstruosas: la obviedad del mensaje anti-institucional y anti-militarista en una revista que sale a los kioscos en noviembre de 1981, en plena dictadura, pudo haber escapado a la censura, pero no a los lectores y, aunque las respuestas fueron disparejas, a partir del n° 4 de la segunda época, se hace claro que el *fandom* ha aceptado las apuestas ideológicas que emergen en la estética de las tapas de la revista. La única inquietud que subsistirá en todas las cartas estará vinculada a estrategias de mercado que los lectores discuten con los editores dada su preocupación por preservar el espacio abierto por la revista.

Así pues, los monstruos del *Péndulo*, como los monstruos del capítulo final de *Ciudad*, adquirirán cualidades tanto humanas como ideológicas que se convertirán en las claves de lectura de la revistas. La efectividad de esas operaciones (dados los alcances de las tiradas, entre otras cosas) son otra cuestión, pero en principio, quiero subrayar la importancia de los programas que emergen en estas tapas donde la urgencia del mensaje político desplaza la narrativa utópica que aparecía, mal que bien, en los textos anteriores.

Figura 5.3
El Péndulo - Segunda Época (Diseño de tapa por Raúl Fortín para Ediciones de la Urraca) Mayo 1981 n° 1.

Figura 5.4
El Péndulo - Segunda Época (Diseño de tapa por –Carlos– Killian para Ediciones de la Urraca) Julio 1981 n° 2.
Esta famosa tapa de Killian (Premio Yellow Kid 2000 al Mejor Ilustrador Europeo) reproduce un original llamado *Alien* que hace una referencia tan obvia que creo innecesario mencionarla, aunque debo decir, a título personal, que es mi favorita.

Los monstruos de la ciencia ficción (especialmente los del *Péndulo*) no son necesariamente *collages* de animales como los de la tradición judeocristiana, ni tampoco son sólo híbridos. A diferencia de los monstruos de los bestiarios medievales, estos monstruos no siempre tienen una connotación mística o moral. Sin embargo, estas imágenes provocan un disturbio, una intermitencia en nuestro modo de ver: Umberto Eco lo llama una disonancia; Derrida lo describe como el instante en que se revela la naturaleza *real* de la normalidad. Estos seres incongruentes regresan sobre la práctica manierista de la expresividad como una forma de disolución del orden clásico que busca en la monstruosidad una forma de ruptura de las expectativas de lo bello y del orden. Si los monstruos de la primera mitad del siglo XX todavía están atados al imaginario de la otredad por dominar o destruir, la mirada melancólica del "Alien" de [Carlos] Killian claramente nos indica un cambio de dirección. Por cierto, los monstruos del *Péndulo* oscilan entre las fantasías del naturalismo barroco y las pesadillas románticas del inconsciente, pero son también formas de la multiplicidad étnica, política, religiosa, etc.: esos monstruos nos interrogan directamente sobre la naturaleza misma de lo que subyace en los proyectos de Estado y Nación que, como veremos luego, la narrativa se ocupará de deconstruir.

Así, los monstruos son la naturalización del *shock* que provocó la distorsión estética de la vanguardia artística en función de reconfigurar los materiales políticos e ideológicos en circulación dentro del campo cultural. Y al mismo tiempo, esos monstruos configuran el lenguaje de las pesadillas, que como bien señala George Slusser, nos regresa sobre el arte primitivo y la simbología de los tótems:

> On sf covers, encounters with animal "monsters" are not depictions of alien menace and destruction so much as reenactments of the human technomyth implicit in mankind's mastery of leviathan, behemoth, and dragon, whereby the ever-metamorphosing forces of nature these creatures represent is controlled, turned into an object of aesthetic contemplation. ("Introduction: The Iconology" 12-13)

Monstruos levemente más cercanos y familiares, pero igualmente peligrosos, los engendros de la ciencia ficción, establecen una mirada irónica sobre las transformaciones sociales del último cuarto del siglo XX. Las tapas del *Péndulo* son una invitación a reflexionar sobre la (in)capacidad del arte para representar ese cambio. Viejo tema, si los hay, sólo que aquí esa problemática se hace explícita como una angustia existencial que lo traspasa todo. Las cubiertas del n° 8, realizadas por Carlos Nine ofrecen una doble imagen en su tapa y contratapa. La primera es la imagen de una mujer que parece estar aullando y que en la contratapa se revela como una cantante frente a un micrófono. La mujer tiene una calidad pétrea, que recuerda las monumentales Venus del paleolítico: es una diosa primitiva, aterradora, voraz, ciclópea, y por cierto, sensual. Congelada en su canto-aullido, la tapa nos empuja a pensar en la desesperación existencial de *El grito* (1893) de Edvard Munch, mientras la contratapa nos obliga a regresar sobre las imágenes icónicas de la cultura popular argentina y el tango. La contraposición de las citas de las culturas alta y baja, el inevitable desasosiego de la imagen, el obvio dolor de la figura manca, conforman un espacio donde ya no es posible demarcar divisiones tajantes o proveer imaginarios diferenciados para una u otra forma de cultura que aquí se fusionan en una.

El n° 10 (que hubiera sido el último número de la segunda época), también de Fortín, pone en escena la preocupación visual por la representación en una tapa donde se citan las cubiertas anteriores, por una parte, pero que por otra es, ostensiblemente, el borrador de la tapa que debía ser, con todo y un cenicero con su cigarrillo casi apagado. Incompleta, la tapa muestra el trabajo a medio hacer, el proceso de diagramación, los nombres técnicos de los colores, las notas del dibujante a los coloristas, etc. El borrador sirve de marco (a través de un agujero en el dibujo) a las tapas anteriores de la revista, produciendo un doble efecto de *trompe l'oeil*. La tapa es un orificio figurado y real en nuestro modo de percibir. En su misma recodificación del realismo, la tapa fortifica la relación de la revista con los lectores, quienes son forzados a "participar" de la creación de la imagen, alterando toda posible concepción del proceso de producción y recepción, haciendo claro que la carga ideológica debe ser puesta en marcha por los receptores. La tapa no sólo refuerza el rol real y/o imaginario de los lectores, no sólo pone en escena la función de la tapa en el mercado, sino que además subraya el problema de la representación y de la interacción de la imagen con quienes la ven. Lo que se representa en las tapas (y la apelación retroactiva que la misma conlleva) exige de los lectores/consumidores respuestas específicas en los modos de decodificar que aquí, por primera vez, se hacen explícitos.

Si una tapa es objetiva y desapasionada porque transmite alguna forma de conocimiento, es la modalidad en la cual ese conocimiento está codificado lo que se convertirá en el eje conceptual de la imagen. La fetichización surrealista se invierte completamente al exigir del público consumidor un rol activo sin el cual, el circuito de comunicación es imposible. De allí que muchos lectores encuentren las tapas opacas o refractarias a su experiencia del consumo cultural. Lejos de las expectativas sobre la pasividad de la cultura popular, pero también lejos de las supuestas relaciones entre cultura popular y programas auténticamente revolucionarios, estas tapas nos muestran que la ciencia ficción es una *praxis*, una modalidad de producción que genera relaciones entre espacios culturales que, quizás, podrían ser ciegos unos a otros.

La tercera época de la revista, volcada completamente sobre el lenguaje de la tecnología, nos obliga a regresar sobre las reflexiones de Umberto Eco sobre la máquina. Para los siglos XVIII y XIX, las máquinas se habían convertido en objetos estéticos ya que el concepto de belleza empieza a asociarse con el de uso y la utilidad. De manera tal que, los objetos de la industria y del comercio se convertirían en el espacio donde era posible representar el triunfo de la razón sobre el oscurantismo del pasado (Eco, *History of Beauty* 364-67). Sin embargo, agrega Eco, esa naciente belleza tenía un doble carácter:

> Thus machines appeared as quasi-animal, and it was that quasi that their monstrosity lay. These machines were useful, but disquieting: people made use of what they produced, but saw them as vaguely diabolical creations, and thus devoid of Beauty. (287)

Ese temperamento dual aparecería en los cyborgs de las tapas creadas por Oscar Chichoni a partir de 1986. Chichoni funda la nueva estética de los siguientes números de la revista con una tapa de un concierto de rock interplanetario, donde sólo aparece un brazo humano: lo demás son seres que citan el cyberpunk por su cruce entre lo biológico y la máquina, en una paleta monocromática, típica de los trabajos de este ilustrador. La calidad metálica de los seres representados, subraya su condición híbrida, pero curiosamente, no son, por fuerza, monstruos como en las tapas precedentes. A pesar de ser cyborgs o seres simiescos que escriben cómix con la furia de guerreros primitivos (los historietistas de la tapa del *Péndulo Libros* 2 están literalmente armados hasta los dientes), lo humano/biológico (¿quizás habría que decir, la vida?) invade las tapas sin dejar espacio visual alguno para las máquinas o para los paisajes desolados del pasado. El viraje estético es completo, y las tapas finalmente enuncian con absoluta violencia lo que era previsible desde el entramado estético inicial: este abigarrado imaginario, en toda su desmesura y dolorosa conciencia, viene a subvertir toda expectativa de orden, todo mito de origen, para dar paso al lenguaje visual de un mundo en estado de transición y descomposición. Ni celebratorias del presente, ni distópicas, ni utopistas, pero tomando elementos de todos estos registros, las tapas son la coda crítica al espacio canónico desde referentes que no sólo provienen de la política y la estética, sino de las operaciones mismas de la ciencia ficción.[143] En este sentido,

---

[143] Las ilustraciones de la ciencia ficción tienen un rol icónico denso que si bien aparece en otras revistas no tiene la misma profundidad programática. En este sentido, vale la pena una breve comparación con las tapas e ilustraciones de revistas que hacen una lectura crítica de la sociedad argentina desde la política en el mismo período. Por ejemplo, *Punto de Vista* (1978-2008) puso

las tapas dejan de ser "sólo" ilustraciones para convertirse en íconos.

Figura 5.5
Minotauro - Segunda Época (Diseño de tapa por Carlos Nine para Ediciones Minotauro) Abril 1983 n° 1.

---

especial cuidado en la selección de los artistas que colaboraron con ella y en las ilustraciones que aparecieron en sus páginas. Beatriz Sarlo protestaría contra lo que llamaba el "arte declarativo" y contra el "realismo formal". Un recorrido de las ilustraciones muestra una marcada preferencia por formas cercanas al expresionismo desde la Nueva Figuración, en un registro que entronca la estética de la revista con las vanguardias clásicas. Las ilustraciones sirven a propósitos estéticos desconectados casi enteramente de los contenidos (hay algunas excepciones a lo largo de los treinta años de publicación de la revista), a la intención de promocionar ciertas tendencias y artistas y, casi podría decirse, a educar el gusto de los lectores. Una revista que de alguna manera pone en escena lo que Sarlo llamaba "arte declarativo" fue *Crisis* (1973-1976/1986-1987) que también apela al imaginario expresionista, esta vez con elementos de la gráfica decimonónica, y con la reproducción de imágenes de la alta cultura como elementos dislocados en una suerte de yuxtaposición irónica con los textos presentados. Aquí, el principio del objeto/imagen reproducido es central en un discurso que apunta a reforzar su posición de revista culta y popular desde el Peronismo. En cualquier caso, sin embargo, el arte cumple un rol ilustrativo en el más ramplón de los sentidos: las imágenes apenas si complementan el discurso y agilizan la mirada desde la perspectiva del diseño gráfico de las revistas.

Figura 5.6
Minotauro - Segunda Época (Diseño de tapa por Luis Scafati para Ediciones Minotauro) Agosto 1984 n° 7.

Por su parte, la revista *Minotauro* optó por un camino más vinculado con el diseño gráfico, por una parte, y por otra, con un lenguaje más cercano al expresionismo, haciéndose eco no sólo del espíritu crítico de ese movimiento, sino también de su lenguaje visual apocalíptico. Aunque una de las tapas fue hecha por Fortín (quien proveyó una versión mecánica de uno de sus famosos "bichos"), los ilustradores que participaron en este proyecto tenían una estética mucho más agresiva, como los propios Nine y Chichoni, pero también como Jorge "Kike" Sanzol o Luis "Fati" Scafati. A diferencia de lo que pudo percibirse como un cierto titubeo en las imágenes del *Péndulo*, *Minotauro* presentó desde el inicio una clara agenda estético-ideológica. El primer número de la revista, ilustrado por Nine, presentaba un águila americana, vestida con un uniforme de centurión romano, y sosteniendo en el ala, un homúnculo desnudo que bien podía ser un indio americano a quien el águila estudiaba críticamente. Los siguientes números mantendrían ese obvio tono político.

Por cierto, para abril de 1983, ya era evidente la apertura política en Argentina, y *Minotauro* no tenía que siquiera pensar en la censura, como había sido el caso para *El Péndulo*. Sin embargo, la mayoría de los seres que aparecen en las tapas, incluyendo el águila, provocan un malestar en el espectador: el águila tiene cabeza, pero no cuerpo; los seres humanos que aparecen están siendo torturados, aplastados por máquinas o aprisionados en espacios infrahumanos; y, finalmente, los animales son cyborgs monstruosos en peleas primitivas que retrotraen la imagen a períodos prehistóricos. Ni siquiera la última tapa de la revista da un respiro: allí, las máscaras monstruosas de la tragedia y la comedia se enfrentan sostenidas por brazos sin cuerpos, flotando en la nada, vaciadas de sentido, contorsionadas por una risa demencial.

Sin embargo, hay algo más: las tapas de la Segunda Época de *Minotauro* no ven: los seres que las pueblan no tienen ojos o son ciegos. Con excepción del bicho de Fortín y del águila de Nine, en ninguna de las tapas de la revista, existe una relación a través de la mirada entre personajes y espectadores. Otra vez, las tapas ponen en escena el tema de la opacidad de la imagen y la capacidad de los sujetos para aprehender lo real. Pero al mismo tiempo, traen a la luz la problemática de la ceguera como materialización del mal, en una idea que en la Argentina de los ochenta y noventa, está profundamente conectada tanto con una crítica de lo que había sucedido durante la dictadura, como con las novelas de Ernesto Sábato, particularmente, con el "Informe sobre ciegos" de *Sobre héroes y tumbas* (1961). Haciéndose eco de la tesis central de esos textos, en estas tapas la ceguera también "permite" que el mal prolifere, sobre todo, por su sentido de aspiración a lo absoluto. Las tapas de la primera *Minotauro* eran un intento de establecer cierta forma de racionalidad estética a través del programa de la patafísica, convirtiendo la política en subtexto: en forma simétrica, la segunda época de la revista pondrá este tema en primer plano, abandonando toda pretensión lúdica y haciendo de la crítica política el centro de su imaginario.

Transformadas por las experiencias previas, las nuevas tapas de *Minotauro* subrayarán el horror de la destrucción y la muerte. Aparentemente bien recibidas por el *fandom*, las ilustraciones de la revista no generaron los conflictos de recepción que tuvo *El Péndulo*, quizás por la trasparencia ideológica misma de las imágenes que, otra vez, no funcionaban en los registros esperables de la ciencia ficción. En este sentido, las tapas son un buen ejemplo de lo que Marta Traba describía como la recuperación de la importancia político-ideológica de la ilustración desde principios de los setenta: "Like free-hand drawing, illustration enjoyed new prestige, taking on the political and social significance it had had at the end of the nineteenth century" (140).

Como vemos, en plenas décadas de los ochenta y noventa, en medio de la explosión de la novela histórica y del retorno sobre las preguntas fundacionales de la nación y del Estado argentinos, las revistas de ciencia ficción abren el imaginario de los monstruos y de los cyborgs. Se podría argumentar que es parte de la estética internacional de la ciencia ficción y que los ilustradores locales sólo se hacen eco de lo que se produce fuera del país, y quizás una parte de ese comentario no sea del todo injustificado. También, se podría sugerir, como un sector de la crítica lo ha hecho, que el vuelco estético sobre el pop vacía de significado toda producción cultural hecha en esta vena. Sin embargo, debemos recordar que esta producción dialoga con algo, a veces de manera crítica, a veces de manera lúdica, pero nunca en el vacío. Y dadas las diferencias que ya hemos visto con muchas publicaciones internacionales, quisiera volver sobre Donna Haraway y su famoso "A Cyborg Manifesto":

> The cyborg is a creature in a post-gender world; it has no truck with bisexuality, pre-oedipal symbiosis, unalienated labour, or other seductions to organize wholeness through a final appropriation of all the powers of the parts into a higher unity. In a sense, the cyborg has no origin story in the Western sense–a 'final' irony since the cyborg is also the awful apocalyptic *telos* of the 'West's' escalating dominations of abstract individuation, an ultimate self untied at last from all dependency, a man in space. (*Simians, Cyborgs* 150-51)

La presencia de esos seres desraizados, foráneos en un sentido puramente ontológico, abre uno de los interrogantes fundamentales que la ciencia ficción hace de modo casi acusatorio al resto del campo cultural argentino. Mirar las tapas de las revistas, tal y como hemos hecho en las páginas precedentes, puede bien ser un ejercicio estético, histórico, o una mera curiosidad sobre los modos de operar de la industria cultural. Y también, como nos recuerda Samuel R. Delany, es un modo de sopesar la densidad de información que los distintos medios de la ciencia ficción nos proveen para forzarnos a decodificar imágenes que nos "hablan" en clave. Si la ciencia ficción deconstruye nuestro modo de aprehender la literatura o el arte exigiendo la reorganización de la lectura y desestabilizando las expectativas estéticas y culturales de los lectores, cabe preguntarse qué intentan hacer monstruos y cyborgs con esos hábitos ideológicos. No es entonces casual la coincidencia de eventos. Del mismo modo que la ciencia viene a ilustrar el *pathos* de las diversas formas del desarrollismo en los cincuenta y sesenta, los monstruos y los cyborgs vienen a desmitificar todo posible mito de origen al momento en que el discurso político y cultural se vuelca desesperadamente sobre los orígenes de la patria para elucidar tragedias innombrables.

Lo que aparece naturalizado en la experiencia ideológica de la literatura o del arte, aún en sus transgresiones, en la ciencia ficción se desintegra para volver transparente aquello que ciertamente no lo es. Recordemos qué vemos: en estos monstruos y cyborgs la relación con la naturaleza está cercenada, y lejos de las figuras demoníacas del imaginario judeo-cristiano, esos seres operan desde un contraste hipostasiado, artificial, no por error, sino por diseño. Construido en función de generar un efecto ideológico que, al mismo tiempo, se escamotea, la diferencia estética de la ciencia ficción obliga a los espectadores a cuestionarse cómo y qué ven. De allí el desorden ontólogico con que nos enfrentamos ante esas imágenes que no son exactamente lo que dicen ser. Aquí, tal como anunciaban los monstruos de *Ciudad*, las pesadillas vienen a liberarnos de lo que Marcelo Cohen en algún momento llamó "el campo de concentración del futuro": las tapas son una declaración de independencia estética de la rigidez de un futuro fijo, fatalista, inamovible, aterrador en su inevitabilidad, anclado en los deseos del pasado y sometido a los mandatos de la historia. Son una ruptura con el pasado y todo su posible precepto sobre la comprensión del presente.

Estos son los monstruos de la autonomía y de la duda. Siguiendo a Donna Haraway, podemos decir que los cyborgs y los monstruos de las revistas de ciencia ficción de los ochenta y noventa no sueñan con un universo social creado a imagen y semejanza de las disfuncionales familias que están en el centro de gran parte de la novelística hegemónica de ese período (Kurlat Ares, *Para una intelectualidad*). Al contrario. Este es el imaginario visual del fin de todo organicismo, y el principio de la multiplicidad.

6
Ego Sum

Para mí, la literatura fantástica es básicamente libertad.
Angélica Gorodischer, Entrevista con Diana Bellesi para *El Péndulo* 10

Como hemos visto, la fuerza icónica de las tapas de las revistas de ciencia ficción es extraordinaria. Son la bisagra entre los actos de ver y de leer, y como tales, establecen un pacto estético-ideológico que organiza nuestra percepción de los materiales en el interior de las revistas. No sólo resuelven gráficamente el problema de la autopromoción del objeto que preceden y donde se despliegan, sino que además proveen una identidad para la forma narrativa en la que enuncian. La constante metamorfosis de las tapas nos sugiere una búsqueda tanto estética e ideológica, como una problemática capacidad de agencia dentro del campo. No es casual que las tapas estén pobladas de monstruos. El imaginario de lo monstruoso es un umbral a partir del cual el orden del tiempo y del espacio se trastoca en materia amorfa y en movimiento. Es la disolución de todos los límites. En toda su complejidad, los monstruos de las tapas son guardianes ante el portal de la biblioteca de Babel de la ciencia ficción en castellano. Como las deidades que protegen la entrada a los templos budistas, las tapas tienen una doble función: espantar a los malos espíritus y dar la bienvenida a los iniciados.

En este sentido, aunque raramente aparecen intervenciones teóricas explícitas, los artículos críticos sobre diferentes escritores y las reseñas sobre distintos libros conforman una aproximación a los criterios de organización de esa biblioteca, es decir, a los parámetros estéticos e ideológicos que las revistas intentan establecer durante los setenta y los ochenta. Lo que las tapas organizan a escala visual, esos artículos críticos querrán instaurar en el ámbito de la reflexión metadiscursiva. Ya desde sus primeras publicaciones, aún antes de definir la arquitectura de la revista, *El Péndulo* presenta una serie de artículos que esbozan tanto una definición de la ciencia ficción como la puesta en marcha del programa estético que la revista irá construyendo a lo largo de los años venideros. La búsqueda de la autonomía de la ciencia ficción se convierte en una operación central de esta primera etapa, cuando se intenten deslindar los espacios entre lo fantástico y/o maravilloso y la ciencia ficción tal y como la entienden los editores, particularmente Pablo Capanna o Marcial Souto, quienes se convirtieron en figuras centrales de los debates.

Sin embargo, las distinciones serán poco claras ya que muchas veces se mezclarán categorías, en parte, porque los propios productores de ciencia ficción no veían límites precisos en su propia producción,[144] en parte porque las revistas no eran teóricas sino de difusión y, a pesar de su seriedad, nunca lograron armar un aparato teórico estructurado. La elección de textos publicados subrayará las contradicciones de las opciones críticas que, partiendo de ejemplos precisos de las literaturas norteamericana y europea (en especial, la inglesa e italiana), los editores organizan inicialmente para la ciencia ficción en general y, más tarde, para la producción local, al introducir distintos temas de debate. Con todo, algunas operaciones fueron tajantes y sin retorno: los artículos acabarán por eliminar todo el *space opera* como ilegible por ser una literatura de mala calidad, repetitiva, y sin ningún contenido crítico. También descartarán al *pulp* por estar pegado al terror, la épica, y la "verborragia científica". Y, contra toda intuición de lectura ingenua, se desentenderán de cualquier forma de literatura de masas y de literatura popular a fin de establecer una tradición culta para la ciencia ficción en castellano.

Una traducción de un conocido artículo de Alexis Lecaye hacía clara esta primera agenda, acercando la ciencia ficción local a la europea:

> ¿Dónde están los marcianos de antaño, las máquinas de ensueño que centuplicaban la potencia del hombre? [...] Los extraterrestres, hoy, pasan de largo prudentemente de nuestro sistema solar. Por asco. [...] ¿Y el progreso? ¿En qué se convirtió? [...] La ciencia ficción clásica, triunfadora e inquietante, conserva el orden lógico como estructura. La literatura de lo irracional, de las fantasías, se desarrolla paralelamente, sumergiendo sus raíces tan profundamente en la historia y en el mito como en el espíritu humano. [... A partir de los sesenta] El más allá y el devenir se vuelven un gran laboratorio donde se cristalizan los nuevos miedos [...] En la ciencia ficción de hoy, las hipótesis innovadoras y los geniales descubrimientos son pretextos. Sólo cuenta el impacto social del

---

[144] Hasta hace muy pocos años, la modalidad de "fantasía" en la producción en castellano era casi inexistente. En el caso argentino, la publicación de la *Saga de los Confines* (2000-2004) de Liliana Bodoc cambió completamente el panorama; pero hacer un análisis de esta obra implicaría alejarnos del centro de nuestras indagaciones en el presente volumen. Por ahora, baste mencionar que esta modalidad era uno de los límites fuertes al que se atenían gran parte de los productores de ciencia ficción que incursionan en lo fantástico y en lo maravilloso. La fantasía era vista, muchas veces, como una intromisión de estrategias de mercado en la producción mayor de la ciencia ficción. Dicho ésto, ciertos productores de esta modalidad (Tolkien, Carson) operan en un espacio ambiguo que los lectores de ciencia ficción recuperan como propio tanto por la calidad de sus trabajos como por los interrogantes que presentan.

advenimiento, sus incidencias sobre los comportamientos, las organizaciones, las mentalidades. (20-22)[145]

La adscripción a esa postura se mantendría por años, y *Minotauro* establecería una poética similar a partir de su relación teórica con la ciencia ficción europea que había abandonado el vocabulario y el imaginario interestelares para volcarse sobre una producción más cercana a las tradiciones literarias locales. Para esta revista, las conexiones centrales regresan primero sobre la importancia de la literatura producida desde la *New Wave*, aún y a pesar de las reacciones adversas que ya, para los ochenta, el movimiento había tenido en los EE.UU. y el Reino Unido. Un extenso artículo de Carlos Gardini se ocuparía de rastrear la historia de ese movimiento y, al mismo tiempo, de rescatar aquellos elementos que permitían definir la producción de la ciencia ficción en el ámbito nacional:

> En la década del '60 la narrativa de ciencia ficción sufrió un decisivo cambio de rumbo. El término "espacio interior" dejó de aludir a mundos submarinos o subterráneos para referirse al mundo de los sueños, los arquetipos colectivos, las capas arcaicas de la psique; el término "ficción especulativa" [...] desplazó paulatinamente al más tradicional de "ciencia ficción"; se puso más énfasis en los paisajes de la mente que en la escenografía [...La ficción especulativa] suele aludir a un menor interés en la descripción minuciosa de los elementos científico-tecnológicos [...] el énfasis se ha desplazado hacia los procesos psicológicos y los estados alterados de conciencia [...]. ("Viaje al centro de la mente" 5-6)

No olvidemos que ya Borges había hecho esta operación y que tal lectura flotaba sobre el mundo de la ciencia ficción (y sobre una buena parte de la literatura fantástica) escrita en castellano, por lo menos, desde la década del cuarenta. Aún así, Gardini insistiría con esta argumentación para legitimar no sólo su propia escritura, sino también todas las operaciones de la ciencia ficción cuando dijera:

> En realidad no debería llamar la atención que una literatura tradicionalmente vinculada con la ciencia procure abordar con elementos heterodoxos una realidad que aun para las ciencias naturales se ha vuelto literalmente inasible. ("Cuando los mundos chocan" 13)

---

[145] Este ensayo formaría parte del libro *Les Pirates du paradis: essai sur la science-fiction* (1981) de Alexis Lecaye, un conocido escritor y escenógrafo francés. Lo que se publicó en Buenos Aires, era una traducción de Michel Gaffré, sin referencias acerca del original, titulada "La explosión de la ciencia-ficción" (1979).

Hay dos cuestiones a destacar en estos comentarios. La primera, es el obvio corte cronológico y estético que se traza a partir de la década del sesenta, lo cual permite borrar cualquier antecedente narrativo que no participe de este tipo de *gnosis* racionalista atada a las búsquedas individuales de los sujetos en un mundo en proceso de transformación. Pero la adscripción sirve también para demarcar un acercamiento fundamentalmente político a esta modalidad de producción. Los análisis apuntan a fundar la didáctica de la ciencia ficción que estas revistas organizan en sus páginas. En una rara intervención teórica en *Minotauro*, antes de deshacer al *pulp* en una ácida crítica a todos sus lugares comunes, Angélica Gorodischer decía:

> [...] no hay narrativa más realista que la ciencia ficción [...] lo es porque nada hay más visible que lo oculto y nada más delirante que la realidad. En otras palabras, nada hay más realista que la hipertrofia de la realidad. ("Belleza rubia" 94)

Años después, en una entrevista en *El Péndulo*, Mario Levrero compartiría esa sensibilidad al decir:

> Y ... Yo a Kafka lo considero un realista y a Benedetti un best seller [...] Considero que este mundo subjetivo no debe excluirse del concepto de realidad [...]. (Siscar 47)

Esa misma perspectiva aparece desde las primeras publicaciones del *Péndulo*. Un artículo publicado tempranamente por Capanna subraya la capacidad satírica y humorística de la ciencia ficción, lo cual no sólo justifica la publicación de esta modalidad en el espacio de una revista de humor político (recordemos que *El Péndulo* nace como un suplemento de la revista satírica *Hum®*), sino que además permite la incorporación de autores alejados de las percepciones populares sobre lo que la escritura de ciencia ficción puede o debe generar:

> Para aquellos que cuando oyen hablar de ciencia ficción todavía piensan en Julio Verne y la "novela científica", será difícil encontrar algún punto de contacto entre ella y el humor [...] el humorista recurre a la fantasía para enjuiciar la realidad [...] Esta perspectiva irónica, más ligada a una cierta reflexión filosófica que a la ciencia, también vuelve a aflorar en mucha ciencia ficción actual [... incluyendo] intentos de satirizar la propia ciencia ficción y las primeras parodias de los autores más célebres [...] Aparte del lector iniciado [sic], cuya sangre está por así decirlo envenenada por el vicio de la ciencia-ficción, es muy difícil que haya mucha gente que pueda llegar a disfrutar plenamente este tipo de humor. ("Humor" 4-7)

Mucho después, Capanna insistiría sobre este punto al decir que:

[...] la ciencia ficción se ha convertido en un componente mitológico de la cultura contemporánea [...] La ciencia ficción, que nació junto con la civilización tecnológica, comenzó siendo un apéndice de la divulgación científica y acompañó sus fantasías, aún las destructivas; pero en pocas décadas de intenso y metódico delirio comenzó a madurar. ("Armagedones" 57)

La escritura como "delirio metódico" es quizás la más eficaz de las descripciones que hará Capanna en este período y refleja muy bien la modalidad de producción de la ciencia ficción local. Estas posturas subrayan las tradiciones distópicas de la ciencia ficción en castellano donde la narrativa es un método de aproximación a la realidad, a veces cruzada por la ciencia y, desde el último modernismo, alejada de las loas tecnocráticas del *pulp*, que la instalan en una zona de constantes cruces con lo fantástico. En este sentido, en una tardía entrevista, Vlady Kociancich reafirmaría tales preferencias al decir: "Muchas veces descubro que los relatos de ciencia ficción que me gustan son aquellos que se codean amigablemente con los relatos de literatura fantástica" ("Encuesta" 13). Estas descripciones constituyen no sólo una poética, sino también la ideología y el programa de las revistas y, en ausencia de otros canales, serán una suerte de mandato para la ciencia ficción en castellano.

Más tarde, la aparente rigidez de la definición, le valieron a las revistas profesionales sus enfrentamientos con el *fandom* que las acusarían de privilegiar sólo la tradición culta de esa modalidad, por una parte, y por otra, de no explorar más que la vena racionalista, más cercana a los objetos preferidos por la línea editorial de revistas críticas norteamericanas como *Science Fiction Studies*, donde el concepto de "extrañamiento cognitivo" desarrollado por Darko Suvin en los setenta era capital en las aproximaciones teóricas que legitimaban la ciencia ficción como un modo de extrapolar la realidad (Luckhurst, *Science Fiction*). Justamente, el tema de la ciencia será la piedra de toque del enfrentamiento con los *fanzines*: no es que esas publicaciones quisieran regresar sobre el *pulp* (al contrario, el *pulp* es el gran ausente de todas las discusiones y es una tradición convenientemente ignorada por todos los productores de ciencia ficción, particularmente en América Latina, aunque quizás no en España), sino que el modo de pensar la narrativa de ciencia ficción no siempre encarnaba en un cruce tan rígido.[146]

---

[146] En el primer editorial de la revista *Sinergia* en 1983, Sergio Gaut vel Hartman establecía ese programa a contrapelo del cenáculo "oficial" de la ciencia ficción hablando de generar un espacio para lo que llamaba una literatura "inclasificable" y "experimental" que reflexionaba sobre la realidad con materiales que no necesariamente se adscribían al aparente rígido programa de *Péndulo* y *Minotauro*. Gaut vel Hartman era un colaborador de ambas revistas y había participado en la española *Nueva Dimensión*, lo cual nos lleva a preguntarnos hasta qué

Como veremos, tal acusación era algo infundada, porque las revistas abrieron sus páginas a textos en castellano que no necesariamente entraban dentro de su propia taxonomía: obviamente, las revistas reconocieron que la producción local no parecía amoldarse demasiado bien a semejante prescriptiva, al menos, no completamente. El propio Capanna, algo picado por lo que parecía ser una transformación incómoda pero imposible de detener, acabaría por decir que los escritores de ciencia ficción argentina:

> [...] cultivan una literatura fantástica no tradicional, que linda con la ciencia ficción, la atraviesa y sale libremente de su ámbito, con escasa presencia del elemento científico-tecnológico. Aun la obra de Angélica Gorodischer, quien manifiesta su afiliación al género, difícilmente podría encasillarse en sus normas más ortodoxas [...] nuestros autores no hacen cf a partir de la ciencia como ocurre en los países industrializados donde la ciencia es una actividad socialmente prestigiosa [...pero] puede significar cortar camino hacia las corrientes más avanzadas del ámbito mundial. ("La ciencia ficción y los argentinos" 56)

Sin embargo, Mike Ashley también hablaba de cómo las revistas en inglés pasaron, en un momento, por una suerte de inflexión en la producción de la ciencia ficción cuando se hizo evidente el peso de las transformaciones acarreadas por el primer impacto de la *New Wave*, sumados a la exploración de las tradiciones fantásticas y, desde los sesenta, el renovado interés por los saberes alternativos, como por ejemplo, la homeopatía o la meditación:

> Science fiction has long had a close relationship with fantasy. By strict definition science fiction cannot be fantasy, because science fiction is an attempt to portray what could happen, given the appropriate scientific or social parameters, while fantasy explores what is beyond the realms of science, such as magic, and therefore cannot happen–at least, not in our world. But therein lies the rub. (*Transformations* 259)

En el caso argentino (y para la ciencia ficción producida en castellano, en general, aunque habría que pensar un poco mejor el caso de España), este no es un momento de cambio sino parte constitutiva de las articulaciones de la modalidad, casi desde sus orígenes. De manera tal que, al momento de establecer su lenguaje metacrítico, se demarca un claro espacio de enunciación que parte de una definición influenciada por modelos críticos anglosajones, a pesar de las claras diferencias con la producción local.

---

punto ese debate tenía que ver con las apuestas reales de la modalidad y no con cuestiones de agencia y posicionamiento dentro de los circuitos la ciencia ficción. Por razones de espacio, no analizo aquí ni *Sinergia* ni los *fanzines*, pero quiero indicar la presencia de esas controversias.

Esta tesis permitió la emergencia del bosquejo de los receptores ideales de la ciencia ficción porque implicaba la presencia de lectores con amplia capacidad crítica, vastos conocimientos, y activos en su interacción con la modalidad. Las revistas separan lectores buenos y malos, enfrentándolos sin remedio. En un reportaje, muchos años después, Elvio E. Gandolfo diría que "los buenos autores de cada uno de los géneros saben que quieren lectores salvajes" (Speranza 174). Los "lectores salvajes" o buenos lectores, serían no sólo los lectores omnívoros que se privilegia en las revistas desde la perspectiva visual. La beligerancia entre lectores buenos (es decir, lectores políticos) y lectores malos (es decir, lectores poco sofisticados apegados a las tradiciones del *pulp* y con poca capacidad para comprender lo político) de la ciencia ficción será uno de los ejes centrales de las controversias por venir y reflejan las discusiones en torno a cómo mirar las tapas: como las cartas indican, las tapas con cohetes y "bichos" son poco refinadas para las expectativas de consumo de un público lector altamente entrenado.[147] Lo mismo sucede con los materiales de lectura: la complejidad de los textos no puede adscribirse de manera tosca a una lógica mecanicista que sea fácilmente reconocible. La búsqueda de una reflexión ideológica es lo que sella el armado de las genealogías.

En el artículo antes citado, se sigue claramente esta orientación y es por eso que Capanna reconstruye un linaje que incluye desde Jonathan Swift, a Voltaire y a Cyrano de Bergerac como fundadores de la ciencia ficción crítica y/o satírica. Esto le permite, además, componer una lista de lecturas de autores que siguen esta tendencia y que no sólo ya habían sido publicados en revistas anteriores (y que forman parte de los debates críticos en los EE.UU.), sino que además, también serán activamente traducidos durante los setenta y ochenta: John Sladek, Ray Bradbury, Fredric Brown, Damon Knight, Robert Sheckley, Cordwainer Smith, R.A. Lafferty, y Joanna Russ, entre otros. Eventualmente la lista incorporará a escritores como Olaf Stapledon y Ursula K. Le Guin, además de los escritores locales. Aunque en todos los casos se subraya el valor estrictamente literario de los textos, más allá del período historiográfico de la ciencia ficción donde se los ubique, estos autores se eligen porque producen desde formas que permiten una reflexión política sobre la realidad desde múltiples perspectivas. De manera tal que no es de extrañar que las lecturas críticas iniciales regresen, como Borges, sobre J. G. Ballard, comenzando

---

[147] Un ejemplo de estas discusiones puede verse en los diseños de las tapas, aún en aquellos producidos años después de los eventos aquí analizados. Muchas de las tapas de los *fanzines* tomarán su estética de dos fuentes: el art nouveau (*Clepsidra, Cuásar*) y la estética cincuentista de las revistas americanas cruzadas con el universo de las ilustraciones del género de fantasía que tiene sus orígenes en el prerafaelismo.

precisamente con un trabajo de Capanna sobre el entrecruzamiento de modalidades de reflexión que parecen estar en conflicto:

> Ballard marca el hito de una renovación que se dio a ambas orillas del Atlántico y logró borrar las limitaciones ficticias, impuestas al género, derribando las fronteras entre ciencia ficción y literatura de modo irrevocable [... Ballard] anuncia que la nueva ciencia ficción estará mucho menos convencida de la magia de la ciencia y dudará de su autoridad moral. ("Ballard" 64-65)

Pero, es la relación de Ballard con el surrealismo y el *pop art* lo que le interesa a Capanna en particular:[148]

> La influencia del surrealismo se percibe en casi toda la obra de Ballard accesible al lector de habla castellana. *La sequía* está entera y expresamente construida en torno a un cuadro de Yves Tanguy, *Jour de lenteur*. La presencia de Max Ernst y sus figuras deliquescentes se hace sentir en *El mundo sumergido* [...] los pintores del Pop Art: Hamilton, Paolozzi, Wasserman [...] influyeron sobre toda una época de su obra. *Crash* y *Exhibición de atrocidades* son obras al estilo Pop [...] A través de estos textos Ballard quería anclar su ciencia ficción decididamente en el presente, sosteniendo que la realidad actual es mucho más ficticia que toda imaginación posible. (64)

Nótese cómo Capanna rearticula en la reflexión crítica los cruces visuales de las tapas, haciendo claro qué tipo de conocimientos es necesario para consumir ciencia ficción: los repertorios culturales se harán cada vez más extensos y complejos a medida que los saberes visuales, científicos, literarios, y auditivos (la revista contaba con una sección de crítica de música) empiecen a trazar redes semánticas cada vez más estrechas. Los artículos ponen en escena el aparato estético que despliega la revista y que hemos analizado en la sección anterior. Lo que las tapas indican como apuesta visual, en las páginas de la revista se convierte, desde el inicio, en programa crítico, didáctica de la lectura, y también, expectativa de escritura. No es que estos elementos no estuvieran presentes en el campo cultural, sino que aquí adquieren una dimensión y una solidez que, hasta la aparición de esta revista, no habían cuajado en una agenda concreta. Esta mirada continúa en la lectura de otros autores, particularmente en la de Stanislaw Lem, la otra gran referencia de la exégesis que organiza *El Péndulo* en sus números iniciales:

---

[148] A tal punto esa relación entre Ballard y las artes plásticas es central para la ciencia ficción que, en su número inicial, *Minotauro* reproduce un artículo de ese autor sobre el vanguardismo y los surrealistas. Véase: J. G. Ballard, "El advenimiento de lo inconsciente", *Minotauro 1,* Segunda Época (Abril 1983): 91-95.

> Uno de los méritos de Lem radica en que ha sabido sacar su universo surrealista no solamente de la galera de una imaginación delirante, sino de ciertas propuestas de la ciencia actual, cuyas perspectivas no han llegado aún plenamente al hombre de la calle, educado por los epígonos del positivismo. (Cappana, "Stanislaw" 67)

Para Capanna (y para las revistas de ciencia ficción producidas en Argentina) el "cientificismo" de la narrativa de ciencia ficción es sólo perdonable (y quizás necesario) si provee una extrapolación racional sobre el estado de la ciencia en el momento que esta se desarrolla, es decir, si contribuye a la divulgación del saber académico: no es meramente un problema del estado cognoscente como lo quería Suvin (tal y como mencioné más arriba), sino también una cierta función didáctica letrada cara a la tradición positivista argentina, de la cual la ciencia ficción se apodera cuando ésta se ha perdido en el espacio de la literatura canónica. Es por este lado que los científicos de Eduardo Wilde y Eduardo Holmberg volverán a hablar casi cien años después de haber desaparecido de la literatura nacional. Aún y a pesar de su suspicacia hacia lo que percibe como ciencia ficción "pura", escritoras como Vlady Kociancich dirían que ésa "sigue cumpliendo su papel de relaciones públicas entre el hombre común y la ciencia" (13).

Capanna insistirá sobre estos argumentos en su lectura de Lem, quizá porque se trata de una figura capital por varios motivos: por un lado, es una suerte de eslabón al otro lado de Witold Gombrowicz y las problemáticas de la heterotopía en el contexto de las literaturas nacionales.[149] Pero por otro, las obras de Lem trabajan la preocupación por la "naturaleza del mundo real" que es central para la ciencia ficción que se privilegia en la revista y que será capital en la producción argentina. Esa inquietud puede resumirse en la cita de una famosa frase de Lem donde decía que la ciencia ficción era la rama hipotética de la literatura realista. A partir de aquí la argumentación sobre el rol de la ciencia ficción en castellano queda atada a estas lecturas maestras de aquellos autores que operan sobre estas dos premisas: la ciencia ficción aparece como un espacio cultural híbrido aglutinante capaz de generar un discurso estrictamente político (en un sentido crítico) sobre la realidad.

Dentro de este marco, la tercera figura que se convierte en una referencia constante en las discusiones teóricas que se intentan articular en

---

[149] Gombrowicz vivió 24 años en Argentina, convirtiéndose en una extraña referencia cultural, citado con frecuencia, pero poco leído, y con gran cantidad de seguidores y discípulos, en especial, entre los escritores de lo que eventualmente sería identificado por la crítica como el grupo posmoderno. Su novela *Cosmos* (1966) es quizás la única que pueda considerarse algo emparentado con ciertos climas de la ciencia ficción, en una vena muy cercana a la narrativa de Lem.

las revistas es Cordwainer Smith.[150] Creador de la serie de historias sobre "La Instrumentalidad", su narrativa mira al futuro como si éste fuera ya el pasado de la humanidad, y hay en ella una inconfundible nostalgia por lo que pudo ser. Como en el caso de Ballard, hay algo en sus textos sobre la pérdida y la decadencia; como en los textos de Lem, hay un impulso crítico contra la rigidez de las instituciones burocráticas. Pero lo que más le interesa a Capanna en sus múltiples intervenciones sobre Smith, además de su inmensa capacidad creadora, es su habilidad para generar mundos al margen del "discurso cientificista" y con un claro "aliento metafísico". Y agrega:

> El tema era pues la consolidación del poder y su anquilosamiento, la resistencia al cambio, la muerte de la utopía a manos de sus propios hijos; es el mismo tema que cobraría altura cuando cristalizara en torno al símbolo de la Instrumentalidad y el subpueblo. Era también el tema de la "vitalidad", que abandona las instituciones endurecidas, la entropía y el poder. ("Recordando al señor Smith" 84)

Esta reflexión agrega pues, el último elemento de la configuración teórica: la incapacidad de la utopía para hacerse realidad. En su última etapa, *El Péndulo* volvería a reflexionar sobre las articulaciones de la ciencia ficción, aunque esta vez el énfasis estaría puesto en las relaciones con la literatura argentina. Otra vez sería Capanna el encargado de articular el centro de las apuestas teóricas. A partir de esta etapa, se empieza a reconstruir la genealogía local de la ciencia ficción, regresando a *La trama celeste* (1948) de Adolfo Bioy Casares como uno de los primeros textos que construyen una utopía como modo de reflexionar sobre la realidad nacional, diciendo que "escritores argentinos más recientes han usado este tema para expresar quizás el sentimiento de irrealidad que inspira nuestra historia de los últimos años" ("Nariz de Cleopatra" 43). Más aún, es la primera vez que se empiezan a trazar conexiones con el resto del campo cultural, particularmente con Marcelo Cohen y su novela *Insomnio* (1985), y con Ricardo Piglia y su *Respiración artificial* (1980). Capanna dirá:

> [...] hace de la ucronía un género "natural" para una Argentina que se debate desde hace medio siglo en constantes crisis, transitando caminos contradictorios, hasta convertirse casi en un país improbable. Es extraño pues que la ucronía no haya tentado a los escritores argentinos; hubiese sido un ámbito para ventilar los deseos ocultos y someterlos a debate racional, para evitar que la ucronías –disfrazadas de ideologías– nos dominaran tal como suelen hacerlo las utopías.
> [En] Un país tan cargado de sueños fallidos e ilusiones persistentes, donde cada

---

[150] Pablo Capanna escribió un muy conocido ensayo sobre la obra de Smith. Véase Pablo Capanna, *El señor de la tarde. En torno a Cordwainer Smith* (Buenos Aires: Editorial Sudamericana, 1984).

partido posee su propia lectura del pasado, la ucronía es casi parte de la conciencia histórica ¿Acaso el "revisionismo histórico" –no el científico, sino el ideológico– no es más que un intento de ucronía compuesto para persuadirnos de que la historia podría haber sido mejor? (52)

Estos comentarios nos permiten reconstruir cómo las revistas observan la ciencia ficción, pero también cómo articulan sus relaciones con el resto del campo cultural. Precisamente, al subrayar que éstos son también los temas que recorren la novela histórica producida en Argentina desde mediados de los setenta (y la historiografía desde la década del veinte) no sólo se indica un lugar de pertenencia sino también una postura crítica. La novela histórica (que descree de todo liberalismo y que parece estar siempre perpleja ante el fracaso de las utopías) es incapaz de reconocer que ella también participa del mismo impulso que amonesta al alucinar la historia, porque para ella la historia es un círculo cerrado sobre sí mismo donde no hay mayores diferencias entre el pasado y el presente. Pero ésta no es en modo alguno la situación de la narrativa de ciencia ficción, tal y como veremos en el próximo capítulo. La ciencia ficción reniega de la imposibilidad de cambio que es el mantra de la novela histórica (Kurlat Ares, *Para una intelectualidad*). De ahí la afinidad con escritores como Smith quien ve en ese pesimismo una profecía autocumplida porque en todo augurio hay un absoluto desprecio hacia las opciones abiertas por la ética individual. Capanna nos recuerda que, como en los deseos fallidos de la novela histórica, en la narrativa de Smith, la utopía "ha suprimido la Historia y el conflicto" ("La muerte" 84).

La conjunción analítica de estos referentes (un inglés, un polaco, un americano),[151] permite la construcción de un paradigma de producción para la ciencia ficción en castellano que, si bien no parece atenerse demasiado estrictamente a las definiciones explícitas de aquellos textos que intentan hacer axiomas definitivos, sí se atienen tanto a cierto espíritu racionalista como a su voluntad política y crítica. Una lectura combinada de estos textos nos permite describir la ciencia ficción [en castellano] como una modalidad de producción cultural centrada en las problemáticas del presente, ocupada en temas políticos, culturales, científicos, contemporáneos a la producción, tanto desde la perspectiva cultural como ideológica, y profundamente crítica de la forma que asume la utopía en el discurso hegemónico, particularmente en la literatura. Como dice Jameson:

---

[151] A esta tríada inicial eventualmente se agregará la figura de Philip K. Dick, particularmente, por su afinidad crítica con Lem. En el número 15 de la tercera época, se publicaría la traducción del ensayo de Lem sobre el primero.

> [...] it will not be surprising to discover that as the true vocation of the utopian narratives begin to rise to the surface–to confront us with our incapacity to imagine Utopia–the center of gravity of such narratives shifts towards an auto-referentiality of a specific, but far more concrete type: such texts then explicitly or implicitly [...] find their deepest "subjects" in the possibility of their own production, in the interrogation of the dilemmas involved in their own mergence as utopian texts [...]. (*Archaeologies* 293)

En una entrevista que hiciera para la revista *Minotauro*, Capanna reflexionaba sobre estas cuestiones de la siguiente forma:

> [La ciencia ficción] Empezó siendo fáustica. Julio Verne es fáustico. Hay una conexión con Nietzsche, incluso: los científicos locos que quieren crear el superhombre, etc. Pero con Wells y Rosny hay un cambio. Aparece la reflexión crítica. Lo interesante es que no es una reacción romántica, un intento de volver a una edad de oro que nunca existió, sino un intento de análisis [... Es] una literatura que refleja puntos de vista que en otras literaturas no se encuentran [...] No exageremos diciendo que la ciencia ficción es *la* literatura, pero toca puntos álgidos que otros géneros no tocan. (Gardini 56)

Estos serán los criterios que regirán desde la elección de notas sobre discusiones epistemológicas (como el caso del artículo dedicado a Gregory Bateson y sus contribuciones a la biología), hasta la selección de los escritores sobre quienes se hacen notas de fondo, particularmente James Tiptree Jr. (el seudónimo de Alice Sheldon) y su reflexión sobre el impulso biológico en el accionar humano, Philip K. Dick y su preocupación sobre la ética individual ante el poder, u Olaf Stapledon quien trabajó el tema de la evolución. Desde la perspectiva de las revistas, la ciencia ficción como modalidad de producción cultural proporciona una forma de reflexión sobre temas que transforman los paradigmas de conocimiento de una sociedad. Alejadas de toda forma de cientificismo o de cualquier futurología, las revistas apuntan a construir un espacio donde esos temas estén presentes, no como una amenaza (a no ser que se tratara de temas bélicos, donde las revistas sostuvieron un cerrado pacifismo), sino como un elemento transformador cuyo valor sólo puede ser dado por el propio devenir de la sociedad que los maneje. Estas posturas estuvieron muchas veces subrayadas por el sistema de citas que aparece disperso a lo largo de la publicación de ambas revistas, de modo intermitente, y sin relación alguna con los contenidos o discusiones en sus páginas. Las citas de diversos autores que hablan o reflexionan sobre la literatura o sobre la ciencia ficción, de manera indistinta operan como epígrafes sueltos o como aforismos, muchas veces sin referencias (*Minotauro*, generalmente las daba, mientras *El Péndulo* lo hacía raramente), casi como si se esperase que los lectores supieran de dónde habían sido tomadas.

Una lectura de conjunto de estas citas reconstruye el subtexto de los textos críticos. Estas citas generaban una suerte de espacio polifónico, donde las voces de distintos escritores literalmente interrumpían la lectura para sentar una opinión sobre la que podían descansar las operaciones de la ciencia ficción. Así, por ejemplo, en *El Péndulo 2,* en la sección "Crónicas terrestres", aparecía una cita sin referencia de la *Nueva antología personal* (1968) de Borges que decía:

> Las emociones que la literatura suscita son quizá eternas, pero los medios deben constantemente variar, siquiera de un modo levísimo, para no perder su virtud. Se gastan a medida que los reconoce el lector. De ahí el peligro de afirmar que existen obras clásicas y que lo serán siempre. (226)

En el contexto de la revista, esta cita reafirma la voluntad innovadora de la literatura de ciencia ficción, pero también enfrenta posibles prejuicios por parte de lectores y críticos al recordar que *la* voz de la autoridad canónica también guardaba sus propios resquemores sobre la formación y hegemonía del campo cultural. En este sentido, la idea borgeana de la "variación" aquí se convierte en un nuevo temario que permite reelaborar y reformular problemáticas ya existentes dentro de la literatura. Aunque la mayoría de las citas provenía de autores anglosajones, la selección estaba organizada en torno a los parámetros apuntados en las páginas precedentes.

Dentro de esta hermenéutica, lo fantástico ocupa un lugar algo incierto como categoría, precisamente por los espacios que ocupa dentro del canon. El número 4 de 1979 de *El Péndulo* (aparecido poco antes de que la revista adquiriese su forma definitiva) destina buena parte de sus páginas a decantar espacios teóricos. En ese número, dos artículos de Eduardo Saglul se dedican al tema: uno, en la sección "Pendulario", que oficiaba de editorial, y el segundo, un artículo de análisis sobre diferentes "temas" fantásticos. El argumento central de ambos trabajos enlaza lo fantástico con el mito y la alegoría, conectando la actividad artística con el mundo de lo mágico en una lectura que retorna sobre las definiciones de realismo mágico de esos mismos años:

> Para que lo fantástico exista hace falta un orden considerado absoluto. Supone la solidez del mundo real pero para cuestionarlo mejor. Tiene que ver con idea freudiana de lo siniestro *(unheimlich)*: "ese espanto que afecta las cosas conocidas y familiares desde tiempo atrás." Lo que no puede ser y sin embargo ocurre [...]. ("La caverna" 12)

Así, lo fantástico, conectado con el universo de lo irracional, se transforma o bien en una forma del ensayo histórico donde la historia no tiene posibilidad alguna de abrirse sobre el futuro como en los casos de Ernst Jünger o de J.R.R. Tolkien, o bien en una forma de reflexión religiosa no especialmente sutil, como en el caso C.S. Lewis. Estos rasgos, unidos a las exigencias de mercado de la literatura de masas, llevarán a Elvio E. Gandolfo a hacer una dura, aunque equilibrada, crítica contra Stephen King. La lectura apunta en dos direcciones: por una parte, separar la literatura de masas de la producción central de la ciencia ficción y, por otra, subrayar no sólo el valor estético de ésta última sino también su capacidad crítica:

> En cuanto entra lo sobrenatural, en cambio, comienza a sonar hueco, como si no creyera lo que escribe. El problema es que, justamente ese elemento constituye su carta de triunfo comercial [...] Como en las obras de C.S. Lewis o Tolkien, el maniqueísmo termina por reducir los personajes a imágenes bidimensionales, sobre todo en el caso del Mal, al separarlos de rasgos humanos. La apelación directa a lo demoníaco resulta en nuestros días una especie de coartada fácil, por su falta de matices. (Gandolfo, "Un fenomeno" 92-93)

Así, el libro de Eduardo Stilman, *Jugar a ciegas* (1984), era halagado por crear climas cercanos al expresionismo que, pese a utilizar dispositivos maravillosos eludían "los elementos 'sobrenaturales' de lo fantástico tradicional, totalmente degradados por el *best seller* y el cine de horror" (Cappana, "Persecuciones" 124). Las redefiniciones de lo fantástico y de lo maravilloso[152] regresarán con frecuencia, y serán positivas en la medida en que no estén emparentadas ni con la cultura de masas ni con la producción del realismo mágico o ninguno de sus epígonos.

En un breve artículo sobre la muerte de Julio Cortázar en 1984, Elvio E. Gandolfo intentaba una nueva divisoria de aguas, a pesar de reconocer que cuentos como "Con legítimo orgullo" o "La caricia más profunda" podrían integrar el *corpus* de la ciencia ficción:

---

[152] La plasticidad de las definiciones de lo maravilloso, lo fantástico, e incluso de la ciencia ficción sumados al desarrollo de formas que no se han conformado a parámetros específicos han llevado a la crítica más reciente a hablar de una "literatura de lo insólito" para referirse a textos donde es muy difícil establecer parámetros rígidos de exégesis. Aunque podía anticiparse ese resultado en los textos aquí citados, la emergencia de lo insólito como categoría es algo posterior a los marcos temporales de este capítulo y, por lo tanto, no lo trabajo aquí. Sólo como dato, quiero mencionar que aparecen discusiones al respecto en los últimos años en las revistas electrónicas en la red y en los debates académicos. Por falta de espacio no analizaré la emergencia de esta categoría ni su historiografía.

> Incluso cuando Cortázar desarrolla teorías aplicadas a descubrir o exponer la organización del Cosmos, éstas se acercan más a las intuiciones místicas o a los sistemas de correspondencias imprevistas de los surrealistas que al rigor de la ciencia ficción. ("Cuando un cronopio se va" 8)

Así pues, la ciencia ficción era el espacio del rigor lógico, mientras lo fantástico se convertía en el espacio de lo inusual y extraño, en una diferenciación que recuerda vagamente el libro de Barrenechea y Speratti Piñero comentado en la introducción. Aún así, la inestabilidad de la definición será constante, particularmente, al momento de comentar libros y autores: el buen lector de ciencia ficción será también un lector selectivo de literatura fantástica en la medida en que ésta última entre en la categoría de lo raro y lo extraño escrita, a su vez, por narradores originales. En esta clasificación entrarán escritores como Italo Calvino, Giussepe Bonaviri, el ya mencionado Boris Vian, Fernand Combet, Ernst Penzoldt e incluso, Jack Vance. Hablando de éste último, Sergio Gaut vel Hartman decía: "El surrealismo se coloca al servicio de la fantasía y no a la inversa, lográndose un efecto de rareza sin perder coherencia o claridad" ("Mujeres, Hombres, Dragones" 120). Es precisamente esta característica la que marca la evolución de la ciencia ficción para Gaut vel Hartman, porque al rigor lógico de las apuestas narrativas, se suman climas oníricos que permiten explorar la realidad sin necesitar del artilugio constante del espacio exterior:

> En su transformación, el género se llamó también ficción especulativa o simplemente se despegó las etiquetas sin pudor. Haciendo gala de un pragmatismo envidiable dejó la casi exclusiva apelación a la frontera exterior y se abismó en búsquedas laberínticas de nuevas formas y contenidos. ("Triángulo" 118)

Esa ambivalencia aparecía ya en una temprana reproducción de una charla de Robert Sheckley e indicaba una posible lectura en esta dirección, ya que el conferencista mezclaba lo maravilloso y la ciencia ficción como categorías intercambiables:

> Creo que muchas personas leen ciencia ficción por ansia de participar en las maravillas que vendrán. La busca de una realidad no ordinaria es algo más que curiosidad y expresión de deseos [...] La ciencia ficción, con su aire prostibulario, trae esperanzas para algunos de nosotros. Hemos terminado por desconfiar de cualquier cosa que nos hable de la Verdad [...Lo maravilloso] es el atisbo de algo que es real en cierta forma, aunque inalcanzable. (51-52)

La ciencia ficción no sólo se conectaba con el universo de la racionalidad y de la filosofía, sino que es (debía ser) una literatura programática "difícil". En una carta a Marcial Souto que se publicó en *Minotauro,* pocos años después, Angélica Gorodischer diría:

> La narrativa fantástica me suena a alguien [...] leyendo *Los desposeídos* y no pudiendo dormir bien esa noche ni las noches siguientes. Ese alguien no dice qué barbaridá. Probablemente no dice un corno, se queda calladito, pero piensa. Lo que haga después es cosa suya. Pero piensa. Vos sabés que pocas actividades son tan peligrosas como ésa de ponerse a pensar. ("Carta" 128)

En ese universo, la racionalidad se construye primariamente por oposición a la cultura de masas, por una parte, y por otra, como la lógica de la arquitectura narrativa. Ese doble entramado será construido a lo largo de la publicación de la segunda época de la revista, con unas pocas notas de comentario científico como una reflexión sobre los objetivos de Voyager I y II (*El Péndulo* n°7), con la ampliación de la biblioteca deseable de la ciencia ficción, y con la traducción del libro *The New Apocrypha: A Guide to Strange Science and Occult Beliefs* (1974; *Los nuevos apócrifos,* 1981-1982) de John Sladek. En el contexto del último tramo de la dictadura, tanto este último texto así como la publicación de la novela *El lugar* del uruguayo Mario Levrero se convirtieron en duros ataques contra el régimen. Ambos textos son quizás los que más directamente enfrentan el discurso del Proceso, aunque por muy distintas razones. El primero es un análisis de todas las supercherías y de todo el pensamiento anti-científico en boga desde los sesenta. Junto con las esperables críticas a la astrología, a la cientología, y a la homeopatía, entre otros muchos temas, el libro de Sladek incluía algunas secciones sobre las divisiones entre ciencia "de derecha y de izquierda",[153] así como fulminantes análisis sobre la interpretación del fundamentalismo religioso y/o político sobre cualquier tema científico hasta llegar a las teorizaciones pseudo-científicas del nazismo: en la Argentina de los ochenta, donde no se enseñaba teoría de conjuntos en las escuelas secundarias por ser considerada una "disciplina subversiva", el texto adquirió una dimensión que superaba los objetivos del libro. Pero, además, sin decirlo, esa publicación daba por tierra con todo intento de anclar la ciencia ficción en los saberes no académicos que habían sido la columna vertebral del *pulp* y que en la tradición argentina constituían el fundamento de la escritura de Leopoldo Lugones y de Roberto Arlt, y hasta cierto punto, de Bioy Casares.

---

[153] Esta crítica era, a su vez, un duro comentario sobre el estado de la cuestión ideológica dentro del mismo campo cultural, ya que reflejaba también los debates que desde mediados de los cincuenta escindían no sólo la relación entre humanidades y ciencias, sino cómo se interpretaban debates de desarrollo científico por los sectores más radicalizados de las universidades. Volveré sobre este tema cuando analice los trabajos de Angélica Gorodischer en el próximo capítulo.

En este sentido, la revista retoma ciertas operaciones de *Más Allá*, al privilegiar saberes académicos, no como sustrato de la escritura, sino como parte de la enciclopedia del buen lector de ciencia ficción. Más aún, en esa operación, la revista hace su propia lectura crítica de los procesos de modernización, al distanciarse de las operaciones de lo que la "alta cultura" consideraría su propio gesto omnívoro sobre los "saberes plebeyos" a los que aquí, no sólo se renuncia, sino se denuncia. Fredric Jameson dice que la ciencia ficción, desde su propia dinámica, "stands in a complimentary and dialectical relationship to high culture or modernism as such" (*Archaeological* 283): en la publicación del libro de Sladek esa toma de posición se vuelve transparente.

Por su parte, el texto de Levrero, aunque escrito originalmente en 1969 como lo que su autor llamó "una experiencia de extrañamiento", se convirtió en una clara metáfora de una desaparición y de la experiencia de su protagonista en algo que parecía ser una cárcel ilegal. No creo necesario decir que, en enero de 1982, semejante publicación estaba lejos de ser bienvenida, y sin embargo, en el contexto de una revista de ciencia ficción, y gracias a los profundos prejuicios contra esa modalidad, una de las denuncias más violentas sobre la ideología y métodos de la dictadura pasó completamente desapercibida a la censura.

Durante sus casi diez años de actividad, las apuestas culturales y teóricas de las revistas parecen dirigirse a reformular la percepción que tanto la crítica académica como el público en general podían tener sobre la ciencia ficción. De ahí la insistencia en analizar detalladamente no sólo novelas, antologías o colecciones de cuentos, sino también ensayos, películas, e incluso otras revistas de ciencia ficción producidas en el ámbito internacional. Estas operaciones generaron un universo de referencias que socavaban las expectativas sobre lo que la ciencia ficción era y, al mismo tiempo, generaron un espacio comunitario que permitió al *fandom* reorganizarse y volver a debatir públicamente cuando ésto parecía no ser posible en otras áreas de la cultura. De estos análisis y debates emergen una serie de núcleos semánticos que son centrales tanto en la selección de autores locales como en las traducciones publicadas.

El primero de estos núcleos es un intento de redefinir qué es la cultura de masas y la cultura popular. Esta operación no fue ajena a los debates sobre el mismo tema que se llevaron a cabo durante el período de la transición en otros espacios. Sin embargo, la diferencia mayor estriba en que este intento se hace aquí desde un artefacto que a todas luces quiere desprenderse de esas etiquetas para discutir desde una posición letrada diferenciada: son frecuentes los comentarios de los críticos que se refieren a la ciencia ficción como "ejercicios intelectuales" desde las páginas de la revista. De ahí, en parte, la obvia aglutinación de marcas de todos los espacios culturales posibles, en múltiples lenguas, y en múltiples medios: se hace casi imposible delimitar esos objetos con el lenguaje dicotómico (nacional y popular vs. cosmopolita y elitista) que caracterizó gran parte de los debates ideológicos de los ochenta.

Así pues, las revistas redefinen la ciencia ficción al examinar su historiografía y al poner al día a los lectores con la producción más reciente, tanto literaria y cinematográfica, como científica y filosófica. Notablemente, aunque a veces los discutieran, las revistas no se ocupan de difundir o explicar temas científicos de punta (como lo había intentado hacer *Más Allá*), sino que se aproximan a la ciencia través de las preguntas epistemológicas y éticas que su posible desarrollo pudiera suscitar desde el punto de vista socio-político. Los artículos científicos en general tienden a ofrecer una perspectiva histórica de problemas puntuales que aparecen en los textos publicados. Más vale, lo que le interesa a los editores, junto con una información precisa, es reflexionar sobre la capacidad transformadora de las ideas científicas, y sobre los peligros de la ignorancia, los prejuicios y la charlatanería. De manera tal que la ciencia se convierte no sólo en un subtexto sino también en un pretexto para el debate político de temas que no tienen un espacio apropiado dentro de la producción de las humanidades en el campo cultural argentino.[154] De este modo, la ciencia ficción se convierte en una forma de articular hipótesis socio-políticas lógicas y llevarlas hasta sus últimas consecuencias a través de la experimentación. En este sentido, la ciencia ficción se construye como una modalidad cultural racional, realista (por cuanto es política), y sobre todo crítica: es una modalidad de producción de tesis que se enfrenta a la novela histórica (que en ese período se había convertido en hegemónica) porque intenta articular el presente como devenir, antes que justificar el actual estado de la situación o explicar el pasado.

En esta oposición, las apuestas críticas de la ciencia ficción reconfiguran su sistema de alianzas en el campo cultural, borrando toda huella de literatura *pulp*, por un lado, y por otro, organizando su genealogía para entroncarse directamente en el universo de referentes de Borges y Bioy Casares para, desde allí, organizar el *corpus* de escritores contemporáneos que pueden ser leídos dentro de la ciencia ficción. Aunque las definiciones fueron titubeantes,

---

[154] Tal advertencia no era vana. Uno de los debates más importantes de la década del ochenta estuvo centrado en la capacidad de la ciencia y de la tecnología (y en la importancia de la inversión en ambas) para desarrollar el país. La polémica se inició con el libro *La Argentina Siglo XXI* (1985) de Rodolfo Terragno, siguió con la respuesta que le diera Isidoro Gilbert en *La ilusión del progreso apolítico* (1986), y culminó en una discusión entre el primero y el ya entonces Ministro de Economía, Domingo Cavallo, en los noventa, acerca del futuro y función de la Consejo Nacional de Investigaciones Científicas y Técnicas (CONICET).

lograron generar una zona de consenso sobre la ciencia ficción en tanto que *praxis*: la ciencia ficción será a partir de los noventa, no una forma marginal de la literatura de masas sino un recurso para los noveles escritores que habían ingresado al campo cultural en la década anterior. Un número del suplemento cultural del diario *Tiempo Argentino* (12 diciembre, 1985) y la publicación de una antología en la editorial de la Universidad de Buenos Aires (EUDEBA) vendrán a afirmar el carácter finalmente medular de la ciencia ficción en Argentina. Aún así, la crítica académica no cambió su perspectiva ni se ocupó de analizar el proceso.

En este sentido, esa discrepancia puede ser explicada por una inamovible herencia modernista en la cultura crítica no sólo de Argentina sino de América Latina: la vieja contraposición entre Ariel y Calibán seguiría imponiendo su absurda dialéctica entre pastoralismo y modernidad, donde la preocupación por temas de desarrollo científico-técnico se entendían como una suerte de frivolidad intelectual, en el mejor de los casos, y en el peor, como una apuesta inmoral ante la urgencia de problemas sociales de los cuales, la tecnología era principal responsable. El profundo anti-intelectualismo de semejante dicotomía no sería explorada sino hasta bien entrados los noventa, tanto por los jóvenes escritores de la llamada generación posmoderna, como por algunos filósofos que, contra toda esperanza, seguían firmemente atados a tradiciones racionalistas.

Hacia la nueva biblioteca de Babel

> *Good SF does not necessarily traffic in reality; but it makes reality clearer to us.*
> Brian Aldiss, Introducción a *Trillion Year Spree: The History of Science Fiction*

La inestabilidad del espacio de reflexión crítica probaría sus dificultades teóricas al momento de hacer una selección de autores y narrativas locales. Pueden aventurarse varias hipótesis para esta situación: la compleja relación entre literatura y mercado que ya para mediados de los ochenta empieza a borrar las rígidas demarcaciones de cultura y de género que caracterizaron períodos anteriores, una mayor densidad de apuestas escriturarias en el campo cultural argentino que obligó a cerrar filas detrás del dudoso rótulo de "ciencia ficción" a objetos un tanto ambiguos, un cambio en la naturaleza misma de la escritura de esta modalidad que renueva sus formas incorporando elementos que antes le estaban vedados, o una combinación de todos los factores aquí mencionados. Mientras el lenguaje metacrítico inicial apunta a una cierta rigidez, la estética visual de las revistas desmentirá esa voluntad y, como veremos a continuación, objeciones de similar naturaleza (que ya habían sido apuntadas por el *fandom*), emergerán de la lectura misma de los textos en castellano escogidos para ser publicados. Así, sin renegar de casi ninguno de los escritores seleccionados, las revistas empiezan a acumular una compleja biblioteca, donde los posibles alcances ideológicos de la escritura se convierten en una oscilante operación de reposicionamiento en el campo cultural para una forma de ciencia ficción cuya característica central es la búsqueda de una diferencia programática.

La selección de escritores en castellano se inició de modo algo tímido. En los primeros números de *Péndulo*, los materiales originales en castellano eran historietas y artículos críticos. De hecho, la discusión más importante de esta primera etapa se centró en la legitimidad de la historieta como medio y en su capacidad para enunciar materiales de la alta cultura, particularmente, para interpretar literatura. Sin embargo, la literatura de ciencia ficción producida en América Latina, aún y a pesar de las constantes preocupaciones críticas que parecen emerger de las discusiones, casi no serán una presencia sino hasta mucho más tarde. Lo que caracteriza la primera etapa de las publicaciones de ambas revistas es su aparente silencio sobre la producción regional. Quizás, una notable excepción, sea la traducción del cuento "La oscuridad" de André Carneiro, ilustrada por Raúl Fortín, traducida del portugués por Marcial Souto, y aparecida en el *Péndulo entre la ficción y la realidad* n° 4 de diciembre de 1979. Es un cuento sobre la supervivencia de una comunidad ante un misterioso fenómeno que tiene las características de un desastre natural inesperado. La oscuridad que invade la ciudad deshace todas las redes sociales y comunitarias durante tres semanas en que los personajes son forzados a sobrevivir trazando nuevas alianzas en un medio que les es, de pronto, desconocido. El cuento es, en cierta forma, una lectura de las consecuencias de una dictadura ya que narra el colapso de la esfera pública. Otros dos cuentos de Carneiro serían traducidos y publicados en la segunda y tercera etapa de la revista respectivamente: "El mudo" apareció en el n° 2 y, "El grito", en el n° 14. Ambos también pueden ser leídos políticamente.

El primer número del *Péndulo* (cuando ya la revista adquiere su formato definitivo), sólo incluye un cuento de Angélica Gorodischer, "Primeras Armas", que sería uno de los capítulos de *Kalpa Imperial* (1983/1984) y del cual hablaré en el próximo capítulo. Recién en el n° 5 aparecería otro cuento en castellano: "Fases" de Carlos Gardini. El cuento formaría parte del primer libro de este autor, *Mi cerebro animal* (1983), al que me referiré también en la *parte III*. Se trata de una narración sobre las percepciones de una o distintas viajeras que buscan un perdido "Planeta original" a través de diversos mundos. Es una delicada historia poética donde el narrador juega con las posibles formas de la identidad y de la percepción del espacio.

Recién el n° 6 de enero de 1982 verá una cantidad consistente de historias producidas originalmente en castellano: "Lapso de reflexión" de Sergio Gaut vel Hartman, "El manuscrito de Juan Abal" de Elvio E. Gandolfo, "Lobras" de Marcial Souto y, por supuesto, la ya mencionada novela corta, *El Lugar* de Mario Levrero. El primer cuento es una sátira sobre las burocracias. El segundo es el relato de un viajero que peregrina a la ciudad de las vacas voladoras después de que éstas han invadido su propia ciudad. La referencia satírica es inevitable: "el día que las vacas vuelen" es un dicho que se refiere a la imposibilidad de un evento o plan por materializarse. Es una suerte de viaje de Gulliver al país de los Houyhnhnms, pero completamente distorsionado, porque aquí no hay nada que aprender ya que el Otro es inasible para los seres humanos que van en busca de exotismos y no de reales saberes. Además del humor, lo interesante de la historia es la simbiosis económica entre las vacas y la colonia de desganados humanos que habita en su ciudad ya que se trata de una clara referencia a la cultura argentina:

> Habían intentado sembrar las orillas del arroyo y los alrededores de los tinglados con legumbres y hortalizas, en un intento de crear una verdadera colonia. Lentamente se fue infiltrando sin embargo el desánimo, fomentado por la facilidad con que las vacas podían alimentarlos. ("El manuscrito" 64)

Pero de todas estas historias, quizás la más interesante sea "Lobras", un epigrama incompleto de la palabra "árboles" que hace referencia a las plantas que crecen en el jardín de los protagonistas. En esta breve historia, Souto juega con la idea del mundo cóncavo que fuera popular en las historias de expedicionarios del siglo XIX (la más famosa es *Viaje al centro de la Tierra* [1864] de Julio Verne), y donde las misteriosas plantas se transforman en raíces.

Las publicaciones de material original en castellano en *Péndulo* continuarían siendo esporádicas. El próximo número de la revista vería otra vez un sólo cuento, esta vez, escrito por Rogelio Ramos Signes, uno de los pocos autores del interior del país que surcará las páginas de la publicación. Conectado con revistas como *El Lagrimal Trifurca*, y ya habiendo publicado en otras revistas de ciencia ficción, llegó a *Péndulo* con "Una historia muy fácil de olvidar". Otra vez, como en el caso de la primera historia de Carneiro, se trata de un cuento en el que el miedo se apodera de los habitantes de una comunidad ante un inesperado evento, en este caso, la presencia de un ser quizás monstruoso: la historia pone en escena la brutalidad de las reacciones humanas ante lo diferente y desconocido. Esta historia estaría seguida por la publicación, en el n° 9, de los "Cinco ejercicios" del uruguayo José Pedro Díaz. Se trata de cinco microrelatos donde, a través de notas cuasi-antropológicas, se describe o narra una sociedad que parece ser ajena a la percepción del lector y, sin embargo, lo sitúan dentro de un universo conocido que se desestabiliza gracias a la ausencia de referentes inmediatos.

El n° 10, en cambio estaría casi exclusivamente dedicado a escritores de habla hispana y, a la lista de los autores ya conocidos, se agregan dos nuevos: junto a Carlos Gardini, Angélica Gorodischer y Mario Levrero, aparecen Luisa Axpe y Eduardo Abel Giménez. En el cuento de Gardini, "Cesarán las lluvias", los protagonistas huyen de la civilización y de una literal lluvia de cadáveres (los "muertos de la historia") que pueblan el universo y deshacen de cuajo toda posibilidad de contrato social civilizado. El cuento de Gorodischer, "De cómo cinco aventureros descendieron a las profundidades y de los acontecimientos que allí sucedieron", narra una de las aventuras del inefable Trafalgar Medrano y sus amigos quienes peregrinan a la tumba de un tal Bruno Bellini para encontrarse en una suerte de viaje disparatado a través de la cultura universal, desmitificándola. En un registro completamente distinto, el cuento de Mario Levrero, "Los reflejos dorados", es claramente una historia a medio camino entre lo maravillo y lo fantástico, y se ocupa de narrar un episodio entre la realidad y el sueño. Por su parte, Luisa Axpe en "Principio y fin", propone un retorno a la sociedad prehistórica a través de la mirada de un primate/hombre en el borde mismo de la evolución biológica y social. Como en el caso de Ramos Signes, aquí se explora la cuestión de la diferencia y de las reacciones (y la intolerancia) de la comunidad ante lo desconocido y el cambio. Giménez, en cambio, presenta en "Quiramir" el imaginario de una ciudad viva y su relación con sus habitantes y con los viajeros que la visitan. La ciudad es, literalmente, una trampa para incautos. No importa desde que perspectiva se la vea, la ciudad tiene sus propios fines y sus propias expectativas. Invento, máquina, artificio, la ciudad es también un monstruo dispuesto a devorar a cualquiera que intente cambiarla.

Tras cuatro años de silencio, *Péndulo* volvería a publicarse partir de 1986. En el editorial del retorno, decía

> Poco a poco fueron apareciendo nombres locales, empezando por la muy conocida Angélica Gorodischer y culminando con la presentación de toda una nueva generación de escritores rioplatenses, creadores de un peculiar tipo de

literatura fantástica, que luego madurarían lo suficiente como para alcanzar la publicación de sus primeros libros [...].[155]

Quizás la evaluación sea algo exagerada, pero es importante subrayar que la revista entiende que las historias publicadas no coinciden con el aparato teórico que, aunque difuso, se intenta promover en sus páginas. De allí la transformación del rótulo de "literatura fantástica" que, ahora, pasa a incluir cualquier objeto que no pueda clasificarse estrictamente como de ciencia ficción. Esta definición será muy problemática, y por cierto no considera debates similares en otras latitudes, o al menos tiene serios conflictos con la naturaleza de esas discusiones. Sin embargo, esta primera etapa logra destilar una serie de semas que sí son parte del *desideratum* teórico que organiza la revista. En primera instancia, en casi toda la narrativa publicada aparecen metáforas políticas fuertemente orientadas a evaluar la situación inmediata que atravesaba la región. Así, los fenómenos extraños que cruzan las historias son experimentos con la desintegración de redes sociales y comunitarias estables ante la amenaza y el miedo: el peso de la historia reciente, particularmente el impacto de la represión dictatorial, es el subtexto constante de esos ensayos narrativos.

En segundo lugar, el sema de la violencia ante la otredad, la intolerancia, la incapacidad de diálogo, y las consecuencias que ésto tiene tanto en la propia identidad como en la ajena, son una constante en las narraciones.[156] Finalmente, las ciudades en todos sus posibles estadios de formación son la tercera constante que recorre los textos: la ciudad es una máquina despiadada. Esta metáfora ya estaba presente en otros espacios de la cultura argentina,

---

[155] Para una lectura completa, véase la editorial titulada "Oscilando", *El Péndulo* 11, Tercera Época (Sept. 1986): 2.

[156] Esto es particularmente interesante ya que la ciencia ficción es quizás la única que se ocupó de indagar en temas de otredad en la Argentina. Las novelas que trabajaron el primer ciclo peronista desde el nacionalismo o desde la izquierda intentan establecer un sujeto idealizado que no necesariamente daba voz a las masas obreras de las décadas del '40 y '50 (Borello) aunque rescatara parte de esas experiencias: son textos que hacen a la reconversión del proyecto letrado en función de lo nacional y popular en los términos de los que hablábamos en la primera sección. Por su parte, los indígenas y las minorías habían desaparecido del horizonte narrativo en tanto que sujeto desde hacía casi cincuenta años y, con muy raras excepciones (pienso, por ejemplo, en David Viñas y su *Indios, ejército y frontera* [1982]), no volverían a hacer acto de presencia sino hasta bien entrados los noventa. Ese retorno, sería también problemático, aunque por otros motivos. Véase Silvia G. Kurlat Ares, "La utopía indígena en la literatura argentina de la última década: el caso de *Ema, la cautiva* de César Aira". *Ciberletras. Revista de Crítica Literaria y Cultura* 5 (Ago. 2001). <http://www.lehman.cuny.edu/ciberletras/index_files/v05.html>.

tal y como hemos visto en el capítulo anterior, pero aquí regresa rearticulada desde una perspectiva ideológica que poco tiene que ver con ninguna de las construcciones anteriores ni con el modo de verla que aparecía en la literatura que, en esos mismos años, se convertía en hegemónica. Así, para mediados de los ochenta, abandonado definitivamente el paradigma pedagógico que había tenido *Más Allá* con respecto a la ciencia, abandonados parcialmente los parámetros de la ciencia ficción con pretensiones puristas que había caracterizado a los períodos anteriores, *El Péndulo* reelabora el temario de la ciencia ficción a partir de una revisión de sus presupuestos teóricos, si no en la hermenéutica, en la práctica. Al mismo tiempo, la revista reorganiza quiénes son los escritores nacionales que se inscriben dentro de esta peculiar actividad: a pesar de su mentada voluntad internacionalista, *El Péndulo* nunca logrará realmente sobrepasar el ámbito local cuando haga sus elecciones en castellano. En este sentido, su vocabulario visual fue mucho más exitoso.

De manera tal que los siguientes seis números de la publicación establecen, al menos, dos operaciones. Por una parte, aumentan el *corpus* de autores en castellano (que para la revista significa, en el mejor de los casos, rioplatenses) al agregar al listado original a Norberto Luis Romero, quien vive en España, y tres de sus relatos en *Transgresiones* (1983), a Rafael Flores y su "Servidor del Rey", a Cristina Siscar y "El vergel del Zahir" y "Reescrito en la bruma", a Eduardo Stilman y "Persecución", a Laura Krauz y "El gato pardo", a Leonardo Moledo y "La mujer que debía quererme" y, a Leo Maslíah y su "Caso extremo".[157] Los números del 11 al 15 de *Péndulo* todavía presentan una cierta ambivalencia en cuanto a la cantidad de materiales en castellano, pero con todo, son mucho más equilibrados que los de la primera etapa, y esta vez sí cumplieron con lo que habían expresado en su editorial inicial de la segunda etapa.

Recién en su último período, con *El Péndulo-Libros*, la balanza de publicaciones se inclinaría definitivamente por los autores locales, sumando a los previamente mencionados, a Vlady Kociancich, a Mario G. Roccatagliata, a Ana María Shua, a Ricardo Piglia y al colombiano René Rebetez. Este nuevo giro marcaría una voluntad estilística ecléctica de la revista[158] que quizás no

---

[157] Aunque en Argentina es muy conocido como músico y comediante, Leo Maslíah forma parte de lo que, durante los sesenta y setenta, se conoció como el eje de poesía Rosario-Montevideo, centrado en las revistas *El Lagrimal Trifurca* y *La Cachimba*. Volveré sobre la importancia de la poesía un poco más adelante (sobre todo en el próximo capítulo), pero quisiera recordar que, a lo largo de este capítulo, ese ha sido uno de los temas ocultos y, sin embargo, permanente, en el entramado de temáticas y autores.

[158] Esa voluntad estuvo parcialmente asentada en las dificultades que la revista tuvo para comprar derechos y traducir cuentos. La solución pudo haber sido reciclar viejos materiales para los que

hubiera sido posible en sus inicios, pero que ilustra muy bien la segunda cuestión que emerge en esta época: la redefinición de la ciencia ficción, no desde los parámetros de lectura del aparato teórico influenciado por la historiografía crítica de materiales producidos en inglés, sino desde la misma producción local, a pesar de los resquemores que tal redefinición despertaría en autores como Capanna y, en menor medida, Gaut vel Hartman.

Si algo puede decirse de esta operación, y tras una lectura de los textos publicados, es que, aunque las lecciones de la arquitectura cortazariana parecen haber sido completamente incorporadas en la construcción de estos textos, al mismo tiempo, su atmósfera está muy lejos de los mundos lúdicos de ese narrador. Recordemos que Capanna decía que, más que ciencia ficción, en el ámbito local se practica un "modo extremo de la literatura fantástica". Para ponerlo de otro modo: lo que más claramente emerge de estas publicaciones es la disolución de las expectativas de género, la diversidad de perspectivas, y la clara preferencia por problemáticas vinculadas con las ciencias sociales, desde la religión y el psicoanálisis hasta la historia y la política. A tal punto es patente esta situación, que en este período *Péndulo* publica en sendos números tres de las historias de los *Cuentos de Vendavalia* (1988/2004) de Carlos Gardini quien, a estas alturas, ya había ganado la Beca Fullbright. El libro fue publicado en la colección *El plan flauta* y estaba destinado a niños de 6 y 7 años. Escritos en un registro que recuerda la escritura de Ursula K. Le Guin y de *Las mil y una noches*, los cuentos recuperan formas de la narrativa oral y de la literatura infantil, generando un mundo donde se cruzan lo fantástico, el cuento de hadas y lo extraño como formas de acceso a una dimensión legendaria que se desprende de las historias. Esas intersecciones son características también de otros escritores, particularmente de Cristina Siscar y, hasta cierto punto, de Eduardo Abel Giménez. En este sentido, las elecciones de *Péndulo* están más apegadas a las prácticas de sus preferencias estéticas que a su metalenguaje: los textos parecen regresar sobre una realidad hipertrofiada por la experiencia surrealista, y sobre espacios interiores transvasados por la experiencia individual donde prima el lenguaje poético y búsquedas multifacéticas.

Como *Péndulo*, *Minotauro* también tuvo un acercamiento algo lento e inseguro a la producción en castellano, aunque el n° 10 de la revista es una famosa antología de escritores argentinos sobre la que volveré más adelante. Ambas revistas estaban construidas de manera muy ajustada, y las temáticas de los diferentes relatos y artículos (con excepción del sistema de citas, que podría

---

ya se tenían derechos. Sin embargo, la publicación de los escritores listados, aún si se tratara de una publicación a regañadientes, fundamenta que pueda hablarse de un giro estilístico.

leerse como un subtexto), generalmente, estaban íntimamente conectados. El primer número de la revista sólo presentaba un fragmento de *La sueñera* (1984) de Ana María Shua que, un año más tarde sería publicado por la misma editorial. Un segundo fragmento del texto volvería a aparecer en el n° 8 de la revista, casi dos años después. El segundo número de la revista presentaba una historia de Mario Leverero ("El crucificado") y otra de Angélica Gorodischer ("Los buenos van al paraíso, pero no todos los malos pueden ir al infierno"). El primer cuento es una vuelta de tuerca sobre la pasión de Cristo, mientras el segundo es la descripción de la cárcel más aterradora del universo. En ambos casos, se trata de relatos que lidian con la capacidad de los sujetos para asumir responsabilidades y para entender la naturaleza de la culpa y del castigo frente a la sociedad. El tono de estos cuentos es radicalmente distinto al de los publicados en *Péndulo*: no sólo se trata de textos que se instalan con más comodidad en una zona más cercana al programa de la ciencia ficción que las revistas diseñan sino que, además, son más claramente políticos. En este sentido, el camino que traza *Minotauro* es casi inverso al de *Péndulo*. Aunque los materiales operan en zonas que acaban por confluir, arribarán allí desde puntos de partida diferentes.

En los siguientes números, eventos de la vida cotidiana tomarían proporciones desmesuradas, convirtiendo esas experiencias en algo ajeno, extraño, y aterrador. Tal es el caso de los cuentos de Leonardo Moledo ("La estación terminal") y Carlos Gardini ("Los muertos") que aparecerían otra vez en el n° 3. El n° 4 regresaba con otra serie de fragmentos de José Pedro Díaz, otra historia de Luisa Axpe ("Retoños"), e introducía a Raúl Alzogaray y "Una flor lenta": con 23 años era quizás el más joven de todos los escritores que intervinieron en las revistas profesionales. El próximo número incluiría una historia de Gaut vel Hartman ("Islas"), y presentaría a otra novel escritora, Sonia Gerszon y su relato, "El otro lado". La ya marcada presencia de voces femeninas sería el registro central del n° 6, con otro cuento de Shua ("Octavio, el invasor") y el regreso de Norma Viti ("Sobre la multiplicidad de la luna") a las páginas de una revista profesional después de una larga ausencia. Notablemente estos dos relatos son quizás los que más se acercan a las expectativas de lectura de la ciencia ficción que las revistas intentan modelar desde la perspectiva teórica. En el primer caso, se trata de una invasión extraterrestre contada desde de la perspectiva de un invasor cuya identidad acaba por revelarse en una suerte de giro psicoanalítico que da vuelta a todo el relato.

Un cuento posterior de Mario Levrero ("Capítulo XXX") que aparecería en el n° 8, también trabajaría el imaginario de las invasiones, también pensado desde el ángulo de las metamorfosis, pero esta vez, con el acento puesto en las transformaciones ecológicas que traen las especies foráneas a sus nuevos habitats. En el caso de la narración de Viti, la puerilidad de una pregunta infantil y de una serie de frases hechas ocultan un descubrimiento astronómico que transforma los paradigmas científicos y lingüísticos de los destinatarios. La problemática de la construcción de paradigmas científico-técnicos regresará en el siguiente número, con Antonio Elio Brailovsky quien aportará un cuento ("El día que incendiaron el aire") sobre el conflicto entre el deseo por el conocimiento puro y las consecuencias de sus aplicaciones políticas. En el mismo número, la temática del conocimiento (o, mejor dicho, de la compartimentalización y las taxonomías del conocimiento) eran puestas en escena en una irónica narración de Gaut vel Hartman, mientras Carlos Gardini brindaba una pertubardora distopía sobre la migración ilegal.

En el nº 9 de la revista aparecerían dos nombres quizás algo extraños para los lectores de ciencia ficción: Miguel Gila,[159] quien colaboraría con "La vieja carretera", y Pedro Orgambide quien proveía "La convención". Si bien ninguno de estos autores entraba dentro de las expectativas de lectura de la modalidad, las historias, construidas desde lo fantástico, operan una transformación del mundo en el que transcurren: se trata de relatos donde la locura (a través de recursos cuasi oníricos) invade la vida cotidiana y la desencaja completamente. Esos mundos de pesadilla, donde los límites entre lo real y la alucinación nunca son claros, volverán en los cuentos publicados en el nº 11. Tanto la narración de Eduardo J. Carletti, "Ruta", como la de Laura Krauz, "Las tortugas de paja", operan desde la inestabilidad de la conciencia para asirse a alguna forma de racionalidad, y el mundo psicológico de los personajes implota en distintas formas de infiernos privados.

Como vemos, *Minotauro* agregaría al temario propuesto por *Péndulo* narrativas de búsquedas más personales, donde el universo individual y la percepción subjetiva de la realidad cobraban una dimensión central. En este sentido, son narraciones que retornan sobre la herencia del surrealismo, pero la desarticulan para convertirla en una forma de racionalidad de la cual ese movimiento hubiese renegado completamente. Problemáticas caras al feminismo, la ecología y el psicoanálisis (aunque en versiones muy distintas a las que influían en las lecturas surrealistas) son prevalentes en la selección de los textos. En todas las historias hay una tensión permanente entre los sujetos

---

[159] Mejor conocido como actor y humorista, Gila vivió por razones personales en Argentina desde 1968.

y las instituciones de poder y esa contraposición se explora desde todos los ángulos imaginables. Para el momento en que *Minotauro* le pidiera a Borges una contribución, las articulaciones políticas de la revista se habían constituido en su paradigma de escritura, mucho más que cualquier apuesta metacrítica anterior. En el n° 8 de *Minotauro*, aparecido en 1984, en un texto expresamente hecho para la revista, Borges decía:

> El concepto de literatura realista es asaz nuevo. También lo es la idea, hoy común, de que el deber del escritor es reflejar su época y las circunstancias sociales que la rodean. La imaginación ha preferido siempre tierras lejanas y épocas antiguas o venideras [...] Actualmente, la literatura fantástica oscila entre dos caminos. Uno, el onírico [...] otro, el científico [...] Ambos medios son lícitos. En cuanto a mí, creo tender al primero, al onírico, al mágico, al tal vez real. ("Los caminos de la imaginación" 9)

Borges, cuyo racionalismo permea toda su narrativa, no puede evitar dos gestos: la ironía sobre su propia producción, y la permanente ambivalencia sobre cómo clasificar los objetos de la ciencia ficción (en castellano). Pero en esa duda expresa tanto la doble imbricación de esa escritura, como la de la ciencia ficción producida en castellano desde sus orígenes. En el muy breve artículo, Borges reconstruye tanto sus lecturas de ciencia ficción anglosajona (Wells, Bradbury) como las operaciones críticas de las revistas, para inclinarse por la realidad del sueño, es decir, por una realidad cuya naturaleza *especulativa* permite acercarse a la naturaleza de lo real. Notablemente, esa es, también, la *praxis* de las revistas y, por ende, en su misma vacilación, quizás este artículo sea, de algún modo, el *ars poetica* más clara para la ciencia ficción en castellano.

Una relectura de las páginas anteriores nos permite ver que, para mediados de los ochenta, había un número importante de escritores con apuestas estéticas diversas, nucleados en muy distintas revistas, tanto profesionales como *fanzines*, y que ya existía un canon claramente establecido. De ahí que fuera ciertamente sorprendente la introducción al número antológico de *Minotauro* que "presentaba" formalmente a los escritores de ciencia ficción argentina,[160] en medio de lo que la misma revista reconocía como una nueva expansión de la producción local similar, por otra parte, a la producida diez años antes:

---

[160] Este número apareció en el año 1985, mientras que el número 10 de *Péndulo*, que no tenía las mismas intenciones antológicas, pero que hacía una presentación similar, era de 1982. En ambos casos, las revistas hacen un curioso silencio sobre el fenómeno editorial que a mediados de los años setenta había maravillado a Souto.

> Este es el primer número de una revista argentina de ciencia ficción y fantasía enteramente dedicado a textos de autores nacionales. Hace dos o tres años tal vez no existían autores ni cuentos suficientes para intentar esta aventura.[161]

El número volvería sobre los escritores que ya frecuentaban normalmente las páginas de las revistas de ciencia ficción. Incluso, algunos de ellos habían sido publicados por la propia Editorial Minotauro y sus libros se mencionan someramente en la introducción antes de presentar a los narradores incluidos en el número 10. Ramos Signes, Gardini, Giménez, Gorodischer, Alzogaray, Gaut vel Hartman, Axpe y Moledo ya constituían un núcleo central de referentes en la producción de la modalidad. Incluso, las historias que aparecen en este número vienen a reforzar las temáticas y preocupaciones que pueblan el universo de publicaciones aparecido hasta ese momento, mucho más que presentar innovaciones o nuevas tendencias. Más que nada, el número vino a proveer, tal y como decía el mismo editorial que abría la revista, una continuación a la antología publicada por EUDEBA ese mismo año:

> Esta lista parcial de libros de excelente nivel publicados en un tiempo tan corto da una idea de la vitalidad de la ficción especulativa en nuestro país. La reciente publicación de *La ciencia ficción en Argentina* (EUDEBA) sirve para repasar lo que han hecho los autores nacionales en los últimos veinte años. Este número de *Minotauro* es de algún modo el presente. ("Minotauro 10")

Ante este complejo panorama, debemos hacernos algunas preguntas. La primera tiene que ver con las posibilidades de formulación de un canon (entendido como una suerte de lista de autores y lecturas centrales) dentro de un espacio que se concibe a sí mismo como marginal. Ya hemos visto cómo la primera operación de exclusión dentro de este espacio subraya la voluntad de trazar su genealogía a partir de la alta cultura, a pesar de su tensa y conflictiva relación con la ciencia ficción. La operación es por demás dificultosa ya que, los consensos que definen la ciencia ficción desde uno y otros espacios están en violenta oposición. Sin embargo, a partir de inicios de los ochenta, la acumulación de textos, aunque sea de manera intermitente, sumada a la presencia de las revistas (y a la gradual, y cada vez más estable presencia del mercado editorial de libros) en el campo cultural son un claro indicador de que la insistencia en la marginalidad implica un posicionamiento frente al discurso mayor de la narrativa central y vice-versa. En este sentido, la ciencia ficción en castellano opera como una literatura menor ya que enuncia para romper

---

[161] Léase la editorial completa bajo el título "Minotauro 10" en la revista *Minotauro* 10. Segunda Época (Sept. 1985): 2-3.

formas ideológicas y estéticas preconcebidas, generando un desdoblamiento de sus programas: lo que es metalenguaje es una pista falsa y la *praxis* es una maquinaria al servicio de lo que Capanna llamaba "delirio metódico" que aquí se convierte en destrucción metódica. Si los artículos críticos proponen una taxonomía deseable, los textos promueven una heterogeneidad de aproximaciones que hace estallar todo posible encasillamiento rígido de las operaciones de la ciencia ficción en castellano. En las revistas se ponen a prueba todas las encarnaciones imaginables del método de aproximación al objeto "ciencia ficción". El "canon" de la ciencia ficción se constituye a partir de un banco de pruebas donde se legitiman las elecciones vinculadas con la lectura crítica del instrumental ideológico de la literatura hegemónica, cuya tambaleante fe en la pluralidad democrática (sea esta estética o política, o de cualquier otra naturaleza) es tanteada a través de su capacidad para permitir la circulación de narrativas diferenciadas en complejas maniobras que experimentan con su habilidad para clausurar operaciones de inclusión/exclusión en el campo cultural.

Pero, en el momento mismo de constituirse como espacio hegemónico de enunciación para la ciencia ficción, en el momento mismo de convertirse en canónicas, las dos revistas que he trabajado aquí dejan de ser marginales, o al menos, dejan de tener la marginalidad que asumían como propia: como ya he mencionado antes, a partir del impacto cultural de *Péndulo*, en 1985, el diario *Tiempo Argentino* y la revista cultural *El Periodista* le dedican amplios espacios al tema. Lo que seguirá de este proceso será un doble, simultáneo, movimiento: la migración de varios de esos mismos autores a grandes casas editoriales (y el consiguiente soporte para alcanzar mayor número de lectores), por una parte, y por otra, la normalización del vocabulario y del imaginario de la ciencia ficción en la cultura. De allí que, a pesar de sus contradicciones, Capanna dijera en el prólogo a la reescritura de *El sentido de la ciencia ficción*: "Hace veinte años, la ciencia-ficción aún tenía que vencer grandes resistencias; mucho más en Argentina. Luego llegaría a ser aceptada en sociedad y reconocida por los árbitros de la cultura" (*El mundo de la ciencia ficción* 5).

Así pues, las revistas definen, sobre todo, formas de aproximarse a la lectura de materiales cada vez más fluidos, pero irritantes para el sistema cultural. Las revistas ponen en escena la crisis que atraviesa la narrativa al cuestionar la nostalgia que sienten las estéticas contra las cuales debaten por el imaginario de pasado que se convierte en hegemónico para mediados de los ochenta. Otra vez, los textos seleccionados permiten ver cuáles son los elementos que hacen posibles temáticas que operan a *la vez* como diferenciadas *y* en vigor desde una posición (aparentemente) desplazada. Como en el caso del cómix, estas son historias donde el imaginario de la ciudad como máquina permite deconstruir formas organicistas de pensar la modernidad.

El segundo eje de la reflexión es la capacidad de agencia de los sujetos frente a los cambios sociales. Y, a diferencia de lo que ocurre en los espacios centrales de la literatura, la historia (o mejor dicho, la historia nacional como objeto localizado) y el mito parten aguas. Así vistos, estos temas son un puñal en el centro mismo de la argumentación político-ideológica de la *episteme* del campo intelectual. Ciertamente, para mediados de los ochenta, ya había un amplio debate sobre estas articulaciones, pero estaban claramente encarriladas a elucidar distintas versiones de la historia silenciada, dándole una dimensión mítica que volvían absolutos todos los valores que se privilegiaran en las lecturas (Kurlat Ares, *Para una intelectualidad*).

Como éste será el tema del próximo capítulo, quisiera subrayar aquí que las revistas hacen esta operación a través de la cita de estéticas que fueron centrales en períodos anteriores, pero se las descarta, poniéndolas al servicio de un presente muy inmediato que no aparece en otros espacios narrativos. Algunas observaciones que aparecen en la introducción a *Cosmos Latinos: An Anthology of Science Fiction from Latin America and Spain* (2003) nos permitirán esclarecer someramente este punto. Allí se indica que la ciencia ficción en castellano se caracteriza, entre otras cosas, por una cierta inclinación por el horror que proviene de la herencia gótica del modernismo, por el gusto por lo fantástico que es parte de las tradiciones que se elaboran en el continente desde fines del siglo XIX, y por una vocación por explorar el lenguaje apocalíptico que proviene de las tradiciones judeo-cristianas (Bell y Molina-Gavilán 1-19). Como las páginas precedentes indican, tales apuestas son, en efecto, constantes, pero no son las únicas: debemos agregar a éstas el humor y la sátira como formas de crítica social, la ausencia notoria de la especulación cercana a las ciencias exactas, la preponderancia de la experimentación lógica con materiales de las ciencias sociales, y la búsqueda de formas que permitan la mezcla de registros culturales diversos.

Este eclecticismo así como la estrecha relación de la producción de ciencia ficción en castellano con lo fantástico, nos lleva a la segunda cuestión que emerge en la formulación de este catálogo de la Biblioteca de Babel. Los autores escogidos están, en su mayoría, desligados de proyectos escriturarios vinculados a formas "duras" de ciencia ficción,[162] y no cuentan con antecedentes en el

---

[162] Lo cual no significa que muchos escritores no tuvieran formación científica, como fue el caso de Héctor Germán Oesterheld (geólogo) o de Alberto Vanasco y de Magdalena Mouján Otaño (matemáticos).

espacio del *pulp*, pero casi todos tienen fuertes lazos con la poesía o con proyectos vinculados a la producción poética y, notablemente, con el policial. A pesar de su diversidad, todas las narraciones que aparecen en *Péndulo* y en *Minotauro* comparten al menos dos rasgos: uno, y citando a Marcelo Cohen, "exhibirse como ficción pura" y segundo, la preocupación por el lenguaje, particularmente la poesía, como una forma de acceder al conocimiento, tema que ya estaba presente en la narrativa argentina de ciencia ficción a través de autores como Juan Jacobo Bajarlía y su vinculación al Movimiento Invencionista.[163] Cuentos como "Carteles" de Gaut vel Hartman o los fragmentos de *La sueñera* de Shua son ilustrativos de ambas preocupaciones. Pero quizás, uno de los fragmentos de lo que después se convertiría en *La ciudad ausente* (1992) de Piglia, ilustra mucho mejor esta inquietud:

> El carácter inestable del lenguaje define la vida en la isla. Nunca se sabe con qué palabras serán nombrados en el futuro los estados presentes. A veces llegan cartas escritas en signos que ya no se comprenden [...] Todas las obras maestras duran lo que dura la lengua en la que fueron escritas. ("La isla de Finnegans" 65)

La "inestabilidad del lenguaje" define el modo de articular la ciencia ficción al punto que, en una entrevista, Ana María Shua decía que escribir consistía en:

> [...] dominar un material, doblegar el caos de la palabra para organizarlo en un cierto cosmos privado. Gozosamente trabajar las uniones hasta obtener una forma lisa, perfecta aun en sus cráteres o en sus púas. Como un árbol. (Souto, "Ana Maria Shua" 230)

Esa metáfora de la escritura como árbol remite directamente a una muy conocida entrevista de mediados de los setenta para la revista *El Lagrimal Trifurca*, donde Angélica Gorodischer confesaba su debilidad por el carácter arborescente del barroco, justamente, por favorecer la capacidad lúdica del lenguaje. En esa cita, terminan de atarse las relaciones entre la ciencia ficción

---

[163] En su manifiesto, los miembros del movimiento decían: "La estética científica reemplazará a la milenaria estética especulativa e idealista. Las consideraciones en torno a la naturaleza de lo Bello ya no tienen razón de ser. La metafísica de lo Bello ha muerto por agostamiento. Se impone ahora la física de la belleza". La búsqueda de formas abstractas para el lenguaje tanto visual como escrito fue una de las preocupaciones centrales de un movimiento que intentaba desentenderse de las búsquedas ontológicas que habían marcado las preocupaciones estéticas del período anterior: la palabra "creación" será sustituida en las discusiones por "invención" ya que subraya el carácter racional e intelectual de la actividad artística. Léase el "Manifiesto Invencionista" publicado en *Revista Arte Concreto-Invención*, núm. 1, agosto (1946): 8.

La ilusión persistente

en castellano y la poesía neobarroca, por cuanto afirma no sólo la relación estética con una zona de la producción poética que comparte la preocupación por el lenguaje, sino también la búsqueda de una forma de decodificar la historia sin mitificarla. Así, a la clara presencia visual del surrealismo, debemos agregar ahora, la presencia escrituraria del neobarroco que proviene tanto de las adscripciones que muchos de los productores de la ciencia ficción tienen con la poesía producida en Argentina desde mediados de los sesenta y su participación directa en revistas de poesía que pueden enmarcarse dentro de este ámbito de producción, así como con sus preocupaciones estéticas, en particular, la búsqueda de un lenguaje para expresar la experiencia de lo cotidiano, sin pretensiones.[164]

El poeta Néstor Perlongher hablaba, de la voluntad barroca ("barrosa") por decodificar metáforas y en hacer proliferar los significantes a través de la materialidad misma del lenguaje, agregando que esa misma cualidad le permitía enfrentarse con las pretensiones de realismo de la literatura dominante. Pero además, en el neobarroco hay una modalidad omnívora, y una ambición internacionalista (sobre todo en el espacio de América Latina) de aproximación a la cultura que es afín a la ciencia ficción como modalidad de producción. Esa relación se verá subrayada en el armado de las lecturas de los productores de ciencia ficción quienes, en diversas entrevistas, irán construyendo un derrotero que los llevará a emparentarse con poetas como Arturo Carrera, Alejandra Pizarnik, o Hugo Diz.[165]

A pesar de las contradicciones entre las apuestas críticas y los diversos registros escriturarios, las revistas lograron componer un espacio donde fue posible experimentar con diversas estéticas y escrituras. Se generó así un *corpus* escriturario aglutinante, que si bien no se ajustaba a los modelos teóricos que son capitales en las discusiones en los países centrales, tenía una clara identidad apoyada tanto en sus raíces locales como en su percepción de las problemáticas y preocupaciones de la ciencia ficción en el ámbito internacional. En este sentido, las temáticas que organizan las revistas están atadas a su preocupación por deconstruir la utopía política que permea el horizonte cultural de los sesenta

---

[164] En realidad, esa relación se inicia mucho antes como veremos en el próximo capítulo, pero aquí me interesa destacar la preferencia por el neobarroco ya que es la más visible en la articulación de las revistas.

[165] Se podría pensar una lectura de *La condesa sangrienta* (1971) de Pizarnik como un texto donde se cruzan el horror gótico y la ciencia ficción en una tónica *pulp*, pero es en realidad la preocupación por la capacidad del lenguaje para narrar el horror lo que emparenta a la poeta con la ciencia ficción. Lo mismo puede decirse de Carrera y Diz: la ambigüedad del lenguaje es la preocupación principal.

en adelante, haciendo implotar sus materiales. Esto no significa que los textos presenten necesariamente mundos distópicos (quizás Gardini y Levrero sean los únicos que estén cerca de hacerlo), sino que exponen los puntos débiles del discurso dominante en el campo cultural toda vez que pueden. Aunque volveré sobre este tema en el próximo capítulo, por ahora baste decir que el lenguaje poético vinculado con el neobarroco se convierte en un instrumento central porque permite la formación de discursos polifónicos allí donde la cultura hegemónica sólo admitía una perspectiva muy limitada de lo político. Quizás, habría que decir que lo que define estos textos, en su misma diversidad, es más bien su capacidad para encontrar los resquicios por donde es posible mostrar los espacios de disenso del campo cultural. Pero entiéndase bien: estos son textos que se articulan como parte intrínseca del discurso letrado y, por lo tanto, no implican, ni intentan articular, forma alguna de la otredad.

Conclusiones

A través de las revistas es posible analizar de manera dinámica la emergencia y los cruces de cuestiones, de preguntas y de preocupaciones que provienen de muy distintos campos. En las revistas, estas encrucijadas encuentran nuevos lenguajes, definen la identidad de la ciencia ficción, conforman proyectos estéticos e ideológicos, y abren debates entre interlocutores que de otro modo no podrían encontrarse. Es por eso que, Beatriz Sarlo decía que las revistas son una suerte de "laboratorio de ideas" de la cultura: en las revistas se puede ver el desarrollo y el decantamiento de programas o proyectos que hubieren surgido del intercambio de ideas e información. En este sentido, las revistas conforman un espacio de enunciación colectivo donde todos los materiales posibles circulan casi simultáneamente, más allá de lo contradictorios que puedan resultar. En el caso de la ciencia ficción, esta característica es central ya que "una literatura menor [...] comienza enunciando y sólo después ve o concibe" (Deleuze y Guatari, *Kafka* 45). Las revistas de ciencia ficción son el espacio donde se pone en escena la proliferación de ofertas no sólo de estéticas, sino también de bienes culturales: en sus páginas cohabitan diversos medios visuales y literarios, así como las ideologías que esos medios y artefactos promueven.

Como hemos visto en las páginas precedentes, parte de la función de las revistas es establecer un metalenguaje donde se privilegian ciertas formas de producción de la ciencia ficción y donde se descartan otras. Tanto las tapas como los artículos críticos apuntan a destruir toda conexión entre la ciencia ficción publicada en sus páginas (más allá del medio que se enfatice) con el imaginario del *pulp* o con lo que Capanna llamaba literatura "cientificista". Las operaciones estéticas e ideológicas subrayan esta voluntad desde todos los ángulos posibles. Aunque no se trate de un intento programático de separar aguas, el resultado es una apuesta por imponer una modalidad "sofisticada" de hacer ciencia ficción. En un campo cultural transvasado por una compleja narrativa fantástica cabe cuestionarse hasta qué punto tal intento era razonable. Encontrar el nicho apropiado para la ciencia ficción se convierte, sobre todo, en un enfrentamiento entre formas de producir cultura, más allá de las apreciaciones estéticas sobre la calidad de los objetos en cuestión. Ese confinamiento al espacio de la cultura popular de un objeto que es a todas luces letrado es, en gran parte, el resultado de ese debate, pero también es una toma de posición dentro de un campo cultural que no tiene particular interés en debatir sus propios presupuestos ideológicos desde una perspectiva crítica, fuera del acotado espacio de la política, en su sentido más lato posible.

Más que una discusión sobre la cultura popular y quién la produce, lo que las revistas estudiadas ponen en tela de juicio a partir de su propia *praxis* es la mirada populista de la alta cultura sobre aquellos objetos que conciben la cultura como un espacio lúdico, en el sentido que transforman la experiencia estético-política en algo creado simultáneamente por diversos actores que no son, necesariamente, la venerada figura del artista de la modernidad. En sus contradicciones operativas, las revistas hacen transparentes los mitos de la alta cultura sobre las relaciones entre mercado y literatura, entre teoría y cultura y, finalmente, sobre la producción intelectual misma en su relación con problemáticas globales no contempladas por otros debates dentro de la cultura que se transforma en hegemónica a partir de los sesenta. Esto no necesariamente significa, como hemos visto, que las revistas sean un ágora de la democracia en el arte: más bien generan un espacio problemático donde convergen múltiples debates. Lo que ponen en escena es la complejidad del campo cultural en su misma multiplicidad.

La aparente cautela de las revistas que apuestan por un mercado de entendidos con gustos definidos parece contradecir esta hipótesis: casi no se publicaban las cosas más experimentales del cyberpunk (ni del producido en los EE.UU. ni del producido en México, cosa aún más notable ya que las revistas se postulan como difusoras), se publicaba muy poco en castellano y sólo de autores consagrados, mayoritariamente argentinos (es una de las discusiones más serias con revistas como *Sinergia* y *Clepsidra* que reclamaban mayor diversidad), y las historietas que se escogen son europeas, a pesar de la eclosión del medio en la Argentina en ese período. De allí que el *fandom* acusara a las revistas de privilegiar lecturas ilustradas (y localistas) de la ciencia ficción: las revistas eligen su rol dentro del campo cultural en función del mercado, y en función de una didáctica letrada. En la situación económica de la industria de las publicaciones, esa apuesta pragmática era perfectamente entendible. Pero, para el *fandom* hambriento de espacios sociales, de circuitos de comunicación internacional, y de canales culturales consagratorios y legitimantes, fue una zona incompleta.

Así, cabe volver a preguntarse, como en el capítulo anterior, cómo funcionan los materiales y estéticas (y sus consiguientes programas y posturas político-ideológicas) en el espacio de lo "popular" donde se los ha confinado, aunque ya sepamos que esa cualidad es parte misma de la agenda que emerge del quehacer de la ciencia ficción. Lo que parece simple, en realidad, nunca lo fue. La ciencia ficción argentina (y quizás también la latinoamericana) hace todas sus operaciones en un arco de tensión ideológica que la enfrenta a las operaciones fundacionales del canon. Entender tales operaciones como "populares" es inexacto: éste es un debate letrado sobre cómo leer las operaciones ideológicas de la cultura desde un espacio disidente crítico. En este sentido son formas plurales de acceder a la cultura, pero no son voces-Otras. Carlos Gardini diría:

> [...] la ciencia ficción suele encarar problemas que no tocan otras literaturas, y sin duda es recomendable para el lector que desee renovar su capacidad de asombro mediante ejercicios intelectuales que den por tierra con ideas gastadas y nos permitan concebir realidades alternativas [...] algunos escritores talentosos han ido lejos, viendo en la ficción especulativa posibilidades inéditas para bucear en la imaginería de una cultura [...]. ("Visiones y visionarios" 123-24)

Las revistas ofrecen una suerte de listado de posibilidades, enfrentándolas con un campo cultural inicialmente hostil y con un público académico poco informado. Las operaciones de las revistas fueron mucho más exitosas en su capacidad de cooptar lectores, no sólo a través de una insistente didáctica, sino también a través de la divulgación de la tarea de las editoriales y por ende, a través del soporte provisto para la ampliación del mercado consumidor. Las contradicciones entre las teorizaciones y la estética de las revistas pueden ser leídas como un cierto nivel de distorsión producido por el importante número de traducciones del inglés que aparecen en esos años, a pesar de las adscripciones y preferencias de los productores de la modalidad. Vale la pena recordar un comentario de Carl Freedman al respecto, ya que describe, en parte, la situación no sólo argentina, sino también latinoamericana:

> It would have been extremely difficult, or more likely impossible, to define the generic tendency of science fiction clearly and with particular regard to its deeply logical affinity with critical theory in the post-Kantian and post-Hegelian sense until that tendency was strongly embodied in a large and varied amount of work explicitly published and marketed as science-fiction–a condition that, as we will see, has been met only in the fairly recent past. ("Science Fiction and the Question of the Canon" 115)

Aunque las revistas no fueron exitosas en quebrar las resistencias de la crítica académica, sí generaron la masa crítica necesaria para definir la identidad de la ciencia ficción como modalidad de producción, por un lado, y por otro, lograron normalizar los imaginarios de la ciencia ficción en el vocabulario y lenguajes de la literatura hegemónica, en parte porque ésta fue la inclinación de las tendencias eclécticas de los escritores de la llamada "posmodernidad", quienes encontraron en esta modalidad de producción formas para narrar la experiencia de la transformación social y tecnológica avasallante de los últimos treinta años.

Notablemente, en su misma capacidad de pervivencia en el mercado, las revistas de ciencia ficción pudieron establecer actores con amplia capacidad de agencia en un campo cultural colapsado. Esta habilidad no difirió de lo que las revistas culturales hicieron en otras latitudes, pero en el caso que nos ocupa aquí, esa dimensión se amplifica dadas las circunstancias. En este sentido, baste pensar en el llamado a la formación del CACFyF en 1982, y los subsiguientes boletines que se distribuían en las reuniones:[166] en cualquier otro ámbito tales publicaciones hubieran sido razón suficiente para alguna forma de censura y aquí, gracias a los prejuicios letrados y del gran público, la intermitencia que se generaba pasó desapercibida. Contra lo que pudiera imaginar una crítica pesimista sobre las virtudes o vicios del mercado, el quehacer de las revistas permitió la apertura de un espacio experimental, altamente politizado y crítico. Si nada más las revistas fueron un ensayo sobre cómo debatir sobre la cultura desde la práctica a pesar de los obstáculos económicos, políticos y culturales. Es posible que no haya mayor elogio.

---

[166] Véase los textos de boletines, folletos y panfletos distribuidos en reuniones del CACFYF a partir de 1982 en <http://axxon.com.ar/wiki/index.php?title=Bolet%C3%ADn_número_1_del_CACyF>.

Tercera parte

Máquinas de leer: la narrativa de ciencia ficción entre el deseo y el principio de realidad

> ... así como el mundo antiguo se nutría espiritualmente en los mitos, el moderno lo ha hecho con las utopías; quizás esté justificado decir que los mitos fueron las utopías de la Antigüedad o que las utopías son los mitos modernos.
> Pablo Capanna, "La imaginación al poder"

> ... *un género caracterizado por un alto grado de* feedback, *en el que resulta casi imposible escribir si no se lee, y hasta disfrutar si no se ha leído ya mucho (porque el lector de ciencia ficción se forma y se educa, no surge de la nada).*
> Yoss (José Miguel Sánchez), "Marcianos en el platanal del tío Bartolo"

Introducción

Aunque la década del cincuenta haya sido el período durante el cual simbólicamente la ciencia ficción se inicia en la Argentina, aunque haya sido a través de las revistas donde se forman tanto el *fandom* como su gusto, y a pesar de que haya sido (y sea) la historieta el lugar donde se haya formado parte de su sensibilidad discursiva, el germen de la ciencia ficción argentina está el siglo XIX y en la narrativa. Las problemáticas políticas y estéticas presentes en la producción de escritores como Angélica Gorodischer, Carlos Gardini o Marcelo Cohen (de cuyas narrativas me ocuparé en la presente parte) son la continuación y renovación de interrogantes de larga data no sólo en la ciencia ficción sino también, y de modo más general, en el campo cultural argentino. Así, antes de internarnos en las operaciones que definen a la modalidad a partir de la segunda mitad del siglo XX, es necesario retroceder hasta aquellos textos y búsquedas que abren el espacio discursivo de la ciencia ficción a fin de traer a la superficie algunas preguntas que la han atravesado desde sus inicios.

En 1875, Eduardo L. Holmberg publicó *Viaje maravilloso del señor Nic-Nac al planeta Marte* y también *Dos partidos en lucha: fantasía científica*, seguidas un año después por *Insomnio* y en 1879, por *Horacio Kalibang o los autómatas*. Ese mismo año, el escritor y periodista de origen francés, Aquiles Sioen, publicaba *Buenos Aires en el año 2080*, dedicándolo al escritor Eugenio Cambaceres. En 1891, Eduardo Ezcurra también meditaba, no sin cierta ironía, sobre la dirección de los proyectos de Estado-Nación en otra distopía futurista, *Buenos Aires en el siglo XXX*.[167] Construidos desde la estética naturalista, con

---

[167] Esta tendencia no fue exclusiva de la Argentina, sino de toda América Latina, donde además de algunas novelas que empiezan a explorar el posible impacto de la ciencia sobre la organización social, aparecen otros textos que, en una vena satírica, retoman la tradición iniciada por el fraile Manuel Antonio de Rivas en *Sizigias y cuadraturas lunares ajustadas al meridiano de Mérida en Yucatán* (1773), e imaginan el futuro de sus respectivos países. Dentro de esta vertiente, del otro lado del Río de la Plata, Francisco Piria publicaba en 1898 *El socialismo triunfante. Lo que será mi país dentro de 200 años*, que funciona en una vena muy cercana a estos textos, y con un claro impulso utópico. Ya había aparecido en México el relato *México en el año 1970* (1844) de un tal "Fósforos-Cerillos" (probablemente Sebastián Camacho Zulueta), y Joaquim Felício dos Santos había publicado entre 1868 y 1872 las *Páginas da história do Brasil escrita no ano de 2000*. En 1905, en Colombia, Soledad Acosta de Samper publicó un relato titulado "Bogotá en el año 2000" en la revista *Lecturas Para el Hogar* (1905-1906). Todos estos textos pueden sumarse al ya mencionado texto argentino de 1816 del capítulo anterior.

firmes raíces en las discusiones científicas de su época, y escritos como textos eminentemente satíricos y políticos, proveen una lectura a contrapelo, tanto del Ciclo de la Bolsa, en un extremo, como de la mirada pesimista de los textos de José Ramos Mejía y de Carlos Octavio Bunge, en el otro. El momento fundacional, *strictu sensu*, de la ciencia ficción está anclado en este período, cuando las fronteras entre ciencia y charlatanería son todavía algo inestables, y cuando lo fantástico hecha sus raíces como modalidad narrativa. La relación entre literatura y ciencia que teñía de legitimidad el discurso narrativo de la primera ciencia ficción argentina, habla de una inquebrantable convicción en la línea de ascenso provista por la consigna del progreso continuo que sostenía la generación positivista. Pero además, ofrecía la posibilidad de reflexionar sobre los violentos enfrentamientos entre sectores católicos y liberales que, en el fin de siglo, se disputaban la hegemonía de los proyectos de Estado y Nación: esos primeros textos de ciencia ficción (junto con otros) vinieron a ocupar el espacio simbólico de posiciones liberales y librepensadoras en una sociedad que a todas luces trataba de desprenderse de sus resabios coloniales.[168] Desde sus inicios, la ciencia ficción proveyó un amplio repertorio de recursos para narrar las transformaciones sociales, económicas y culturales del país, y también para articular una crítica ideológica capaz de estimular el avance de esos mismos proyectos.

En los textos, en efecto, se releva al menos una parte de las discusiones en torno al proceso de modernización, subrayando un fuerte impulso racionalista que parece eclipsarse con la llegada del siglo XX y la emergencia de las máquinas absurdas y los locos que pueblan los cuentos de Horacio Quiroga, con la preferencia por las pseudosciencias de Leopoldo Lugones, y con la escatología tecnologicista de Roberto Arlt. Estos materiales narraron primero la crisis del fin de siglo en la Argentina. A medida que avanzara el siglo XX, también hablarían del creciente disgusto, pero también fascinación, de los grupos letrados ante los resultados dispares del proceso inicial de modernización. Así, los textos marcan el derrotero de la ciencia ficción: entrado el nuevo siglo, la modalidad

---

[168] Analizados desde una perspectiva contemporánea, es claro que, pese a su optimismo, estos textos también participaron de los aspectos más oscuros de ese mismo proceso de modernización, ya que están ligados a la influencia del darwinismo social a través de las figuras de Herbert Spencer y de Auguste Comte. Lo que me interesa subrayar aquí, son los posicionamientos y articulaciones del campo intelectual argentino al momento mismo de las discusiones, ya que muestran un nivel de radicalización que es central para entender hasta qué punto son intrigantes los cambios que aparecerán en el período siguiente. Para un recorrido de la evolución de la historia de las ideas en el campo cultural argentino, véase, entre otros, Oscar Terán, *Historia de las ideas en Argentina. Diez lecciones iniciales, 1810-1980* (Buenos Aires: Siglo XXI Editores, 2008).

se desliza desde el espacio prescriptivo, didáctico y/o especulativo del discurso letrado sobre el conocimiento, al espacio de las supersticiones y de las destrezas técnicas que se consideraban plebeyas, nimias, o destinadas a los obreros y a las ascendentes clases medias. Ya he mencionado cómo Beatriz Sarlo lee este proceso y no quisiera insistir sobre este punto, pero debemos recordar aquí algunas cuestiones. La creciente profesionalización de las disciplinas científicas y el fuerte influjo del arielismo (tanto en sus aspectos culturales como políticos, donde se revelaba la competencia y la tensión político-económica entre Argentina y los EE.UU. e Inglaterra), así como la profunda fe antidemocrática de los sectores hegemónicos argentinos pueden haber sido los factores que contribuyeron primero a cementar una oscura desconfianza en la capacidad del conocimiento científico-técnico para contribuir al desarrollo nacional.

A ésto se sumaron los aparentes fracasos y traiciones del proyecto liberal decimonónico. La transformación social por la que había abogado la generación positivista, adquiriría crecientes tonos negativos, aún en sectores que se considerarían sus herederos. Aunque hasta mediados de la primera década del siglo, la relación entre los discursos artísticos y científicos parecía hablar de las garantías del valor progresivo de los cambios implícitos en la modernidad,[169] esa correspondencia se vería cada vez más comprometida. Para la década del treinta, tras el auge de las vanguardias, y por el creciente influjo del revisionismo en las capas intelectuales, la narrativa desplazaría sus preocupaciones hacia temáticas vinculadas con la ontología del ser nacional; y los discursos sobre el impacto de la tecnología en la vida cotidiana se convertirían en un largo, tedioso lamento sobre la disrupción de una identidad que nunca fue.[170] En

---

[169] Como sabemos, en el ámbito de la literatura, el realismo y el naturalismo se habían nutrido de una extensa relación con la naciente psicología, por un lado, así como de una observación minuciosa de la conducta y de la experimentación. La fotografía había virado el modo de ver en las artes plásticas. En ese contexto, la sociología y la etnografía eran las ciencias emergentes que teñían la mirada positivista (para bien o para mal) sobre el espacio social y cultural, etc. En el caso argentino, debemos también sumar una reflexión nacionalista que recuperaba los valores de la hispanidad durante el período del Centenario, en una compleja operación que daría sus raíces a grupos vinculados con el fascismo algunos años después. Pero además, gran parte de las empresas que hubieran tenido algún impacto en el imaginario de futuro vinculado con la ciencia eran parte de la red de inversiones extranjeras: las compañías de comunicaciones eran alemanas, las de transporte, inglesas y/o alemanas. La creciente influencia de los EE.UU. en la región y la fuerte alianza de los sectores agro-ganaderos con Gran Bretaña contribuyeron también a este clima.

[170] Como ejemplo de este proceso véase mi trabajo, "Máquinas infernales: medios de transporte en la cultura argentina del fin de siglo" en Fernando Reati (comp.), *Autos, barcos, trenes y aviones: medios de transporte, modernidad y lenguajes artísticos en América Latina* (Córdoba: Alción Editora, 2011), 47-73.

ese nuevo marco, los objetos de la tecnología, en particular las maquinarias, siguiendo la tónica del lenguaje vanguardista, se convirtieron en extensiones de los procesos de estandarización y regulación del nuevo orden social.

El análisis de las siguientes dos décadas es complejo. Las pocas aproximaciones historiográficas a la ciencia ficción hacen un curioso silencio entre los años de la publicación de *La invención de Morel* en 1940 hasta llegar a la aparición del *Eternauta* en 1957. Hay un cierto consenso crítico proveniente del *fandom* que equipara la desconfianza hacia lo científico, la aparente "ausencia" de escritores que se identifiquen con la ciencia ficción, y una desaparición casi absoluta de esa modalidad durante casi veinte años. Es una actitud paradójica si se recuerda que las primeras revistas y cómics claramente identificados con la ciencia ficción aparecen a fines de la década del cuarenta. Sin embargo, tal lectura es comprensible si, en efecto, el *Anno Domini* de la ciencia ficción debe establecerse en 1957 con la publicación del *Eternauta*. Esa postura demarca agendas con temáticas y preocupaciones culturales específicas. Aunque es parcialmente cierto que la ciencia ficción apenas sí pervivió durante ese período en la producción letrada de escritores como Borges, Bioy Casares, Dabove o Bajarlía (la línea que se escoge como genealogía literaria), el cerrado acento en tal interpretación borra las relaciones de la ciencia ficción tanto con la producción del resto del campo cultural como con sus propias raíces locales.

Aunque no analizaré este período por razones de espacio, me interesa indicar que hubo una continuidad que también puede rastrearse en las ediciones de autor, en los libros de bolsillo y en las revistas, tal y como he analizado, en parte, en el capítulo anterior. Aquellos materiales degradados del *pulp* eran los que habían heredado cierto *pathos* optimista de la primera producción de ciencia ficción que, a falta de espacios que los nuclearan o reconocieran, se había refugiado en las revistas mencionadas al inicio del capítulo anterior. Ciertamente, esa operación fue dispersa y desorganizada, pero la literatura de masas, sobre todo, preservó esta modalidad dentro del campo cultural.[171] Aunque Argentina hubiese estado entre las principales

---

[171] En parte, tal situación contribuyó a los fuertes prejuicios letrados contra la ciencia ficción. Pero, además, ésto nos habla de una clara divergencia ideológica en cómo diferentes sectores sociales perciben las promesas de la ciencia y la tecnología. Para los sectores altos y para ciertos sectores medios, la ciencia era una amenaza porque parecía poner en peligro nociones sobre el *status quo* económico. Por ejemplo, el origen de la percepción negativa de la veda de carnes argentinas en los EE.UU. está en la negativa de los ganaderos argentinos a usar la vacuna contra la fiebre aftosa. Esto se entendió como un atentado contra intereses nacionales argentinos y no como una medida de salubridad de los norteamericanos. Otro ejemplo puede verse en

La ilusión persistente

productoras de literatura *pulp* en castellano (prefiriendo ceder ese privilegiado título a México y a España), tan popular origen sería completamente ignorado por los propios cultores de la ciencia ficción local.

No importó que una de las primeras *space operas* de América Latina (*El interplanetario atómico* de un tal Alberto Brun, muy posiblemente un seudónimo) hubiera aparecido en 1945 en Buenos Aires,[172] o que Franck Robertson (seudónimo) hubiese publicado en 1956, *Primer mensaje extraplanetario*, una novelita sobre una invasión en Merlo que anticipaba textos "fundacionales" posteriores, o que, en los años sesenta, una figura central como Alfredo Julio Grassi publicara bajo seudónimo novelas como *Crimen en las estrellas* y *3 tumbas en Venus*, para M.E.S.A., una productiva editorial de libros *pulp* que salían a quiosco. A pesar de la proliferación de libros de bolsillo (llamados también "bolsilibros") y de lo que ésto significaba desde el punto de vista de crecimiento de consumidores de ciencia ficción, el impacto del *pulp* en la producción local no fue considerado a la hora de los análisis o a la hora de construir la identidad de la ciencia ficción desde el ámbito de Buenos Aires.[173] Esto es por demás sorprendente si se considera que, de acuerdo

---

cómo se percibió la instalación de maquinarias y el subsiguiente crecimiento del desempleo en el primer período de la modernización, en una reacción que recuerda, en parte, el discurso luddita, sin nada de su sentido comunitario. Al mismo tiempo, ese mismo discurso sirvió para evidenciar las crecientes medidas represivas hacia los diversos sectores sociales que exigían una democratización de la sociedad desde los sindicatos y otras agrupaciones. Para los sectores inmigrantes y para aquellos sectores del campo que iniciaban el proceso de formación de sociedades anónimas, la ciencia se convertiría no sólo en un instrumento de ascenso social, sino también en el instrumento que garantizaba la productividad y el crecimiento económico del país. La versión pesimista prevaleció, entre otras causas, porque el descrédito del liberalismo (y por lo tanto, de todo objeto que estuviera simbólicamente asociado con él) se convirtió en el sentido común de amplias capas de población. La llegada del Peronismo sólo revertiría parcialmente esta situación.

[172] Como ya he mencionado antes, *La saga de los Aznar* (Premio EuroCon, Bruselas, 1978) de Pascual Enguídanos se empezó a publicar en 1953 en Madrid. Obviamente, el libro que aquí menciono tiene sólo una importancia muy menor, pero es interesante notar que en Argentina (y en América Latina) se elimina casi completamente un linaje narrativo que, en España, fue central. Por este motivo, habría que estudiar de manera separada este caso, donde había una fuerte tradición de *space opera* y de *pulp* en castellano que no sólo tuvo impacto sobre la producción local, sino que logró mantener continuidad y prestigio a través del tiempo. En este sentido, la recuperación de textos en ediciones de autor publicadas en Argentina y en otros lugares de América Latina quizás puedan ofrecer nuevas hipótesis de trabajo.

[173] Además de la mencionada editorial, podemos agregar otras publicaciones tales como la Colección Sideral de Ediciones Póker y empresas como la Editorial Índice, Ediciones Mundos Desconocidos, Editorial Dayca y, en los setenta, la editorial que quizás marcó mis propias lecturas iniciales, la Editorial Grandes Libros de Bolsillo. Es sabido que narradores como Oesterheld publicaban frecuentemente en algunas de ellas bajo seudónimo.

con todos los testimonios y materiales aparecidos en la revista misma (y en reportajes a distintos escritores a lo largo de los años posteriores a su cierre), al ser publicada a inicios de los cincuenta, *Más Allá* encontró un público lector bastante formado, lo cual fue una de las bases de su éxito.

Hay varias formas de interpretar el gesto de ruptura hecho tanto por el *fandom* como por los propios escritores dado que ambos grupos han coincidido en repudiar la producción del *pulp* en castellano escrito entre los años veinte y los setenta. Para empezar, indica la existencia misma de ese *corpus* narrativo, por cierto endeble, pero no inexistente, como la historiografía ha intentado hacer creer. Es cierto que el impacto cultural y económico del *pulp* y de la ciencia ficción dura sobre la ciencia ficción latinoamericana no fue similar al que esos mismos subgéneros tuvieron en otras latitudes. Sería erróneo y apresurado alegar que fue la influencia de las traducciones anglosajonas en el surgimiento de la nueva narrativa de ciencia ficción lo que desplazó al *pulp* en países como Argentina:[174] el alejamiento, casi desaparición, de temas explícitamente vinculados con lo científico y lo tecnológico del imaginario de la ciencia ficción tuvo sus fuentes primarias en el debate político y cultural en el ámbito local. Parte de las causas deben buscarse en el proceso de modernización cultural que atraviesa la Argentina desde mediados de los cincuenta. Los debates y resultados de tal proceso vendrían a superponerse a viejos resquemores nacionalistas que forzarían todo el espectro de discusiones sobre el conocimiento al núcleo de lo "nacional y popular".

A tal punto ese núcleo fuerte sería definitorio de las agendas estéticas, que también organizaría los debates en torno al realismo y lo fantástico como modalidades de expresión de una realidad transvasada por la urgencia de las transformaciones políticas.[175] Si el realismo o formas del realismo (en un rango

---

[174] No intento hacer aquí una lectura de reivindicaciones nacionalistas de ningún tipo, sino reorganizar la aproximación crítica a la ciencia ficción desde una perspectiva que contemple tanto la dinámica interna del campo cultural como los aportes e interpretaciones que, en efecto, pudieron haber venido de otras latitudes. Muchas veces, desde el *fandom*, tales aproximaciones han sido tachadas de "chauvinistas", particularmente dado el afán internacionalista de esta modalidad: de ahí el comentario. Por otra parte, los temas científicos permanecieron como hito de discusión en las revistas, tanto a través de reseñas de libros, como a través de artículos de fondo: aquí, me refiero sobre todo a un cambio en la producción misma de los textos que pasaron a centrarse en lo social. Tal dirección estaba, en parte, preanunciada en las búsquedas que cristalizan en la agenda política de *El Eternauta*.

[175] La polémica atravesó todos los espacios de producción artística. En el caso de la literatura, el enfrentamiento se hizo público en 1965 a raíz del estreno de *El desatino* de Griselda Gambaro en el Instituto Di Tella, obra que confrontó a los defensores del teatro realista y los del teatro del absurdo. La discusión continuaría en los debates entre las revistas *Primera Plana* (1962-1969), que fue instrumental en sostener a los autores del *boom* a través de sus listas de bestsellers, y

que abarcaba desde los herederos de Boedo hasta los nuevos escritores urbanos en la línea arltiana) se adscribían con claridad a la voluntad revolucionaria y denuncialista que marca esas décadas, mucho más dudosa era la colocación de lo fantástico, a pesar de su vanguardismo, ya que parecía ser una apuesta escapista ante la presión por tomar partido en una u otra dirección política. Así, se hablaba de:

> [...] una literatura que fue calificada como de *evasión* en tanto en vez de apelar a la propuesta realista encontraba en las reglas de construcción de lo fantástico un modo de expresión. Pero no sólo como evasión, sino también como clave y posibilidad de lectura alegórica [...]. (Olguín y Zeiger, "La narrativa como programa" 359)

El conflicto entre ambas posturas revelaba también un conflicto entre apuestas estéticas y políticas más autoritarias y más pluralistas dentro de sectores culturales que no parecían terminar de encontrar un lenguaje adecuado para sus programas ideológicos y que, por ende, oscilaban en sus búsquedas. Este problema estaría en el centro de los debates críticos durante casi quince años, sobre todo, dado que la publicación de *Rayuela* en 1963 forzaría una revisión de los parámetros del realismo (o, al menos, de ciertas formas de realismo más cercanas a la normativa decimonónica). Tal situación se resolvería de modo conflictivo en la figura del escritor comprometido que, en diferentes variantes de las interpretaciones sartreanas y/o gramscianas de la definición poblarían el discurso de esos años. Pero en la escritura misma, donde la experimentación era moneda corriente, la cuestión estaba lejos de haber sido resuelta y las ambivalencias contaminaban, en diferentes grados, buena parte de la producción narrativa.

Así pues, la elección de una agenda estética que no pareciera hacerse cargo de la política inmediata de manera evidente suponía también una peligrosa elección ideológica. Esa decisión teñía cómo los escritores eran percibidos no sólo por el público lector, sino también por sus pares y por la crítica. Las elecciones y gestos de la ciencia ficción que hemos descrito en las páginas precedentes deben ser entendidas en este contexto. La ciencia ficción aparece como un objeto a la vez culto y popular, marginal y central. Esa complicada, indeterminada colocación obedece tanto a las tensiones del ambiente cultural y político, como a su propia agenda de escritura. Es una posición ambigua,

---

Los Libros (1969-1976), que miraría con desprecio lo que consideraba el "tropicalismo" del realismo mágico y sus afines, favoreciendo la literatura norteamericana, aunque más tarde, incorporaría algunos de esos mismos textos dadas sus posturas políticas.

inestable. Allí, la equiparación mecanicista de la tecnología con el materialismo atribuido a la cultura norteamericana entra en conflicto con la problemática del "desarrollo nacional" y las "necesidades del pueblo", ya que, como dice Beatriz Sarlo:

> Los años de la década del sesenta asisten a la impugnación de una ciencia que responde a lógicas internas de su propio campo. La investigación básica y la promoción de investigadores *full-time* no garantizarían un desarrollo científico que propiciara el desarrollo nacional de un país subordinado económica y culturalmente. (Sarlo, *La batalla de las ideas* 72)

Pero, ni ese imaginario desapareció por completo ni ese aparente destierro al espacio del *pulp* fueron las únicas razones de una evidente transformación en los modos de producir ciencia ficción que se hicieron claros a partir de fines de la década del sesenta.

Una segunda interpretación de la ruptura con el *pulp* podría, en efecto, hacerse desde el impacto que las traducciones de los escritores de la New Wave habrían tenido durante los sesenta, en parte porque se reprodujo la misma actitud vanguardista de rechazo al *pulp* que definió a esa tendencia. En cierta forma, tal quiebre puede entenderse como claramente vinculado con su emergencia y gestualidad dentro de la revista *New Worlds*. Sin embargo, aceptar esta premisa por completo sería una operación algo compleja, ya que los escritores argentinos afrontaban una situación muy diferente a la de sus pares en el Reino Unido y en los EE.UU. Y no era sólo una cuestión de posicionamientos en el campo cultural. El universo tecnológico al que se enfrenta Argentina durante los sesenta es un mundo de segunda mano, a pesar de que, Silvia Sigal haya dicho que los *sixties* llegaron puntualmente a la Argentina.

Para estos escritores no se trataba de narrar la crítica de una sociedad que dominaba a través de la tecnología como pensaba Marcuse, sino una que parecía ser dominada por ella, y no con particular eficiencia. Las utopías que pueblan estas latitudes tienen poco que ver con las búsquedas espirituales de la *New Age* o con una seria preocupación por el medio ambiente, sino más bien con una polarización ideológica que convirtió al pensamiento izquierdista (en sus múltiples vertientes) en la *doxa* intelectual. En este contexto, como dice Oscar Terán: "[...] los principios empezaron a lucir como trincheras, la polarización doctrinaria se profundizó y no pocas veces el maniqueísmo fue penetrando el estilo de las intervenciones teóricas" (*Nuestros años sesentas* 71). La imagen del revolucionario comprometido, mucho más que la del sujeto libertario, se convertirá poco a poco en la aspiración literaria, cultural y social de los grupos que ganan la hegemonía del campo cultural. Estas inflexiones dieron a la ciencia ficción un modo de reflexionar que, si bien tenía estrechas relaciones con la producción internacional, también subrayó sus características locales. Angélica Gorodischer diría en una entrevista:

> Para nosotros, y digo nosotros porque en Argentina es mucha la gente que escribe ciencia ficción, es imposible escribir eso que en los Estados Unidos se llama ciencia ficción dura. En un país en el que no funcionan los teléfonos y donde tener auto es un lujo, no podés andar escribiendo ciencia ficción tecnológica ni explicando las naves que van a las estrellas ni hablando de imperialismos interestelares, por favor. Los sueños, la vida cotidiana sembrada de la más loca fantasía, los mundos alternativos, los universos arborescentes, los juegos con el tiempo, las fronteras de la realidad, todo eso sí. (Espulgas, "Entrevista" 56)

No habría pues, en estos textos, la minuciosa instrumentalidad que dominó la literatura de la *Golden Age* ni las aspiraciones comunitarias de la *New Wave*, pero sí un constante interrogarse sobre la naturaleza de la experiencia (particularmente de la experiencia política) y de lo real a partir de la relación con el lenguaje poético y con su capacidad de generar mundo. En este sentido, la ciencia ficción que "nace" en los cincuenta es descendiente directa de aquella producida a fines del siglo XIX, ya que en ambas la experiencia política es fundante de toda aproximación al saber y de toda práctica de sociabilidad. La escritura se constituye como reflexión ideológica. Sería un error hablar de una ciencia ficción que carece de ciencia, en parte porque ésta aparece aunque más no sea en un discreto segundo o tercer plano. Más bien, lo que aparece en el centro de la reflexión son los debates políticos locales. Ésta es una narrativa que se sirve de la ciencia cuando la necesita, y oficia desde sus mecanismos lógicos, pero el centro de sus problemáticas estará siempre en el reciclaje y reorganización de los materiales ideológicos que permiten registrar el hecho social como parte del entramado histórico. Es entonces necesario interrogarse qué sucede con esos materiales y cómo operan.

Como ya he dicho, la narrativa de ciencia ficción que surge en esos años se opondrá al realismo, pero no porque descrea de él sino porque se opone al tipo de realismo histórico y político que se vuelve hegemónico y que intenta establecer sus apuestas sin jamás dudar de sí mismo. La ciencia ficción experimenta con sus propios materiales y, como hemos visto, hace salir a flote las contradicciones e incertidumbres que en otros espacios discursivos están ausentes. En el contexto de la creciente violencia de los sesenta y setenta, de los conflictivos discursos sobre la forma que debía tener la utopía (y de lo costosas que resultaron ser tales polémicas), del evidente retroceso económico del país, de la erosión constante de los derechos individuales, y en la debacle que significaron tanto la derrota de la democracia y de la izquierda como la tragedia de la dictadura de 1976, la ciencia ficción vino a interrogarse sobre la naturaleza misma de los proyectos utópicos. Es una meditación sobre la utopía ausente o negada, no desde la historia (como hará buena parte de la narrativa canónica a partir de fines de los setenta), sino desde sus propias raíces.

La ciencia ficción que emerge hacia fines de la década del sesenta y que será el tema de esta tercera sección, se funda desde la gestualidad vanguardista: se instaura *ex nihilo*, pero al mismo tiempo busca, al decir de Borges, sus tradiciones en un acotado árbol genealógico; rompe con sus ancestros plebeyos en una seña parricida que le permite reorganizar su agenda estética, pero renueva su imaginario desde las búsquedas que ya están ocurriendo en otros espacios del campo cultural; se organiza en revistas que le darán identidad y capacidad de cooptación, aun cuando aquellas sean de corta duración y aun cuando no haya ninguna organización que centralice o estructure sus actividades de manera duradera; constituye una suerte de tendencia que parece enfrentarse al realismo de la cual es hija para mejor discutir sus presupuestos, y finalmente, pasa a formar parte del vocabulario narrativo del canon sin abandonar su identidad o su voluntad crítica.

En todo este proceso, la preocupación por los aspectos socio-políticos sería preponderante. Para sus narradores, la ciencia ficción sería la única forma de escritura capaz de proveer un examen sobre cómo los individuos registran el impacto de las transformaciones de su ambiente o de los sistemas de comunicaciones en la cotidianeidad, así como de la relación causal entre apuestas ideológicas y la lógica de las instituciones. Estas ya no serán, quizás, las narrativas sobre las nuevas tecnologías (o sí, pero no de manera central) sino sobre cómo leer críticamente proyectos de Estado en una literatura/cultura regida por el *dictum* de Piglia, "porque hay novela, hay Estado". Estos textos harán una seria reflexión evaluativa sobre la capacidad de tal ecuación para generar agendas programáticas posibles.

Dentro de esta lógica es posible entender mejor la propicia lectura de los materiales de la *New Wave* y la incorporación de temáticas que, para lectores ajenos a la modalidad, parecían inesperadas.[176] Durante los sesenta y setenta, escritores como Eduardo Goligorsky, Alberto Vanasco, Angélica Gorodischer

---

[176] La incorporación de nuevas temáticas y preocupaciones son comunes en toda la región. Por ejemplo, en México, una revista como *Crononauta* entra en resonancia con la *Onda*, al expandir la narrativa de ciencia ficción a temas como la homosexualidad, las drogas como instrumentos para abrir la conciencia, la muerte de Dios, los medios masivos de comunicación, la búsqueda de la libertad individual en sociedades opresivas, etc.

y Elvio E. Gandolfo retoman las promesas de las transformaciones que ofrecían la ciencia y la tecnología para volver a ponerlas en relación directa con las ciencias sociales, aunque desde una perspectiva muy distinta a la del pensamiento decimonónico. Como apunta J. Andrew Brown:

> While the clear invocation of scientific discourse provides a more direct route to certain modes of political and philosophical power [...], science fiction allows the authors to achieve particular political aims without confronting the machines of political power directly [...] In a sense, writing science fiction allows for the conversion of science into fiction in a way that silences its cultural authority rather than exploiting it. [Some writers] exploit cultural expectations of science as a method of privileging their own ideas [while others insert] science within a completely literary world where science acts as one more cog in a narrative reality unconcerned with the support that it might provide. (*Test Tube Envy* 196-97)

Así, la fórmula de "fantasía especulativa" de Moorcock se convertiría en agenda de escritura, no por sus explícitos intentos de ruptura, sino por sus temáticas. Desde su sensibilidad política inconformista, la ciencia ficción pone en tela de juicio cuáles eran los interrogantes a desarrollar en un campo cultural con apuestas cada vez más rígidas: en el momento mismo en que los valores revolucionarios encarnados por el Che Guevara y su "hombre nuevo" se convierten en una suerte de utopía a realizar en lo político Eduardo Goligorsky decía: "Nada más ajeno a la ciencia ficción adulta que la idea de un superhombre –o un superanimal– destinado a subyugar literalmente a la tan vapuleada raza humana" (Goligorsky y Langer 60). Desde su sensibilidad contracultural, se debate qué significa que algo pertenezca a la alta cultura o a la cultura popular ante artefactos que operan abiertamente con materiales que provienen de múltiples esferas.

Pero además, la ciencia ficción hace un acuse de recibo de la nueva modernización que atraviesa la Argentina desde fines de los cincuenta. Este proceso implicaba una voluntad de acercarse a las problemáticas sociales desde disciplinas que, poco a poco, iban ganando terreno en el ámbito cultural ya que parecían conferir una mirada objetiva y desapasionada sobre lo social: el psicoanálisis, la sociología, la antropología, la lingüística, la epistemología (particularmente y gracias a la llegada del positivismo lógico y de la filosofía analítica), entre otras, se incorporan al bagaje de nuevos saberes de los sectores medios e intelectuales como parte de un proceso de innovación cultural y política.[177] Los nuevos discursos científicos provenían ahora de las ciencias

---

[177] En este período se abren nuevas carreras universitarias en todo el país. En particular, la sociología (a través de figuras como Gino Germani, primero y de Eliseo Verón, más tarde) aportó todo

sociales y nutrían el vocabulario político e ideológico con una reverdecida energía crítica. No es casual que dos de las intervenciones críticas sobre la ciencia ficción aparecidas durante ese período, hubieran sido hechas por Marie Langer,[178] una de las fundadoras de la Asociación Psicoanalítica Argentina.[179] Si bien estos pueden no ser textos sugerentes para el análisis teórico de la literatura, son reveladores por cuanto hacen un catálogo sobre cómo los lectores de ciencia ficción sondean las transformaciones que atraviesa la Argentina, retomando las expectativas de avance implícitas en ese proceso, las cuales se convertirían en las claves de interpretación de lo social para ciertos sectores del progresismo.[180]

Con todo, la preocupación por lo social resonaría con el eco de inquietudes de larga data en el campo cultural. Juan Jacobo Bajarlía hablaba sobre cómo su obra estaba imbuida por su ansiedad por el "destino del hombre" y decía estar obsesionado por "[...] la libertad como fundamento, y la justicia como una de las formas de la felicidad. Dentro de esta justicia el hombre es libre para oponerse a toda clase de opresión" (Souto, *La ciencia ficción* 65). Si el tema central era la

---

un nuevo modo de aproximarse a lo social que se alejaba del punto de vista especulativo del ensayo y que, con el tiempo, vendría a sumarse a lecturas que incorporaban también categorías marxistas como forma objetiva de entender y analizar la realidad nacional, desprendiéndose de las interpretaciones historicistas cuyo origen estaba (según las interpretaciones de esos años) en las lecturas maestras del liberalismo decimonónico. La historia, remozada por el influjo de estas nuevas disciplinas, permearía toda aproximación a lo real en los siguientes treinta años. Figuras como José Luis Romero y Tulio Halperín Donghi serían instrumentales en esos debates.

[178] Además del libro escrito en colaboración con Goligorsky en 1969, Langer ya había escrito *Fantasías eternas a la luz del psicoanálisis* en 1957.

[179] Fundada en 1942, la APA tiene una fuerte presencia institucional y académica en Argentina. Durante la década del sesenta, la psicología sería una de las disciplinas que disputaría espacios a saberes más tradicionales.

[180] Hasta donde pude rastrear (y considerando que lo incompleto de un *corpus* cuyos autores frecuentemente publicaban sus propias obras) no encontré durante este período ni en Argentina ni en el resto de América Latina una producción de ciencia ficción que se alineara claramente con los intereses políticos de lo que podría denominarse derecha en un sentido clásico, como fue el caso de la ciencia ficción norteamericana, donde autores como Heinlein o Clancy son centrales en la producción de la ciencia ficción tecnológica más vinculada con la defensa de la expansión de los intereses norteamericanos a nivel global. Dicho esto, debo mencionar que la inesperada figura que más se acerca al foco del presente volumen desde esta perspectiva, es un escritor realista y costumbrista como Gustavo Martínez Zuviría, alias Hugo Wast. Conocido adalid del pensamiento católico de la derecha más conservadora, militante en las filas del nacionalismo y del antisemitismo (que lo llevaron a apoyar al franquismo y al nazismo), Martínez Zuviría elaboró una línea narrativa que por momentos se acerca al "fantasy" por la cruza entre discurso apocalíptico y distópico con el imaginario medieval de lo alquímico sumado a la lectura escatológica de la Biblia en textos tales como *El Kahal-Oro* (1935) y *666* (1941).

preocupación por lo social, las ciencias (exactas y/o sociales) proveían el marco epistemológico desde donde pensar y experimentar problemas y soluciones, bien por la metodología, bien por las hipótesis que suministraban. Alberto Vanasco sintetizaría esa perspectiva en el siguiente pasaje:

> Lo único que leo desde hace años son los físicos, que para mí son los únicos filósofos que hoy pueden hablar, porque están en contacto con lo que ocurre. Mis lecturas son Heisenberg, Pauli, Bohr. Ellos serán los filósofos que quedarán de este siglo. Todo lo demás desaparece, se va evaporando [...] El problema que enfrenta toda la filosofía moderna es si Hegel tenía, o no, razón. Cada vez hay más elementos que apuntalan la respuesta positiva: lo que surge en la genética, en la física nuclear, apunta en ese sentido. (Gandolfo, "Vanasco y Goligorsky" 85)

La búsqueda de agendas racionales para construir una escritura que fuera capaz de reflexionar sobre aspectos fundamentales de la realidad (de la cual la ciencia era una inflexión de extraordinaria importancia, pero no la única) permitiría rescatar y reforzar las narrativas que hacían de esta práctica su centro. En el armado de sus tradiciones literarias, la ciencia ficción volvería a la producción de escritores como Jorge Luis Borges, Adolfo Bioy Casares y, eventualmente, Santiago Dabove y Macedonio Fernández.[181] En todas las encuestas llevadas a cabo en revistas y antologías, estos escritores fueron constantes referentes, bien por sus inquietudes filosóficas, bien por sus preferencias estéticas, bien por inconformismo. Se transformaron así en figuras capitales sobre todo por su rechazo de lo que, poco a poco, se estaba convirtiendo en el núcleo de ideas fuertes del campo cultural, particularmente el nacionalismo y la aceptación de una teleología histórica cuya indiscutida directriz utópica amenazaba en convertirse en otra forma del autoritarismo (Kurlat Ares, *Para una intelectualidad*).

Cada vez más alejadas del imaginario de historietistas como Oesterheld, las agendas de escritura de estos narradores ponían en escena cuestiones de epistemología y lógica en su relación con el mundo social, de manera muchas veces, indirecta. Aquí es de fundamental importancia la adscripción a formas de racionalismo (por cierto, provenientes de muy distintas corrientes) que

---

[181] Estos escritores representaban, además el espacio del liberalismo que provenía de su filiación cultural con la revista *Sur* (1931-1970/1992) lo cual, a su vez, los conectaba con el universo de lecturas de la generación del ochenta. Es ya otra cuestión cómo fueron interpretadas sus posiciones por otros sectores sociales y políticos del campo cultural a partir del golpe de 1955 y en el contexto del creciente proceso de polarización que vivió la Argentina: en vistas de su posición anti-peronista y de su voluntad de aceptar en sus páginas a escritores provenientes del más cerrado nacionalismo, la revista pasó a ocupar el lugar simbólico de la derecha, lo cual no fue necesariamente cierto (Kurlat Ares, *Para una intelectualidad*; King, 1989).

denuncian todo romanticismo y toda ontología abstracta. Más allá de que, en efecto, tales agendas hayan sido exitosas o no, las apuestas de estos escritores coinciden con postulaciones que serán parte central de la escritura de la ciencia ficción producida desde Argentina y que se articularía (como ya hemos visto) en las revistas: la férrea oposición a formas organicistas de pensar la modernidad (particularmente en sus aspectos negativos), la importancia de la experimentación en el espacio de la escritura, y la mezcla de registros culturales diversos para expresar el cambio. Esto no significó que los textos fueran abyectamente celebratorios de los procesos de modernización. Al contrario. Pero su crítica no parte desde una perspectiva que retorna sobre los mitos románticos que pueblan la mayor parte de la narrativa que es central a partir de los sesenta y a la cual, la ciencia ficción lee críticamente. Esa mirada analítica y cómo se la construye son el eje de esta sección.

Considerando estos elementos, y como ya he adelantado, más que un espacio marginal, la ciencia ficción ocupa un espacio ambiguo y cambiante en el campo cultural ya que establece una tensa relación con diversos actores del espacio letrado cuya hegemonía está en disputa en varios frentes. Por una parte, la obvia elección de interlocutores provenientes de la franja liberal y, por ende, de autores políticamente controversiales en el contexto de fuertes polémicas en torno al rechazo de todo "modelo" [de producción de conocimiento y/o cultural] que delatara ese temido "cientificismo dependiente",[182] lo que llevó a muchos intelectuales ubicados en el espacio del populismo a cuestionar la validez cultural de la ciencia ficción. Precisamente, la recuperación de ciertos aspectos del discurso liberal a través de sus figuras culturales emblemáticas cuando aquéllas perdían su predominio cultural y político no fue un problema menor en la colocación de la ciencia ficción como un objeto cultural legítimo. Esa operación se hace desde un "género" (lo que se entendía como "género" en esos debates) que aparece como algo implantado (recordemos otra vez que, en su gesto fundacional, aún sus propios defensores hablan de "implantes") en pleno auge de los debates sobre la autenticidad de los objetos culturales latinoamericanos. Y, al mismo tiempo, esta doble operación se hace renunciando a toda forma de tradición popular, cuando el resto del campo

---

[182] En países como Cuba, por ejemplo, esa situación de "género sospechoso" se tradujo en un hiato sustancial en las publicaciones desde mediados de los sesenta hasta inicios de los noventa. En el caso de Chile, en cambio, las lecturas apuntaban a señalar la complicidad del género con la dictadura. En cualquier caso, todas estas interpretaciones son demostrativas tanto de los prejuicios con que los críticos se acercan a sus materiales, como de las expectativas ideológicas que nutren las discusiones en torno al realismo.

cultural está en medio de una batalla por otorgarle a aquella una legitimidad que permitiera anudar la relación entre intelectuales y pueblo.

No hace falta mucho para comprender lo problemático de tal postura. La elección acumulaba desplazamientos sobre desplazamientos ya existentes. Si la operación simbólica fundacional de estos escritores había sido escoger un cómic como piedra basal para la ciencia ficción colocándola, por defecto, en el margen del campo; la segunda generaba no sólo una contradicción con esa misma elección sino también una zona de conflicto ideológico muy clara en un campo cultural polarizado. La obvia lectura de Bourdieu sobre los intentos de legitimación y agencia dentro del campo son aquí insuficientes ya que esas elecciones parecen ir contra todo intento de asegurar un espacio simbólico claro para la ciencia ficción. Las aproximaciones se complican si, además, consideramos que la preocupación por los "géneros marginales" es una de las inquietudes críticas más importantes del período: colecciones como *Capítulo Universal* (1968-1971) dedicarían sendos números a esas formas de escritura donde parecía revelarse la cultura popular, definiéndola, dándole un espacio, pero también confinándola a los márgenes.

Me atrevo a sospechar que una hipótesis de lectura que hubiese incluido aquellos textos bastardeados del *pulp* hubiera vuelto más sólidos los lazos historiográficos de la ciencia ficción con la producción de la modalidad a escala internacional, por un lado y, por otro, en el contexto de los debates sesentistas sobre cultura, hubiera hecho posible una mayor aceptación de la ciencia ficción como "género popular" particularmente en un campo cultural que privilegiaba la narrativa como forma de relatar lo político. Notablemente, allí donde la ciencia ficción fracasó en legitimar su espacio (dadas las complejas y ambiguas operaciones que la organizan), el cómic logró ser exitoso, en un lento proceso que lo llevaría a obtener un reconocimiento oficial que sus modestos orígenes hacían inimaginables.[183]

Lo que es (era) considerado cultura alta y cultura popular, lo que se convierte en hegemónico no es sólo el resultado de problemas de disposición y apropiación de problemáticas en vigor dentro de un campo cultural. Ciertamente tales cuestiones existen y pueden describirse, cosa que he hecho de alguna manera en las páginas anteriores. Pero es claro que, en la articulación misma de estas contradictorias elecciones, la ciencia ficción producida en Argentina busca solidificar ciertas operaciones que se organizan como una *diferencia dentro del canon*. Hay un comentario de Niklas Luhmann sobre la naturaleza de la cultura que ilumina esta cuestión:

---

[183] Argentina tiene en su calendario oficial el Día de la Historieta, el 4 de septiembre.

> What is included and what is excluded is regulated by the point of comparison, i.e., by the comparison itself, and not by innate qualities. Once more we see the replacement of exclusion by mobile, flexible, differentiable inclusion.
> Comparisons are, expressed in the terminology that was fashionable in the eighteen century, "interesting." ("Beyond Barbarism" 268)

Lo que será *interesante* para esta literatura no será sólo o únicamente la ciencia que, particular e intencionadamente a partir de los sesenta, se convierte en un pretexto para aproximarse a distintos aparatos ideológicos y experimentar con ellos. Retomando sus propias tradiciones, la ciencia ficción argentina pondrá profundo énfasis en los aspectos políticos de sus propias construcciones narrativas porque *lo interesante* es articular las tensiones ideológicas de un canon ciego y sordo a sus propios enunciados. De allí que debamos recordar uno de los postulados (por más limitado y ambivalente que haya sido) que se desarrolló en las revistas: al desprender la ciencia ficción de construcciones míticas a través de una crítica de la utopía/distopía política tanto en la selección de lecturas como en la de narradores, y al retrotraerla al presente, se generaba una distancia crítica con respecto a las posibilidades de accionar de la literatura sobre la realidad.

Notablemente, las semillas de esta actitud ya estaban presentes, aunque de manera mucho más *naïve* y sentimental, en la poesía. Quizás, por este motivo, no sea de extrañar la presencia de una masa crítica de escritores vinculados con la poesía entre quienes producen ciencia ficción a partir de los sesenta. Relacionados, de un modo u otro, con diferentes movimientos poéticos, tanto en Buenos Aires como en Rosario y en Montevideo, estos narradores se desprenderán de las pretensiones épicas de la reconstrucción histórica y de las certezas ideológicas de distintos signos, para buscar en los lenguajes de la heterogeneidad otras formas de reproducir la experiencia de lo cotidiano: en parte diálogo con el neobarroco, en parte herencia del coloquialismo, es una escritura que registra lo fragmentario y disímil de la experiencia y de la capacidad de comprensión de los sujetos. Por este motivo, muchas veces se ha dicho que anuncian la posmodernidad en Argentina, y es posible que sea cierto. Estas preocupaciones pueden reconstruirse, en parte, en la estética de las tapas como hemos hecho en los capítulos anteriores.

Pero además aparecen en las respuestas al cuestionario provisto por Souto para la antología de EUDEBA de 1985, donde Juan Jacobo Bajarlía hablaba de la importancia que habían tenido en su formación tanto el Movimiento Invencionista (1944-1947) como la redacción de los Manifiestos Signistas (1961). Aunque sus orígenes eran distintos, ya que el invencionionismo se relacionaba con el arte abstracto y no con el surrealismo, algunas de sus preocupaciones estéticas se enlazaban con las inquietudes del ya mencionado ilustrador Fassio y sus conexiones con la revista *Letra y Línea* (1953-1954) dirigida por Aldo Pellegrini. En estas corrientes todavía puede verse la importancia de la experimentación vanguardista, aunque el neovanguardismo de los sesenta tratará de desprenderse de su hálito de exclusividad. Para los años cincuenta, el invencionismo y el surrealismo, desde muy diferentes vías, habían generado un sobrio imaginario de lo cotidiano donde se revelaba lo que se ha dado en llamar un proceso de secularización del lenguaje poético a través de búsquedas cada vez más conceptuales.

Dentro de esta línea podríamos ubicar la sensibilidad estética de los poetas (y escritores) de la emergente camada sesentista de ciencia ficción, en particular los primeros libros de Angélica Gorodischer que, como veremos luego, retoman estas problemáticas. Recordemos además, cómo, en el mismo libro de Souto, Elvio E. Gandolfo hablaba de su experiencia con *El Corno Emplumado* (1962-1969) como capital en su formación. Sus relaciones con el eje de poesía Rosario-Montevideo y con las revistas *El Lagrimal Trifurca* (1968-1976) y *La Cachimba* (1971-1974), también fueron centrales ya que definieron su modo de acercarse al hecho literario y poético de una manera que se alejaba de la cuestión de los géneros, y le permitía pensar lo literario como zonas problemáticas tanto del lenguaje mismo como de los sujetos frente a los hechos. Por su parte, Alberto Vanasco era uno de los poetas que había participado en las revistas *Poesía Buenos Aires* (1950-1960) y *Zona de Poesía Americana* (1963-1964) que dirigiera Paco Urondo. Si la primera revista se caracterizó por el eclecticismo de las actividades posteriores de sus miembros y por una actitud casi anti-ortodoxa en sus búsquedas poéticas, la segunda estuvo marcada por el compromiso político, aunque lejos del "realismo de Zola" (Urondo, "Un largo poema" 75).

La preocupación central que recorre todos estos movimientos y publicaciones es un intento de anclar lo poético en la realidad, o como dice Daniel Freidemberg, darle a la poesía una actitud "realista" ("Herencias y cortes" 186), al instalar los poemas en el paisaje urbano y la vida cotidiana. La poesía toma asuntos vinculados a la crítica social, aunque alejada de toda forma de color local o folklorismo trascendental: esta preocupación recorre también los intentos de definir la ciencia ficción desde sus inicios, tal y como he descrito en el prólogo.[184] Si alguna duda cupiera, baste recordar los embates de Vanasco en

---

[184] En cierta forma, la novela fracasa en esos mismos intentos: su cada vez más afirmada fe romántica en la noción de *Volk* que la lleva a redimir el revisionismo histórico, se convierte en su talón de Aquiles.

Letra y Línea contra las versiones mitológicas de la realidad argentina. Lo que lentamente irá cobrando mayor importancia en los debates del seno de estas revistas de poesía y en los textos producidos por quienes participaron en ellas será la elección y organización de los materiales lingüísticos y de las imágenes para expresar la multiplicidad de experiencias de lo cotidiano: ésta es también una inquietud afín a la producción de la ciencia ficción y por esta misma razón, los pasajes de la poesía a la ciencia ficción no parecerán foráneos a quienes las produjeron ya que hay preocupaciones comunes en ambas, incluso en su modo de registrar la inmediatez de la experiencia política. Eventualmente, Angélica Gorodischer, como ya he mencionado en el capítulo anterior, hablaría de sus conexiones tanto con el ensayo latinoamericano como con la poesía neobarroca que ganaba espacios en los setenta (Gandolfo, "Reportaje" 23-29).

En la ciencia ficción, estas líneas estéticas mantuvieron una complicada convivencia, conformando una suerte de amalgama de preocupaciones que, en parte, retornan sobre el espíritu de Macedonio por su desconfianza en la lengua y por su afirmación de lo político. El programa estético que las revistas organizarán para la ciencia ficción es un claro eco de los programas poéticos de los sesenta: el intento de reconstruir una realidad hipertrofiada por la experiencia surrealista aunque desarticulada, y convertida ahora en una forma de racionalidad de la cual ese movimiento hubiese renegado completamente, la presencia del paisaje urbano como algo intrínseco a la identidad misma, la exploración de espacios interiores transvasados por la experiencia individual donde prima el lenguaje poético, las búsquedas multifacéticas para decodificar la historia sin mitificarla; el concepto de una literatura hecha a fuerza de "prepotencia de trabajo". Todas estas nociones son constitutivas de la producción de ciencia ficción y reaparecerían en forma cuasi programática, mucho después, en los textos que operaron de manifiesto para el grupo *Shangai* a fines de los ochenta (Caparrós, "Nuevos avances" 43-45). Para estos escritores, la idea de una literatura sin compromisos políticos (pero no apolítica) era una oportunidad de la escritura para pensarse a sí misma. Lo que los poetas neo-vanguardistas llamaron la búsqueda de una "literatura inteligente", se traduciría en la ciencia ficción como un "ejercicio intelectual", y en la literatura de los noventa sería, simple y llanamente "el valor de una literatura en sí".

Dentro de esa compleja red de cruces y diferencias, la ciencia ficción organiza una suerte de tradición a contrapelo del sentido común del canon. Esa colocación sería, en cierta forma, ejemplar de las operaciones que las nuevas camadas de escritores realizarían a partir de la década del ochenta, cuando se hiciera claro que las agendas intelectuales de las dos décadas anteriores habían fracasado. La problematización ideológica del nexo entre escritura y política que, de alguna manera, ya estaba presente en la ciencia ficción dada su capacidad reflexiva, se trasladaría ahora a buena parte del campo cultural. La nueva crisis de hegemonía de los ochenta instala los proyectos de escritura que emergen en esos años en el mismo espacio ambiguo de la ciencia ficción mientras ésta ingresa en los espacios canónicos gracias a autores como Carlos Gardini, Marcelo Cohen, Carlos Chernov y Sergio Bizzio. En su forma más visible y obvia, la ciencia ficción entró de lleno en el debate en torno a los presupuestos ideológicos de la novela histórica y la historiografía que tanto afectaron a la percepción de la capacidad política de la literatura y al realismo en la encarnación que había marcado los sesenta y setenta. A diferencia de la angustia existencial que caracteriza esta reflexión en otros espacios, éstos no serán textos nostálgicos: el embrionario impulso sesentista de la ciencia ficción por demistificar los principios ideológicos sobre los que se interpretaron los proyectos de Estado y nación se convierte ahora en el signo de la década.

Si como dice Fredric Jameson, la ciencia ficción establece una relación formal con la historia, al momento en que la narrativa toda entra en ese debate, la ciencia ficción se hace cargo de moderar los términos (ideológicos) del mismo para no caer en el misticismo. En este sentido, la ciencia ficción pone en escena el ingreso de nuevos actores en el espacio social y político, articula sus recursos discursivos y performativos, y analiza su capacidad operativa en el marco de la (re)constitución del imaginario utópico. En esa operación, la ciencia ficción asume como propia una centralidad que hasta entonces no tenía, al abrir un debate del cual participarán también otros agentes del campo cultural. Ese precario pasaje del margen al centro fue percibido por buena parte del *fandom* como "un momento de debilitamiento" de la ciencia ficción, posición que sería articulada en varias ocasiones tanto por Capanna como por Gaut vel Hartman.[185] Más allá de esta particular interpretación de los hechos, podemos decir que, en efecto, hubo una suerte de movimiento pendular que se inicia con el *boom* editorial de mediados de los setenta y que parece decaer a partir de la incorporación de las temáticas de la ciencia ficción a las narrativas hegemónicas de los noventa en adelante.

La efervescencia alrededor de la ciencia ficción que se da a partir de fines de los setenta, más que ser un indicador del final del paradigma realista, abre

---

[185] El *fandom* tiende a leer los avatares de la ciencia ficción desde sus propias vivencias comunitarias: este período coincide con la mengua en la producción de revistas y con una transformación en la narrativa misma, además del creciente impacto del comic a nivel internacional que absorberá a una parte de los consumidores de narrativa de ciencia ficción.

una discusión sobre sus materiales y sus presupuestos. Esa discusión tendrá dos carriles que, en la ciencia ficción, son cara y cruz de una misma moneda. De un lado, se reflexiona sobre la novela histórica que marcará los ochenta y que aquí se deconstruye hasta hacer implotar sus postulados ideológicos; del otro, la ciencia ficción se reposiciona en el contexto de la explosión de lo que, en algún momento, Graciela Montaldo llamaba "literatura mala", aquella que regresaba sobre los "géneros menores", y que se convertiría en una amalgama de materiales heterogéneos provenientes de muy distintos espacios culturales. Para inicios del siglo, Marcelo Cohen haría uno de los mejores resúmenes de casi ciento cincuenta años de historia cultural al decir:

> [la cf] nunca ha tenido estrategias narrativas de su competencia ni dispositivos que haya desarrollado por su cuenta. Si aprovechó sin reparos los mecanismos de la saga épica, la novela de viaje, la aventura, el policial, o lo que fuera, es porque, bien le importaba básicamente capturar al lector [...] inventar espacios virtuales para desarrollar hipótesis o prevenir, poner a prueba ideas y tendencias, figurar dilemas morales [...] Gracias a su amoralidad textual, a su inescrupuloso abuso de otras poéticas, la CF es la pionera de la posmodernidad literaria (*¡Realmente fantástico!* 164)

En los siguientes capítulos exploraré como todos estos elementos entran en juego en la obra de escritores que no sólo definieron la ciencia ficción como modalidad narrativa en la Argentina, sino que están particularmente atentos a cómo lo político opera en el discurso letrado. Tomando algunos textos de Angélica Gorodischer, Carlos Gardini y Marcelo Cohen, aquí me concentro en indagar cómo la ciencia ficción subvirtió los materiales ideológicos que fundaron los discursos políticos y los programas culturales del campo cultural. Me interesa, en especial, analizar cómo la ciencia ficción lee, incorpora y/o descarta materiales provenientes de muy distintos espacios a fin de cementar una mirada profundamente crítica, pero también esperanzada. Esta tercera parte concluye con una reflexión sobre cómo y por qué las preocupaciones estéticas y políticas de la ciencia ficción se filtran en el resto de la narrativa hacia mediados de la década del noventa.

7

Estados alterados:
Angélica Gorodischer

Como hemos visto en las páginas precedentes, la década del sesenta estuvo marcada por un complejo proceso de renovación cultural y política. Uno de los espacios que recibió con mayor fuerza el impacto de esta transformación fue el de las ciencias sociales, en particular, debido a la implementación de la carrera de sociología y a las reformas en historia y literatura, y, en menor medida, antropología. Parte de estos debates estaban vinculados con la función social del conocimiento o, primariamente, de la universidad en tanto que institución del Estado y, por ende, de las disciplinas allí difundidas. El centro de esas discusiones tenía su origen en los intentos de analizar la sociedad y la cultura a partir de métodos empíricos que respondieran al espíritu de "cientificidad" de la década. La búsqueda de un lenguaje racional para aproximarse a los hechos sociales sin caer en el impresionismo o en el ensayo se convirtieron en la preocupación subyacente de las reformas; inquietud que apareció también en la literatura de manera casi inmediata. Si bien el realismo se convirtió en una suerte de trampa ideológica que obstruyó la exégesis de la propia herencia ideológica de la narrativa, los intentos por registrar la realidad son la obsesión que marcará la literatura a partir de este período. En un comentario sobre esos años, Luis Chitarroni decía:

> El relato era realista en primera persona del singular; el narrador, por supuesto, masculino. En plan de conjetura, puede decirse que lo más osado que se atrevía a confesar ese narrador caballero era el escándalo de su impotencia el día de su debut sexual. Textuales, el psicoanálisis y el estructuralismo proporcionan, al promediar la década, nuevas claves y nuevas coartadas. A veces, para desplazar lo temático hacia territorios distintos; a veces, para leer más de lo que estaba escrito. ("Narrativas: nuevas tendencias" 437)

Pese a la variedad de posturas, en casi todos los textos puede adivinarse una preocupación común por generar una tradición escrituraria modernizadora cuya piedra basal fuera el realismo. Esta tendencia puede rastrearse a través de la literatura feminista (como en el caso de los textos de Marta Lynch o Beatriz Guido), o de la narrativa que se ocupó del tema de la homosexualidad (tal como fue el caso de Manuel Puig, Copi o Héctor Bianciotti), en el nudo que termina de atar literatura y política en un amplio espectro de escritores (desde Julio Cortázar hasta Ernesto Sabato, pasando por Haroldo Conti, Rodolfo Walsh, David Viñas y Osvaldo Soriano) e, incluso, en los esfuerzos de renovación estética que generaron el lenguaje de lo nuevo que cambiaría radicalmente la narrativa argentina (baste pensar en las propuestas de escritores como Néstor Sánchez, Juan José Saer o Luis Gusmán).

"Realismo" aquí debe ser entendido en los términos de los debates del período, es decir, una modalidad discursiva universalista que rechazaba el costumbrismo, el nativismo y el folklorismo para dar cuenta de lo social en el marco de la intensa polarización política del campo cultural. Esa mutación buscaba renovar la legitimidad de los actores del campo cultural y de su producción a través de la fórmula de lo "nacional y popular", tal y como hemos visto en el primer capítulo. Ni siquiera la literatura fantástica fue ajena a esta preocupación, ya que la experimentación vino a formularse como un modo de expresar la experiencia de la modernidad, al punto que, en algún momento se hablaba de "nuevo realismo". Una lectura atenta nos permitiría ver que, aunque las novelas se debatían contra el imaginario del liberalismo del cual abjuraban, no lo hacían con materiales ideológicos demasiado distintos. El origen de este extraño oxímoron discursivo puede buscarse en la ausencia misma de programas escriturarios ya que, como dice Claudia Gilman, "Lo nuevo fue la consagración de la novela como objeto de lectura y de cultivo" (325).

En la novedad misma no hubo una particular voluntad reflexiva sobre en qué consistían las operaciones ideológicas del campo cultural: éstos eran tiempos de acción, no de cavilaciones.[186] En este contexto, aparece en 1967, *Opus dos* de Angélica Gorodischer, quizás la más conocida y respetada escritora de ciencia ficción en lengua castellana. Es su primer libro de ciencia ficción y, aunque tal vez no haya sido el más logrado, me interesa detenerme en él un instante, no sólo por el desconcierto crítico que causó, sino por cómo aborda una serie de cuestiones que serán capitales para la ciencia ficción argentina.

El primer motivo de desorientación crítica que produjo este texto es su misma construcción. Aunque ha sido descrito muchas veces como novela (de hecho, se presentó como una "novela articulada en nueve partes"), en realidad se trata de una colección de relatos independientes organizados de tal modo que *se leen como* una novela. Se trata de nueve relatos construidos alrededor de

---

[186] En realidad, las discusiones registran también esta disyuntiva: poco a poco, el realismo y la vanguardia se volvieron términos intercambiables cuando lo político se incorporó a las formulaciones de lo literario de manera insoslayable y todo lo que no tuviera ese marcador, visible y rápidamente detectable, se convertiría en un objeto de "evasión".

los avatares de una universidad en un país o planeta futuro durante una serie de crisis sociales que llevarán a grupos oprimidos blancos a lograr la igualdad social. Narrados desde las distintas perspectivas políticas y personales de los profesores, administradores y alumnos negros de la universidad, los cambios sociales son registrados a través de las lecturas y/o escritura de sus textos y a través de sus vivencias personales. *Opus dos* constituye una suerte de crónica de las transformaciones que atravesó el sistema universitario argentino a fines de la década del sesenta, y en este sentido, el verdadero protagonista de todos los relatos no son los personajes sino las instituciones por las cuales circulan.

El fuerte componente de inversión de los términos de la opresión racial, sumado al proceso de modernización que muchos profesores y administradores resisten, proveen lo que Csicsery-Ronay Jr. describía como un futuro relevante para la experiencia de los lectores. Así, este texto abre varias cuestiones centrales para la ciencia ficción dentro de la narrativa argentina. En primer lugar, al igual que las revistas, delimita el grupo lector de la ciencia ficción a un espacio letrado profesionalizado, capaz de leer las claves de un texto que narra la experiencia de la modernización desde sus propios lenguaje y preocupaciones, siendo particularmente crítico sobre cómo distintos grupos se posicionan dentro de un campo cultural inestable. Es una mirada bastante poco complaciente que se desentiende de la imagen del intelectual comprometido que permea el resto de la literatura y hace claro que toda relación con el Otro-pueblo es, ante todo, una relación de poder y de violencia.

En segundo lugar, desestabiliza la noción de la narrativa como un todo orgánico al constituir lo que debiera ser una novela desde la multiplicidad de los puntos de vista que circulan en los relatos individuales: aquí se astilla la ilusión de la unidad textual porque se astilla la ilusión de un universo monista.[187] Por último, es un libro donde la historia está completamente desarticulada, sus términos invertidos en una distorsión del presente tan obvia que nos obliga a preguntarnos si no estará hablando de otra cosa: en los relatos, las claves sobre cómo leer la experiencia política son centrales para reconstruir alguna forma de continuidad. Entiéndase bien: en el momento en que la narrativa argentina (y debiéramos decir también la cultura y la política) encamina sus esfuerzos hacia reorganizar el discurso histórico y político en aras de una teleología de futuro unívoco y utópico que amarrase los lazos entre intelectuales y pueblo en forma definitiva, la "emergente" ciencia ficción sale al campo cultural con

---

[187] Y se astilla de un modo muy diferente a lo propuesto en un texto como, por ejemplo, *Rayuela*, donde la experiencia de lectura se deconstruye, pero está, en última instancia, controlada por el narrador del *Cuaderno de bitácora*.

el equivalente literario de una elegante patada al tablero. No hay otro modo de ponerlo: en toda su mesura arquitectónica, este es un texto furiosamente sarcástico, violentamente diferenciado.

Esa posición se articula en la elección misma del epígrafe, un verso de Raúl González Tuñón, "Y un hombre negro muere cada día en Alabama", donde se define todo un universo estético ya que recoge las preocupaciones de los primeros textos de ese poeta: es la articulación de la filiación con el realismo, pero descentrada por la perspectiva de la marginalidad social y la pobreza; es la aglutinación de materiales provenientes de muy distintos espacios a través del *pastiche* y del *collage* para generar un lenguaje capaz de registrar lo político como parte intrínseca del discurso; es la búsqueda de espacios supranacionales para la organización de agendas políticas que reconozcan problemáticas comunes; es la oposición a la búsqueda de la singularidad a través de la figura de lo heterogéneo; es el rechazo de la geografía telúrica de la patria en favor del universo de la experiencia política. La elección de González Tuñón hablando del racismo en los EE.UU. alude al obvio tema del libro ya que la discriminación vendrá a instalarse en la Argentina por obra y gracia de las excavaciones arqueológicas que revelan el presente de la lectura como el pasado del apartheid de *Opus dos*. Leído bajo la premisa combativa de la poesía de González Tuñón, el mundo distópico que presenta Gorodischer (donde se subraya la necesidad de la cooperación de vastos sectores sociales para producir cambios) puede ser descrito en los mismos términos provistos por Jane Donawerth para *The Day of the Drones* (1969) de A. M. Lightner:

> [...] is thus an early critical dystopia: it offers a critique of gender and racial hierarchies as constructed; it demonstrates the great human cost, both economic and in psychological terms, of racial and gender bias; and it presents social reform as necessary but not inevitable. ("Genre Blending" 34)

Esa aleatoriedad del devenir histórico fue el segundo motivo de incomodidad. Éste no es un texto que ponga una fe ciega en el destino o en la determinación de la historia, en la fuerza inmarcesible de las revoluciones o en la voluntad de individuos únicos para producir cambios sociales. Si bien la cita de González Tuñón (un conocido poeta comunista) podría indicar una lectura en esa dirección, el texto no se hace cargo de ese aspecto de la agenda política del poeta, sino que toma los espacios de cruces, la importancia de la coyuntura política en la lectura de lo real, y la búsqueda de una ideología de la complejidad. En este sentido, el texto construye la suya propia a través de un constante rechazo del populismo, de una relectura de los martilogios políticos como algo circunstancial y fortuito (como un *uso* de la muerte para fines políticos y no como un sacrificio), y de una puesta en escena de la lógica tribal que destruye toda ilusión sobre edades de oro pérdidas o venideras.[188]

En medio de los procesos de modernización de las universidades argentinas, este texto viene a probar que las instituciones, cualesquiera que sean, resisten las innovaciones y que sus actores pueden ser refractarios a ellas, aún y a pesar de la naturaleza de sus profesiones o de sus credos: es el caso del primer personaje, el arqueólogo Iago Lacross, que no se casa con una mujer blanca por no arruinar su carrera académica, es el caso del mitólogo tradicionalista (palabra que alude directamente a la corriente que resistió los cambios en la universidad argentina) y eventual rector, Severin, es el caso del rector sin nombre que pide la intervención policial de la universidad cuando los estudiantes blancos van a anotarse. Más aún, cada narración argumenta que, en su misma construcción, las disciplinas académicas mismas portan las semillas de tendencias conservadoras que pueden ser (y serán) utilizadas políticamente. A contrapelo de todas las construcciones míticas que, de la mano del revisionismo histórico acaban por cobrar cuerpo en el imaginario irracionalista de los sesenta y setenta, *Opus dos* se planta firmemente del lado de la racionalidad y el empirismo, deconstruyendo las arcadias telúricas donde vino a identificarse el pueblo, y reconociéndose en formas plurales de resistencia colectiva a toda configuración de poder hegemónico: en este aspecto, el texto deconstruye el sujeto histórico que emerge en los textos de Oesterheld para reemplazarlo con una voz verdaderamente plural, contradictoria y problemática que busca cimentar el futuro a través de la celebración y aceptación de la diversidad.

Estas operaciones retoman preocupaciones centrales de la narrativa de ciencia ficción argentina para reorganizarlas. Logrado o no, *Opus dos* es, de alguna manera, un programa involuntario de escritura, una suerte de *ars poetica* donde, en parte, cuaja lo que Darko Suvin, citando a Tom Moylan, describe como una eutopía engañosa (fallible eutopía), en la medida en que:

---

[188] Uno de los cuentos, está situado en una Buenos Aires que ha vuelto a ser Lagash, una de las más antiguas ciudades de la Mesopotamia del Medio Este. Podría pensarse que ese texto dialoga con *Nippur de Lagash* (1967-1998), una famosa historieta argentina escrita por Robin Wood e ilustrada por Lucho Olivera que originalmente apareció en la revista *D'Artagnan*. Pudiera ser, pero aquí lo central es que las referencias a la Edad de Bronce son hechas a través de la violencia, de la ausencia de una ley uniforme, de diferencias sociales y de género: el mundo de la posguerra y el mundo primitivo no son particularmente diferentes y comparten una irracionalidad que el texto condena.

> 1) the society of textual action is eutopian, in open or subtle contradiction to the human relations and power structures in the writer's reality; 2) this new Possible World is revealed as beset by dangers [...] that threaten to reinstate class stratification, violence, and injustice; 3) our hero/ine, often a multifocal collective, fights against this threat with some chance of success. This form supplements the usual utopian critique of the writer's (dystopian) reality with a second front against the involution and downfall of the eutopian society. (Suvin, "Theses on Dystopia" 195)

Opus dos emerge como una suerte de respuesta a discursos utópicos que, poco a poco, iban perdiendo todo viso de anclaje concreto o posibilidad de realizarse. Si bien es un texto donde se subraya la importancia de la acción colectiva y del cambio y donde se denuncia la violencia y la injusticia, esas posturas se articulan desprovistas de todo maniqueísmo y de todo romanticismo. El texto opera contra la *doxa* del campo cultural al poner en evidencia los rasgos autoritarios arraigados en los discursos utópicos tanto de las corrientes que hicieron posible la modernización intelectual, como de la izquierda en forma más general. En el final, se opta por una salida pluralista, sin articular por completo un discurso eutópico, pero organizando su agenda de posibilidades:

> [...] en la ciudad, mezcla de opulencia y barro, de miseria y supersticiones, de injusticia y poesía. En ella convivían todos los lenguajes, todas las razas, todos los colores, todas las costumbres, y en ella se repetía un proceso que Thor Enríquez había estudiado y había hecho estudiar, y que ahora presenciaba desde adentro, incrédulo y exultante. [...] Un puro se hubiera sentido incómodo y furioso en la nueva ciudad que nacía en el desierto. Él, en cambio, estaba en paz con el poltergeist [...]. (*Opus dos* 144-46)

Perfección aquí implica multiplicidad, heterogeneidad, complejidad, pero sobre todo, aceptar las diferencias como parte intrínseca de la cultura. Ese impulso programático irá cobrando cuerpo en los siguientes libros de ciencia ficción de Gorodischer.

En 1973, apareció *Bajo las jubeas en flor*. Considerado uno de los mejores libros de ciencia ficción en castellano, los relatos abordan dos problemáticas centrales. En primer lugar, son textos que reflexionan sobre la capacidad de respuesta de los sujetos al poder y a la otredad, en triangulaciones que ponen a prueba la ética de las elecciones individuales y colectivas. En segundo lugar, los relatos articulan un notable mecanismo narrativo donde se hace clara la capacidad de la ciencia ficción para crear mundo y generar la plausibilidad necesaria para mantener su autonomía una vez sellados todos los pactos de escritura y lectura iniciales. *Bajo las jubeas en flor* no sólo retoma y ahonda las apuestas políticas y estéticas que aparecen en *Opus dos*, sino que además propone una biblioteca de lecturas a partir de la cual es posible desentrañar los códigos sobre los cuáles se construye buena parte de la ciencia ficción argentina. Si *Opus dos* es un *ars poetica*, *Bajo las jubeas* es un metatexto.

Bajo las jubeas consta de seis relatos donde se narran las experiencias de encuentro con el Otro de otros tantos viajeros: es el caso del capitán que llega a otro mundo y es encarcelado por desconocer el protocolo; es el caso del poeta que, emulando al Carlos Argentino Daneri de Jorge Luis Borges, descubre la entrada al universo en una habitación de su casa; es el caso de los personajes que se encuentran en el nuevo Infierno del Dante que se abre a las orillas del Tigris, para meditar sobre la naturaleza misma del tiempo a partir de una cita de Einstein y otra de Langevin; es lo que sucede con el navegante ciego que parece tomado del ciclo de *Dune* (1965/1985) de Frank Herbert; es el centro de la experiencia que viven los personajes del relato que relee *Solaris* (1961) de Stanislaw Lem; y es lo que estructura el sistema de percepción del último relato que, además de citar a todos los textos anteriores, tiene una perfecta doble circularidad en su construcción, lo cual lo convierte en una *mise-en-abîme* de la totalidad del libro.

Este último texto de *Bajo las jubeas*, "Semejante día", narra la parábola de un mundo que perdió su norte al incorporar entre sus legisladores a un extranjero que probaría no ser apto para la tarea y que, al ser deportado, se lleva consigo el libro con todas las leyes jamás escritas por esa sociedad, sumiéndola en el caos. La historia reproduce no sólo el aparente desorden de "Semejante día", sino que provee de anclaje a "Bajo las jubeas en flor", la primera narración del libro, generando ese doble efecto circular que interconecta la lectura de todas las historias. El texto proporciona, en su construcción misma, preguntas sobre cómo el lenguaje expresa la reciprocidad entre lo micro y lo macro cósmico a través de la representación al problematizar la relación entre las partes y el todo, pero también la búsqueda de un lenguaje originario que no sólo nombre el mundo sino que también le dé forma y lo ordene. En este sentido, el lenguaje o los lenguajes que circulan en este texto tienen que ver tanto con la letra escrita de ese libro perdido e ilegible que aparece en los relatos, como con los contextos semióticos contra los cuales es leído e interpretado.[189]

---

[189] En este sentido, una posible segunda lectura de estos textos requiere retornar sobre las tradiciones judías, particularmente las reconstrucciones orales del Talmud en la tradición sefardí, ya que ese libro por siempre perdido y encontrado juega a cumplir las funciones tanto de la Halakah (la ley) como de la Haggadah (la tradición).

Desde esta perspectiva, las preguntas que aquí emergen sobre la naturaleza del Otro no serán parte de un sistema de oposiciones binarias, ya que el Otro vendrá a develar las cualidades del observador mismo, y se revelará como parte de la identidad. Más bien, como dice Eco, las historias desenmascaran cómo los encuentros con el Otro están marcados por el bagaje y las expectativas culturales de los propios narradores, en este caso, los de los intelectuales que se convierten en el objeto de análisis de los relatos. O dicho en palabras de Luhmann, son textos donde, a partir de los dispositivos culturales de la lengua, se ponen en evidencia los mecanismos de autoreproducción de lo social. Quizás sea por este motivo que *Bajo las jubeas* articula claramente la relación de la ciencia ficción con el barroco puesto que reflexiona sobre la relación entre la multiplicidad y la continuidad en la percepción cultural.

La obra se abre con una cita del conocido sinólogo francés Marcel Granet[190] que condensa una serie de temáticas que son a la vez recuperación de preocupaciones anteriores y apertura en nuevas direcciones. Granet fue uno de los primeros sociólogos franceses en estudiar la China: en textos donde el tema central será el encuentro con el Otro, su figura es una suerte de espejo crítico para pensar cómo las operaciones textuales se hacen cargo de esas experiencias desde la interioridad de las ciencias sociales, en particular, la sociología que, desde fines de los cincuenta, domina el vocabulario y el pensamiento de las humanidades en Argentina. Esa mirada especular permite articular una postura crítica ya que para los personajes es casi imposible aprehender o conocer a los Otros que circulan por los textos, ni siquiera cuando se ejercen distintas formas de violencia. Así, los encuentros son ejercicios en incomunicación o en malos entendidos, que acaban por generar situaciones absurdas que el lenguaje no siempre puede subsanar. Es justamente ese lugar del lenguaje como *locus* de una racionalidad primordial casi imposible de reponer lo que modula no sólo la experiencia de los múltiples encuentros, sino las lecturas de Borges, Dante, Lem y Herbert. Lo que une las lecturas de estos autores en apariencia tan disímiles, es su común preocupación por la capacidad del lenguaje no sólo para reproducir o enunciar lo real, sino para generar discursos utópicos: en estos narradores, diría Eco, el lenguaje es el espacio donde el orden del mundo *es*, o debería manifestarse.

---

[190] Los textos con los cuales parece trabajar Gorodischer son fundamentalmente *La pensée chinoise* (1934), *Danses et légendes de la Chine ancienne* (1926) y *Fêtes et chansons anciennes de la Chine* (1929). Había traducciones de sus trabajos al castellano desde mediados de los cincuenta, por una parte y, por otra, es posible que la influencia de Claude Lévi-Strauss se extendiera también a su *corpus* de lecturas ya que incluían a Granet. Ecos de esos mismos textos aparecen en varios textos de Borges.

La ilusión persistente

Esto nos lleva a la segunda cuestión que recorre el texto. El epígrafe del libro reza: "Savoir le nom, dire le mot, c'est posséder l'être ou créer la chose". Esa aseveración conecta toda la estética de los cuentos aquí estudiados con los tres primeros libros del ciclo de *Terramar* (1968/1972) de Ursula K. Le Guin y sus preocupaciones sobre la capacidad del lenguaje para enunciar. Pero, al mismo tiempo, le da cuerpo a la inquietud capital de la ciencia ficción sobre la relación entre palabra y obra, ya que está presente en los análisis de Granet sobre el pensamiento chino: de acuerdo con Granet, para los chinos, la palabra es acto por cuanto el nombre de la cosa expresa su esencia individual y, por ende, nombrar algo lo hace realidad. Desde esta perspectiva, la palabra ordena los fenómenos (Granet, *La pensée chinoise* 27).[191] Pero en *Bajo las jubeas*, desgajadas de su contexto original y transvasadas al libro sagrado que conecta las historias (el mencionado *Ordenamiento De Lo Que Es Y El Canon De Las Apariencias*),[192] las citas no tienen casi sentido, y ese libro que debería ordenar y/o explicar el universo, en cambio, lo vuelve completamente opaco. Todos los discursos letrados de *Bajo las jubeas*, y todos los reportes de los exploradores se refieren a ese libro imaginario que volverá a circular por otros relatos de Gorodischer.

Ordenamiento es un texto infinito, sin aparente sentido, y supuestamente rígido que pretende describirlo todo, incluyendo las experiencias de lectura de los textos reales, el presente y el futuro, pero sobre todo, el sistema que sostiene las normas de conducta y de relaciones entre personas, objetos, y universo. El concepto de ese libro perenne (y la manera de escribirlo) están tomados casi directamente de las citas y traducciones de Granet sobre cómo los chinos conciben el sistema numérico y su relación con el orden social y natural. En su forma de citar, el texto se hace eco del sistema de citas de Borges y de sus lecturas de H. P. Lovecraft, pero su dirección apunta a deconstruir cómo formas prescriptivas de entender lo social falsean nuestra capacidad de empatía frente a la otredad: la opacidad misma del texto, la incapacidad de sus lectores para descifrarlo, nos hablan de las limitaciones para internalizar la complejidad

---

[191] No debemos olvidar que estos conceptos también permean (aunque provenientes desde tradiciones originarias de la cultura indígena americana) la literatura de Ursula K. Le Guin. Estos son, coincidentemente, conceptos que aparecen en las tradiciones judías y sobre los cuales escritores como Borges han meditado con frecuencia. No se me escapa que este denso entramado está en el horizonte de materiales que maneja Gorodischer, pero aquí me interesa subrayar sólo esta línea en función del armado diacrónico de las operaciones que atraviesan su obra.

[192] El texto es, además, un viejo proyecto del cual Gorodischer ha hablado en varias entrevistas, pero que hasta ahora no ha sido publicado.

de la experiencia del otro y cómo esa incapacidad fácilmente se convierte en violencia.

Esta premisa de una lectura (cultural) desfasada por la otredad del sujeto-investigador sostiene el universo cultural de *Bajo las jubeas*, desde las discusiones de los prisioneros en la cárcel del *Dulce recuerdo de las jubeas en flor* hasta los mundos a donde llegan los exploradores: esos mundos se nos aparecen como las imágenes de una China cósmica, distorsionada por la percepción y los análisis del sociólogo francés, por las décadas pasadas desde sus investigaciones originales, por las traducciones al castellano y por el propio uso de esos materiales en los textos. El texto está salpicado de alusiones culturales que mencionan tanto lo que se entiende por Lejano Oriente como la historia y la cultura occidentales. Este es el universo de la distorsión de la distorsión: el perfecto *trompe-l'œil*. Esta mezcla contribuye al extrañamiento inicial que provoca la lectura y que articula ese mundo o mundos aparentemente irreconocibles que se arman a partir de las múltiples citas y parafraseos de los trabajos de Granet. El texto menciona desde poetas chinos como Liu Tsung-Yuan y Tu Fu, o la poeta japonesa Akazome Emon, pasando por uno de los incidentes de la historia del clan Hatakeyama durante la guerra Onin en Japón, hasta las obras de Jean-Honoré Fragonard, los reinos sumerios del -4.000 al -1.900, las guerras europeas del siglo XVIII y XIX, y el universo cultural de la ciencia ficción anglosajona.

Decir que se trata de textos complejos apenas les hace justicia. No obstante, la mención de Fragonard y su cuadro *Les hasards heureux de l'escarpolette (La Balançoire)* (1767) organizan las claves de la lectura. Leído desde los universos simbólicos del barroco y del rococó,[193] la circularidad de la estructura, la insistencia en la especularidad de acciones y personajes, la elección de espacios culturales "exóticos" como *locus* del extrañamiento, los múltiples anclajes en diversas culturas, remiten simultáneamente a muy distintas experiencias de la heterogeneidad. Pero, al mismo tiempo, las mismas están unidas por el hilo conductor de la violencia que aúna toda diferencia en el lenguaje del dolor, la pérdida, el desarraigo y la búsqueda de felicidad. Todo se conecta de manera fluida por la más básica, la más elemental de las reacciones humanas, ante la cual, toda arquitectura cultural se convierte en una pura exterioridad que aquí se revela carente de sentido. Es por eso que, interconectados débilmente por

---

[193] A mediados de los setenta el rococó se incluía frecuentemente en el barroco, o bien como un arte decorativo, o bien como una deformación o un corolario del segundo cuyos excesos llevarían a las búsquedas del neoclasicismo. Si bien es una perspectiva que no comparto (y que hoy en día no es estudiada de este modo), es lo que subyace en los recorridos estéticos del texto.

el libro *Ordenamiento*, las historias parecen carecer de marco, o puesto de otro modo, su estructura fluye en la circularidad de la búsqueda de comprensión y en la experiencia de la vastedad.

La preocupación por las múltiples dimensiones del lenguaje continuará siendo un tema preponderante en los siguientes textos de Gorodischer. En la entrevista que le concediera a Jorge A. Sánchez para el cierre de la antología *Casta luna electrónica* (1977), diría:

> No tengo nada que reprocharle a la literatura experimental ni mucho menos, pero como te dije, en un cuento hay que contar; quizás el poema se preste más a la investigación. El lenguaje que hablamos todos los días [...] es tan rico y tan poco explorado que para mí no vale la pena hacer experimentos de probeta sobre el papel cuando todavía no he conseguido unir todos los lenguajes que hablo. Porque uno no habla un solo lenguaje, habla muchos lenguajes, y escribir con ese lenguaje, con la suma de todos es lo que yo pretendo hacer [...] Por ahora yo quiero escribir con un lenguaje que resuma todos los lenguajes que utilizo [...]. (112)

Restaurar la relación entre lenguaje y objeto, reponer la inmediatez de la relación entre el lenguaje y la experiencia, serán a partir de aquí preocupaciones centrales donde la oralidad cobrará un rol principal en la medida en que, a través del lenguaje y de la narrativa, sea posible plasmar parte de nuestra experiencia del mundo. Si los primeros textos se vuelcan críticamente sobre los registros lingüísticos letrados, los siguientes harán hincapié en cómo otras formas de comunicación perciben y se debaten contra esos discursos. La reflexión sobre los lenguajes que aparece en los textos de Gorodischer subraya hasta dónde, no sólo la lengua, pero también la danza, los medios audiovisuales, o la música se organizan en códigos que pueden ser reconocidos y entendidos como formas de comunicación para expresar la heterogeneidad de la experiencia.

En este sentido, es ejemplar un texto como la "Sensatez del círculo" de la colección de cuentos *Trafalgar* (1979), donde se describe Anandaha-A, un mundo que en apariencia está en total estado de descomposición social y cuyos habitantes sólo se comunican a través de la danza. Ese lenguaje es casi imposible de decodificar para los científicos que van a estudiar el planeta y lo que resultan ser las ruinas de su civilización. Su desconcierto e incomprensión espejan los de los lectores. "Ananda", además de ser el nombre de uno discípulos de Buda, significa beatitud: esos seres de aspecto semi-salvaje han logrado generar una sociedad donde la contemplación y el éxtasis comunicativo forman parte de un ciclo vital donde se revelan los distintos aspectos de lo divino. Los habitantes de Anandaha-A parecen reelaborar algunos conceptos del hinduismo: viven en el espacio que deja libre el diálogo entre Kali (que destruye el mundo para que renazca) y Shiva (que baila el mundo para traerlo a la existencia).[194] Como diría Joseph Campbell, esos seres existen en el vaivén entre el saber y la destrucción, entre una engañosa creación y una destrucción iluminadora. Estos conceptos serán capitales en la construcción de textos posteriores. Por lo pronto, aquí, la danza, en tanto que forma total de comunicación, se convierte en un código incomprensible para los científicos terrestres quienes están limitados por sus propios incompletos saberes. Aterrados por el potencial destructivo de formas de comunicación a las que no pueden acceder y, en consecuencia, no pueden asimilar, no son capaces ni de juzgar ese mundo ni de forzarlo en una taxonomía, ni de prever las consecuencias de sus acciones sobre sí mismos o sobre terceros.

Éste no es, sin embargo, el centro de la preocupación que recorre los textos de *Trafalgar*. Organizados alrededor de la figura de Trafalgar Medrano, un viajante de comercio intergaláctico nacido en Rosario, los relatos llevan a los lectores por diversos mundos donde la experiencia, especialmente la experiencia socio-política, está articulada desde perspectivas completamente distintas a las de los narradores y a la del propio Trafalgar. Al final de cada viaje, Trafalgar se encuentra para tomar café con sus amigos, que se convierten en otros tantos narradores cuando éstos, a su vez, asientan sus historias como relatos. Los múltiples espacios que recorre Trafalgar son otros tantos ejercicios en narrar distintas formas de la utopía crítica. Son cuentos que negocian la relación entre historia y agendas de cambio social porque:

> [...] serious sf, with all the richness that fiction can muster, pursues a more complex engagement that enters into a dialectical negotiation of the historical tension between what was, what is, and what is coming to be. (Moylan, *Scraps of the Untainted Sky* 25)

En estos textos, oralidad y percepción lo son todo. La mirada del testigo, desprendida de toda emoción, construye una falsa objetividad al "simplemente" describir los eventos casi como si éstos fueran objetos de curiosidad en un discurso que vagamente imita la crónica. Trafalgar viaja por planetas donde la organización cultural permite reorganizar la codificación de la experiencia desde lenguajes que no son, necesariamente, los de la cultura letrada, pero

---

[194] Aunque el hinduismo es un sistema de tradiciones religiosas y filosóficas muy complejas que abarca una gran variedad de escuelas, uno de sus conceptos centrales es que lo Divino (o Trimurti) se encarna cíclicamente en sus tres aspectos a través de Brahma, el creador; Vishnu, el protector, y Shiva, el que transforma. Sus esposas, Saraswati, Lakshmi y Kali respectivamente, representan formas a la vez complementarias y opuestas de sus atributos.

donde la historia tiene enorme peso. Son narraciones que operan con lo que Jameson llamó "wold reduction", es decir:

> A kind of surgical excision of empirical reality, something like a process of ontological attenuation in which sheer teeming multiplicity of what exists, of what we call reality, is deliberately thinned and weeded out through an operation of radical abstraction. (*Archaeologies* 271)

Esta operación permite generar distintas aproximaciones a la reflexión sobre la relación entre historia y política a partir de hipótesis sociales que parecen absurdas a los oídos de su auditorio y que, sin embargo, irán tocando temas centrales en la construcción de una narrativa que es cada vez más crítica de la incapacidad de cualquier programa rígido para generar cambios.

Siendo Trafalgar un comerciante indiferente a las explicaciones sociológicas o etnográficas, acaba por centrar sus relatos en cómo distintas culturas se ven afectadas no sólo en su cotidianeidad sino también en la capacidad de los sujetos para aprehender cómo devienen los acontecimientos. A tal punto ésto es así, que en uno de los cuentos, "De navegantes", Trafalgar llega a un planeta que es copia casi exacta de la Tierra en el período inmediatamente anterior al Descubrimiento. Trafalgar comprende que allí la historia conocida aún no ha acontecido y ve la posibilidad de torcerla de tal manera que las atrocidades de los últimos quinientos años nunca sucedan. Amén de jugar con las nociones de tiempos paralelos y de historias alternativas, la narración medita sobre cómo la cultura se convierte en el marco que organiza la capacidad de comprensión de los sujetos: es a la vez su instrumento y su límite. Dice la narradora:

> Pensé en una América descubierta por cien atorrantes barbudos y analfabetos, un loco y un hombre de otro mundo a bordo de una nave interestelar: la locura es una gran cordura, como dice Bernard Goorden. (*Trafalgar* 67) [195]

Pero si la cultura es un marco, el poder es el hilo conductor de las acciones, y la historia, en el final, es el resultado de esa doble interacción:

> El poder, no sólo en Castilla y Aragón, sino en todos los mundos posibles. Aprendé humildad y desinterés vos. Y para eso yo le molestaba. Porque él se

---

[195] Notar uno de los muchos guiños a los lectores de ciencia ficción: Goorden es el renombrado editor y traductor de ciencia ficción, que junto con van Vogt publicara la conocida antología de ciencia ficción latinoamericana discutida en el capítulo anterior, pero también el director de la conocida revista *Ides... et autres*, que en su primera etapa (hasta 1983) se ocupó fundamentalmente de la literatura latinoamericana. Otra vez: lo que es oscuro para algunos lectores, resulta transparente para otros.

> había limitado a bordar intrigas, pero yo había hecho cosas importantes y visibles. Yo no sólo había favorecido la expansión del reino, y qué cacho de expansión, sino que había actuado con eficiencia sobrenatural y las almitas mezquinas y no convencidas como la suya, se sienten muy mal cuando tienen que mirar de frente a lo sobrenatural. (*Trafalgar* 70)

El entrecruzamiento de marcos culturales, historia y poder aplica al nombre mismo del personaje central y guía la lectura. Como sabemos, Trafalgar (1805) fue la batalla que el Alte. Horatio Nelson le ganó a la flota napoleónica, asegurando el dominio imperial británico sobre el Atlántico durante el siglo XIX.[196] Por su parte Medrano, es el apellido de Pedro Medrano, diputado por Buenos Aires al Congreso de Tucumán de 1816 del cual sería presidente y que declaró formalmente la Independencia argentina. A partir de eventos harto conocidos, el nombre Trafalgar Medrano vuelve sobre las trilladas causas externas y sus consecuencias en la historia nacional, al reponer la cadena semiótica que anuda los eventos históricos que contribuyeron a la materialización de los sueños independentistas. El nexo de registros históricos no es casual en un texto que medita sobre cómo la historia se ve afectada por la relación entre lo fáctico y el deseo, entre el saber y el poder, entre la voluntad y la política. Trafalgar Medrano opera esa conjunción desde una suerte de pragmatismo que niega la trascendencia, pero subraya la capacidad de la experiencia para acumular conocimiento y ponerlo en práctica. En este sentido, los cuentos reunidos en el volumen retornan sobre la importancia de la historia no como teleología sino como resultado de la *praxis* humana. Dos relatos dan cuenta de esta postura: "El mejor día del año" y "La lucha de la familia González por un mundo mejor".

"El mejor día del año" narra un viaje a Uunu, un mundo donde coexisten múltiples líneas temporales que cambian alternativamente con tal celeridad que, de un día al otro, Trafalgar atraviesa distintas zonas históricas hasta que, finalmente, logra regresar a su línea original. En Uunu, las infinitas variantes históricas son todas acto, son todas reales, son todas viables, y cada una de ellas emerge en algún momento como parte de la experiencia, convirtiendo al futuro en una de las formas posibles de la ficción:

> El tiempo no es sucesivo [...] Es concreto, constante, simultáneo y no uniforme [...] y por eso si hoy es hoy, mañana puede ser de aquí a cien años o a dos mil o a hace diez mil quinientos [...] Las épocas no se mezclan, ninguna invade a la otra. Coexisten. Son simultáneas [...] Lo que en realidad coexiste no es el tiempo,

---

[196] Es también el título de uno de los *Episodios nacionales* de la serie de Benito Pérez Galdós, pero esa conexión no es pertinente en el entramado de lecturas de los cuentos.

un tiempo, sino las infinitas variantes del tiempo. Por eso los neyiomdavianos de Uunu no hacen nada por modificar el futuro porque no hay futuro, no hay nada que modificar. (*Trafalgar* 92-93, 95)

Es un mundo de pesadilla porque si todo lo posible existe, no hay ninguna razón para pelear por nada, para desear nada. El otro cuento es simétrico de éste, pero desde una perspectiva diferente. "La lucha de la familia González por un mundo mejor" narra los viajes a Edessbuss y a Gonzwaledworkamenjkaleidos. En este segundo planeta, Trafalgar descubre que los muertos no mueren ya que:

> Los muertos se levantaban al ratito nomás de haberse muerto y se dedicaban a joder a los vivos [...] No permitían que pasara nada que alterara la vida que ellos habían conocido. Con los antepasados comunes siempre entre ellos [...] era lógico que todos siguieran siendo la misma familia, y que todos fueran primos y que todos se llamaran González [...] González iba camino de ser un mundo de muertos. (*Trafalgar* 118)

A estos muertos-vivos que impiden toda forma de transformación social en nombre de algo más funesto aún que la tradición, se oponen los Malos Hijos, una organización clandestina que "trazaba planes, favorecía el estudio, la resistencia, la investigación y la curiosidad" (119). Comprendiendo lo desesperado de la situación, Trafalgar finalmente interviene y logra importar la protección necesaria para que los muertos de Gonzwaledworkamenjkaleidos pasen, finalmente, a mejor vida y la historia, libre de los reclamos del pasado, pueda seguir su curso.

En ninguno de los dos textos la historia fluye. Detenidos en una suerte de marasmo distópico, esos mundos son espacios donde las contradicciones entre lo ideológico y lo político son puestos directamente en el centro de la discusión y se convierten en una severa advertencia contra la indiferencia y la ignorancia. La indagación sobre lo político pasa, a partir de ahora, al primer plano. La cuestión que atraviesa toda la narrativa de Gorodischer es cómo narrar la magnitud de la experiencia de la multiplicidad sin caer en las trampas del deseo de totalidad. *Trafalgar* es una crónica de todos los futuros posibles, y éstos, con ser la aparente materialización de la utopía, no son particularmente placenteros. Más bien, éste es uno de los primeros textos de la literatura argentina en los que la utopía adquiere sus matices más oscuros, y se vuelve crítica, puesto que estos mundos pueden describirse en los términos provistos por Derrida:

> A future that would not be monstrous would not be a future; it would already be a predictable, calculable, and programmable tomorrow. All experience open to the future is prepared or prepares itself to welcome the monstrous *arrivant*, to welcome it, that is, to accord hospitality to that which is absolutely foreign or strange, but also, one must add, to try to domesticate it, that is, to make it part of the household and have it assume the habits, to make us assume new habits. This is the movement of culture. (*Points* 387)

Así pues, en estos futuros (tan fácilmente predecibles de seguir el curso establecido) hay algo de profundamente obsceno. Lo que estos textos parecen decirnos es que una utopía que no contemple ni el cambio ni las necesidades de los sujetos concretos que deberán habitarlas, no son una utopía sino una alucinación. Trafalgar dice: "Algo celestial es por fuerza infernal" (148).

Por esto, los planetas que visita Trafalgar son otros tantos experimentos en crear mundos aparentemente utópicos a pesar de que esas sociedades perfectas, sin guerras, sin conflictos, ni arte ni religión (como es el caso Aleiçarga en "El señor Caos"), son planetas no sólo aburridos, sino también monstruosos porque niegan la naturaleza y las contradicciones humanas. En los cuentos donde se exploran alternativas sociales que emergen de algunos de los programas radicales de los sesenta y setenta, o en aquellos que parecen ofrecer soluciones básicas a los conflictos sociales, las pasiones y el deseo de los individuos, se instala un límite que ninguna ideología o programa político puede anticipar o contener sin implotar, y por ende, se convierten en distópicos. Ni el matriarcado de Veroboar ("A la luz de la casta luna electrónica") con sus máquinas de materializar fantasías sexuales, ni la sociedad de castas de Serprabel ("Trafalgar y Josefina"), ni las dos razas de Marranenn con su simbiosis biológica y religiosa ("Constancia") son capaces de dar cuenta de la aleatoriedad de la individualidad y de la libertad humanas. En Gorodischer, la afirmación de los derechos individuales y de las diferencias es lo que define la libertad y la búsqueda de una utopía deseable. En cierta forma, Gorodischer comparte algunos de los rasgos que definieron la ciencia ficción feminista norteamericana que emergió en los setenta:

> [...] feminist utopianism grows out of the long tradition of Left political thought, but it tends to cluster in the familiar formulation of an anarchocommunism in which personal freedom abounds and the state has given way to a relatively unobtrusive administration [...] The personal is clearly political for all the authors. (Moylan, *Scraps of the Untainted Sky* 80)

Si las citas de *Bajo las jubeas* se inclinan por subrayar aspectos vinculados con filosofía del lenguaje para reconstruir el sustrato político del discurso utópico y sus consecuencias, *Trafalgar* pone en escena cómo la relación entre la utopía anhelada y lo real no necesariamente se materializa en las direcciones esperadas. La relación entre historia y literatura será, entonces, la siguiente etapa de la reflexión. En su próximo libro, Gorodischer retomará algunas de sus propias conclusiones para analizar cómo la relación entre utopía y política (no como objeto de deseo sino como programa) emerge en la cultura.

Kalpa Imperial narra once historias que son otros tantos episodios en la historia del Imperio "más vasto que nunca existió".[197] Las historias se inician con el mítico renacer de un Imperio imaginario en tiempos remotos, continúan por narrar la vida de sus emperadores, y acaban por contar las creencias, prejuicios, leyendas y guerras de ese país. Los cuentos aparecieron por vez primera en dos tomos publicados respectivamente en 1983 y en 1984, bajo el sello de editorial *Minotauro* que editaba la revista homónima. En esa edición, los primeros cinco cuentos aparecieron con el subtítulo "La casa del poder", y los otros seis, bajo "El Imperio más vasto". Esa división desaparece en las siguientes ediciones (1990, 2001) que presentan los cuentos sin los correspondientes subtítulos.

Desde su publicación, *Kalpa Imperial* ha sido una suerte de objeto mítico, texto de culto, aún cuando no fue sino hasta su reedición de 1990 cuando la crítica lo reconoció como central en la narrativa argentina y se lo empezó a leer como un puntal de la narrativa fantástica contemporánea.[198] Refiriéndose a esta colección de cuentos, su autora decía que era uno de sus libros más

> [...] manifiestamente políticos que los demás que también lo son pero solapadamente, los muy ladinos. En uno de ellos no se fijó nadie o casi nadie: bah, cuentos fantásticos, ciencia-ficción, pavadas. Lo escribí bajo el proceso militar, y con el ropaje de *Las mil y una noches* es una reflexión sobre los excesos del poder. (Balboa Echeverría y Gimbernat González 15)

Y en otro reportaje, agregaba:

> Cuando terminé *Kalpa Imperial* me di cuenta de que todo el libro era una reflexión sobre el poder y también la expresión de mi deseo de que el poder no fuese el poder. Era la manifestación de lo corruptor que puede ser el deseo de poder. En este sentido yo creo que *Kalpa* es un libro político [...] Creo que la narrativa fantástica es uno de los géneros más realistas que existen. Porque

---

[197] Una versión preliminar del análisis de este texto apareció como "Science Fiction Utopia as Political *Constructio* in the Novels of Angélica Gorodischer", en Victoria Carpenter (ed.), *(Re) Collecting the Past: History and Collective Memory in Latin American Narrative* (Oxford: Peter Lang, 2009), 267-290.

[198] No quiero volver a discutir las confusiones críticas entre lo fantástico y la ciencia ficción. Para un análisis de esta cuestión, véase el *Prólogo* del presente volumen.

> lo único que le hace falta al narrador de literatura fantástica es hipertrofiar o extrapolar un pedazo de la realidad que uno tiene al lado todos los días. (Bellessi y Rosenberg 43)

Quizás, más que hipertrofiar la realidad, los textos recodifican la relación de la literatura con lo real, sin la mediación forzada del discurso decimonónico que obliga a la creación constante de un Mito de Origen para la historia nacional. Los textos de *Kalpa Imperial* ponen en escena ese mismo mito, mostrándolo como un mecanismo en permanente estado de autoreproducción y autocontemplación. Así, las historias de *Kalpa Imperial* especulan sobre el impacto ideológico que tales artefactos tienen al repetir sus operaciones textuales una y otra vez, no sólo porque cada dinastía representa un nuevo comienzo, sino porque se empuja a la historia al espacio de la narrativa oral y de la memoria. Estos son textos donde los discursos nunca quedan fijados en una narrativa maestra. Desde el inicio se nos dice que la historia es una invención o algo muy similar:

> Y esas invenciones, desgraciadamente, se sentaron en crónicas que se escribieron en libros a lo que todo el mundo respetó y por lo tanto creyó, solamente porque eran gruesos, difíciles de manejar, aburridos y viejos. También figuraron en leyendas que son esos recitados en los que todo el mundo dice que no cree porque son poco serios [...]. (*Kalpa Imperial* 87)

No es simplemente que la historia como gran narrativa se ponga en duda. A lo largo del texto, los distintos narradores insisten en recordarnos que no saben qué ha pasado, que sólo tienen fragmentos de los eventos que describen. Más aún, los archivistas, los testigos, y los contadores de cuentos frecuentemente se disputan la veracidad de los mismos eventos que narran, desestimando el contexto o subrayando la importancia estética de la narración misma. El valor de verdad es sólo relevante si ayuda a ilustrar el objetivo de la ficción, a entretener o a moralizar. Al mismo tiempo, casi nunca se sabe qué es lo que nadie sabe, puesto que cuando todo termina y los personajes regresan a sus asuntos, éstos resultan ser enteramente triviales:

> Los maestros a hurgar en sus librotes o a escribir tratados aburridísimos sobre temas que ellos creían que eran originales e importantes, o a emborracharse o a jugar a los dados o a maquinar felonías contra sus colegas, y el príncipe a buscar un poco de soledad [...] No sé lo que hacía el príncipe ahí. (*Kalpa Imperial* 50)

Así pues, narrar los eventos ayuda a fijarlos en una memoria tan frágil que, de otro modo, se perdería. Los sucesos narrados no son hechos históricos particularmente grandiosos, heroicos o importantes. Estas son historias acerca de la pequeñez y los triunfos accidentales de la gente común que encarna todas las posibles formas del poder. En el sueño de Vishnu que organiza el tiempo sin tiempo del kalpa del texto, los mitos y las utopías del Imperio se convertirán en creaciones fantasmagóricas. Los actos de destrucción o de rebelión son apenas fulgores mientras Shiva danza el universo a nuevo.

Como ya he mencionado, en la primera edición de *Kalpa*, las primeras cinco historias aparecían bajo el subtítulo "La casa del poder" y, las otras seis, bajo "El Imperio más vasto". Esta separación desaparece en las siguientes dos ediciones (1990/2001), permitiendo una lectura unificada del libro que no era posible en la primera edición. Sin embargo, desde el punto de vista estructural, las historias que hubieran sido las últimas en los tomos I y II respectivamente (es decir, "Acerca de las ciudades que crecen descontroladamente" y " La vieja ruta del incienso") ofrecen una suerte de recapitulación, como si hubieran sido diseñadas a manera de resumen de todos los relatos previos, creando un elegante efecto simétrico en la construcción del libro. Las historias se espejan mutuamente de a pares, creando visiones opuestas y/o complementarias de un mismo aspecto del poder al mismo tiempo que la historia del Imperio se va narrando. Así, cada juego de cuentos simétricos es la misma historia contada desde dos perspectivas diferentes, o quizás, dos versiones de la misma historia.

Lo que originalmente eran los dos primeros cuentos de los dos tomos de la primera edición son "Retrato del Emperador" y "Retrato de la Emperatriz". El primero cuenta la historia del renacimiento del Imperio gracias a un joven curioso y semisalvaje que se convertirá en el Bibaraïn I porque no compartía las supersticiones de su tribu. El segundo cuenta la historia de cómo el Imperio detuvo su espiral de progreso tecnológico para salvarse gracias a una joven enérgica, pobre e inconformista que se convertirá en la Emperatriz Abderjhalda porque quería hacer algo con su tiempo. En ambos casos, la voluntad de actuar contra toda predicción, de crear, de hacer, de cambiar, son el motor de las acciones. En los dos casos, los lectores se enfrentan a un *Bildungsroman* donde los personajes centrales ascienden socialmente y se les da poder porque son capaces de transformar sus visiones de futuro en acto. Ambas historias toman el tema de la barbarie y sus efectos sobre el género (sexual) desde muy distintos ángulos. Y en ambos casos, de un modo u otro, estamos ante historias de resurrección y salvación.

Las siguientes dos historias, "Las dos manos" y "Y las calles vacías", son el lado oscuro del acceso al poder, y son, también, la cara negativa de los emperadores de las historias previas. La primera es la historia de un usurpador que gobierna cruelmente y sin dirección alguna durante más de veinte años, hasta que se convierte en un recluso y muere, sin jamás proveer nada de valor al desarrollo del Imperio. Simétricamente, la intrigante emperatriz que planea su venganza por celos aniquilando a toda una ciudad y asegurando así el trono para su hijo menor, es la encarnación de lo que se esperaba de Abderjhalda pero que esta nunca fue. Ni el usurpador ni el joven emperador de estas historias serán capaces de vivir con las consecuencias de sus crímenes y el poder que tanto anhelaban se convertirá en un precio maldito en sus solitarios retiros. Cada una de las historias también analiza la manipulación de la verdad y sus usos políticos, para fines académicos, o para otros más pragmáticos.

El tercer juego de cuentos ("El fin de una dinastía o historia natural de los hurones" y "El estanque") explora cómo los individuos se mantienen (o no) fieles a sí mismos al enfrentar profundos desafíos éticos. Ambos cuentos intentan acercarse a la verdadera naturaleza del poder e interrogarse dónde éste reside en realidad. En el primer cuento del par, la anécdota se narra desde los recovecos mismos del poder; mientras que el segundo se lo refiere como un enfrentamiento potencial a la autoridad. En ambos casos, se privilegian las elecciones morales de los sujetos en tanto que fuerza conductora de las acciones.

El cuarto par de cuentos incluye "Sitio, batalla y victoria de Selimmagud" y "Primeras armas". Aquí, el lector se enfrenta con crímenes pavorosos, aunque muy diferentes entre sí en su naturaleza. Estas son narraciones acerca de cómo el poder puede destruir por completo la creación y la vida humanas. El joven ladrón que lleva todo un ejército a la muerte para cubrir un asesinato, comete un acto bárbaro y es, simbólicamente, la antítesis del joven Bib que salva a su tribu de la ruina al arrastrarla de vuelta a la civilización. Pero la historia es también el opuesto de la profunda y refinada experiencia estética que el joven bailarín Tatoot provee a su amo y a su cliente en "Primeras armas", cuando éstos entran en un estado de éxtasis que no pueden explicarse. Éste es el único momento de trascendencia que el texto se permite.[199] Como en el caso anterior, esta historia es simétrica de "Retrato de la Emperatriz" dada la muy distorsionada naturaleza del ascenso social de su personaje principal, Drondlann. La batalla entre las voluntades corruptas de los mercaderes pobre y rico termina por destruir el único objeto de deseo que ilumina sus vidas. Notablemente, en un

---

[199] Aunque no voy a explorar este tema aquí por falta de espacio, recordemos que ya hemos visto cómo Gorodischer usa la danza (y el sexo) como modos de conectarse con el conocimiento y con el universo. En realidad, en sus cuentos, la danza opera como el *mukti* hindú, donde lo estético es el principio de la experiencia transformativa del ser. Aquí, sin embargo, la habilidad de los personajes para alcanzar algún tipo de entendimiento de lo divino está manchada por el poder y el dinero.

texto donde el poder fluye libre e igualitariamente entre hombres y mujeres, éstas son las únicas dos historias donde se exploran temáticas sobre los deseos homosexual y hermafrodita. Como en los casos previos, ambas historias constituyen una suerte de cara y cruz de los relatos sobre el poder. Aquí se confrontan perspectivas de poder desde sectores sociales muy distintos. En el final, dado que la corrupción contamina todas las relaciones imaginables, todos los intentos por alcanzar alguna forma de libertad personal fracasan.

El último juego de historias constituye lo que podríamos llamar los cuentos "históricos" de *Kalpa*, ya que nos proveen la historia de la cultura ("Acerca de las ciudades que crecen descontroladamente") y la historia de la barbarie ("Así es el Sur") del Imperio. Ambos relatos son mapas (políticos, demográficos, geográficos, económicos, etc.) que permiten al lector anclar las fábulas y los comentarios de las narraciones anteriores, generando una versión unificada del mundo textual. Lo que surge de la lectura combinada de ambos textos es la percepción de un tiempo y de una tierra infinitos, diversos y complejos, a los cuales el lector apenas puede asomarse por un breve instante. Y algo más: estas narraciones proveen las claves políticas que conectan *Kalpa Imperial* con la Argentina del siglo XIX y la fórmula de Sarmiento de civilización y barbarie. En esa operación, toda la lectura se reorganiza sobre el campo cultural local.

El último cuento es "La vieja ruta del incienso", una suerte de coda en la cual Homero y la épica emergen como la fuente fundamental de claves para la interpretación de todos los relatos, aún cuando toda posible comprensión haya sido recodificada por los medios masivos de comunicación y por las versiones Hollywoodenses de la épica. Al combinar los efectos alienantes de las versiones de la narrativa greco-romana clásica y las del cine de Hollywood de los 1950s y 1960s, los cuentos transforman la percepción de la distancia y del tiempo absolutos del discurso épico. *Kalpa* simula operar en un espacio-tiempo demasiado distante como para aproximarse a eventos históricos concretos. Y sin embargo, está anclado en algo, como veremos a continuación. La repetición, hecha en una voz tan absoluta y distante, pero a la vez distorsionada, amplifica lo que el lector ya conoce sobre las operaciones de la literatura y de la historia argentinas. No importa qué mito se narre: lo que este último relato nos indica es que lo que está en juego son los mitos fundacionales de la Patria.

Para entender ésto, necesitamos regresar sobre por qué este texto está organizado sobre la repetición y el espejamiento de los relatos.[200] Si leemos

---

[200] Y sobre la cita: aunque no quiero adentrarme en este tema por razones de espacio, pero por si no fuera lo suficientemente claro, nótese en los relatos la constante referencia a Jorge Luis Borges y a G. K. Chesterton, entre otros.

las páginas precedentes con atención, veremos que, en cada caso, el primer cuento provee un claro punto de vista masculino y autoritario. Las narraciones están construidas desde la perspectiva de los anales históricos, aún cuando los contadores de cuentos se apropien de esas versiones para la cultura popular y cuestionen lo que puedan saber los historiadores. La primera versión siempre puede ser consultada en los libros y las adaptaciones orales parecen coincidir bastante bien con las escritas. En la segunda versión de las historias, la narrativa vira hacia lo femenino, las clases medias y los desposeídos. Esta no es una versión unívoca de los hechos o una perspectiva fija y éste es, precisamente, el meollo de la cuestión. En las segundas versiones, todas las posibles voces salen a escena para rebelarse contra lo ya dicho, contra lo ya escrito, y contra todo sobreentendido.

Toda la segunda parte puede ser leída como una forma de revuelta sistemática contra las formas de orden provistas en la primera parte. Aquí los relatos se centran en lo privado, en lo oculto, en los elementos desconocidos por la Historia. Y, cuando finalmente la estructura parece moverse en una nueva dirección, el texto se dobla sobre sí mismo para recordarnos que éstos son relatos míticos y épicos. Como en el cómic, la repetición funciona como una *mise-en-scène* de la imposibilidad de la Historia para proyectarse sobre el futuro. Se cuestionan todas las perspectivas imaginables al analizar cómo la literatura puede hablar de la historia y del poder sin ser contaminada por ellos y, al mismo tiempo, mantener su capacidad de enunciar alguna forma de discurso legítimo:

> Yo soy el que les va a contar cómo sucedieron las cosas, porque es a los contadores de cuentos a quienes toca decir la verdad aunque la verdad no tenga el brillo de lo inventado sino la otra belleza, a la que los tontos califican de miserable o mezquina. (*Kalpa Imperial* 87)

Y, más tarde, otro narrador agrega:

> [...] hay que ver que un contador de cuentos no entra al palacio imperial, y que si entra es porque no es un contador de cuentos [...] un contador de cuentos es algo más que un hombre que recrea episodios para placer e ilustración de los demás; tuve que decirle que un contador de cuentos acata ciertas reglas y acepta ciertas formas de vivir [...] Y le dije que ningún contador de cuentos se inclina jamás ante el poder y que yo tampoco lo haría. (*Kalpa Imperial* 123)

De esta manera, se delinea una figura intelectual absolutamente opuesta a aquellas que llevaron a cabo los proyectos letrados del siglo XIX y que pueblan la narrativa de gran parte del siglo XX en América Latina. Desde la discusión entre las versiones incompletas y contradictorias de la historia que aparecen en "Las dos manos" hasta el joven contador de cuentos que rehusa cualquier forma de pago en "Retrato de la Emperatriz", los múltiples narradores de *Kalpa* están siempre tratando de elucidar qué es leyenda, qué es historia y qué es la "invención de bardos mendicantes" (245).

Uno de los últimos narradores (el que vuelve a contar la *Ilíada*, partes de la *Odisea*, y una fácilmente reconocible versión de la historia de Agamemnon, en una extraña interpretación mutada por Hollywood) se pregunta acerca de la capacidad de la historia para aprehender lo real. Esa es la pregunta que atraviesa todos los relatos de *Kalpa Imperial*. Como hubiera dicho Barthes, los textos retornan sobre el poder creador del mito, pero desgajado de los usos políticos e históricos del discurso liberal. Los mitos en sus orígenes son relatos de extrañamiento. Sin embargo, ¿por qué elegir el discurso y la narrativa del mito para oponerse a los mitos de la historia? Porque, "In it, history evaporates" (Barthes, *Mythologies* 152). Aquí los mitos generan tradiciones que no pueden ser sino narrativa. No pueden ser ni aspiran a ser realidad. Más aún: volver a contar el mito griego clásico como si el narrador lo hubiese visto en una mala película de clase C o en la televisión refuerza la circularidad del texto al insistir en el doblez y el espejamiento con que se construyen muchas de esas versiones bastardeadas y simplificadas.

Pero además, esa misma insistencia en la repetición genera una lectura que retorna sobre la figura de los arquetipos a través del cliché. Así, el último relato regresa sobre el primero al narrar algo de los tiempos cuando "no había emperadores ni trono de oro ni emperatrices ni regentes ni herederas" (*Kalpa Imperial* 250). Aunque la narrativa es circular, la historia escapa de los confines del texto y, por ende, el mito se transforma en otra cosa. Su fuerza reside en su habilidad para convertirse en metadiscurso y todas las operaciones narrativas apuntan a sostener tal apuesta. Por este motivo, *Kalpa Imperial* está construido con un discurso que constante, obsesivamente se cita, se reproduce y se observa a sí mismo, como una suerte de monstruosa ave fénix de la historia que nunca fue:

> [...] o a emperadores valientes y locos como el Hurón; o emperatrices que abandonaron las sedas y las joyas y los halagos de su rango y no dudaron en ponerse al frente de ejércitos como Ysadelma, o Esseriantha la Bella, o Mitrria, o Dejsjarbaïla, Es una suerte, digo, porque la sola existencia de hombres como Sebbredel IV es una desgracia para el Imperio [...]. (*Kalpa Imperial* 217)

En el contexto de los ochenta, con la rápida emergencia de novelas históricas que apuntaban a reconstruir la historia argentina para mejor explicar el presente, este libro es un ejercicio de deconstrucción de las operaciones de la literatura argentina canónica. En los relatos, se generan nuevos puntos de vista sobre los usos del relato histórico establecido, alienando al lector/auditorio de lo que ya sabe sobre la historia y sobre cómo la historia se cuenta habitualmente en los libros de texto, tras haberle hecho creer que sabía algo. Parafraseando a Fredric Jameson, escuchamos una historia que ya sabemos, pero en variaciones tentativas que nos permiten realmente *experimentarla* como algo enteramente novedoso. La voz narrativa intenta subvertir toda posible aproximación *naïve* de la manera más obvia posible ya que quiere ser reconocida como un dispositivo argumental.[201] De este modo, el texto organiza una conjetura sobre lo que la literatura bien pudo haber sido de no haber caído en las trampas de un proyecto letrado con aspiraciones autoritarias, y si no se hubiera aceptado a pie juntillas toda aspiración utópica de absoluto como su única vocación escrituraria.

En este sentido, el epígrafe que abre la colección es revelador: "'El siglo veinte me deprime', Trafalgar Medrano". Por un lado, es inevitable volver sobre el uso de la cita apócrifa en Borges y sobre cómo su sistema de citas sirve para reorganizar el sistema de referencias y saberes que abre su escritura. No vamos a abundar aquí en esto, pero quisiéramos señalar la importancia que esta cita tiene, ya que exige del lector conocer al menos un segundo texto de ciencia ficción argentina, es decir, la ya analizada *Trafalgar*. Por otro lado, es importante señalar el juego temporal que se establece desde el inicio mismo de la obra. La relación entre los siglos XIX y XX implícitos en el nombre del personaje y en su frase se conectan de modo conflictivo con el marco temporal de los eventos que constituyen la historia del imperio, generando un desfasaje.

La palabra "kalpa", en sánscrito, se refiere tanto a la unidad de tiempo que cubre algo más de cuatro millones de años como a los procesos mismos que ocurren durante ese lapso.[202] Ese marco histórico desmesurado, donde

---

[201] El sistema de citas que las voces narrativas invocan es muy claro para cualquier lector de ciencia ficción, pero puede ser algo oscuro para otros lectores. Si por un lado, la presencia de las voces tribales que narran buena parte de la obra de Ursula K. Le Guin parecen materializarse aquí en lo que debería ser una narrativa popular oral, desde otra perspectiva, las conexiones reales que el texto establece son con las citas de las Enciclopedias que abren los capítulos de los libros de Frank Herbert y de Isaac Asimov: son las voces de la Academia, del conocimiento letrado del Universo Futuro/Alternativo. Como en el caso de esos escritores, el comentario social es sólo parcialmente la función de esas voces, ya que su objetivo es asegurar el efecto de ironía de toda la narración, además de la crítica política y/o social.

[202] De acuerdo con las creencias hindúes provenientes de las tradiciones védicas, un kalpa es un día en el sueño de Brahma que dura 4.320.000 de años de vida humana. Cada kalpa se subdivide en catorce intervalos llamados Manu, que a su vez se componen de setenta y un Mahayugas.

cada nueva dinastía vuelve a iniciar la historia borrando todos los eventos y construcciones del pasado, donde cada historia reproduce las anteriores, pero con deliberados errores de construcción, donde cada evento sucede sin por eso dejar huellas más allá de la memoria oral de los narradores, se convierte en un vacío. En ese espacio se instala la construcción de los mitos que pueblan los relatos.

A través de los mitos, los narradores de *Kalpa* exponen versiones cada vez más confusas y vagas de la historia. En esa operación, los textos subvierten todos los posibles pactos de lectura realista y la voz del intelectual comprometido que era tan prevalente en el resto del campo cultural desaparece porque pierde legitimidad. Al mismo tiempo, las citas proveen un marco temporal doble a las eras sin tiempo del Imperio y a sus infinitos eventos. La historia del poder que constituye la narración central del libro debe ser entendida a partir del siglo XX que tanto deprime a Trafalgar y del siglo XIX inscripto en su nombre. Pero también, el tiempo del imperio debe ser entendido como un kalpa sánscrito. Por lo tanto, el epígrafe se convierte en una advertencia: lo que sigue es la narrativa de uno más de los ciclos en la historia de *este* tiempo. Es aquí y ahora, y sin embargo, no es. Al contrario de lo que sucede en las tradiciones védicas, el tiempo no trasciende en estas circunstancias puesto que está presente en el texto con un único propósito. En este texto, el tiempo mismo (al transformar y modelar nuestra percepción de la propia historia) debe ser entendido como el *novum* que Darko Suvin consideraba la piedra basal de la ciencia ficción. De manera tal que,

> Anchored to the bedrock fact that there is no end to history, and in particular that we and our ideologies are not the end-product history has been laboring for from the time of the first saber-toothed tigers and Mesopotamian city states. It follows that SF will be the more significant and truly relevant the more clearly it eschews final solutions, be they the static utopia [...] or any similar metamorphosis of the Apocalypse [...]. (*Metamorposes* 83)

Aunque es el dispositivo más palpable en la construcción del texto, el tiempo aparece como una máquina invisible a fin organizarse como historia. Por eso, la narrativa de *Kalpa Imperial* puede ser fácilmente confundida con un texto de narrativa fantástica a la cual le faltan todos los elementos para definirla propiamente dentro del género, excepto una suerte de atmósfera enrarecida. Así, es necesario regresar sobre un comentario de Sam Lundwall:

Cada kalpa termina en un diluvio, tras lo cual el mundo comienza otra vez con el próximo sueño del dios que baila la creación para materializarla.

> The surrealistic and metaphysical approach to the machines is a mixture of wonder and dread, in surrealism exemplified by the *Machines célibataires*, the Bachelor Machines [...] Many Bachelor Machines, however, are scarcely recognizable as machines by someone used to the sort of mechanical wonders usual in American pulp science fiction [...]. (*Science Fiction: An Illustrated History* 59)

En la fusión de la lógica de la ciencia ficción con la sensibilidad de lo fantástico (proceso que, como vimos se había dado ya en las revistas), se renuncia a los artilugios mecanicistas de la ciencia ficción clásica, pero no a todas sus operaciones y así se transforma la definición de Darko Suvin sobre el *novum*: en buena parte de la ciencia ficción argentina el *novum* no es un aparato, no es un artefacto concreto, aún cuando de vez en cuando haya alguno. Por ser una literatura fundamentalmente ideológica, no ya política, el *novum* son aquí los objetos ideológicos con que se construyeron las utopías nacionales argentinas. De ahí que el tiempo histórico sea un mecanismo central para comprender de qué se habla en *Kalpa Imperial*. Todo el texto imita cómo la narrativa realista, especialmente la novela histórica, construye sus operaciones ideológicas. Su marco temporal ilimitado no tiene más realidad que la memoria oral de los narradores. El resto es un vacío donde cada nueva dinastía intenta empezar desde cero, ignorando los eventos y logros del ayer, donde cada nuevo relato de algún modo reproduce una versión distorsionada del pasado con errores deliberados, y donde cada evento ocurre sin dejar trazos en la memoria colectiva de la población más allá de creencias y leyendas.

Es una mirada crítica no sólo sobre la historia o sobre la narrativa histórica, sino también sobre cómo Argentina percibe y usa la historia tanto en su literatura como en su historiografía. Quisiera subrayar este punto: *Kalpa Imperial* no discute los eventos de la historia argentina sino el modo en que esos eventos se transforman en material para los proyectos ideológicos que la literatura articula. Dos momentos en los cuentos indican la centralidad de la Argentina y la lectura de su historia. En el cuento "Retrato de la Emperatriz", el narrador dice:

> Empecé con los tiempos oscuros de los Estados Divididos de los que no han quedado crónicas y ni siquiera nombres. Pasé a los Caudillos, a los Señores, a los Pequeños Reinos, con la mención de solamente algún guerrero, alguna batalla, algún golpe de estado, alguna conquista. Y pocos meses después ya le estaba hablando del primer Emperador, de aquél a quien se llamó Emperador sin Imperio, ése que construyó un palacio en medio de un desierto [...] Para cuando llegué a los Kao'dao, esos emperadores furiosos y visionarios que enunciaron el primer cuerpo de leyes, que llevaron el trono del desierto a las ciudades, habían pasado dos años [...]. (*Kalpa* 124)

Se podría argumentar que ésta podría ser la historia de cualquier país, incluyendo la de buena parte de Europa, que ésta es una narración bastante lineal y positivista de entender la progresión de los eventos históricos. Quizás. Pero es la presencia de los caudillos, la cronología que precede la formación del Estado y la presencia de la ley como resultado de los programas puestos en marcha por verdaderos visionarios lo que acaba por indicar el verdadero *locus* de los textos. Puesto que esta historia es simétrica de la primera, la segunda clave emerge en retrospectiva: el primer Emperador del resucitado imperio es un artista, un flautista que sueña su nuevo dominio a pura fuerza de voluntad e inteligencia:

> Pensó intensamente en sí mismo, no ya como una persona aislada sino como parte de algo que aún no existía y que necesitaba de él para existir. Y esa amigos míos, esa es la clase de reflexiones que nos convierte en gigantes. (*Kalpa* 28)

Aunque Bib no sea un intelectual en el sentido tradicional, por cierto lo es para su tribu semi-bárbara. Bib es un hombre con un plan, la chispa que encenderá otra vez, la maquinaria de la historia. No es posible leer a Bib sin las claves humanísticas que el último cuento provee. En otras palabras: a su manera, Bib es la clase intelectual del siglo XIX, o si se quiere, el espíritu de esa clase. No es una figura específica de ese grupo, sino más bien, su *ethos*. Bib sueña el Estado. Y lo que pone en acción, aunque no lo sepa, es el Imperio. Sueña acciones, no utopías. De ahí su triunfo y su tragedia. El resto, nos informan los narradores, hubiera debido ser la narración de cómo una clase intelectual se enfrenta con una historia que ha perdido sus ilusiones (o decepciones) y es capaz de regresar al presente.

Como los textos anteriores de Gorodischer, *Kalpa Imperial* establece una reflexión sobre los debates en marcha en el campo cultural. Si los textos anteriores la hacen con disciplinas académicas y con materiales estéticos, aquí se trata de elucidar las preguntas que marcaron los debates de los 1970s y los 1980s desde una perspectiva ideológica. ¿Cuál es el rol del intelectual? ¿Por qué es necesario que haya Estado? ¿Quién participa del proyecto de Estado nacional? ¿Cómo se lee e interpreta la historia y con qué fines? En este sentido, el libro muestra un gran nivel de desconfianza hacia cualquier discurso que se apoye en formas teleológicas para sus argumentaciones políticas. Cada uno de los pares de cuentos parece recordarnos la advertencia de Karl Marx sobre cómo las repeticiones de la historia son siempre una farsa. Pero, sobre todo, los textos nos muestran hasta que punto los materiales ideológicos del campo cultural son insuficientes cuando, atados al deseo, se convierten en herramientas ineficaces para entender la realidad.

Al mismo tiempo, *Kalpa Imperial* plantea una serie de experimentos hipotéticos, racionalmente construidos, con esos mismos ineficientes materiales. La narrativa nos muestra que una historia esclavizada por el deseo de utopías huecas y por el pasado, es una historia que no va en ninguna dirección. No es historia, sino estancamiento. Es la peor clase de mito, no importa si se la sitúa en el pasado o en el futuro, ya que aboga por la inmovilidad. Es por este motivo que este texto deconstruye la arquitectura ideológica de los discursos que pretenden ser utópicos en la literatura que se volvió hegemónica a partir de los 1950s y 1960s (Kurlat Ares, *Para una intelectualidad*). A diferencia de esos textos que buscan desesperadamente mitos y utopías para trazar un futuro prístino (tal y como esas operaciones se anticipan en el texto seminal de Oesterheld para fracasar por idénticas razones), *Kalpa Imperial* renuncia a esas búsquedas y muestra claramente sus consecuencias. Los relatos retrotraen la reflexión a un espacio más concreto al proveerlo, por contraste, con una escala humana, y posible. Este es el mundo de la *Realpolitik*, pero no del nihilismo.

El único objeto que es verdaderamente permanente en *Kalpa Imperial* es el Estado y su regia encarnación, el poder, aún cuando diversas utopías emerjan y desaparezcan. No importa lo que pase, el poder siempre está presente, a pesar de la historia, a pesar de la memoria, a pesar de las rebeliones, o quizás, precisamente por eso. Al desmantelar todas las posibles operaciones ideológicas de la literatura argentina, *Kalpa Imperial* transforma sus apuestas en búsquedas personales y no en los mandatos de la Historia. Las ciudades aparecen, crecen y se desarrollan sin freno; la civilización puede llegar a inmovilizarse, y el mundo puede retornar a una era pre-tecnológica sólo para comenzar de nuevo con los caprichos del próximo emperador o los desastres de la próxima guerra. La utopía nunca se materializa como programa porque es un deseo que siempre escapa, un espejismo. Estos son mitos imposibles porque están huecos de historia concreta. De allí que los narradores insistan en que no hay teleología a la cual aferrarse, que no hay programa para organizar, que no hay totalidad que abrazar en un impredecible futuro. El kalpa que Vishnu sueña y que puede verse con tanta claridad desde las alturas dominantes del imperio que nunca existió, es la absoluta incidencia de la inmediatez del presente. Si nada más, este es un libro sobre la historia que es.

Si la relación entre historia y utopía era una pregunta preocupante dados los usos de los materiales ideológicos que pone en evidencia *Kalpa Imperial*, si el poder y el Estado prevalecían a pesar de todo, Gorodischer tendría que preguntarse sobre el rol de los individuos frente al colapso de toda posible forma de sociabilidad o de proyecto político. Este interrogante articula *Las repúblicas* (1991). Como en el caso anterior, no se trata de reflexionar sobre la relación de la literatura con el contexto social, histórico y/o político, sino sobre los fenómenos que enfrentan al aparato ideológico con sus propios límites. Fernando Reati señalaba que el desplazamiento cronológico hacia el futuro que hace lo que él denomina la "novela de anticipación" es simétrico de las operaciones críticas que aparecen en la novela histórica. Para Reati esta situación era cuando menos curiosa ya que no lograba explicarse cómo era posible esa relación y necesitaba recurrir al argumento de Fredric Jameson sobre la relación de orígenes entre la novela histórica decimonónica y la ciencia ficción.

Aunque coincido parcialmente con esta perspectiva, creo necesario subrayar otro aspecto. Sabemos que la novela histórica (particularmente, la que emerge a partir de los ochenta y que es la interlocutora directa de los textos de ciencia ficción aquí analizados) reflexiona sobre cómo se forjaron los proyectos de Estado-nación decimonónicos. Por lo tanto, es natural que las novelas cuyo foco está en el futuro reflexionen de algún modo sobre los avatares de tales planes, aún de manera crítica. El efecto de simetría es sólo aparente: como hemos visto, sus operaciones son correspondientes y, al mismo tiempo, opuestas ideológicamente. En *Las repúblicas* esa diferencia hallará su expresión más clara.

Nacido como el resultado de un diálogo literario con Elvio E. Gandolfo,[203] el texto reúne cinco relatos, conectados entre sí por los viajes de los misteriosos agentes de la CIDOS (única forma de organización estatal vagamente reconocible) por las repúblicas de lo que otrora fuera la Argentina:

> Parece que fueron un solo territorio antiguamente, muy antiguamente, y ahora son varias, varias repúblicas, pero sus habitantes, los de todas, los de todas las repúblicas, se nombran, el gentilicio es, quiero decir, se dicen argentinos [...] Son siete repúblicas, Majestad: La del Rosario, Entre Dos Ríos, Ladocta, Ona, Riachuelo, Yujujuy y Labodegga. (*Las repúblicas* 102)

Publicado más de diez años antes que Beatriz Sarlo escribiese su famoso ensayo sobre cómo el país retornaba al período previo a los pactos de la organización nacional, *Las repúblicas* se sitúa en una suerte de no-futuro que retrotrae la historia al período de las guerras civiles del siglo XIX, enfrentando a las provincias-estados en una guerra que consume todos sus recursos. Gobernadas por caudillos corruptos e ineficaces, en medio de una sequía interminable

---

[203] El libro se inicia con un agradecimiento a Gandolfo por su cuento "Llano de sol" (1979), donde aparece por primera vez la idea de una Argentina desmembrada, que ha vuelto a una geografía política anterior a los pactos de la organización nacional de 1852 a 1880, y donde incluso la Provincia de Buenos Aires se ha desintegrado como unidad económica y política.

que ha vuelto la lluvia en una leyenda, las repúblicas están completamente arruinadas por la violencia indiscriminada, sus poblaciones diezmadas, sus recursos naturales saqueados, su capital social invertido en proyectos absurdos que sólo sirven como formas de exhibir un poderío inútil (tal el caso de los viajes espaciales) o de alimentar débiles industrias armamentistas. En este panorama desolado, la única institución del Estado que ha sobrevivido es la CIDOS, una comisión internacional cuyo objetivo nunca es completamente explicado. Sus agentes dejan entrever que, entre sus funciones, está la de controlar a las policías locales y, de alguna manera, suplantar al ejército nacional que ha sido disuelto por razones no del todo claras, tras una guerra fratricida que dividió al país en los ya mencionados estados.

El primer relato, "Un domingo de verano", instala al lector directamente en el imaginario cotidiano de la clase media argentina, con sus picnics de domingo, sus autos viejos, sus familias multigeneracionales, sus despedidas de solteros, y todos los posibles clichés de la cotidianeidad. El cuento organiza todos los lugares comunes de la alienación y de la desigualdad de géneros al poner en evidencia la disgregación de la familia nuclear que se va resquebrajando a medida que avanza la tarde. En el espacio aparentemente cómodo y de fácil acceso de la merienda dominguera, poco a poco, se hace evidente que las cosas no son como se perciben: los vínculos familiares están cruzados de tensiones y violencia, las relaciones con los trabajadores delatan una profunda hipocresía, los personajes revelan un hondo desprecio por el conocimiento, y esas mismas lacras son también integrales del espacio que se recorre. El campo a donde la familia va a hacer su merienda se revela como un lugar yermo y vacío, donde "Un sol amarillo cae a pico sobre la tierra amarilla en la que cadáveres amarillos de árboles amarillos se retuercen de dolor y secos cauces amarillos de ríos amarillos arden y reverberan en la luz" (*Las repúblicas* 15). Es un picnic de pesadilla para quienes alguna vez pensaron que las utopías del siglo XIX podía encarnar en la Pampa de los ganados y las mieses.

Pero es el siguiente cuento, "Al Champaquí", donde finalmente todas las reflexiones y búsquedas que aparecen esbozados en los textos anteriores alcanza una condensación absoluta. El cuento relata el viaje de un agente de la CIDOS a través de las repúblicas hasta que llega a una suerte de comunidad utópica en un campamento llamado La Clemencia. Dividido en tres partes, el cuento narra el doble viaje del sujeto cartesiano hacia la interioridad del *yo* en busca de su definición, así como los desplazamientos de la otredad como repositorio de una memoria que se va perdiendo de modo definitivo, pero que, a la vez, es parte integral de ese *yo* que la rechaza y la niega.

Aunque el objetivo final sea otro, el relato se inicia como la introducción al *Discurso del método* (1637) de René Descartes, ya que en el cuento, el agente de la CIDOS perderá primero sus creencias y sus recuerdos, para perder luego su cuerpo y su identidad atada a los géneros (aunque mantendrá su capacidad de auto-reconocerse): sólo a través de la práctica consciente del trabajo comunitario (única forma de actividad que el texto equipara a la racionalidad) logrará recobrar su identidad en tanto que sujeto. Las rupturas, operadas desde la violencia, implican una pérdida, pero también un aprendizaje que reorganiza el sistema de valores de ese *yo* que poco a poco se irá transformando en otra cosa. El viaje acaba en el *locus* de la utopía que es descrito como el espacio del delirio, pero también como una suerte de *ratio* que se redefinirá en términos de *praxis*. Como veremos, ésta ya no será la utopía iluminista, sino una que apuesta por la pervivencia de la heterogeneidad.

En la primera parte del cuento, el/la agente tiene un cuerpo de mujer. Ese sujeto femenino está sometido a todas las humillaciones y violencias de la dominación: la propia agente será violada a la vera de una ruta por un camionero, y las otras mujeres que pueblan esta parte del relato están destinadas a la prostitución o a ser madres de familia sin más horizonte que los hijos y el universo cultural del primer cuento. Las mujeres son parte de la propiedad de los hombres, víctimas sin protección legal o social. En ese mundo, las mujeres no tienen más voz que la que proveen sus compañeros o sus amos. La agente de la CIDOS, sin embargo, tiene sus propios recursos para defenderse: evita ser atacada en un bar, puede humillar a su violador, podría (aunque no lo hace) mandar encarcelar o matar a quienes la agreden. Esos recursos, con proveer algún tipo de amparo, son insuficientes. Para cuando la agente logra llegar a las oficinas de la CIDOS en Caña-Caña, dejar atrás la identidad femenina, su *yo* femenino, es también dejar atrás las pesadillas de la violencia y del miedo:

> La carne es dócil, la carne es complaciente [...] Siento, de veras siento, cómo se estira mi cuerpo, cómo se ensancha la cintura escapular, cómo se afina la pelvis, cómo se arquean las costillas [...] Yo sigo siendo yo. Que goteen adentro en lo oscuro otras sales, otros ácidos, otros licores para alimentar a este cuerpo que ya es otro, pero yo soy yo. Soy yo y no soy otro, otra [...] Voy al Champaquí a buscar el oro de los dioses. Voy al Champaquí a comer del fruto prohibido. Voy a dejar en la cuna, en la galería de mi casa, todas las pesadillas para siempre jamás. (*Las repúblicas* 36-37)

Notablemente, a partir de aquí, se revela que lo masculino está siempre atado a los residuos de la identidad femenina que abre el texto: el/la agente es alternativamente una mujer o un hombre según convenga a los planes de la

CIDOS, su identidad y su memoria son una y son múltiples, su longevidad es antinatural, sus misiones son inciertas, y su percepción del mundo se ha resquebrajado por completo:

> En ese entonces yo era una chica y tenía ideas muy firmes acerca de lo que estaba pasando en el mundo. Pero lo que tenía sobre todo era eso que tiene que ver con las ideas y que se llama ideales. Ahora estoy bastante confundido acerca de lo que está pasando en el mundo y cada vez tengo menos ideas y de los ideales ni hablar. (*Las repúblicas* 59)

En el Uno siempre pervive una forma de lo Otro, como una suerte de espejo cóncavo que a la vez refleja y deforma, pero que siempre obliga a enfrentar (y reconocer) la propia naturaleza. Este es quizá el primer atisbo de la importancia que tendrá el pensamiento de Emmanuel Lévinas en la ciencia ficción. El agente masculino que recorre el espacio de las repúblicas en caos también será víctima de todas las formas de un poder omnívoro y omnipresente que somete a lo diferente y a lo desconocido a cada vez más elaboradas formas de violencia. En Portopampa, el agente es arrestado y torturado por policías que desconocen su identidad y que lo acusan de ser homosexual. Cuando descubren la verdad y reconocen que se ha invertido la relación de poder entre ellos, tratan de remediar la situación invitándolo al club social del pueblo y contratando prostitutas para su diversión. El agente rechaza a las prostitutas, pero reconoce el cambio en la balanza de mando, y la utiliza en su beneficio.

La primera y segunda partes del cuento son ejercicios en cómo operan la brutalidad y el poder sin freno sobre la identidad y sobre la cotidianeidad de los sujetos. El texto pone en escena cómo la dignidad humana se empobrece en situaciones de machismo, barbarie y criminalidad. Pero además, los agentes de la CIDOS ofrecen algunas claves sobre la lectura crítica de las operaciones de los códigos ideológicos en el sistema literario. En la novela histórica, la relación femenino/masculino también ordenaba ejes semánticos: lo masculino se alineaba con el saber, el orden, el poder, y en su encarnación setentista, con los proyectos de cambio social revolucionario. Lo femenino, por su parte, encarnaba cierta forma ontológica del ser-pueblo y de la relación con la tierra. Pero aquí, los agentes de la CIDOS, es decir, quienes representan el único espacio institucional y, por ende, los únicos sujetos atados a algún tipo de proyecto estatal, pueden ser alternativamente hombres o mujeres, según convenga a las misiones que les son asignadas, con lo cual la función de atributos de género que organiza toda una constelación ideológica en las novelas canónicas (y especialmente en la novela histórica) es simplemente anulada.

Si algún rasgo mantienen los personajes masculinos definidos como parte de la razón de Estado (siguiendo las articulaciones del discurso decimonónico en todas sus posibles encarnaciones) es el de una crueldad sin freno, destructiva e inconducente. Las mujeres, animalizadas, constituyen una alteridad que de ninguna manera puede pensarse como parte de una ecuación en una imaginaria equiparación con lo masculino que ejerce todo el poder: esa relación sólo puede conducir a la victimización casi absoluta a través de la violencia y en esa relación se rompe toda posible ilusión sobre la ontología de la tierra y su encarnación en un muy imaginario ideal femenino. El texto hace explícito que no hay posibles discursos utópicos donde no hay igualdad. En "Al Champaquí", la desaparición de los géneros sexuales, la desaparición de los cuerpos definidos dentro de un discurso que apela a esa dicotomía para organizar su agenda ideológica, disuelve las relaciones de las series semánticas. Así, el texto reorganiza sus códigos al traer a la superficie cuáles han sido sus funciones y, por ende, al poner en evidencia sus usos en el aparato ideológico.

El viaje del *yo* a través de las repúblicas y hacia su interioridad termina en una múltiple implosión. Al llegar al Champaquí, en medio del paisaje desolado por la guerra, el/la agente descubre que el viaje ha sido inútil puesto que su identidad no está atada a un espacio, no es parte de recuerdos más o menos melancólicos de un pasado ya perdido, no es algo exterior sí mismo/a, no es parte de sus múltiples simulacros, sino su interioridad misma vaciada de todo lo que no sea *ego*:

> Sé que he aprendido mucho, viajando, cambiando, perdiendo la memoria y recobrándola, aprendiendo quién soy, entrando en lugares prohibidos. He aprendido, por ejemplo, que los recintos sellados de los templos no son lugares sino precauciones. Es imposible seguir viviendo si no hay santuarios; santuarios en los templos, y arcanos [...] He aprendido que el sueño nos abre el paso. (*Las repúblicas* 64)

Ante ese descubrimiento, ante la certeza de que, como diría Bloch, sólo el sueño de la esperanza le da algún valor a sus acciones, la CIDOS pasa a ser una institución sin la menor importancia, y el/la agente decide escapar. La imagen del agente al pie del cerro Champaquí, solo frente a su *ego* redefinido en términos de una individualidad sagrada e inviolable, retorna sobre el imaginario de la mística judía. Ese nuevo ser que es ahora un ser-Otro, literalmente va a ascender el cerro para poder alcanzar la utopía de la última parte del relato. El agente va a encontrarse consigo mismo (y con otras personas) fuera de las condiciones a las que está acostumbrado para finalmente descubrir la naturaleza humana en toda su sencilla grandiosidad. El individuo se va a descubrir como tal a través del trabajo y de la cooperación. Su relación con los otros se definirá en el espacio de la creación, noción antitética del ontológico ser-con-los-otros que definía la irracionalidad telúrica de la narrativa de Oesterheld.

Al bajar la cuesta del cerro, el/la agente descubre el único vergel que hay en el amplio territorio de lo que otrora fuera la Argentina. El lugar es un centro de reunión para los "locos" que abandonan las ciudades destruidas de las repúblicas en crisis. Los que la habitan se definen a sí mismos como revolucionarios, a pesar de no tener más agenda que el trabajo cotidiano y los lazos de afecto y solidaridad que existen entre ellos:

> Cuando le digo que volver a la prehistoria no es ninguna solución para nadie, se ríe y me dice que nadie quiere volver a la prehistoria, y menos que nadie ellos, que son los más progresistas y revolucionarios que ha visto el mundo en muchos siglos. Me cansa este tipo con su sonrisa protectora y su cabeza de patriarca. (*Las repúblicas* 70)

Aunque el/la agente de la CIDOS diga que ésta es una "utopía de entrecasa", éste es el único lugar donde queda algún remedo de civilización y de sociabilidad: las personas establecen relaciones libremente entre sí, se trabaja a voluntad en tareas comunales, hay una escuela y, sobre todo, los aparatos (autos, planeadores) siguen funcionando. En un mundo en estado de caos, este es el único espacio donde todo parece tener sentido, significado. Y el motivo por el cual éste es un espacio de orden utópico es porque aquí los sujetos son libres para poner en práctica sus ideales *a través* del trabajo creativo. Como diría Bloch, es una utopía concreta en tanto y en cuanto es posible dentro de un futuro real, y en ese sentido es objetiva. Como diría Arendt, pone de relieve la capacidad creadora y cognitiva del ser humano para modificar su propio devenir. Ésta no es una solución grandilocuente para todas las repúblicas, no es ni tan siquiera un plan de evasión; es simplemente el espacio donde encarnan los valores que las Repúblicas en su afán político de absoluto han abandonado.

Si bien es una solución que puede ser leída como una cruza de las tradiciones del cooperativismo y del socialismo utópico, La Clemencia está lejos de ofrecer una agenda política que pueda convertirse en programa. Más bien, diseña una suerte de eutopía en medio de la distopía de las repúblicas que han colapsado. Es una reflexión sobre la capacidad de la acción concreta más que sobre la posibilidad más bien lejana de transformar sistemas. El gesto agónico sobre un futuro inabarcable se reduce al siguiente objetivo, la próxima necesidad. Como dice Tom Moylan: "Where utopia as a system can only be passively wished for, utopia as struggle can be taken on a willed effort to transform the social system" (*Demand the Impossible* 50).

El/la agente empieza a participar de las actividades de construcción de lo que será un aparejo para producir lluvia, simplemente porque, en medio del vacío alucinado del desierto, ésta es su única posibilidad de sobrevivir. Pese a su resistencia inicial, el/la agente empieza ayudando en la construcción, lo cual le permite integrarse al espacio comunitario. Sus aportes concretos al bien común se convierten en el eje del cambio de sus relaciones con los otros y de su propia transformación interior. Dice el personaje:

> Pero algo cambia. No sé qué es y sin embargo sé que hay una diferencia. Los observo a ver si me sonríen más o con más ganas, a ver si Joel me busca para charlar, si las mujeres me rondan, si los chicos me siguen y dicen en la escuela que cuando sean grandes quieren ser como yo. No veo nada; algo ha cambiado y yo lo sé pero no veo nada. Lo que sí sé es que al día siguiente lavo la taza, el vaso, el plato y los cubiertos del desayuno. Mierda. (*Las repúblicas* 72)

A partir de aquí, el tema de los mitos reaparece de forma sesgada, pero otra vez como capital para entender las operaciones que se realizan. Todos los personajes se inventan nombres que citan mal distintas mitologías, generando algo que parece un nuevo mito de origen que adquiere las cualidades de una nueva edad de oro. Pero al mismo tiempo, en esas citas hay una acumulación de negar identidades primordiales para asumir aquellas en donde sea posible reconocerse de manera racional: el valor narrativo de los mitos se invierte en función de rearticular la utopía. Aquí, la eutopía no se materializa como futuro o como programa sino como creación, como trabajo.

En este sentido, es notable que el propio agente se escandalice ante la idea de una Argentina remozada sobre la base de una unidad nacional fundada en la acción militar, aún antes de llegar a La Clemencia. En el club, en la cena exculpatoria que le ofrecen los policías, uno le habla de reconstruir al "glorioso, al invencible, al, al magnífico ejército del pasado" (57). Preocupado, el agente de la CIDOS reflexiona:

> Está loco piantado, además de ser bruto, a quién se le ocurre eso de resucitar al ejército. Me cruzo con la mirada atenta de Morisoli. ¿Y éste? ¿Estará loco también? ¿Espiará a favor o en contra de la resurrección? Pero andá, ejército. (*Las repúblicas* 58)

Este es quizás el primer indicio de que toda la lectura de *Las repúblicas* debe construirse contra el sentido común de la izquierda argentina que aún a mediados de los ochenta hablaba de recuperar una imaginaria alianza con un "ejército popular" cuya misión originaria había sido traicionada por los ideólogos de la dictadura.[204] Aquí no hay espacio para regresar sobre los proyectos decimonónicos en ninguna de sus posibles encarnaciones. Antes bien, toda institución que fomente forma alguna de violencia, está destinada a implotar o a ser traicionada por sus propios miembros: no puede haber utopía donde no hay respeto por la dignidad humana en sus formas más básicas.

En medio del caos y los enfrentamientos de las repúblicas, sólo la CIDOS ha sido capaz de mantener su estatus institucional y llevar adelante alguna forma de proyecto. Pero sus agentes no parecen particularmente interesados en el mismo, ni en conocer su naturaleza. Los agentes son ciegos a todo, con excepción de su propia supervivencia y de la institución para la cual trabajan. Ni siquiera sus propias misiones (la gran ausencia del texto ya que nunca se sabe qué son) parecen provocarles ningún tipo de compromiso o interés, más allá de la superación de las dificultades que éstas presentan: la CIDOS es una burocracia que ha logrado autoperpetuarse y, en este sentido, no difiere demasiado de cualquier otra forma de institución autoritaria. Ninguna de las instituciones del Estado en el texto será vista con demasiada simpatía, ya que todas ellas mantienen sus funciones más negativas. En contraste, La Clemencia parece tener un grado de transparencia y participación que la vuelven un verdadero proyecto pluralista. Sin embargo, en el final, pese a la posibilidad de integrarse como miembro activo del único proyecto civilizatorio real, de la única comunidad que presenta el texto, el personaje que sólo pensaba en escapar, debe tramar su retorno en términos que cambiarán completamente su situación. Su evanescente misión para la CIDOS vuelve a gravitar en el centro de sus preocupaciones y prometiéndose volver del modo que sea, el agente reemprende su viaje absurdo. Sólo que, esta vez, el agente se sabe Otro y elige regresar mujer para poder reorganizar sus alianzas con los integrantes del proyecto desde otro lugar.

En los siguientes relatos, la utopía comunitaria que se delinea en "Al Champaquí" se contrapone a distintas versiones de distopías tecnológicas. Y, al mismo tiempo, aquellas se vuelven a explorar en el marco de los enfrentamientos

---

[204] Durante los juicios a las Juntas por violaciones a los derechos humanos, uno de los testigos manifestó llorando su incredulidad acerca de que tales actos pudieran haber sido cometidos por el ejército que había fundado José de San Martín. En los años siguientes, ante los intentos de golpe, se hablaba con frecuencia de los "sectores democráticos" del ejército que no sólo respetaban sino que apoyarían al gobierno electo en caso de concretarse los intentos. Si bien las fisuras políticas dentro de las fuerzas armadas eran reales, gran parte de esas mismas apreciaciones dejan entrever el acendrado militarismo de vastos sectores de la población. Con vaivenes, esa postura puede rastrearse en diversos registros de la cultura, desde los cómics a las canciones de protesta, pero también en el arraigado romanticismo con que se leyó a la guerrilla.

económicos que llevaron a las guerras civiles del siglo XIX, pero desde una perspectiva tal que, los siguientes tres relatos trabajan el futuro desde una suerte de anamnesis histórica. De esta suerte, se crea una tensión entre el espacio distópico y la voluntad de los sujetos que lo atraviesan por resistir. En parte, esa tensión aparece en el primer relato, con la fuga de la novia que cierra el cuento: esa fuga es el primer indicio de la capacidad de los sujetos para resistir no sólo el *statu quo* sino también toda forma de violencia institucional. Pero, en los relatos finales, más que en la construcción de una eutopía posible, el acento está puesto en la capacidad real de los sujetos para negarse a aceptar las condiciones y prácticas sociales en las que están inmersos. Así pues, la nueva articulación sirve para traer a la luz los costos de una modernización hecha sin consenso y de manera autoritaria: los textos muestran expropiaciones ilegales, saqueos, desplazados, sin-techo, racismo, machismo, asesinatos, traición. Son historias que narran la imposibilidad de generar ninguna ilusión de pacto social allí donde no hay formas de convivencia democrática.

Cada uno de los siguientes cuentos pone en juego algún aspecto de esas intersecciones. "En la meseta" narra cómo un viaje espacial es el pretexto para cometer todas las formas posibles de abuso de poder hasta que los personajes recurren a la traición y el magnicidio; mientras que en "Las máquinas infernales" el inventor concentrado en construir un cañón que lo hará rico, es finalmente asesinado, y su máquina es destruida y nunca puesta al servicio del Estado que él cree defender. En ambos casos, estas historias releen los textos de las máquinas infernales de Roberto Arlt y de Franz Kafka, en un doble entramado donde los objetos de la tecnología vienen a encarnar grandes proyectos de Estado que fracasan por su mala implementación, falta de fondos, o simplemente, objetivos errados. Imaginar que ésta es una lectura metafórica de los proyectos faraónicos de la dictadura es sólo parcialmente cierto: uno de los cuentos habla del mal producido por el "Hacha Intendéntica Carballensis" (*Las repúblicas* 106), en clara referencia a quien fuera el alcalde de la ciudad de Rosario y, más tarde, gobernador de la provincia de Santa Fé entre 1958 y 1966, lo cual expande el período histórico de los cuentos más allá de los límites de los setenta.

Ante semejante panorama, el texto plantea posibles formas de oposición articuladas o bien desde la ética o bien desde búsquedas individuales que revelen aquello que en un sistema opresivo se les escamotea a los sujetos. Si la salida utópica prueba ser una búsqueda compleja y no siempre alcanzable, es en el espacio de la resistencia que organizan las mujeres donde el texto provee un modelo de respuesta al delirio destructivo de las repúblicas: los personajes giran hacia su interioridad para descubrirse. Si esa es la apuesta exterior en el viaje de "Al Champaquí", el texto que provee una segunda posibilidad de una búsqueda personal es "El inconfundible aroma de las violetas silvestres" donde la meditación sobre la naturaleza del tiempo condensa la más trascendental experiencia del reconocimiento del *yo*. Organizado a partir de una lectura de la "Paradoja de los mellizos" (1911) donde Langevin exploraba la teoría de la relatividad, el cuento pone en evidencia que no hay un presente (ni para el caso, un futuro) absoluto, sino múltiples eventos, múltiples puntos de vista simultáneos que el observador percibe como presente. Esos puntos de vista múltiples emergen en el cuento como otras tantas versiones de lo real, versiones que compiten por tener legitimidad, pero que, a su vez niegan toda forma (política, ideológica, cultural) que se defina a través de sistemas estáticos y rígidos.

En "El inconfundible aroma de las violetas silvestres", se narra cómo la República del Rosario logra mandar una astronauta al fin del universo. Aunque desde el punto de vista del Estado ese viaje demuestra no ser muy diferente al de "En la meseta", ya que muestra cómo es posible para un país pobre y en guerra enviar a alguien al fin del espacio, la transformación de la astronauta y de la percepción del universo son capitales para comprender hasta que punto los textos subrayan un impulso contestatario que resiste interpretaciones unívocas. En este sentido, es importante destacar que todos los cuentos de este libro tienen finales abiertos que no admiten la clausura del texto, generando una suerte de lectura en eco. En esa lectura, se articulan formas de resistencia que, en otros espacios, no eran posibles y que, desde la ciencia ficción, se convierten en formas de acceder al conocimiento sobre lo real. La astronauta que tripula el viaje logra transformarlo en algo de valor para sí, aún cuando el fin del universo prueba ser una suerte de barrio suburbano con carteles de venta y propagandas de seguros que aniquila toda posibilidad de experiencia metafísica trascendental. La viajera revela, al regresar veintiséis minutos después de su partida, que aún en el vacío de la nada es posible rescatar la experiencia de lo vivido. El resto de su vida, extrañará el perfume de violetas del espacio exterior. En esa negación/afirmación descansa el poder utópico del texto: es una suerte de vibración donde los conflictos que ponen de manifiesto los elementos distópicos producen un retorno del deseo sobre aquellos elementos que constantemente se escapan de los relatos y que nunca se mencionan sino a través de la ausencia o de la implicación: la necesidad de una voz colectiva, del diálogo, del respeto por una otredad que, como diría Lévinas, es una revelación mutua y una utopía que *significa* a través de la *praxis*.

En los años que siguieron, Gorodischer se volcó hacia otras formas de escritura, ensayando formas narrativas tan diversas como la novela histórica o la literatura sentimental en una vena paródica donde muchas veces se ponía de relieve la experiencia femenina, subvirtiendo expectativas de lectura y de género, en más de un sentido. Justificadamente o no, sus textos de ciencia ficción vinieron a consolidar la legitimidad de esa modalidad en el campo cultural. Una lectura diacrónica de sus textos muestra que los mismos siguen parte de las discusiones que tuvieron lugar a escala internacional en la ciencia ficción a partir de la década del sesenta. La articulación de la distopía crítica permitió la apertura de un espacio a partir del cual reflexionar sobre la validez de proyectos ideológicos atados a agendas políticas rígidas que buscaban la forma de la totalidad. Esa operación generó en la ciencia ficción un lugar desde donde fue posible meditar sobre sujetos sociales y posibilidades de resistencia que no se avenían a los marcos desde donde se habían pensado proyectos revolucionarios o de cambio social en Argentina.

Desde la perspectiva local, los textos entran en un complejo, soterrado debate con un campo cultural que atraviesa una de sus crisis más graves en ese mismo período, y cuyos programas estaban llegando a su fin. Tal estado de cosas generaría toda una nueva serie de preguntas que, para la literatura hegemónica, empeñada en reproducir los grandes fenómenos programáticos del siglo XIX,[205] pasaron desapercibidas, y que, sin embargo, marcarían el fin de siglo y las nuevas formas narrativas de inicios del siglo XXI. Dadas las experiencias históricas y políticas, era necesario reflexionar sobre la carga de autoritarismo que había hecho imposible pensar la relación entre el Estado, la nación y la utopía de manera verdaderamente democrática.

Los textos de ciencia ficción de Gorodischer ponen en evidencia las tendencias totalitarias y autoritarias de los proyectos políticos e ideológicos que fueron centrales en el campo cultural argentino, hayan sido éstos los proyectos de la hegemonía liberal que tocó su fin a mediados de los sesenta o los de la emergente izquierda o los del Peronismo revolucionario que vendrían a ocupar su lugar en los años siguientes. Leer estos relatos sólo como una respuesta en clave a la dictadura de los setenta, si bien es parcialmente cierto, es también muy sesgado. Aquí se pone en tela de juicio toda forma de discurso autoritario, sus raíces mismas, no importa cómo emerjan ni quién las sostenga. No es sólo la articulación misma de los proyectos (de Estado, de revolución,

---

[205] Desesperados por la derrota política que representaba la dictadura, buena parte de los escritores que producen desde mediados de los setenta y hasta bien entrados los ochenta intentaron varias respuestas a la famosa pregunta de Ricardo Piglia en *Respiración artificial* (1981): "¿Quién de nosotros escribirá el Facundo?". La pregunta se convirtió en una Esfinge mortal para el campo cultural hasta que, en 1989, Martín Caparrós dio por terminada la discusión en su manifiesto para el grupo *Shangai* (Kurlat Ares, *Para una intelectualidad*; "Post-utopian Imaginaries").

de cambio social) lo que está en juego en su narrativa, sino algo mucho más profundo. En sus estudios sobre el totalitarismo, Hannah Arendt decía que semejantes fenómenos ocurrían cuando se despreciaban o desconocían los hechos y cuando se pensaba que todo estaba permitido, que todo era posible, que cualquier hipótesis sobre lo real sólo necesitaba ponerse en práctica para probarse (Arendt, *The Origins, Between*). Los textos de Angélica Gorodischer parecen operar a partir de esta idea, puesto que ponen a prueba todos los posibles modelos ideológicos sobre lo social a forma de experimentos: como en un teorema de pesadilla, sus tesis sacan a la luz los elementos despóticos y violentos de cualquier programa con rasgos autoritarios (aunque éstos aparezcan ocultos), generando una lectura a contrapelo sobre los discursos utópicos que poblaron gran parte de la narrativa argentina del último cuarto del siglo XX.

Es por este motivo que en el final de su proyecto escriturario y discursivo en el ámbito de la ciencia ficción, aparece un texto como *Las repúblicas*, donde todo posible proyecto civilizatorio colapsa, imitando las operaciones de la novela histórica en la década precedente. Lo que había sido para estos textos una incógnita imposible de develar, aquí se convierte en un hecho transparente: todo lo sólido se desvanece en el aire, o en el desierto, o en la Pampa. Aunque ese colapso dio lugar a una cierta reacción celebratoria por quienes vieron en tan aparatoso final la posibilidad de una libertad sin freno para la creación (como fue el caso de lo que se dio en llamar los escritores posmodernos de los ochenta), y aunque también fundó el espacio donde emergieron textos que, en su apelación a la historia, no supieron cómo leer el fin de siglo sino a través de una nostalgia exacerbada de nacionalismo (como fue el caso de la novela histórica que reconstruyó imaginarios sujetos sociales marginalizados de la historia oficial), los textos de Gorodischer, y con ellos la ciencia ficción, eligen otro camino. Aquí se pone en escena la verdadera naturaleza y consecuencias políticas e ideológicas de la barbarie. Sin embargo, no es una narrativa pesimista, y no apela al nihilismo, sino que reconstruye la idea de la utopía desde la racionalidad de la acción consciente de sujetos libres.

Los textos de Angélica Gorodischer ponen en escena la creciente (y necesaria) desconfianza con que los muchos actores sociales recibieron la herencia de las grandes narrativas que poblaron los primeros tres cuartos del siglo. Aquí se narra cómo esos actores se resistieron a aceptar a pie juntillas la abstracción de una utopía de absoluto que cercenaba sus libertades individuales. Así, siguiendo a Tom Moylan, podemos decir que, en Argentina, la utopía de ciencia ficción provee un lenguaje para reestructurar la percepción de las dicotomías que organizan el entramado ideológico de las lecturas de la historia, de la cultura y de la política. Estas son las operaciones que hemos rastreado en los textos hasta aquí. Lo que se codifica en ese lenguaje viene a poner a prueba esos mismos materiales, no importa de dónde provengan; los textos transforman las apuestas utópicas que deberían emerger de allí en otros tantos experimentos sociales que son diseccionados con absoluta precisión. En los nuevos espacios, las contradicciones entre la voluntad utópica y la falta de libertad, escamotean la tan anhelada transformación revolucionaria o cultural, convirtiendo a los textos sea en distopías sea en utopías críticas. Así, los personajes que abandonan esos espacios en ruinas, los personajes que se niegan a aceptar el *stuto quo* impuesto por sociedades en estado de caos, son los que proveen el *ethos* de la clase de activismo necesario para generar una oposición o disidencia exitosas. En el caso de Gorodischer, es precisamente la capacidad de resistencia individual desde la negación de la opresión en cualquiera de sus formas lo que articula los cambios: no hay cambios sin acciones, ni utopía sin ética, ni futuro sin una historia basada en los hechos.

8

Carlos Gardini:
el sujeto frente al conocimiento

En vista de los fracasos políticos e ideológicos del período anterior, y dada la tentación de absoluto inscripta en los proyectos utópicos que se habían desarrollado en Argentina, la narrativa de ciencia ficción intentaría rearticular la experiencia del pasaje de la modernidad a la posmodernidad desde otros espacios sociales y comunitarios. La reflexión se volvería sobre el presente a partir del potencial inscripto en prácticas políticas más equitativas o analizando las consecuencias de su falta; se buscaría entender la relación entre lo universal y lo particular, entre la identidad colectiva y la individual, y se generarían espacios donde fuera posible crear vasos comunicantes entre ambas sin destruirlas. Éstos no sólo serán textos donde emergerá una nueva subjetividad (y cómo se la percibe), sino también donde se debatirá en qué medida todo discurso autoritario distorsiona la capacidad moral de sus emisores para constituir una ética al imaginar un universo de valores absolutos.

Notablemente, esa preocupación aparecería en la literatura a través del tema de la guerra, primero, y de los mundos posapocalípticos, más tarde.[206] Esta operación se inserta de manera paradójica en el debate de la ciencia ficción a escala internacional, ya que la década del ochenta vio un renacimiento de las narrativas de guerra a partir de una reflexión de lo que había sido la experiencia de Vietnam, por una parte, y por otra, el resurgimiento de narrativas instrumentales. No se trataba única o simplemente de una reacción contra lo que había sido la estética o las preocupaciones de la *New Wave*: en esa relectura había una indagación política consciente sobre la experiencia de diversas intervenciones político-militares en distintas partes del globo, por un lado, y por otro, sobre los programas armamentistas de la última parte de la Guerra Fría. Esas lecturas traían a colación un juicio sobre las perspectivas políticas y los imaginarios de la izquierda y de la derecha.

Si una de las vertientes de esa reflexión vino a emerger como el mundo postapocalíptico del cyberpunk, la otra variable fue una suerte de análisis de los efectos de la relación no regulada entre poder, industria de armamentos,

---

[206] Si bien distintas guerras aparecían en historietas argentinas desde la década del treinta y complejos mundos apocalípticos empiezan a emerger desde fines de los sesenta, los términos de esta reflexión no se hicieron presentes en el medio sino hasta mucho más tarde y a través de otras temáticas.

ciencia y tecnología. El modo de analizar esta triada fue complejo ya que muchas veces se enfrentaba a la visión preponderante de la emergente Nueva Derecha que fantaseaba con una Pax Americana impuesta a sangre y fuego gracias a esa compleja, idealizada conjunción: para amplios sectores vinculados con la industria armamentista y con sectores neoconservadores que surgían de la desintegración de la derecha más tradicional, la violencia se narraba como una suerte de mal necesario, quirúrgico y frío, desgajado de toda consideración moral; el precio a pagar en aras de un supuesto bien común. Otros sectores políticos, en cambio, buscaban cómo enfrentar y denunciar un discurso oficial que se creía a sí mismo racional, civilizado, y portador de una moral superior cuya violencia era apenas el óbolo pascual por una imaginaria sociedad deseada.

En la Argentina de los setenta y ochenta, el discurso de la Nueva Derecha tuvo una de sus encarnaciones en parte de la así llamada "Doctrina de Seguridad nacional" que vino a sustentar ideológicamente las prácticas de terrorismo de Estado. La Guerra Fría asumió la forma de un enfrentamiento ideológico que, en palabras de los vates de la dictadura, requería "respuestas no convencionales" para salvaguardar los "ideales cristianos de la Patria".[207] Sin embargo, salvo los enfrentamientos diplomáticos con Chile que con frecuencia amenazaban convertirse en guerra, el país no había participado de un conflicto armado en más de cien años.[208] Los enfrentamientos militares que resultaron en las loas a la marcialidad y el canto a la organización militar eran una herencia que en el discurso oficial se habían transvasado desde los programas de exterminio de su población indígena, a las múltiples represiones de distintos movimientos sociales y sindicales, y a la intervención de las fuerzas castrenses en la vida civil apoyadas en la doble fuerza que les otorgaban los sectores más conservadores de la sociedad y su propio poder económico.

Por su parte, para los ochenta, la tradición de narrativas bélicas había poco menos que desparecido de la Argentina, sobre todo, de los cómics, donde la misma había sido particularmente prolífica, incluyendo apuestas muy

---

[207] A modo de resumen de las posturas ideológicas que sostuvo el así llamado Proceso, vale la pena retornar sobre un ya clásico artículo de Ernesto Garzón Valdez donde se analiza cómo se construye la legitimidad fáctica del discurso autoritario del terrorismo de Estado y en qué consiste su ilegitimidad ética. Véase Ernesto Garzón Valdés, "El terrorismo de Estado (El problema de la legitimación e ilegitimidad)", *Revista de Estudios Políticos* 65, Nueva Época (julio-septiembre 1989): 35-55.

[208] Estos pleitos alcanzaron su punto álgido en 1978 cuando ambos países movilizaron sus tropas en la frontera, casi llegando a un conflicto bélico. Sólo la mediación del Papa Juan Pablo II puso fin al incidente.

radicalizadas desde el punto de vista político.[209] Esta había sido una tradición que por lo general organizaba sus textos o artefactos en escenarios y situaciones que, o hacían una estetización de los conflictos, o bien servían como escenario para reorganizar ideológicamente las causas y/o justificativos que habían llevado a los enfrentamientos narrados en primer lugar. Aún en sus lecturas más críticas de las instituciones militares como tales, no había una mirada que indagara sobre los aspectos políticos profundos de las relaciones de aquéllas con el poder civil (del cual debían depender) o sobre las estructuras ideológicas que sostenían sus acciones. Como ya he mencionado en el primer capítulo, pese a su humanismo de superficie, un cómic como *El Eternauta* vino a resumir muchas de las tendencias de la fascinación por el militarismo, ya que el relato afirma la imagen masculina en el vacío, glorifica la guerra como una forma de dar luz a una nueva sociedad, y manifiesta una socavada desconfianza en la democracia. Incluso en narrativas donde aparecía una reflexión sobre la injusticia, la soledad o la muerte, los textos no escapaban a las argumentaciones de la construcción del Estado que habían sustentado los sectores más conservadores de la Generación del 80.

Recién a partir de la derrota en la guerra de Malvinas sería posible una reflexión sobre el militarismo en Argentina. Se ha dicho con frecuencia que, con excepción de *Los pichy ciegos* (1983) de (Rodolfo Enrique) Fogwill, Argentina no ha producido una narrativa vinculada con ese conflicto. Quisiera disentir señalando el complejo *corpus* de materiales que existen al respecto. Durante el período mismo de la guerra, diarios como *El Litoral* (Santa Fe, 1918-) publicaron una historieta como *2 de abril* de Mario y Claudio Morhaim (los conocidos historietistas que reflotaron algunas de las historias de *El Eternauta* en los ochenta). Incluso, una revista destinada a niños como *Billiken*

---

[209] Sin embargo, esa tradición de narrativas bélicas existía y tenía gran prestigio. Para estudiarla, se podría organizar un amplio *corpus* que incluyera desde las *Memorias póstumas* (1892) del Gral. José Ma. Paz, que continuara con todos los relatos de las guerras gauchas y de las guerras contra los indígenas, y que acabara en la narrativa sobre las Malvinas. Así, por el lado letrado, la lista englobaría textos como la *Guerra al Malón* (1907) del Comandante Manuel Prado o novelas tales como *Ejército de ceniza* (1986) de José Pablo Feinmann. Por el lado de los cómics, la década del cincuenta vio un auge de este tipo de narrativas, desde la aparición de *Fuerte Argentino* (1953-1958) de Walter Ciocca y Julio A. Portas (alias de Julio Almada) hasta *Las aventuras del sargento Kirk* (1953-1973) de Héctor G. Oesterheld y Hugo Pratt. Incluso el cine llegó a desarrollar cierta lectura del género de películas de guerra, en vena gauchesca primero con *La guerra gaucha* (1942) de Lucas Demare, y más tarde en la vertiente histórica a través de la óptica de Leopoldo Torre Nilsson y sus películas *El santo de la espada* (1970) y *Güemes, la tierra en armas* (1971). Esta última vertiente reaparecería a partir de la década del 2010, con las películas que retornan sobre la historia nacional desde el revisionismo histórico, como por ejemplo, *Revolución: el cruce de los Andes* (2010) de Leandro Ipiña.

(1919-) generó toda una serie de cómics donde se plasmó la fuerte reacción nacionalista y triunfalista que tanto el gobierno militar como amplios sectores de la población compartían en su reivindicación territorial.[210] Estos últimos pueden ser textos poco placenteros para la memoria y el paladar ideológico de muchos estudiosos de la cultura argentina, pero son artefactos que revelan en mucho cómo se leyó (y cómo se explotó y se difundió) la guerra. Poco después, en 1984, Ricardo Barreiro, Alberto Macagno, Carlos Pedrazzini y Marcelo Pérez publicaron la serie *La Guerra de Malvinas* en la revista *Fierro* (1984-1992/2006-). En los años siguientes, otras revistas exploraron también el tema de esa nefasta aventura militar a través de los cómics, pero la historieta con guión de Barreiro quizás haya sido la más lograda.

La guerra se filtró a la música de rock, con temas como por ejemplo, "No bombardeen Buenos Aires" del LP *Yendo de la Cama al Living* (1982) de Charly García, una de las placas que mejor registran el estado de alienación con que ciertos sectores medios de la población vivieron el conflicto. Otro medio que también se ocupó del tema de la guerra de Malvinas fue el cine, con documentales como *Hundan al Belgrano* (1996) de Federico Urioste, y películas como *Los chicos de la guerra* (1984) de Bebe Kamin y Daniel Kon, o la premiada *Iluminados por el fuego* (2006) de Tristán Bauer.[211] Así pues, existía una narrativa, por cierto conflictiva, sobre lo que había sido la guerra. Estos artefactos culturales estaban lejos de la narrativa de guerra que había surgido en la ciencia ficción norteamericana, pero es importante tener en cuenta la reaparición de un discurso preocupado por las causas y consecuencias de los conflictos bélicos dentro del espacio de la cultura argentina. Es cierto que esa coincidencia particular fue no sólo fortuita, sino que estuvo vinculada a problemáticas radicalmente distintas, pero convergerían en el espacio de la ciencia ficción local a través de la narrativa de Carlos Gardini.

Gardini es un reconocido traductor y narrador de ciencia ficción que ha recibido importantes premios por sus novelas incluyendo tres UPC, y entre sus publicaciones figuran más de siete novelas y numerosos libros de cuentos.

---

[210] Distintas encuestas realizadas en la semana de iniciada la guerra mostraban que había casi un 90% de apoyo a la toma militar de las islas. Los programas de televisión, las campañas escolares para juntar fondos para sostener el esfuerzo bélico muestran hasta qué punto la población consideraba legítimo el reclamo territorial.

[211] No quisiera extender la lista al infinito, pero sólo debería nombrar un último ejemplo de este *corpus*, aunque pertenece a un registro muy diferente. En 1996, Marta Minujín organizó un *happening* en el cual se entrevistó con una doble de Margaret Thatcher a la cual le pagó con choclos por las islas Malvinas. El *happening* era parte de una serie que incluía un pago similar a los Reyes españoles por las Américas. Además, exposiciones de fotografías sobre la guerra han sido frecuentes en los últimos años.

Aunque no me ocuparé de toda su extensa obra en el presente trabajo, me interesa analizar aquellos textos cuya línea narrativa surge como parte de los debates y preocupaciones presentes en las nuevas distopías críticas de los ochenta y noventa en países como EE.UU. e Inglaterra. Se trata de textos donde la realidad posapocalíptica es cuestionada en sus mismos cimientos ideológicos y donde el relato distópico se convierte en una manera de enfrentar de manera crítica la cambiante realidad del fin de siglo XX y la amenazante presencia de una nueva derecha cada vez más difusa cuyo influjo asumía formas crecientes de un autoritarismo frente al cual parecía no haber respuestas a través de proyectos políticos y/o ideológicos articulados orgánicamente.

Los primeros textos de Gardini muestran lo que Sarlo llamó las consecuencias de la "materialidad de la guerra". En 1982, ese escritor ganó el primer premio del Concurso Nacional de Cuento del Círculo de Lectores por "Primera línea".[212] El relato aparecería dos años después en la colección homónima publicada por Editorial Sudamericana, junto con otros textos que también exploraban el tema de la violencia desde distintos ángulos: de los dieciocho cuentos de la colección, al menos ocho aluden directamente a la guerra o a los desaparecidos y en el resto la violencia irrumpe en la cotidianeidad de tal forma que aparece como un horror completamente naturalizado por la percepción de los personajes. Varios de los relatos habían aparecido en *Minotauro* o en *Sinergia*, y en los años siguientes fueron reproducidos en la revista digital *Axxón* y en diferentes antologías, incluyendo la ya mencionada *Latinoamérica Fantástica* (1989). Reconocido casi inmediatamente como un libro de ciencia ficción, se convirtió en un clásico de la modalidad.

El cuento ganador, "Primera línea", trabaja la temática de los veteranos de guerra, su relación con el aparato militar y su retorno a la vida civil. El texto establece un diálogo en varias direcciones. Al mismo tiempo que organiza un discurso cuya sensibilidad es muy cercana a la del cyberpunk, también reflexiona sobre la situación de los soldados que volvían de Malvinas y sobre la guerra misma.[213] De este modo, se hace eco de una de las discusiones más complejas

---

[212] Como nunca se cansa de recordar el *fandom*, el jurado estaba integrado por Jorge Luis Borges, Josefina Delgado, José Donoso, Jorge Laforgue y Enrique Pezzoni.

[213] Al terminar el conflicto el 14 de junio 1982, el país se encontró por primera vez en más cien años con veteranos de guerra. El enfrentamiento había dejado más de 700 muertos y 1.500 heridos, en su mayoría jóvenes conscriptos mal preparados para enfrentar un ejército profesional como el británico. Inicialmente, no habiendo servicios sociales que los trataran y en medio del proceso político de "desmalvinización" (como se dio en llamar a la reacción que siguió a la rendición y al período de retorno a la democracia donde el tema dejó de discutirse, excepto como detonante de la caída de la dictadura), los veteranos no encontraron recursos con que reintegrase a la vida civil. Una ley de mediados de los ochenta otorgó una pensión a quienes

de la ciencia ficción norteamericana de los setenta y ochenta, es decir, cómo leer el retorno de los veteranos de guerra (que en el caso norteamericano vino a centrarse en Vietnam y, más genéricamente, en el sudeste asiático) en el marco del vuelco hacia la derecha de esa última década.[214] En este sentido, la siguiente cita de Roger Luckhurst es una buena introducción a los textos de Gardini, no sólo porque refleja en mucho las operaciones del primer cuento del que nos ocupamos aquí, sino también porque hace claras algunas de las operaciones narrativas con que la ciencia ficción se opuso al discurso de la dictadura:

> Just as cyberpunk makes no sense without the shadow of the New Right, so I will argue that the fascination with disembodied virtual worlds in cyberpunk needs to be read dialectically with the "body horror" genre that gorily erupted at exactly the same time. Whilst medical discourse regarded the body as a vector of disease, resurgent neo-Darwinism accounts in the 1980s foregrounded it as a vehicle for genetic inheritance. (*Science Fiction* 202)

De la misma manera, es muy difícil entender la emergencia de líneas narrativas de ciencia ficción tan cercanas al cyberpunk en Argentina, sin tener en cuenta el telón de fondo del discurso dictatorial sobre la sociedad argentina como un "cuerpo enfermo" y todas sus metáforas sobre el "cáncer ideológico" generado por formas de "pensamiento foráneo":[215] guiado por un catolicismo

---

habían estado directamente involucrados en el teatro de operaciones de la contienda, pero no contempló la situación de miles de soldados movilizados que también sufrieron traumas de diferentes tipos. En un censo llevado a cabo en el 2004, se descubrió que más de 270 veteranos (1.01%) se habían suicidado y que alrededor del 80% contaba con relativas buenas condiciones de salud física y de vivienda. Dicho ésto, es importante destacar que dada la alta densidad de mortalidad de la guerra así como las condiciones en que los soldados debieron luchar (incluyendo desnutrición, despersonalización, etc.), las secuelas de trauma psicológico entre los veteranos son altísimas y que no fueron tratadas de manera consistente sino hasta mucho más tarde, generando serios problemas de salud mental, incluyendo trastornos de memoria (60%), depresión (70%), irritabilidad (30%), psicosis (10%) e intentos de suicidio (10%).

[214] En 1974, Joe Haldeman publicó *The Forever War* que fue galardonada con Premios Nébula (1975), Hugo (1976) y Locus (1976). La novela narra las experiencias del veterano William Mandella durante la guerra contra los Taurones y su difícil reinserción en la vida civil al regresar a la Tierra. La doble alienación del soldado que es primero un invasor a desgano y luego un extranjero en su propio mundo ofrece una mirada descarnada sobre lo que fue el retorno de los veteranos de Vietnam a los EE.UU. y su compleja reinserción en la vida civil. El texto de Gardini se inserta directamente en la tradición crítica que se abre con esta novela ya que en muchos sentidos tiene gran afinidad con sus posturas.

[215] Una hipótesis de lectura similar permite aproximarse al cyberpunk que surge en Chile en la década del noventa, con novelas como *Flores para un cyborg* (1997) de Diego Muñoz Valenzuela. En México, la emergencia del cyberpunk también está asociada a la creciente violencia social y económica de los ochenta, aunque aquí buena parte de la producción ha tomado tintes satíricos

ultramontano, el discurso ideológico de la dictadura buscaba una imaginaria totalidad que permitiese reponer a perpetuidad un deseado orden natural que correspondiera a una anhelada Edad de Oro perdida en el proceso de modernización del país.

Estos conceptos son retomados por las voces de los militares en "Primera línea", donde se narra la historia del soldado Cáceres, un joven conscripto quien, durante un bombardeo en una guerra que ya dura años (posiblemente, un extendido conflicto bélico en torno a Malvinas), queda lisiado al perder sus manos y sus piernas, así como su capacidad sexual. Esas pérdidas son una violación de la naturaleza biológica del cuerpo de Cáceres, pero son también una suerte de estallido simbólico en múltiples direcciones ya que permiten citar y re-articular el discurso autoritario sobre la relación entre cuerpo y Patria que tan claramente organiza la estructura ideológica del Proceso. La inmolación de Cáceres en el altar de la Patria, lo convierte de víctima en penitente, luego en mártir, y finalmente, en figura consagrada. Lo que Cáceres y el ejército leen en su cuerpo amputado, primero, y en su metamorfosis, más tarde, son dos cosas muy distintas. Esa divergencia, presente en el texto, permite una lectura cáustica de un relato articulado en torno a la crítica política del presente inmediato a través de la puesta en escena de los mecanismos ideológicos del discurso contra el cual se enfrenta.

Precisamente, la invalidez, la ruptura del orden natural del cuerpo, hace que Cáceres transponga la frontera de lo estrictamente biológico para convertirse en el *locus* de una diferencia radical. Ser un inválido de guerra lo diferencia de los "enteros" que poco a poco se desenmascaran como seres

---

que no están presentes en otras narrativas. En el caso de Cuba, el cyberpunk emerge como una suerte de respuesta a la caída del bloque soviético y al subsiguiente deterioro económico que atravesó la isla en los noventa. El caso colombiano, con el hipertexto digital *Condiciones extremas* (2000) de Juan B. Gutiérrez, es quizás el más cercano al cyberpunk producido en los EE.UU. e Inglaterra, donde el hilo común de las preocupaciones apunta a denunciar una sociedad donde el Estado ha sido suplantado por corporaciones anónimas. Para el resto de la región, sin embargo, podría argüirse que esa misma preocupación intenta revelar la emergencia y caída de estados totalitarios operados por formas difusas de la industria armamentista y las instituciones militares que se han apropiado ilegítimamente de las instituciones. Por lo demás y como veremos luego, la ansiedad ante el poder corporativo en el mundo latinoamericano vino a narrarse como la creciente (e invasiva) presencia de los medios de comunicación en la vida cotidiana, como es el caso de *El testamento de O'Jaral* (1995) de Marcelo Cohen. Dicho esto, en el caso argentino y fuera del espacio de la ciencia ficción, son muy pocos los textos que registran la creciente influencia de la cultura del mundo de los negocios en la cotidianeidad. Como casos excepcionales y paradigmáticos, además de una buena parte de la narrativa de Fogwill, deben mencionarse novelas como *Los bajos del temor* (1992) de Vlady Kociancich, *Frivolidad* (1995) de Juan Forn, y *Coloquio* (1995) de Alan Pauls.

foráneos a su propia experiencia comunitaria; esa misma diferenciación hace que haya una relación de alieneación absoluta entre el espacio privado de su percepción del discurso político (en el que vive inmerso y al cual es indiferente) y la ideología que organiza ese discurso (y cuyos mecanismos de cooptación se le irán revelando a lo largo del relato). Ese proceso se inicia con las heridas de guerra, pero se completa a través de su transformación en cyborg: como tal, Cáceres es un fetiche al servicio del deseo ideológico del aparato militar. Una vez que está integrado en la unidad MUTIL que lo convierte en un cyborg, Cáceres es una suerte de marioneta autónoma, un "gran coleóptero" movido por órdenes anónimas que llegan a través del casco: recuperar la movilidad no le permite recuperar su condición humana previa a la amputación, ya que la mutilación opera un corte existencial en su forma de percibir el mundo. El precio que paga por recuperar parte de su movilidad, por intentar volver a ser humano, es convertirse en una máquina de matar, en un cyborg. Sin embargo, la contradictoria transformación en cuyo origen está el mecanismo que llevará a su propia destrucción biológica, es paradójicamente, la que permite la revelación y comprensión de los dispositivos ideológicos que construyen la falacia de la guerra. Lo que se inicia como un proceso médico restaurador (Gray, *The Cyberg*) se convierte en una experiencia ideológica fundante de la recepción de los procesos autoritarios que transforman la identidad.

Cáceres es un monstruo en más de un sentido: su monstruosidad revela aquello que está oculto en el tejido social, político e ideológico, pero también en su propia persona. La mutilación se convierte en un límite (físico, biológico, político), y también en el espacio de reconfiguración de la identidad:

> ¿Qué le habían serruchado a qué? Había descubierto que uno era cosas que podían dejar de ser uno. Esas cosas no eran uno cuando se pudrían bajo la lluvia o la nieve en un fangal sanguinolento o entre deshechos de hospital ¿O sí eran uno? (*Primera Línea* 150)

Esa reconstrucción empieza primero en el universo de lo simbólico-social: apenas sí recobra uso de sus facultades y puede recordar, el ex-soldado Cáceres procede a reírse a carcajadas de "Aurora" y de su universo cultural,[216] aunque no sea capaz de vivir fuera de los parámetros propuestos por ese mismo discurso. A partir de aquí, los elementos de ese universo van emergiendo de manera a la

---

[216] El aria "Aurora", de la ópera homónima con libreto de Luigi Illica y música de Héctor Panizza, fue presentada por primera vez en el teatro Colón de Buenos Aires en 1908. A partir de 1945, y por decreto presidencial, la versión traducida se instituyó como una de las canciones oficiales a la bandera argentina. El aria es considerada uno de los emblemas de los nacionalistas argentinos y se canta en diversos actos oficiales.

vez insidiosa y perversa en su vida cotidiana: la condición de su reenlistamiento en el ejército es que no sea judío, los prejuicios contra los discapacitados son al mismo tiempo razón de su aislamiento y motivo para su nueva condición de soldado-cyborg (el propio capitán les dice que "los mutilados son una carga en la paz, una pensión costosa para el Estado" 157), los sermones de los militares de rango y de los curas cruzan el universo simbólico del patriotismo, el sacrificio, la vocación de servicio, el catolicismo, y el odio a los enemigos. En ese mundo, la guerra es una forma de reinventarse como seres humanos y de purificarse, porque (en una clara alusión a Heinlein) "*No hay nada más humano que la guerra*" (159).

El cuento parece citar fielmente tanto el discurso que emerge en la ciencia ficción de la Nueva Derecha, como el maniqueísmo paranoico del discurso de la dictadura. Pero esas citas se enfrentan a la situación de literal ruptura del cuerpo de Cáceres, cuya discapacidad promete vengarse a través de la conversión de su cuerpo en un cyborg, donde la tecnología vendrá a reponer las partes perdidas de su cuerpo, devolviéndole la identidad que, a lo largo de la narración, se escamotea. Esa identidad elusiva no puede reorganizarse en el espacio militarizado de los entrenamientos y la guerra sino como una pérdida de todo resabio de humanidad: Cáceres se convierte en una máquina no sólo porque es un cyborg, sino y sobre todo, porque esa conversión lo fetichiza en élite guerrera (literalmente están "templados como el acero" 157) y convierte todas sus acciones en el punto de fuga de una venganza contra un enemigo despersonalizado e incognoscible, al cual sólo queda "destruir despiadadamente [...] como él nos destruyó a nosotros" (158).

Ser soldado, ser "hijo de la guerra", a despecho de todos los sermones y todas las arengas, se revela como la incapacidad de reconocerse como sujeto, de tener individualidad alguna, de tener empatía alguna hacia los semejantes, incluso cuando éstos sean los propios miembros del regimiento. En este sentido, la falta de conciencia política de Cáceres al inicio del cuento es homóloga de su indiferencia durante su transformación. Su incapacidad para generar alguna forma de perspectiva ética sobre la violencia física y/o ideológica está en la base misma de su transformación en máquina, más allá de sus motivaciones individuales. Dada su desafectada (aunque interesada) adscripción a los mecanismos del aparato militar, Cáceres se instala desde el inicio, en lo que Primo Levi llamaba en *The Drowned and the Saved* la "zona gris", es decir, ese espacio indeterminado entre el bien y el mal donde nada es absoluto y donde todo, al mismo tiempo, oscila de un espacio al otro, desintegrando la identidad y borrando las fronteras que identifican al nosotros y al ellos. Esa ambigüedad define al personaje casi hasta el final, y es también descriptiva de otros personajes de Gardini que, como Cáceres, funcionan en los rangos menores de los aparatos militares o represivos, sin mayor conciencia de su capacidad para participar del mal hasta que algún evento los sacude.

En el soldado Cáceres conviven dos seres simultáneamente: un ser arcaico, primitivo y brutal que es potenciado por los implantes, y otro, el joven adolescente que tendrá que enfrentarse a sus mutilaciones. El cyborg no es exactamente la amalgama de ambos, sino el espacio donde esa hibridez se manifiesta como una identidad conflictiva (Haraway; Gray, *The Cyborg* y *Post-Modern War*). El pasaje de uno a otro está articulado por las amputaciones y las subsiguientes transformaciones, a través de la unidad MUTIL que lo convierte en cyborg-guerrero, primero y, luego, a través de la pérdida de esa misma condición que lo convierte en una "carga social". El pasaje de soldado a máquina, y de máquina de matar a mutilado sin lugar de reconocimiento social, hace a la formación de la experiencia. La misma es siempre una merma en un espacio que se percibe a través de absolutos ideológicos y se vive a través de la violencia. Aunque el discurso de los militares intenta articular en esa transformación una forma de la trascendencia, el texto revela ese proceso como un vaciamiento de la conciencia, y por lo tanto es, o bien un retorno a la barbarie, o bien una muestra de la incapacidad de la sociedad para proteger a sus individuos más desamparados.

El cyborg descubre así otro aspecto de la monstruosidad: la internalización de la irracionalidad no es sólo la ausencia de Naturaleza ni sólo la aspiración al absoluto, es además una incapacidad para generar formas de empatía con y de respeto hacia lo Otro. Para probar este punto, el soldado Cáceres (y el resto de las unidades MUTIL), que pasa buena parte del cuento negando su propio cuerpo en la celebración de su nueva funda de metal, es traicionado por un gobierno que ya no lo necesita y simplemente lo desmantela, literalmente, convirtiéndolo en Otro, y prescindiendo de él. De manera tal que el cyborg se convierte en una encrucijada de metáforas ideológicas que son puestas en escena de manera muy distinta dependiendo de cómo y quién las construya.

En "Primera línea", ambas lecturas aparecen en una suerte de contrapunto forzado por la oposición entre la fantasía tecnológica y la realidad social. Recordemos por un instante el imaginario visual que emergía en las tapas de *Péndulo*, tal y como fue discutido en la sección anterior: habíamos dicho que los monstruos que las poblaban, acababan por ceder paso a los cyborgs porque éstos desmitificaban formas narrativas ancladas en mitos de absoluto. Similar operación realiza el cyborg Cáceres al enfrentar la imaginaria perfección de la máquina (ideológica, de guerra, social, etc.) con el caos de la realidad política y del devenir histórico:[217] en esa oposición se pone en entredicho toda aspiración de absoluto que se revela no sólo como una forma de psicosis, sino como un anhelo profundamente inhumano porque niega, precisamente, la diversidad de la experiencia.

Al año siguiente, apareció lo que efectivamente sería el primer libro de Gardini, *Mi cerebro animal* (1983). El libro consta de ocho relatos que alternan distintas indagaciones en torno al tema de la violencia y la muerte (en particular, las consecuencias de los programas de Estado autoritario), con historias sobre la capacidad del arte para crear mundo. Los cuentos de la colección que trabajan el tema de la guerra son particularmente interesantes ya que aquí se cruzan el mundo dicotómico de las fantasías de la guerra fría, imaginarias soluciones políticas finales hechas a partir de bombas H tal y cómo éstas eran planteadas en parte de los discursos de la ciencia ficción de la Nueva Derecha, y una mirada satírica sobre cómo esos mismos enfrentamientos se tradujeron en el discurso político en los distintos ámbitos locales. En este sentido, tanto los textos de *Primera línea* como los de *Mi cerebro animal* recontextualizan los debates en torno al período de la dictadura en el marco mayor de la geopolítica de los setenta y ochenta, por un lado, y por otro y como ya he anticipado, dialogan directamente con los temas centrales de la ciencia ficción internacional de los ochenta. Esas mismas preocupaciones también retornarán en los cuentos que abren el tercer libro de Gardini, *Sinfonía cero* (1984), particularmente aquellos que meditan sobre la guerra como espectáculo.

Con los ecos satíricos del *Diario de la Guerra del Cerdo* (1969) de Adolfo Bioy Casares como el antecedente más cercano, el segundo libro de Gardini se instala como una suerte de contraparte de la novela de Fogwill sobre Malvinas, y pone en escena todo el maniqueísmo de los discursos oficiales sobre la guerra. Si la novela de Fogwill narra los horrores de la guerra desde la perspectiva de los soldados en las trincheras y en los *bunkers*, si narra la gratuidad de la muerte y la inmoralidad de la vida cotidiana bajo condiciones brutales, *Mi cerebro animal* retorna sobre las racionalizaciones absurdas que ponen a los sujetos en esas situaciones. Pero el texto hace algo más que simplemente exponer los mecanismos del discurso nacionalista y belicista o sus consecuencias. La narración hace evidente que los avances tecnológicos de la

---

[217] Eduardo Emilio Massera, ideólogo de la dictadura y uno de los arquitectos de los campos de tortura y desaparición, publicó en 1979 *El camino a la democracia*, donde habla de los "autómatas" y de los "idiotas útiles" que no podían resistir el influjo de ideologías foráneas (y peligrosas). En este sentido, el cuento da vuelta esta construcción ideológica al convertir a Cáceres, literalmente, en un robot que reconoce su alienación al enfrentarse con su propia, mutilada humanidad traicionada.

industria armamentista han convertido a la guerra en algo tan espantoso, tan desmesurado, que la misma existencia de la especie humana está peligro.

"Escalada" narra una guerra "poco menos que tribal" entre dos países fronterizos y sudamericanos, en una clara alusión al conflicto con Chile, pero también a Malvinas. Por un lado, la obvia trama en torno a la guerra da pie a una reflexión sobre las reivindicaciones nacionalistas que aquí se convierten en una fuerte alerta contra los peligros implícitos en esa ideología. El nacionalismo sirve de pretexto para iniciar la guerra y para terminarla: el discurso nacionalista oscila entre los países contrincantes y el lector nunca sabe desde cuál de las naciones se habla: ese vaivén los convierte en entes intercambiables ya que ambos países "se consideraban agredidos y acusaban al otro de agresor, pero concordaban en la existencia de ambos términos" (*Mi cerebro animal* 24). Por otro, el texto organiza el examen de la relación entre los discursos belicistas y el desarrollo de la industria armamentista en una Argentina que, en medio de su progresiva ruina económica, tenía una industria militar estatal que había hecho gala de su inversión en agua pesada, en el desarrollo de los fusiles FAL y de los aviones FMIA-58 Pucará o los IA-63 Pampa.[218] Esa misma visión sobre la Argentina como un país cuasi-marginal que alimenta una desmedida pasión por la violencia y el autoritarismo y que acaba por provocar una guerra genocida incomprensible reaparece en otros relatos, particularmente en "Días felices en Tiempomuerte", el cuento que abre *Sinfonía cero*.

"Escalada" se organiza a partir de las citas de distintos generales, expertos, científicos, y periodistas que se van entretejiendo para generar una sátira sobre todo alegato belicista ya que convierte a la guerra en el propósito central del aparato del Estado. Para hacerlo, el cuento articula dos espacios discursivos complementarios. El primero pone en escena el discurso oficial sobre la guerra y la lógica del nacionalismo como pretextos de la creciente escalada armamentista que acaba con la detonación de una aberrante nueva arma, el "bombardeo psi", y sus consecuencias planetarias más allá del enfrentamiento local entre las naciones en conflicto. Esta arma psicológica condensa una serie de semas que eran parte de las discusiones sobre estrategia militar desde

---

[218] El Estado argentino tenía al menos el 51% las acciones en empresas como Fabricaciones Militares, Yacimientos Petrolíferos Fiscales (YPF), Gas del Estado, e incluso bancos tales como el Banco Hipotecario Nacional. Si bien esa estrategia de inversión ayudó al desarrollo de ciertas industrias y sectores en la primera parte del siglo XX, también convirtió al Estado en un activo empresario que era a la vez socio interesado al momento de establecer pautas regulatorias en el mercado financiero. El obvio conflicto de intereses de miembros del gobierno que a su vez eran inversionistas en esas empresas se convirtió en una de las razones ocultas de muchos de los conflictos políticos que asolaron al país.

mediados de los sesenta: desde la guerra y la tortura psicológicas que pueblan las estrategias de "contrainsurgencia" de la CIA, hasta el desarrollo de las "Doctrinas de Seguridad Nacional" en el ámbito local.

La guerra psi (que aspira a ser una forma más "humana" de las hostilidades haciéndose eco de los discursos sobre la bomba de hidrógeno que pueblan los setenta) se convierte en una nueva forma de la guerra psicológica/nuclear que resume las nuevas estrategias militares de los setenta y ochenta. Las bombas psi materializan los sueños y pesadillas de los combatientes, anulando la necesidad del uso de armas convencionales: los monstruos del subconsciente de los soldados se convierten en las nuevas armas, las "cosas" innombrables que aparecen y atacan a quienes duermen primero, para más tarde contaminar el planeta todo, aniquilando por igual soldados y poblaciones civiles, en matanzas indiscriminadas que amenazan convertirse en un holocausto núcleo-psicológico.[219]

Pero esa conjunción alude, además, a las fantasías militares y tecno-científicas que en los países centrales habían llevado a un número importante de escritores de ciencia ficción vinculados con la Nueva Derecha a participar del Citizens' Advisory Board (Gray, *The Cyborg*; Luckhurst, *Science Fiction*). Este texto opera una respuesta ideológica a estas posturas al poner en evidencia sus profundas irracionalidad e inmoralidad y, en este sentido, viene a situarse en la creciente producción de narrativas anti-armamentistas. En su desmesura, y a excepción de su capacidad de contaminarlo todo, la guerra psi demuestra no ser diferente de la guerra convencional a la cual deben regresar eventualmente las naciones en conflicto antes de someterse a una paz forzada por países más poderosos. Así, el relato pone en escena los mecanismos de funcionamiento de lo que Deleuze y Guatari llamaban el "estado suicida": amparado por el aparato del Estado, el régimen fascista convierte a la guerra en su único objetivo, absorbiendo todos sus recursos, y convirtiendo al horror en cotidianeidad, ya que acepta liquidar hasta a sus propios sirvientes antes que parar la destrucción (Deleuze y Guatari, *Capitalismo y esquizofrenia* 282-83).

---

[219] El texto retoma, en parte, el argumento de la película *Forbidden Planet* (1956) de Fred McLeod Wilcox y Cyril Hume, donde los monstruos del Ello, materializados por una máquina, aniquilan en una sóla noche la civilización de los Krell, y la vida de todos aquellos que no puedan controlar sus impulsos más primarios. La película es considerada una de las más importantes en la historia de la ciencia ficción norteamericana y a lo largo de los años se le han hecho repetidos homenajes en series televisivas como *Doctor Who*, *Star Trek* y *Babilon 5*. La paranoia anti-tecnologicista de la película parece estar contrabalanceada por los horrores que la propia psique humana es capaz de producir: este último aspecto es retomado por el cuento.

El segundo espacio organiza la narrativa sobre la guerra como espectáculo: el rol de los medios y de todas las asociaciones civiles que explotan el enfrentamiento para sus propios fines convierte a la guerra en una de las formas de la desinformación y del entretenimiento masivo hasta que desborda los límites geográficos de la contienda y sus consecuencias se hacen sentir a escala planetaria. La guerra es un objeto ideal de consumo para los medios dada

> [...] su condición de espectáculos reproducibles. Cines, diarios y televisores podían comunicar al público nuevos estímulos sensoriales y suscitar nuevas curiosidades intelectuales [...] aún en los confines del mundo garantizaban el sello de la historia universal en la perduración de las presuntas peculiaridades de ejércitos célebres. (*Mi cerebro animal* 12)

La guerra, vaciada del horror de la destrucción, mediada literalmente por las pantallas, puesta en escena como representación, se convierte en una más de las ofertas de los programas vespertinos de entretenimiento. En tanto que fuente de información, de sucesos más bien, la guerra no tiene valor alguno en las cadenas de datos que emiten televisiones, radios y/o diarios. No hay una realidad *real* en la información que recibe la audiencia, sino datos en una red discursiva dispersa e inorgánica sobre el objeto "guerra": esa (des)información construye la memoria instantánea de la guerra, la perspectiva inmediata sobre la guerra, la narrativa mediática sobre guerra; todo ello borrando de la manera más artera posible, sus raíces ideológicas en el discurso nacionalista de quienes se ha apropiado del aparato del Estado.

De esa manera, el conflicto se trivializa como evento, y el genocidio y el ecocidio son apenas consecuencias "cuya incidencia en los resultados militares era irrelevante" (*Mi cerebro animal* 12). El relato subraya constantemente cómo estos mecanismos se organizan en torno a lo que Luhmann describía como la necesidad de los medios de mostrar el "debería ser" de lo real (*The Reality of Mass Media* 80): en esa suerte de potencialidad marcada ideológicamente, los medios masivos se convierten en una caja de resonancia del discurso autoritario que emiten las voces anónimas de los dos países en conflicto. Ese vaciamiento de sentido que operan ciertos medios sobre lo real volverá a aparecer en otros relatos, pero quizás, el más claro sea otra vez el ya mencionado "Días felices...":

> Más que una ejecución, parecía la representación de una ejecución [...] Cuando llegara el momento de reproducirlas, serían simplemente imágenes y yo estaría a salvo de sus acusatorias miradas de dolor [...] la batalla de la información estaba dirigida en buena medida a la búsqueda o negación de ese reconocimiento. (Gardini, *Sinfonía cero* 14-16)

En "Escalada", el anonimato de la voz colectiva que constituyen los grupos de poder hegemónicos a través de sus portavoces militares o mediáticos organiza un "nosotros" indefinido que asume los valores de la racionalidad nacionalista de la Nueva Derecha que puebla la narrativa bélica de ciencia ficción de los ochenta. Ese "nosotros" emerge como una voz cuasi corporativa que se arroga como propios valores morales difusos organizados en torno a nociones abstractas de Patria, Bien, y Orden. Y por si no quedaran claras las adscripciones ideológicas de tal discurso, relatos posteriores subrayan que dentro de ese universo la democracia es considerada una "idea extravagante" (Gardini, *Sinfonía cero* 27).

En la guerra, la realidad ficcional del deseo autoritario adquiere visos lógicos a través de la imposición de la violencia. Pero éste es un discurso vacío: no comunica nada, no *dice* nada sino que opera una suerte de distorsión sobre la capacidad de aprehender lo real por parte de los sujetos que pueblan el cuento. Atada a esa permanente entrada de nuevos datos inconexos, la memoria de los personajes se deshistoriza, porque es coercionada a aceptar como realidad aquello que se presenta *como si* fuera consenso ideológico. Convertidos en una suerte de dogma esquizofrénico, los valores que sustentan ese acuerdo sirven de excusa para la destrucción de todo aquello que no se identifique con ellos o con esa entidad colectiva que los sostiene y que, a su vez, no puede definirse como sujeto.

Ese discurso autoritario aparece desde los primeros párrafos, donde el "enemigo" se describe infringiendo "viejos lazos de hermandad establecidos por la sangre" (*Mi cerebro animal* 11), pero donde nunca se define ni en qué consisten tales lazos ni cuál fue la ofensa que merece castigo tan despiadado como la guerra psi. Es, precisamente, esa acumulación en el vacío lo que le da al relato su registro satírico, ya que cuestiona cómo esos mismos materiales ideológicos construyen y deconstruyen nuestra propia memoria y su relación con los eventos. Como veremos más adelante cuando analicemos el lenguaje poético en los relatos de Gardini, esa relación (que en su interioridad parece lógica a quienes la sostienen) se devela como completamente irracional gracias a la yuxtaposición del discurso sobre la guerra y la realidad de los eventos que desmiente a cada paso lo que aquél sostiene. Un ejemplo de esa contradictoria yuxtaposición puede verse cuando imágenes de pesadilla se empiezan a filtrar por los televisores y a atacar a la población a escala planetaria poco después de que oficinas gubernamentales y de Naciones Unidas hayan proclamado que no "habrá efectos residuales" (*Mi cerebro animal* 18) del bombardeo.

Cómo representar la violencia a través de los medios se convierte en el interrogante mayor del cuento ya que ésta lo permea todo. El bombardeo de información que acaba por producir más confusión que conocimiento, impide toda forma de construcción de una ética individual en un espacio social lacerado por prácticas intimidatorias, si bien no siempre físicas, al menos sociales y culturales. En este espacio aún el arte parece ser incapaz de dar cuenta de las experiencias de la guerra, ni siquiera a través del testimonio del joven soldado-poeta, ya que la experiencia personal se vuelve completamente trivial ante las cámaras: es sólo uno más de los posibles datos en la cadena informática "guerra" aunque, al mismo tiempo, sea la única forma de comunicación que puede romper (por un instante) esa suerte de embrujo mediático:

> [...] ese testimonio era mejor que nada. El público que ya no podía gozar con la truculencia de las imágenes, tuvo que conformarse con la truculencia de las declaraciones. Las palabras eran lo único que podía representar un nuevo horror. (*Mi cerebro animal* 16)

En un mundo donde los deseos del subconsciente se han convertido en pesadillas que literalmente matan a quienes las producen y donde las imágenes no transmiten información alguna, las palabras (el lenguaje) son apenas un remedo de toda posible forma de comunicación, o de racionalidad. En la lógica de los medios, incluso los objetos de arte se convierten en artefactos bastardeados que sólo sirven para alimentar y sostener los mecanismos ideológicos que ya están en marcha; la guerra no hace sino subrayar esos dispositivos.

La guerra como espacio de ruptura de la identidad colectiva e individual, como espacio de disolución de toda forma posible de sociabilidad, como una puesta en escena de la psicosis social, cultural y política, se repite en otros relatos de Gardini. Aquí no hay jornadas heroicas ni búsquedas trascendentes o transformadoras, o más bien toda transformación empieza cuando se descubre el peligro y la necedad de prestar apoyo alguno a una máquina de guerra autónoma. La guerra carece de fronteras o espacios de contienda definidos porque no son eventos en la historia de una nación o un estado sino una función del mal.

Aunque éstos son relatos donde se revela una profunda desconfianza hacia el poder y la ideología del complejo militar-industrial, el eje de los relatos tiende a subrayar las responsabilidades individuales frente a maquinarias de guerra hipnóticas que adquieren dimensiones primordiales en la psique de los personajes. Tal el caso de cuentos como "Teatro de operaciones", que narra las atrocidades de un grupo de soldados en un lugar fácilmente identificable con Vietnam, pero que, en realidad, es todos los lugares y tiempos donde alguna vez hubo un conflicto bélico:

> [...] allí vivían gentes aindiadas, las víctimas de muchas guerras anteriores, guerras entre militares y colonos, entre colonos e indios, entre piratas y colonos, entre militares y militares. (*Mi cerebro animal* 93)

Y más adelante agrega:

> Esa misma confusión, ese trastorno de épocas y lugares, contribuía a aislarlos aún más, a dar a la guerra una pulsación temporal propia. Era una representación cruenta, y en alguna parte alguien observaba fríamente la masacre. No había móviles económicos, políticos, históricos, nada de esa perorata que les habían endilgado durante la instrucción. Sólo móviles estéticos, incorruptos, y los cuerpos mutilados y la tierra sangrante eran en verdad el paraíso. (105)

La guerra, como fin en sí mismo, es una violencia sin más nombre que la muerte ni más objetivo que la destrucción. La guerra es el punto de fuga de todo principio, de todo valor porque se convierte en la negación de la vida: la guerra es una aberración.

Los soldados y las poblaciones civiles a las que atacan están inmersos en un escenario primitivo que ha transformado a los helicópteros en über-madres, una suerte de gigantescos ovarios voladores que escupen o protegen a sus hijos-guerreros según necesidades estratégicas incomprensibles. Los soldados no tienen nombres sino apodos: Gato, Baqueano, Sordo, Ojos Brujos. Y el enemigo es, colectivamente, Gregorio. Las identidades no existen sino en relación a sus funciones en el grupo o desde la mirada ciega de quien ostenta poder. Todo el imaginario del texto se construye a partir de un retorno a los ritos más arcaicos posibles sobre la guerra: los soldados y los guerrilleros son figuras cuasi arquetípicas enfrentadas en una especie de juego o de ceremonial, y por eso mismo, en el final, sus roles son intercambiables: Gato se transforma en un Gregorio porque la ausencia de objetivos que no sean la destrucción del enemigo convierte a la guerra en un ritual cuyo fin único y real es la lucha a muerte. Gato nunca se identifica políticamente con Gregorio; tampoco los Gregorios parecen tener más agenda que perpetuar la guerra.

En este sentido debe entenderse el título del libro: el regreso de todo el aparato social y cultural a las formas más primitivas y bárbaras de relación entre seres humanos en *Mi cerebro animal* aparece como la imposibilidad de regular los más básicos instintos ante la pérdida de toda forma de sociabilidad. Si un cuento como "Escalada" analizaba cómo la relación entre ideología y tecnología puede generar y sostener una guerra, en "Teatro de operaciones" se medita sobre cómo, en su desmesura y nulidad moral, la guerra misma reduce esos mismos elementos a una nada insustancial sobre la cual sólo prevalece la muerte.

El tercer cuento que lidia con el tema de la violencia en *Mi cerebro animal* es "Perros en la noche". En parte relectura del policial negro, en parte relato sobre las organizaciones parapoliciales en la Argentina de los setenta, se trata de una meditación sobre la banalidad del mal. El texto narra la "educación" del parapolicial que protagoniza el cuento y su relación con su instructor, el Turco. En el cuento, el protagonista narra cómo se integró a una suerte de grupo de "limpieza" cuyo objetivo visible era cazar y matar perros perdidos y cómo, poco a poco, descubre que esa tarea oculta el propósito real de cazar y matar (o encarcelar) "jodidos", es decir, personas afectadas de un mal insondable que parece atacar a una parte creciente de la población.

Las operaciones de "limpieza" de perros y de "jodidos" tienen las mismas características que la represión ilegal de la dictadura. Narrada desde la perspectiva de los represores, la historia se inicia tras una guerra (que aquí es literalmente una guerra real y no lo que sucedió en Argentina) en la cual los excombatientes se han convertido en parapoliciales; por las noches, la ciudad tiene "zonas liberadas" que la policía no transita para dejar el paso libre a los parapoliciales, y existen centros legales de rehabilitación o de encarcelamiento (respectivamente una veterinaria y un hospital) así como centros clandestinos donde las víctimas son muertas a balazos o torturadas. Desde la perspectiva del protagonista sin nombre y del Turco, los "jodidos" y los perros son una suerte de peste que asola la ciudad y que debe eliminarse para garantizar el orden y purificar la sociedad.[220] Pero en esa ecuación, perros y "jodidos" se convierten no sólo en un Otro radical que hay que destruir, sino que además, los "jodidos" deben ser eliminados porque *no son humanos*:

> Con cada visita yo los distinguía cada vez más de la gente. Tenían esa mirada perdida, esos brazos flojos, esa piel pálida, pero había otra cosa, ese aire traicionero de los jodidos. (*Mi cerebro animal* 61)

A los ojos de los parapoliciales, la ausencia de humanidad, la diferencia, justifica los asesinatos, en un caso, o en el otro, el uso de los perros como blancos de tiro. El relato pone en escena cómo el mal, en todas sus formas, se expresa no sólo en la violencia sistemática del discurso del Estado fascista contra sus opositores, sino también en la violencia gratuita que se ejerce contra animales

---

[220] Nótese como en castellano el término "jodido" produce un sonido similar a la palabra "judío", relación que aparece subrayada al menos una vez en el texto cuando el protagonista se muda a las barracas y al discutir la nariz rota del Turco, otro de los personajes dice "Menos mal que no te dijo nariz de jodido" (*Mi cerebro animal* 63), aludiendo a un típico comentario racista sobre los judíos. En todos los cuentos la relación entre violencia, autoritarismo y racismo es un elemento constante.

indefensos (es decir, el ejemplo paradigmático de alteridad biológica): uno y otro son cara y cruz de una misma moneda. La mirada sobre los ejecutores (que en los primeros cuentos se posa sobre los soldados que siguen órdenes, o sobre los sistemas de reproducción del discurso social y/o cultural) aquí subraya que el mal no sólo es contagioso o banal sino que sus oficiantes están dispuestos a dejarse corromper como una manera de salvaguardar su propia vida.

Los personajes son hombres normales, corrientes, pequeños, apenas sí algo más que burócratas cobardes que no piensan demasiado en su propio trabajo o lo que éste significa, y que se imaginan a sí mismos titánicos y sirviendo a alguna forma de bien social: son los caracteres que emergen en las meditaciones de Hannah Arendt sobre el juicio a Eichmann en Jerusalem en 1961. Del otro lado, las muertes de sus víctimas son descriptas exactamente como lo había hecho Primo Levi:[221] muertes gratuitas, viles, indefensas. No hay nada heroico en esos asesinatos y esa es, precisamente, su más oscura tragedia. Si la guerra es un espectáculo donde es posible hacer abstracción del horror, sus actores borran toda capacidad de construir sentido: el mal es la negación de la racionalidad como producto de la capacidad de *meditar* sobre el propio quehacer humano (Arendt, 1961; Eagleton, 2010). En este relato, esta situación se mantiene hasta que el Turco y su aprendiz matan a alguien que podría no ser un "jodido": una vez que la duda se filtra en sus actividades, la conciencia del Turco no puede seguir adelante ciegamente con sus tareas. Duda y empatía constituyen un momento de quiebre en la identidad de los asesinos y es también el principio del fin:

> Pensábamos demasiado, y hasta parecía contagioso, parecía que le pasábamos el miedo a los otros y ellos también cometían errores […] pensar que el tipo no era un jodido me hacía remorder la conciencia. (*Mi cerebro animal* 64/ 66)

El fin llega no sólo como una intrusión de la conciencia en las tareas de los represores, sino como una decisión del gobierno de cambiar su modo de lidiar con los "jodidos", que a partir de aquí serán rehabilitados o curados. Otra vez, como en el caso de Cáceres, la burocracia autoritaria prescinde de sus instrumentos cuando éstos ya no son necesarios o cuando se convierten en objetos molestos para sus operaciones diarias. Sólo entonces, los personajes, como Cáceres o el protagonista sin nombre de "Perros en la noche", comprenden qué lugar ocupan en esa "zona gris" donde se han instalado, y su moral ambivalente, su negación de la empatía o de formas éticas que trasciendan el "nosotros" inmediato, se descubren como una trampa. Los

---

[221] Con referencia a este tema, véase la obra de Primo Levi, *The Black Hole of Auschwitz* (2005).

cuentos revelan así no sólo la incapacidad de todo autoritarismo para entender la pluralidad sino también los componentes necesarios para hacer funcionar la maquinaria autodestructiva del "Estado suicida" que hemos mencionado más arriba.

En los cuentos, todo final es una revelación de la interioridad del sujeto frente a la omnipotencia de la violencia en sus distintas encarnaciones. La medida de ese sujeto cambia, pero el momento de epifanía apunta a mostrar la posibilidad de una dimensión humana allí donde lo ideológico parecía haberla avasallado. En este sentido, los sujetos que pueblan los textos de Gardini se instalan en lo que Lévinas describe como un espacio de extrema vulnerabilidad ya que la brecha entre el ego y ser está completamente abierta, expuesta al mundo, y la subjetividad oscila entre todas las elecciones que se materializan como realidades múltiples. Los cuentos muestran una profunda desconfianza hacia toda tecnología u orden burocrático cuya puesta en práctica requiera alguna forma de coerción. Aquí se impugna todo programa que la sociedad y/o la cultura lean como sublimes o paradigmáticas en absoluto, ya que su coda es siempre la violencia, la guerra o la destrucción.

Es por estos motivos que es particularmente llamativo que estos textos donde se subraya el fuerte impulso anti-utópico del discurso autoritario y que se narran con voces cuasi testimoniales desde personajes menores en las filas militares o represoras, hayan aparecido en el momento mismo en que el campo cultural argentino vio un auge de las narrativas testimoniales y periodísticas sobre los años de la dictadura. Si bien los textos de Gardini son una clara y violenta denuncia de los elementos ideológicos que habían hecho a la arquitectura ideológica del Proceso, también establecen un segundo contrapunto. Los textos dialogan con esa otra, emergente narrativa de los ochenta y noventa, el testimonio, y con cómo se lo construye desde el punto de vista ideológico, ya que el presente (y el futuro) de esos textos suponía un pasado cancelado, inaccesible, que sólo podía ser descrito como superior porque en él se concentraban todos los valores que se promocionaban como auténticos, generando una suerte de épica de la derrota que hacía a la verdadera historia.[222]

Cuando los relatos aquí analizados subrayan que toda forma autoritaria que implique verdades absolutas debe ser refutada, significan *toda* y no sólo aquellas con las cuales los textos establecen sus diferencias ideológicas iniciales.

---

[222] He trabajado este tema en un trabajo inédito presentado en un congreso. Véase "Quien quiera oír, que oiga: *La voluntad* de Anguita y Caparrós", presentada en LASA XXII (Miami, FL.) en marzo 16-18, 2000.

Lo que se impugna es el mesianismo de cualquier forma del discurso autoritario, *en masse*, no importa cual sea su adscripción política: que la reflexión se inicie con textos que hacen una sátira sobre el discurso del Proceso establece una relación inmediata con el presente, y un obvio distanciamiento político con la ideología de la derecha. Pero en un texto de ciencia ficción donde el efecto de *feed-back* de la lectura es fundamental, los ecos militaristas y revolucionarios del *Eternauta* son inevitables y, por eso mismo, el concepto mismo de que no haya una historia verdadera, una historia ontológica de nada, se vuelve aquí aún más relevante.

Más aún: la violencia que en el *Eternauta* daba lugar a todos los principios, aquí se presenta como algo mucho más grave que un error capital. Esa lectura emerge con toda claridad en la imposibilidad de asignar signo ideológico alguno a la sociedad pos-revolucionaria de un cuento como "Días felices en Tiempomuerte". En ese relato la violencia real y mediática se ha convertido en la forma de gobierno más eficiente para sostener viva una antiutopía política cuya polaridad ideológica fluctúa a medida que avanza el relato. El texto parece citar directamente al *Eternauta* cuando dice: "La naturaleza nos demuestra constantemente que el individuo no tiene ninguna importancia, que debe ser sacrificado, llegado el caso, a los intereses supremos de la especie" (Gardini, *Juegos malabares* 27). Pero, justamente, si algo muestran los textos es que lo único que existe es una pluralidad de perspectivas individuales, incluso de perspectivas monstruosas, más allá del deseo por imponer una forma precisa a la multiplicidad de la experiencia. La experiencia es poliforme aún en la interioridad de un mismo sujeto. De allí que el propio lenguaje conlleve una experiencia compleja del mundo y que todo intento de reducirlo a alguna forma de unicidad esté destinada al fracaso.

Con una fuerte impronta de las lecturas de Boris Vian por su rechazo de las instituciones (del Estado u cualquiera otra) capaces de aniquilar toda voluntad individual, los cuentos sobre la guerra articulan una reflexión crítica sobre las distintas encarnaciones del autoritarismo y del militarismo. Esta indagación subraya la aniquilación de la conciencia individual y de la capacidad colectiva de los sujetos para establecer normas de sociabilidad democráticas en sociedades transvasadas por formas rígidas de pensamiento. Los cuentos que reflexionan sobre el arte, en parte, retoman estas preocupaciones, pero desde otro ángulo. A partir de relecturas/rescrituras de los textos de *Ficciones* (1944) de Borges y de cuentos de Horacio Quiroga, estas narraciones ofrecen respuestas vitales a la vaciedad de los conflictos bélicos expuestos en *Mi cerebro animal*. Escritos en primera persona, los cuentos que trabajan la relación entre arte y realidad, son reflexiones sobre la capacidad cognitiva del lenguaje: aquí está en juego su habilidad para generar formas de aproximación a lo real que den cuenta de la inmediatez de la experiencia, de la polivalencia de la creación, y de su relación con el proceso histórico. Los cuentos se interrogan sobre cómo narrar lo real sin caer en la tentación de abstracciones teleológicas de absoluto.

La elección inicial de escritores como Borges o Quiroga no es aleatoria en este proceso, ya que representan no sólo la tradición letrada cara a la ciencia ficción, sino también el énfasis en la reflexión filosófica desde la literatura. Los textos de Gardini retoman las meditaciones de Borges sobre la capacidad para crear mundo de la literatura, sobre la muerte de Dios, sobre la presencia del lector como parte de la alteridad en el proceso creativo, así como sobre la naturaleza misma del mundo y cómo se lo percibe. Tal el caso de un cuento como "Fiat Mundus" donde el proceso de creación lleva varias generaciones de trabajo conjunto, donde el mundo emerge desde el lenguaje y su universo semántico, y donde el lector es la obra maestra de la creación, no porque sea "creado" sino porque el mundo existe en relación a la lectura-consumo de ese objeto múltiple que es el objeto de arte.

Por su parte, la relectura de un cuento como "La gallina degollada" de Quiroga en "El discípulo" pone de manifiesto tanto la preocupación por la responsabilidad del arte y del artista frente a la sociedad como por los procesos de reproducción del objeto de arte. Como vemos, éstos son textos donde se debaten la capacidad y los límites de los individuos para el libre albedrío en el contexto del trabajo creativo, sus repercusiones sociales y, sobre todo, la función de esos objetos y sus creadores en el mundo. En cierta forma, la escritura se vuelve sobre sí misma para narrar un constante estado de crisis sin recurrir al absoluto como solución. O, como diría Terry Eagleton,

> [...] twisting and looping back at itself, struggling in the structure of every sentence to avoid at once a "bad' immediacy of the object and the false self-identity of the concept. Dialectical thought digs the object loose from its illusory self-identity, but thereby risks liquating it within some ghastly concentration camp of the Absolute Idea. (*Ideology of the Aesthetic* 341)

Estas preocupaciones serán el tema central del siguiente libro de Gardini, *Juegos malabares* (1984), que funciona como su *ars poetica*. Organizados en el espacio de un parque de diversiones, los relatos en primera persona giran en torno a personajes monstruosos, marginales o patibularios. Son, notablemente, los personajes que aparecen en *El violín del diablo* (1926) de Raúl González Tuñón, uno de cuyos poemas ("Eche veinte centavos en la ranura") se ofrece una cuidada relectura en el cuento "La vida color de rosa".²²³ Narrado desde la misma voz que emite el poema de González Tuñón, el vendedor de cospeles que administra una máquina tragamonedas, el cuento organiza el universo semántico de lo rosado (es decir, el de la ilusiones infantiles o el de la literatura sentimental) para deshacerlo. Como para los clientes del poema de González Tuñón, el escapismo es sólo transitorio, y la realidad se revela como profundamente dura y difícil, marcada por una economía inestable, por el dolor, la enfermedad y la muerte, y por una angustia existencial que lo permea todo. El espacio del parque de diversiones es falaz. Lo que González Tuñón había llamado "paraísos artificiales" haciéndose eco de sus propias lecturas de Baudelaire, aquí adquiere las dimensiones de una verdadera evasión: "Esa estabilidad es una mentira, pero en el parque de diversiones todo es una mentira y el que piense lo contrario es un hipócrita o se equivocó de lugar" (*Juegos malabares* 25).

Así pues, a partir de una resemantización del universo social y simbólico del parque en clave tuñoniana, el texto redefine cómo ver/leer los universos sociales desde un lenguaje poético que privilegia no sólo la cita y la parodia, sino también la mezcla de materiales lingüísticos y culturales provenientes de muy distintos ámbitos. Como en los poemarios de González Tuñón, aquí circulan prostitutas, tigres, enanos, y mujeres-monstruo, para agregar los nuevos marginales: excombatientes vivos o muertos, homosexuales, pandilleros de diferentes tribus exhibiendo sus filiaciones y la imposibilidad de insertarse en la sociedad, extraterrestres de caricatura, discapacitados mentales cuyas familias dejan bastante qué desear. Es la galería de todas las formas posibles de la marginalidad y la alienación social enfrentándose a aquello que tiene la apariencia de orden. Como el nombre del libro lo indica, la feria se convierte en el espacio donde el lector puede asistir al malabarismo deslumbrante del caos previo al fin del universo (Dios es aquí un malabarista), al final del tiempo mismo (la última escena del libro es un cataclismo cósmico), pero también a la cancelación de toda norma de sociabilidad rígida: los monstruos que nos narran sus desgarradoras historias cuestionan la existencia misma de todo principio de orden absoluto. Y, al mismo tiempo, el lenguaje ofrece, a través de sus juegos, el espacio de equilibrio para la rereconstrucción del universo: en el lenguaje poético está el mundo. Si Gorodischer regresaba sobre la poética

---

[223] Dado que aparecieron respectivamente en 1999 y 2006, las dos series de anime japonesas de ciencia ficción que de algún modo citan la famosa canción de Édith Piaf cuyo título parece aludir el cuento, no tienen ninguna relación con este texto. La canción misma, en cambio, de algún modo también filtra su universo azucarado como contexto.

de González Tuñón para reflexionar sobre lo social y anudar la relación entre ciencia ficción y presente, Gardini la retoma para reformular ideológicamente su universo lingüístico y estético desde el espacio ya articulado de una ciencia ficción altamente politizada.

Como sabemos, en González Tuñón el espacio de la calle y de la feria es el mundo de la marginalidad y de la pobreza, pero también de la multiplicidad de experiencias y de voces: aquí esa característica será central para pensar la relación entre lenguaje e ideología. *Juegos malabares* pone de relieve los usos del lenguaje poético dentro del espacio de la ciencia ficción, prescindiendo de la ciencia de la ecuación, pero no de su lógica ni de su método. Esa operación hace clara una ideología de la heterogeneidad ya que apunta a la inclusión de múltiples registros en su construcción. Este es un texto que reflexiona sobre el lenguaje para establecer un diálogo directo con las preocupaciones epistemológicas de los escritores que lo precedieron: es quizás uno de los textos con más fuerte efecto de *feed-back* de la ciencia ficción argentina. De allí que *Juegos malabares* conciba su enciclopedia a partir de múltiples registros de lectura que incluyen, además de los ya mencionados escritores rioplatenses, a Lewis Carroll, Julio Verne y Albert Einstein.

Más aún: la importancia de las problemáticas de renovación del lenguaje es tal que incluso retrotrae el horizonte de lecturas al modernismo a través de una mención a José Martí. El lenguaje poético provee las claves necesarias para abrir el debate sobre las falacias inscriptas en aquellos discursos cuyos mecanismos y usos demuestran que no pueden sostener su relación con lo real porque se adscriben a formas metafísicas de trascendencia, es decir, porque buscan formas (políticas, ideológicas, estéticas) que pretenden alcanzar alguna forma de totalidad inmutable. En este sentido, y como preanunciaban los libros anteriores, los textos parecen adscribirse a aquella observación de Wittgenstein sobre la apariencia de racionalidad de ciertas formas discursivas que, en realidad, eran completamente ilógicas:[224] para que el lenguaje no sea un mero objeto vacío en las cadenas de reproducción de los medios masivos de comunicación, tiene que generar algún nivel de desestabilización, tiene que *decir*.

---

[224] En el punto 6.54 del *Tractatus Logico-Philosophicus* (1921) Wittgenstein parece tomar una postura decididamente anti-metafísica, que al decir de Bertrand Russell, abarcaba incluso temas de ética. Sin entrar en este debate, más modestamente, quisiera observar que aquí es la puesta en escena del sin sentido y de su relación con la observación de lo real lo que parece estar citando el texto: la metafísica que se denuncia, aquella de la que no se puede hablar porque es una creencia ("superstición", dice Wittgenstein) que no tiene relación alguna con la realidad del mundo son programas puramente empíricos: lo que no puede probarse en la práctica emerge en el texto de Gardini como una de las forma de la violencia que se hace auto-evidente en su irracionalidad.

Retomando las lecciones sobre la percepción del lenguaje de la patafísica, Gardini distorsiona las expectativas de comunicación generando una suerte de intermitencia en la enunciación. En el artículo ya mencionado en el capítulo anterior donde hablaba de Boris Vian, Gardini decía que en la narrativa del escritor francés "La ficción está amalgamada con las palabras que la configuran [...] Todo fluctúa, jadea y palpita sin preocuparse demasiado por el principio de identidad" ("Travesuras" 64). Ejemplos de esa misma ideología lingüística aparecen en un cuento como "El espejismo de la perfección" donde el lenguaje se convierte literalmente en una materia que se escapa a las expectativas ideológicas de lectura y donde se rompe la relación entre significado y significante establecida por la cultura y la práctica o donde esa práctica es criticada como una osificación de la fluidez del lenguaje.

El cuento narra cómo se trabaja en el Horno (que en el habla cotidiana es una referencia al Infierno), es decir, en la rueda donde diferentes motociclistas (que representan otras tantas tribus urbanas) hacen pruebas circenses. En la descripción de estos motociclistas la relación cultural y política entre significado y significante estalla. Cada uno de los motociclistas es conocido por su apodo y no por su nombre, es decir que su identidad está borrada y es reemplazada por sus atributos. Pero los atributos describen no sólo una expectativa social, política y cultural, sino también la violación de tales implicaciones. Por ejemplo, se nos dice que el Vincha era un joven peronista que en los setenta fue a recibir a Perón a Ezeiza e, inmediatamente, la conocida divisa de la V y la P que en la política argentina son el acrónimo de "Viva Perón", aquí se transforma en "Puro Verso", que alude tanto a una subversión de la expectativa de la consigna política, como una crítica del discurso peronista por parte del Vincha, ya que en el habla cotidiana porteña, "puro verso" significa algo así como "mentiras bien hiladas". Esta concisa operación se repite para cada uno de los otros personajes: Triple A que todo argentino reconocería como el nombre de la organización terrorista de ultraderecha Alianza Anticomunista Argentina, aquí se convierte en Aprendan A Amar; el Nene Bien que en el habla cotidiana es una referencia a los hijos de la alta oligarquía, aquí es apenas un aventurero, etc. El cuidador del Horno dice:

> Los muchachos perderán sus nombres y los cambiarán por números, y después perderán sus números. Poco a poco todos vestirán igual, y todas las motos serán iguales. Poco a a poco llegarán al momento de perfección en que transformarán la emoción repetida en falta de emoción, y en que el mismo público asistirá regularmente a verlos en contingentes regulares [...] a mí no me gusta una cosa que siempre se repite sin variaciones como la sonrisa de un opa. (*Juegos malabares* 114)

Así pues, el lenguaje se convierte en una materia maleable, ambigua, llena de dobleces, y su uso no sólo construye su significado, sino un juego sujeto a reglas de riesgo, donde la comprensión no es absoluta, y donde la búsqueda de la perfección lingüística (o, para el caso, de comprensión atada a cualquier paradigma) conduce al anquilosamiento y a la ignorancia ya que la relación de identidad entre palabra y objeto varía cultural e históricamente. Es un lenguaje que hace gala de borrar todo intento de transparencia. De allí la preocupación por la emergencia del sin sentido en varios de los relatos.

La constante, no siempre velada, referencia a Lewis Carrol y a *Alicia en el país de las maravillas* (1865) y *A través del espejo y lo que Alicia encontró allí* (1871) es capital en este libro. *Juegos malabares* se interroga sobre los mecanismos ocultos del sin sentido o de la sin razón, para revelar los aspectos absurdos de todo discurso y de todo mecanismo discursivo que no sea capaz de elucidar los múltiples significados de un evento social o cultural como un proceso en constante movimiento. Aunque la única cita de Albert Einstein que aparece en el libro reafirma los principios de causalidad a largo plazo (una suerte de abstracción sólo posible de hacer *a posteriori*) y sugiere una concepción ordenada de los mecanismos que mueven al mundo, también insinúa que la conducta humana emerge como consecuencia de las contradicciones entre palabras y hechos.

En este sentido, tanto este texto como los posteriores, intentan organizar una reflexión sobre lo social donde la causalidad no se convierta en una forma más del determinismo. La cualidad doble de la experiencia (lo ordenando y lo aleatorio como su cara y cruz) se expresa claramente en "El tren fantasma" cuando, al finalizar una orgía sexual que estalla en múltiples formas de deseo que permitirán que el universo renazca a nuevo, la Reina Blanca dice "*Dios no juega a los dados con el universo. Pero nosotros sí*" (*Juegos malabares* 79; en itálicas en el original). En los libros de Carroll, la Reina Blanca no sólo vive hacia atrás en el tiempo (ya que vive en el país del espejo donde todo está invertido), sino que nunca puede cumplir sus promesas, cree en cosas que parecen imposibles y dice cosas incomprensibles desde la perspectiva de Alicia: la pregunta que plantea ese personaje es cómo hacer para explicar la materia del presente en su devenir, cómo representar el conocimiento que trae la multiplicidad de la experiencia, cómo comprender aquello que nos es ajeno o extraño puesto que no es parte de nuestro bagaje. La Reina Blanca invierte el principio de causalidad porque vive en el mundo del espejo. Lo que se percibe como sin sentido en el discurso del personaje tiene mucho más que ver con la ignorancia de Alicia que con lo que la Reina Blanca intenta decir. De allí que se explore el sin sentido como un problema de percepción del discurso más que como algo inherente al lenguaje mismo.

Retomando estas ideas, Gardini nos dice que las reglas del lenguaje operan con indiferencia de nuestra capacidad de entenderlas y, aún así, la comunicación es posible porque decodificamos contextualmente: el desfasaje entre lenguaje y realidad que había sido el signo de la angustia barroca frente al mundo, aquí se convierte en una forma productiva de acercarse al conocimiento a través de múltiples puntos de acceso que cuestionan tanto la capacidad del lenguaje mismo para nombrar lo real como la de los emisores y receptores para aprehenderlo.

La parodia opera una de esas claves de acceso del mismo modo que el exceso narrativo, o que la recursividad de la cita literaria (o, quizás, habría que decir que las citas del mundo de la cultura) o que un discurso que parece estar reflexionando sobre sí mismo sin establecerse como lenguaje metadiscursivo. Los niveles de la abstracción y del uso del lenguaje (y, por extensión, de lo social y de lo cultural) operan a la vez de modo coordinado e independiente, generando una fuerte ambivalencia interna que los textos explotan. La Reina Blanca de Gardini expone cómo, dentro de la experiencia misma, conviven el azar y el orden, el caos y la organización. La reflexión sobre el lenguaje, como la reflexión en otras áreas, apunta a señalar que el sentido se construye en el hacer, y que sólo es posible que las abstracciones emerjan cuando las acciones son ya pasadas; el presente es pura materia en permanente estado de cambio. De ahí la yuxtaposición de la Reina Blanca (que en Carroll dice aquello de "never jam today") y de la carta de Einstein a Max Born,[225] donde el primero, de algún modo, le exigía al segundo alguna interpretación experimental para su teoría.[226]

---

[225] La carta, fechada en septiembre de 1944, decía: "You believe in a God who plays dice, and I in complete law and order in a world which objectively exists, and which I, in a wildly speculative way, am trying to capture. I firmly *believe*, but I hope that someone will discover a more realistic way, or rather a more tangible basis than it has been my lot to find". En 1926, en otra carta a Born, así como en varias ocasiones en sus discusiones con Niels Bohr, Einstein había hecho comentarios similares sobre la naturaleza de un Dios que no jugaba a los dados. Eventualmente, él mismo dudaría de tal aseveración. En el centro de la discusión se jugaba hasta qué punto el universo estaba completamente determinado por leyes causales y hasta donde el azar y la probabilidad no eran sino una medida de la falibilidad de los instrumentos de medición.

[226] Con todo, y siguiendo la yuxtaposición de sentidos de la cita, el texto mismo parece inclinar sus preferencias epistemológicas hacia la teoría cuántica, en algo que se hace eco de aquella frase de Dashiell Hammett donde decía "Sospecho que, desde un punto de vista estrictamente científico, los muchachos de los quanta se acercan más a la realidad, aunque sus verdades están más mezcladas con la filosofía e incluso, quizás, con la estética" (Johnson, *Dashiell Hammett*

En el texto, el lenguaje pone en juego diferentes prácticas discursivas donde la heterogeneidad del instante es la medida y el límite de todo modelo: en este sentido, se emparenta con la narrativa de Borges y de Bioy Casares donde el valor de verdad absoluta es siempre cuestionado o puesto en duda. En Gardini, todo programa que viole el principio de diversidad está viciado de nulidad. O dicho de manera más simple: a través de una reflexión sobre la naturaleza del lenguaje, el cuento pone en escena cómo la dinámica social y cultural muestra un desfasaje entre el caos de la vivencia inmediata y el orden deseado por las grandes narrativas de la modernidad.

Borges y Quiroga habían provisto el marco inicial de referencia para pensar la literatura como una disciplina que requería no sólo vastos conocimientos sino también precisión. Al volver sobre esa premisa, Gardini nos dice que la narrativa es el arte de la observación. La cita también alude tanto a la preocupación por lo estrictamente ideológico (separado del hecho como evento político) de la ciencia ficción, como a los mecanismos del lenguaje y de la narrativa:

> La medida de profundidad no está dada por cada trama particular (no hay tantas tramas posibles) sino por las posibilidades combinatorias, que son infinitas [...] Los observadores me rescataron de mi desorientación, iniciándome en las sutilezas de la mirada a medida que recorríamos el mundo [...] Lo que sí es digno de observación, en cambio, es el tramado que forma la conjunción de destinos disímiles. La observación de ese tramado daría a nuestro arte una nueva pureza, ya que descansaría únicamente sobre la forma, y la mirada persigue la forma pura, no el compromiso con los actos cometidos por los objetos de la mirada. (*Juegos malabares* 67-69)

Justamente, el lenguaje poético asume una rigurosidad que lo convierte en sí en una maquinaria para pensar la naturaleza del mundo social y cultural. Aquí la reflexión no se inicia desde los objetos de la ciencia, sino desde los objetos que sostienen el andamiaje de la cultura argentina: los cuentos aluden de manera velada a este universo, incluyendo desde el lenguaje del tango a la presencia de la violencia (a través de la represión y de la guerra). La ciencia, aún cuando muchas veces aparezcan algunas citas de cierta extensión, evoca imágenes y metáforas sobre lo social desde un contexto y un vocabulario que permiten reencauzar las preguntas en torno a lo político.

A partir de la exploración del mundo de lo inmediato en sus más monstruosas encarnaciones, el lenguaje se convierte en una materia

---

287). El modo en que textos posteriores de Gardini se acercan al pensamiento de Ilya Prigogine a través de Zygmunt Bauman revelan esa lectura filosófica.

transhistórica, no porque se eluda o se ignore la historia sino porque se la amplifica como una forma de retrotraernos a la violencia de la experiencia de lo vivido en la cotidianeidad. Esa metódica operación no es un intento de narrar panfletariamente, de narrar en aras de objetivos que se salgan de los marcos de lo que la narración misma es capaz de hacer, sino de aceptar críticamente la lógica interna del lenguaje y, desde sus límites, explorar nuestra capacidad para imaginar mundo. Los textos buscan recalcar la hipocresía de toda forma de expresión que niegue más que la realidad, una experiencia profunda de lo real. No se trata de imaginar que en esa mirada de cruce de registros se construye el *locus par excellance* de una crítica emancipatoria: lejos de mí tal afirmación. Más bien, lo que me interesa es que en esta mirada transversal de los materiales ideológicos, políticos, sociales y culturales en circulación en el campo cultural se revela aquello que es invisible para discursos abiertamente identificados con agendas políticas fácilmente demarcables.

De allí que en "La tierra de la fantasía", el narrador organice las formas de la evasión a través del imaginario acidulado de las películas de Disney y del universo de la industria de la cultura de masas donde el uso de los objetos de arte (siguiendo una línea que ya había preanunciado en su primer cuento) los vacía de todo contenido crítico. A esas lecturas, el texto contrapone rápidamente las versiones perversas y/o los objetivos originales de los cuentos de hadas, no sólo por subvertir la aproximación a lo real o el manejo del lenguaje, sino por la evocación de un mundo simbólico cuyos marcos exceden el acotado espacio de las relaciones de consumo y mercantilización que invoca el cruce del parque de diversiones y el cine como medios masivos de comunicación.

Este es el lugar por donde los textos empiezan a mostrar su capacidad utópica, organizándola en un sentido muy diferente al que puebla el pensamiento político argentino de los ochenta. Los textos abren la reflexión sobre lo real no como una forma de deseo por la utopía perdida ni sólo desde la capacidad de enunciación de los sujetos, sino desde una *praxis diferenciada frente al presente*. Por eso, la subjetividad que emerge aquí no se organiza ni desde los sujetos deseados de los programas políticos que dominaron el espacio público de los sesenta y setenta, ni desde su contrapartida cuyo origen está en las re-elaboraciones del pensamiento revisionista que organizó al sujeto-pueblo en la genealogía de los olvidados de la historia. No se trata aquí de "dar voz" a los oprimidos, a los desclasados, o a los derrotados de la historia. Si ese fue el centro de la reflexión política para la novela histórica y para buena parte de la narrativa testimonial que en las décadas de los ochenta y noventa salió a buscar nuevas formas de totalidad en la reconstrucción histórica de un concepto-otro de ciudadanía, aquí se hace un intento de reflexionar sobre lo político con otra perspectiva: la multiplicidad que se busca poco tiene que ver con reivindicaciones esencialistas sino con subjetividades que se transforman mutuamente gracias a lo que Benjamín Arditi llama, su cualidad permeable.

O puesto de otro modo: en un universo social y político híbrido, quienes lo pueblen han de necesitar múltiples destrezas identitarias para simplemente decodificar información y operar en diversos niveles simbólicos y/o políticos. Es, por cierto, una postura que abjura de la metafísica y del trascendentalismo en favor del pragmatismo, pero que no por eso es necesariamente nihilista. Lo que estos textos narran es un proceso de reapropiación y resignificación de la acción política no como una forma de resistencia al sistema ni como un modo de imaginar revoluciones, sino como la forma que asumen los individuos para ejercer su libertad de controlar sus propios destinos y, por extensión, el de sus sociedades.

En un mundo en constante movimiento, el rol de los sujetos es capital. Por eso, establecer una identidad para los narradores parecería ir contra la ideología textual misma. No es casual, entonces, que se retome a Carroll (y a Borges) y la problemática de los espejos. El universo que aparece en los espejos no es el universo real sino apenas una imagen del mundo; no una imagen invertida sino una imagen-otra, donde todo aparece desplazado, levemente alterado. Si el espejo es simbólicamente el asiento fugaz de la identidad en un mundo fantasmático, cabe preguntarse en qué consiste esa identidad. ¿Qué ve y qué no ve la narradora cuando se enfrenta al Espejo de Fuego en el salón de la Reina Blanca? Y es que aquí no hay un reflejo que permita una rápida auto-identificación, sino que circulan las imágenes de todo lo posible sin que ninguna sea definitiva. Lo mismo puede decirse de los relatos: no reflejan el mundo sino que lo distorsionan, no para darnos una imagen falsa, sino para darnos una amplificada a través de distintas prácticas. De allí también que los sujetos sean seres en permanente estado de metamorfosis: en sus aspectos positivos, los textos construyen la identidad como algo fluido y maleable; en sus aspectos negativos, como algo fracturado por la violencia; y en cualquier caso, la identidad se define como un borde y una oscilación. Otra vez, los personajes se presentan como algo monstruoso o como cyborgs ya que éstos operan como metáfora ideológica:

> El metal es más perfecto que la carne, mis movimientos mecánicos e invariables son más perfectos que la gracia ondulante de un cuerpo tan esquivo que raya en lo amorfo. Mis luces de colores —que siempre se encienden en cierto orden, y a cierta hora— no delatan transitorios estados de ánimo, sino la firme voluntad de obedecer a un ritmo invariable. (*Juegos malabares* 41)

En esa construcción, la identidad creada se enaltece por cuanto potencia aquello que el sujeto puede hacer. Estas imágenes son sólo en parte la reafirmación de la individualidad como *locus* de la resistencia a formas de presión institucional, política y/o cultural: ese es sólo un aspecto de la construcción de esa entidad diversificada que constituye lo que se reconoce como sujeto. Más bien, como diría Luhmann, la multiplicidad de estratos que hacen a la identidad es la resultante de la mutua compenetración entre el ego y lo social. No hay nada esencial en esa relación. Lo que emerge en ese imaginario es un sujeto complejo,[227] una corporización de la utopía de la multiplicidad en un mundo que es radicalmente ajeno no sólo a nuestra capacidad para comprenderlo *in totum*, sino a los instrumentos mismos que nos han sido dados para interpretarlo ya que éstos parecen ser anticuados en el momento mismo en que deberían ser operativos. Este es el mundo de las paradojas.

Las paradojas no sólo expresan cómo se constituye el sujeto en su devenir-individuo. El desfasaje entre los saberes necesarios para moverse en el mundo cotidiano, la intuición del mundo a partir de la experiencia, y la complejidad de los saberes académicos se convertirá en uno de los temas centrales en la narrativa de Gardini en sus siguientes libros. En una entrevista, Gardini ha dicho que le preocupaba hasta qué punto "el conocimiento puede ser objetivo, hasta qué punto el conocimiento de unos interviene en otros; es un problema clásico, ya no de las ciencias sociales, sino de las ciencias físicas" (Berlanga, "Los desafíos a la ciencia ficción"). La cuestión de la observación de lo real (y del observador en su relación con el objeto observado) así como la manera en que los enunciados pueden describir esas relaciones al transformarse en conocimiento será capital en su narrativa.

Esa preocupación[228] será uno de los temas del *libro de la Tierra Negra* (1991) y del *Libro de las Voces* (2001).[229] En ambos casos, se trata de

---

[227] No es un sujeto que se ha astillado y que anhela la unidad perdida como los sujetos del momento inicial de lo que se entendió como la irrupción de la posmodernidad en América Latina. Más bien, se trata de sujetos en quienes la estratificación del *yo* constituye el modo de interactuar de la manera más eficiente que sea posible con los múltiples aspectos de lo social, lo cultural o lo político: el lugar donde esos aspectos convergen (o no) tiende a ser la ética, que opera de vaso comunicante entre los múltiples aspectos de la *praxis*.

[228] Es también, aunque desde una óptica algo distinta a la que seguiremos aquí, la preocupación central del *Libro de la tribu* (2001), donde la relación entre saber e identidad convierten a esta historia de vampiros es una narrativa que reorganiza los pactos de lectura del género de horror. Precisamente, por no tratarse de un texto de ciencia ficción (aunque por momentos parece estar dialogando con la modalidad) he dejado este texto fuera del presente trabajo.

[229] *El libro de la Tierra Negra* (Premio Revista Axxón 1991, Premio Más Allá 1992) apareció

historias que giran en torno a textos que son a la vez subversivos, históricos y sagrados: la escritura, cruzada por la memoria, el uso y la interpretación se convierte en un objeto maleable, cuyo mayor potencial es generar formas de conocimiento que atentan contra el orden establecido y que pueden atravesar fronteras espacio-temporales. Esa cualidad de la letra escrita/letra consumida se transfiere a los individuos y los convierte, por el sólo acto de la lectura, en sujetos cuya identidad está para siempre transformada. Los protagonistas de estas novelas no sólo leen sino también escriben sus propios textos (aunque también los textos se escriben a sí mismos), y en ese acto se ven forzados no sólo a observar el mundo sino también a observarse a sí mismos observando el mundo. Observar el mundo cambia su misma naturaleza: esa hipótesis recorre la narrativa de los *Libros*. La observación es constitutiva de los intentos de autodeterminación de la identidad de los sujetos que recorren los libros, ya que diferencia y multiplicidad se convierten en formas de generar una voz colectiva capaz de transformar lo social a través de políticas inclusivas de alianzas: estos textos son ejercicios en negociación política y reflexiones sobre la articulación ideológica de su *praxis*.

En *El libro de la Tierra Negra* esa reflexión se articula como un doble diálogo sobre el problema del conocimiento. Esta cuestión se analiza a través del contexto bíblico, por un lado, y a través de la filosofía, de la historia y de la ciencia, por el otro. Del lado de la religión, el texto relee el sacrificio cristiano a través de la figura de Sancamar Sin-Alma O'Bardo La Tour, hijo secreto de un Protector de la Iglesia Ecuménica de la Nueva Alianza en el año 980 de la Era neo-cristiana, unos treinta siglos en el futuro de la lectura. El texto construye una sociedad teocrática, milenarista, temerosa del fin del mundo, dominada por instituciones religiosas que han abolido la exploración espacial y que regulan toda forma de investigación científica. En esa sociedad, incluso la historia se ha convertido en un objeto de estudio peligroso, y el libro más subversivo con que se enfrenta la Nueva Alianza es uno que narra su propia historia, texto que figura en su Index, titulado *Tentados y tentadores*, donde se deconstruyen todos los mitos fundacionales y creencias del neo-cristianismo.

Como su antecesora, la Nueva Alianza (que se conoce por sus símbolos de la Cruz y el Martillo) ha sido belicosa y ha generado políticas expansionistas

---

originalmente en versión electrónica en 1991 y en papel en 1996, seguida por *Los ojos de un dios en celo* (1996, Premio UPC) y *El libro de las voces* (2001, Premio UPC), y más tarde por *El libro de la tribu* (2001), por *Vórtice* (2002) y por *Fábulas invernales* (2004). Como ya he dicho, en el presente trabajo no analizaré todas las novelas por razones de espacio. En las notas, no me refiero a los años de publicación de las obras, sino a los años de edición de los volúmenes que he manejado.

La ilusión persistente

que le permitieron extender sus dominios a la mayor parte del globo. Quienes habitan esos dominios pertenecen a dos castas: los cristianos puros, es decir, los seres humanos cuyo código genético nunca fue alterado, y los "descendientes de los wudstocs", o sea, los descendientes de personas cuyo código genético fue manipulado para producir mutaciones evolutivas que les permitieran soportar viajes interestelares. Algunas de esas transformaciones no funcionaron y, por tanto, esos seres y sus descendientes quedaron varados en la Tierra convertidos en una suerte de monstruos desesperanzados que han perdido tanto su humanidad como su habilidad para imaginar o delirar algo mejor.

Esos "contaminados" y los mestizos (hijos de personas de ambas castas) constituyen una subclase de ciudadanos sin derechos ni reconocimiento, que viven en la pobreza más abyecta y son constantemente reprimidos por la policía. Sancamar es un mestizo que al cumplir los veinte años descubre su verdadera identidad y el destino que le forjó su padre: su misión será elucidar qué dice/canta el Árbol de la Tierra Negra y qué peligro encierra para la Nueva Alianza. *El libro de la Tierra Negra* es el resultado de esa revelación y de esa misión.

La Tierra Negra es una zona contaminada por un árbol mecánico, un monstruo cibernético que ha caído del espacio exterior en lo que había sido el Lugar del Gozo y el Retozo y ahora es el Luctu Al o el Lugar de la Roña y la Carroña, cuyo límite es el río Aidemí. Al caer, el Árbol de la Tierra Negra construye su propio mandala en cuyo centro hecha sus raíces metálicas y emite "extrañas imágenes y sonidos vibraban y retumbaban en los túneles y corredores" (126). La novela se abre cuando el padre de Sancamar descubre que sólo un mestizo (es decir, alguien que tenga todas las posibles articulaciones de lo humano) puede decodificar esas emisiones. Desesperado por proteger a la Iglesia de lo que intuye es un peligro mortal al orden social establecido, el padre forja un plan que incluye una herejía: el nacimiento de Sancamar. La acumulación de significantes de origen religioso y/o mitológico es tal, que debemos detenernos un instante en algunos de ellos aunque sin abundar, simplemente para ahondar en varios aspectos de manera muy rápida.[230]

---

[230] Además del nombre de Luctu Al que hace una clara referencia al derecho que se pagaba a Iglesia a la muerte de un súbdito y del claro gemido que acarrea el nombre del río limítrofe entre la "buena sociedad" y los contaminados, podemos agregar, por sólo nombrar algunos más, el nombre del palacio donde vive Andrés O'Bardo La Tour, llamado Palacio Haireo, aún antes de que el Protector se convierta en un hereje; el prostíbulo de Teodor-poli donde la gente va a drogarse con sueños se llama Liebestraum en una clara alusión a los nocturnos para piano de Franz Lizst; los participantes en los wudstocs creen en el Testamento de Lennon y cantan "Imagine", etc. Esa acumulación a veces obvia hace a la ya discutida relación con las poéticas

Joseph Campbell, a través de su lectura de Jung, señala que el mandala es un símbolo que condensa e identifica las funciones de la experiencia: el conocimiento se adquiere a través de la ruptura de la ilusión y de cierto sufrimiento. El mandala organiza simbólicamente las formas de acceso al saber a través del pensamiento, la intuición, el sentimiento y la sensación. Sancamar, el hijo predestinado, el elegido, atraviesa todos y cada uno de estos pasos en su camino al Árbol, y cuando finalmente el Árbol le habla y le devela la verdad y la historia de su sociedad, la escribe para transmitir lo que sabe. El que va al árbol-mandala es un ser quebrado, un mestizo que desconoce su potencial humano; el que regresa, tras haber escuchado el mensaje de las estrellas, es el que sabe, pero también quien logra aunar sobre sí todas las formas de lo humano.

La lectura mitológica es demasiado obvia, pero aun así es importante subrayar qué trae a colación. El cruce del río implica un pasaje de la ignorancia al conocimiento; del sujeto astillado a un sujeto capaz de reconciliar las múltiples partes de su *yo* a través de la *praxis*. Sancamar es el elegido porque no es sólo quien redime, sino quien ilumina: no sólo es el salvador porque trae la verdad del conocimiento científico e histórico, sino porque en su figura se aúnan las dos formas de lo humano. Su sacrificio será, como en los casos de Cristo y de Buda (las dos figuras con quien se dialoga a lo largo del texto), una revelación. Pero a diferencia de la redención metafísica que ofrecen esas figuras, lo que el sacrificio de Sancamar restaura es la posibilidad de trascender *en* el mundo a través de la comprensión de lo material: lo que se planea como sacrificio es una puesta en uso del evento a través del conocimiento para generar una voz política allí donde esa voz/saber está ahogada.

La búsqueda de conocimiento (científico) no es el origen de la caída como dice la Nueva Alianza, sino todo lo contrario. En este sentido, vale la pena detenerse un momento en las discusiones sobre el "nuevo" sujeto de la posmodernidad que marcaron los debates intelectuales de fines de los ochenta y gran parte de la década del noventa. Una de las aseveraciones críticas más frecuentes al respecto, en particular cuando se hacía referencia a la narrativa de escritores como Rodrigo Fresán, Alan Pauls, Marcelo Cohen, C. E. Feiling, e incluso Fogwill (a quien extrañamente se incorporaba en esas listas) daba cuenta de una ruptura nihilista del sujeto (pos)moderno a causa de un astillamiento que se imaginaba como un corte imposible de superar. Lo que la

---

neobarrocas y, aunque no quisiera insistir en este punto, tampoco deseaba dejar de mencionarlo ya que la aglutinación de significantes organiza también la lectura del texto.

mayor parte de los críticos no llegaba a ver es que esa ruptura implicaba una búsqueda de nuevas formas de narrar y de entender experiencias históricas y políticas que no eran fácilmente legibles en términos binarios de ninguna especie ni podían adscribirse a paradigmas históricos cuyo final tuviera forma alguna de la utopía nunca realizada. Conocer/saber para este sujeto constituye el lugar desde donde articular formas de resistencia a aquello que deniegue su potencialidad en el aquí y el ahora.

El texto ataca toda forma de límite o censura a la búsqueda de conocimiento. Las instituciones eclesiásticas que asumen el rol de organismo de control y regulación en la defensa de su propia continuidad, son entidades no sólo corruptas sino también anquilosadas. Para la Nueva Alianza, mantener el orden burocrático como un sistema ordenado y estático lo es todo. En esa vana esperanza están invertidos gran parte de los recursos políticos y culturales de la sociedad; el propio Protector aceptará convertirse en un hereje, liberar a una delincuente y tener un hijo, sólo para proteger a la Iglesia. Esa visión es narrada por el propio Sancamar que, siendo un estudiante ciego a lo que le espera, escribe ensayos donde argumenta que:

> En el emblema de la Iglesia ecuménica, la redención y la culpa iban de la mano. El conocimiento era peligroso porque negaba la culpa, y por lo tanto impedía la redención. El lugar natural del alma era la Cruz y el Martillo [...] El temor a la herejía, y a los desvíos que causaba el afán de conocimiento, imponía un severo control sobre la fabricación y distribución de procesadores. Las restricciones sobre el uso de la información eran rigurosas [...] En su procesador Sancamar escribía diariamente redacciones acerca de la virtud de Cristo, el valor del poder jerárquico [...] También escribió un brillante ensayo sobre el daño que la ciencia causaba al alma y las acechanzas del infierno negro del espacio. (*El libro de la Tierra Negra* 100)

En esa sociedad que ha decidido cancelar toda posibilidad de cambio o transformación para preservar las instituciones de un sistema opresivo, aun la memoria, particularmente la memoria histórica es peligrosa. A lo largo del texto, además del libro censurado sobre la historia de la Nueva Alianza, aparecen obvias deformaciones de eventos históricos fácilmente reconocibles para el lector. Por ejemplo, Kennedy es un emperador que "divertía a sus súbditos con lanzamientos también destinados a alabar al Señor. Su rival Houston Texas lo asesinó en la ciudad de Dallas" (54). El estudio de las ciencias es peligroso porque atenta contra el orden establecido; también lo es el estudio de la historia porque revela los orígenes y los mecanismos ocultos del presente. La visión sobre la literatura no sigue un carril análogo, pero en ausencia de conocimientos reales o al basarse en interpretaciones falseadas de los hechos refuerza la estructura autoritaria de los estados regidos por la Nueva Iglesia:

> Estas labores, y la lectura del *Cancionero antiguo*, eran muy frecuentes entre los dignatarios que amaban las actividades intelectuales. La Iglesia desconfiaba de los personajes con vuelo poético, siempre al borde de la herejía, y de los ensayistas incisivos, siempre al borde de la subversión. El estudio de las ciencias podía resultar en un amor desmedido por el conocimiento, y el estudio de la historia podría desembocar en desvíos como el libro de Eulalio Sucre. El estudio de lenguas y poemas antiguos, en cambio, robustecía el espíritu sin provocar tentaciones peligrosas. (*El libro de la Tierra Negra* 137)[231]

En este mundo donde la Nueva Iglesia ha impuesto su propio idioma como lengua común e imperial, incluso el universo de los múltiples sentidos del lenguaje parece haberse congelado: la hermenéutica de las traducciones de y a las "antiguas lenguas" nunca llega a develar el sentido de los poemas del *Cancionero antiguo*. Sólo sirve para asegurar que el registro histórico sea alterado. Tal y como dice Moylan, las formas narrativas del diario, la memoria, la literatura y aún la historia sólo pueden ser fuerzas de cambio social si son capaces de generar formas no sólo críticas sino autocríticas. En este sentido, todas las funciones narrativas y/o literarias que aparecen en *El libro de la Tierra Negra* discuten, subrayan, o muestran las consecuencias de negar la capacidad crítica del lenguaje en su relación con lo real. El pragmatismo del texto es notable: la cita del soneto 107 de William Shakespeare (el poema que el Protector La Tour se lleva a su tumba espacial) refuerza la relación de la literatura con lo real y con lo histórico:[232] no importa cuán críptico sea un

---

[231] Esas reflexiones también se hacen eco del discurso del Proceso de Reorganización Nacional sobre la cultura. Durante los años inmediatamente posteriores al advenimiento de la democracia, se pensaba que el Proceso no había tenido un plan concreto para la cultura argentina. Aunque se sospechaba de un plan o voluntad organizada, dada la naturaleza de la censura y la desaparición de originales, ediciones, etc., las pruebas no aparecieron sino hasta el 2000. El descubrimiento del archivo BANADE en marzo de ese año, mostró hasta qué punto desde el Ministerio de Interior se orquestó un claro plan de control de información y publicaciones destinado a sostener culturalmente la ideología de la dictadura gracias a un complejo equipo de censores integrado por lectores y analistas de inteligencia militar abocados al arte en todas sus formas. Ese equipo incluía abogados, intelectuales y académicos, planes editoriales, decretos, resoluciones y dictámenes, y una infraestructura con presupuesto y oficinas propios. El libro de Gardini reconstruye de manera cabal la paranoia y los manierismos de ese discurso, exhibiendo sus consecuencias sociales y culturales más allá de la inmediatez de la represión.

[232] Aunque hay muchos debates en torno al significado de este soneto, los críticos coinciden en señalar que puede (y quizás debe) ser leído en términos históricos, ya que parece referirse a la muerte de la reina Elizabeth I y a la transición al reinado de James en la Inglaterra de fines del siglo XVI.

texto, sólo es posible leerlo en relación con lo social. Toda otra lectura lo vuelve neutral y, por ende, estéril.[233]

De allí la importancia que tendrá la lectura que organiza la entrada al saber a través de la filosofía, de la historia y de la ciencia. El texto pone en escena el conflicto entre la fe como dogma (y para el caso, de toda forma de dogmatismo ideológico) y la realidad de los hechos. El primer atisbo de este conflicto aparece cuando, después de haber leído *Tentados y tentadores*, Andrés O'Bardo La Tour vuelve a enfrentarse con el fresco electrónico que narra la historia de la fundación de la Nueva Alianza:

> El conflicto entre el fresco electrónico y el panfleto subversivo representaba un refrescante choque entre la fe y el sentido común. Demostraba que el sentido común era seductor pero engañoso, y ese choque lo mantenía alerta y afianzaba sus convicciones. (*El libro de la Tierra Negra* 36)

Pero no se trata simplemente de los hechos como experiencias desconectadas entre sí o como simples ejercicios de comprobación mecanicista, sino de los hechos organizados para sustentar hipótesis de aproximación a lo real que la expliquen en forma holística (quizás fuera más apropiado decir orgánica): lo que se enfrenta en el relato son los sistemas de observación de lo real de observadores con perspectivas diametralmente opuestas sobre la naturaleza misma de los eventos que estudian. Para la Iglesia, el tiempo es lineal, unidireccional y estable y, por lo tanto, la sociedad debe de organizarse, como dirá más adelante en el relato el Protector Ortiz, con "la solidez de la madera". Para cuando Sancamar haya recibido el mensaje del Árbol, sabrá que no hay tal cosa, que "La solidez no existe. El mundo es puro intercambio de información" (166). La cita alude directamente al concepto central de la teoría de sistemas de Niklas Luhmann y a su definición de sujeto que, como hemos visto, se ha ido filtrando en la constitución del sujeto gardiniano. Pero también implica una definición de espacio-tiempo móvil, cambiante y fluctuante donde ni los fenómenos ni los observadores son entidades estables e inmutables.

En el texto, esa forma de pensar la temporalidad se hará concreta a través de las referencias a Ilya Prigogine como una manera de proponer hipótesis

---

[233] Incluso la cita de T. S. Eliot a "Muerte por agua" acaba por servir a esta función: es el poema que recordará el Protector Ortiz cuando vaya a visitar a Simón Nelson, el inventor de los muertos-esclavos, que vive en un viejo barco reflotado cuya tripulación había muerto ahogada. Más allá de la línea de lecturas que abre el claro nombre sefardí del inventor exiliado, la presencia de sus monstruosos golem, y de lo que todo esto significa en relación con las lecturas políticas de Eliot, en primera instancia, la cita refuerza la relación de la percepción de lo real con el lenguaje poético y por ende, con el texto.

lógicas sobre el impacto del tiempo y de la evolución en los sistemas vivos que esta novela trabaja. Por de pronto, quizás la primera observación que debemos subrayar de esa presencia, es que permite reorganizar preguntas caras al campo cultural argentino, desde una perspectiva que, como diría Suvin, las somete a un proceso de extrañamiento radical. El pensamiento de Prigogine (independientemente de si tal pensamiento fue o no discutido, o de si sus apuestas filosóficas fueron o no compartidas por amplios sectores de la comunidad académica) aquí permite conjeturar cómo se formularon lo que habían sido las preguntas en torno a la historia y los sujetos nacionales en el paradigma del pensamiento liberal decimonónico.

En el marco de descubrimientos que transforman la capacidad humana de control de la evolución y ante las nuevas formas de ingeniería social, esas viejas preguntas (que, por otra parte, son el centro de la reflexión de la novela histórica contemporánea a los textos de Gardini) parecen no responder a cómo se define lo real, ni a cómo operan los marcos históricos, ni a cómo se definen los nuevos sujetos sociales. Más aún, en un campo cultural donde se privilegian formas ideológicas que sueñan teleologías de absoluto, el texto introduce en el debate la importancia de la aleatoriedad en los sistemas (sociales) y la dificultad para predecir resultados más allá de las probabilidades cuando en el sistema social todo está en permanente movimiento y transformación. En labios de Sancamar, tal aseveración se convertirá en una blasfemia que pagará con su vida.

Pero la cuestión de los sujetos como entidades cognoscentes no termina ahí. Quizás, la figura más interesante del texto sea el Protector Ortiz que hace las veces de inquisidor y que es quien condena a muerte a Sancamar por razones de Estado. Exiliado como premio y castigo por el juicio y la condena, el Protector será quien complete el Libro de la Tierra Negra y quien descubra su verdadero poder subversivo: el libro tiene voz propia; lo que narra es un objeto autónomo independiente de la voluntad de quienes lo observan. El libro se reescribe a sí mismo constantemente porque incorpora múltiples experiencias que le permiten alterar tanto su versión y comprensión del pasado, como sus expectativas sobre el futuro. Las contradicciones de este personaje que es a la vez un fundamentalista y un pragmático, alguien que busca redimirse y a la vez buscar y aceptar una verdad que no sólo le es incómoda sino molesta, tiene algo de las figuras intelectuales que aparecerán más tarde en la obra de Marcelo Cohen y que narran una suerte de duelo ideológico por la pérdida no sólo del Estado de Gracia de un pasado imaginario, sino también el de un futuro inscripto y regido por esa condición.

La ilusión persistente

La autonomía del saber se convierte así en la sustentación de un materialismo liberador simplemente porque el libro revela en su mera existencia aquello que la iglesia ocultara durante diez siglos, socavando su poder. Además de la existencia inesperada, fortuita del libro y de su perspectiva múltiple sobre los eventos que narra, son hechos menores (como la herejía inesperada del Protector y la traición de Sancamar contra la iglesia al convertir su pena de muerte de espectáculo mediático punitivo en acto de rebelión individual) los que generan caos en el rígido sistema de la Iglesia de la nueva Alianza, que a partir de aquí ya no puede predecir ni controlar la totalidad de los eventos y, en consecuencia, tampoco puede profetizar sus consecuencias.

Lo que el Protector Latour inicia con su pequeña intermitencia es un proceso irreversible cuyo arco global es predecible para quienes leen el/los texto/s que constituyen *El libro de la Tierra Negra*, pero no para quienes son sus protagonistas. Aquella discutida cita de Einstein que aparecía en boca de la Reina Blanca en el libro anterior vuelve a cobrar renovada importancia. Pero además, esa mirada sobre lo social y lo político reverbera como una lectura sesgada sobre procesos similares en la Argentina de los setenta y ochenta: como bien dice J. Andrew Brown, el vocabulario y las ideas de Prigogine sirvieron a escritores como Gardini para articular su visión de la posmodernidad en Argentina, generando una narrativa que ofreciera una analogía tanto para la complejidad de lo social como para ilustrar la emergencia de sujetos que no se ajustaban a los modelos que habían poblado el discurso político y social desde el siglo XIX.[234]

Los conceptos de Prigogine hacen a la estructura misma de la novela, en un capítulo a medias científico, a medias técnico que parece recordarnos la organización textual de las novelas de la *Golden Age* anglosajona. Allí no sólo se narran los eventos que son el trasfondo histórico de la novela, sino también los experimentos biológicos que marcan su presente. Ambos aspectos operan como ilustración de la tesis de Prigogine de que todo sistema extraordinariamente estable genera su propia forma de caos. Dice Gardini:

---

[234] La otra gran fuente en la construcción de ese sujeto, como bien indica Pablo Capanna, es Cordwainer Smith y su ciclo de relatos sobre la Instrumentalidad: en los textos, la lucha de la subgente por ser reconocida como sujeto se convierte en una defensa de la diversidad y de formas de empatía que no reconozcan límite alguno. En particular, la serie de los Libros resuena con ecos de "The Dead Lady of Clown Town" escrito por Smith. Quizás también, pero de manera más soterrada, pueda pensarse en qué tipo de polémica se establece con la serie de la *Fundación* (1951-1993) de Isaac Asimov ya que aquí aparece una respuesta a la noción de narrativas que meditan sobre formas predeterminadas y unidireccionales de desarrollo histórico, o dicho de otro modo, un debate con toda forma de historicismo monista.

> Para Prigogine, una fluctuación era una variación azarosa dentro de un sistema abierto, un desequilibrio. En la visión clásica de la termodinámica, la información siempre se degradaba y el universo era entrópico por naturaleza. En otras palabras, estaba destinado a consumir su energía hasta agotarse. Prigogine entendía que los desequilibrios, una vez afianzados, creaban nuevos órdenes tendientes a una mayor complejidad. El orden generaba caos y el caos generaba orden. Prigogine era un optimista. (*El libro de la Tierra Negra* 142)

En la novela, dado que los sujetos/sociedades son sistemas abiertos inestables, es imposible predecir cómo reaccionarán a los procesos de evolución controlada a los que son sometidos y que aquí generarán una raza de seres cuasi-monstruosos y fallidos. Sin embargo, el texto ofrece una suerte de justicia poética al convertir en metáfora la discusión científica sobre los crecientes e inesperados niveles de entropía en sistemas abiertos. En principio, la sociedad estancada de la Tierra se transforma (y el libro deja entrever que se beneficia) por la inesperada rebelión y ruptura del *status quo* que es consecuencia del reconocimiento y la afirmación de los derechos de esos seres sometidos que se declaran como sujetos humanos. Pero además, para los habitantes del sistema estelar de Alfa y Beta Prigogine VII que envían los mensajes con el árbol de la Tierra Negra, su devenir-otro se convierte en un proceso que los funde con el Universo y convierte la trascendencia en el conocimiento que transforma la conciencia y libera, en forma literal, a los sujetos de los límites de la materia y de la percepción: al adueñarse de su propia evolución (aunque ciertas consecuencias puedan ser aterradoras) se hacen cargo de su propio destino, lo crean, organizan el sentido de su devenir a través de prácticas gestadas en el tiempo, en una metáfora que retorna sobre de las ideas de Prigogine.[235]

El cyborg militarizado de los primeros cuentos de Gardini se convierte así en un sujeto cuya hibridez no reside sólo en su relación con la tecnología sino en la recuperación de la dualidad cartesiana, que ahora es parte de una tríada identitaria donde los aspectos éticos y emotivos son capitales en la formación de la nueva psique: como en el caso de Cordwainer Smith, el ser humano requiere de una dimensión ética que es la única que permite hacer definición alguna sobre la naturaleza de los sujetos.

---

[235] Y también retorna sobre un texto como *Hacedor de estrellas* (1937) de Olaf Stapledon donde se explora la posibilidad de que en un punto de su evolución los seres humanos abandonen formas biológicas materiales. Sus textos anticiparon algunas de las discusiones éticas en torno a la ingeniería genética y la naturaleza misma de lo humano en vistas de la complejidad y diversidad de la evolución. La cuestión de la trascendencia (en términos materiales y espirituales) ha estado en el centro de gran parte de las reflexiones de la ciencia ficción desde entonces.

La novela no termina sino con otro principio: los contaminados del Luctu Al descubren su propia historia, pero ni los lectores de la novela ni los lectores del Libro de la Tierra Negra pueden predecir ni la forma ni las consecuencias de ese principio de rebelión: el texto narra un origen en su formación, no un devenir, y el final queda completamente abierto. Cuando los contaminados piden un guía, la respuesta es simple: "Ningún libro te dirá qué hacer. Cada cual debe averiguarlo por sí mismo" (*El libro de la Tierra Negra* 257). Y en verdad, el Libro de la Tierra Negra se convierte a partir de aquí en un objeto siempre cambiante, sujeto a la interpretación y a los agregados de sus lectores. La novela narra el largo final de toda exégesis con pretensiones definitivas. O, más bien, narra cómo entra la problemática de la contingencia en la historia: lo que perdura son aquellas prácticas que permiten que los sujetos puedan escoger repetidas veces, de entre múltiples posibilidades, aquellas opciones que faculten la circulación de todos los sentidos.

El texto implica que en ésto reside la verdadera autonomía de los sujetos y de la comunidad: es la capacidad de elegir aquella práctica que hace evidente que existe un valor moral independientemente de la ley escrita, de la tradición, de las creencias o de las costumbres. Esta particular fe posmoderna en una ética trascendente que descree de un destino preestablecido para o por la historia, y por ende, rompe con el pensamiento utópico que había dado su marco ideológico al pensamiento setentista (que se apoyaba, contradictoriamente, en la defensa de valores morales universales como la libertad y la dignidad individuales), forma también parte de las emergentes discusiones que, en otros ámbitos, tenían los así llamados "escritores jóvenes". Para escritores como Rodrigo Fresán, Martín Caparrós, César Aira, Matilde Sánchez, etc., lo que vino a leerse como el fin de la historia, era más bien, el fin de los mandatos *sobre* la historia que debía ser, y en este sentido, sus primeros textos son una celebratoria declaración de independencia desde donde se reclamaba, aunque de modo mucho más velado que en los textos aquí analizados, lo que en otra época José Ingenieros hubiera llamado una moral sin dogmas.

Tres años después, en 1996, aparecería *Los ojos de un dios en celo*. Es un texto donde las preguntas antes exploradas retornarían con renovada fuerza, ya que aquí Gardini se interroga sobre cómo los sujetos enfrentan y hacen elecciones éticas ante una realidad polarizada económica, cultural y socialmente. El título recoge de la tradición cristiana el concepto de un "Dios en celo", es decir, la noción de una divinidad que cuida su dominio, las cosas que pertenecen a su égida, o los asuntos que le conciernen en tanto que Creador. Ese dios es aquí el observador letrado. La protagonista de esta *nouvelle* es Mara, una antropóloga que hará las veces de divinidad omnipotente, del observador que, ante el peligro que corren sus objetos de estudio, se cuestiona si traicionar o no sus preceptos profesionales para proteger a sus objetos-criaturas. Así, el texto retorna sobre la relación entre observador y observado, pero desde una perspectiva que pone en juego valores morales construidos desde la subjetividad emocional y personal del sujeto-observador. Esa óptica pone en escena la problemática de la ética posmoderna y acerca el texto de Gardini a las preocupaciones de pensadores como Emanuel Lévinas y Zygmunt Bauman. Y es que en el texto, el problema del conocimiento está íntimamente ligado a cómo "despertamos" a la acción moral.

En las páginas iniciales de la *nouvelle*, Mara inicia sus observaciones intentando mantener una fría distancia profesional:

> Ellos debían observar, estudiar, analizar, sin intervenir ni comprometerse emocionalmente. En lo posible, debían abstenerse de proyectar valores propios en lo que observaban [...] Aunque la objetividad plena fuera una ficción, era una ficción conveniente [...] El factor cuántico –la posibilidad de que hubiera una influencia recíproca entre el observador y lo observado– se tenía en cuenta en la práctica académica, pero quedaba descartado en el trabajo de campo. (*Los ojos de un dios en celo* 131)

Sin embargo, consciente del impacto de esa "ficción", Mara irá revelando sus reservas emocionales sobre su propia profesión, sobre su rol de observadora aparentemente imparcial (llegará a decir que sospecha que su método falla), y sobre cómo interpretar lo que define como una exocultura, es decir, una de las "culturas ajenas a la Urdimbre", la red cibernética y tecnológica en donde ella misma vive inmersa:

> Mara sabía por experiencia que había modas que iban y venían, y muchos investigadores respetaban las modas por pereza o conveniencia. En un tiempo los antropólogos habían usado impunemente términos como primitivo, prelógico y prerracional. Luego esos términos se habían desechado por etnocéntricos [...] mientras buscaban términos que fueran satisfactorios no sólo científica sino políticamente. Culturas exóticas. Culturas pretecnológicas. Culturas posturbanas. Culturas alternativas. Culturas simpáticas. Culturas del cerebro izquierdo. Pero la palabra primitivo permanecía allí, a pesar de sus púdicas comillas [...]. (123)

En este sentido, la observación antropológica se convierte en una representación vacía de la otredad ya que no ve en ella más de una diferencia que no puede (ni debe) ser salvada. Preservar la diferencia se convierte desde esta perspectiva en una forma de excusar la apatía. En esa forma de observación no hay responsabilidad. Mara se rebelará contra ese vacío moral. Es precisamente la cuestión de la elección moral la que organiza este texto: se trata de una meditación sobre qué guía las acciones, sobre cómo se elige, y en qué medida se evalúa el acto moral en el contexto social y cultural.

En esos interrogantes, el texto analiza la naturaleza misma de una civilización cuyos principios de sociabilidad son puestos a prueba en un mundo posapocalíptico donde la desintegración de la cultura urbana ha dado lugar a formas extremas de riqueza/cultura/tecnología y pobreza/ignorancia/tribalismo.[236] En su introducción a la *nouvelle*, Capanna señalaba que se trataba de una relectura del optimismo victoriano de Wells ya que Gardini retomaba críticamente la oposición entre *elois* y *morlocks*. En efecto, aquí los *elois* son los habitantes de una cibercultura que parece haber desarrollado las mejores promesas científico-tecnológicas de los siglos XIX y XX, pero al costo de la desintegración de la sociabilidad urbana y de altos grados de contaminación. Los ciudadanos de ese mundo cultural viven ajenos al dolor y el hambre de los sectores que han quedado fuera de los proyectos civilizatorios, generando una visión ácida del rol y de las responsabilidades de los intelectuales. A su vez, los *morlocks* aquí encarnados en la tribu del Pueblo Radiante que constituye la otredad del relato, son una suerte de retorno trunco a la vida agreste que predican los populismos de distinto cuño, aunque aquí el tribalismo representa una renuncia a la racionalidad letrada. Una y otra forma de organización social presentan agendas político-sociales incompletas.

Esos espacios simbólicos, alineados en series contrapuestas operan formas simultáneamente utópicas/distópicas de construir mundo: o bien desde una modernidad altamente tecnologizada, o bien desde un populismo idílico que revierte el mundo al tribalismo más elemental. Pero esa relación, con estar claramente definida, es también ambivalente. Si por un lado sus valores entran en conflicto cuando la exclusión social se revela como una obvia negación de toda forma de solidaridad, el texto está lejos de celebrar la ignorancia y la pobreza como formas de redención sociocultural o como una posible salida

---

[236] Esa misma temática aparecerá con lineamientos muy similares en una novela que no trabajaré en el presente volumen por razones de espacio, pero de capital importancia para la ciencia ficción argentina. Se trata de *Plop* (2004, Premio Casa de las Américas 2002) de Rafael Pinedo. Es quizás uno de los textos que narran con mayor violencia la ruptura de todas las formas de sociabilidad de la crisis del fin de siglo XX y que muestra con mayor crudeza las consecuencias de la negación de toda forma de cultura letrada. Novela claramente distópica, donde las catástrofes ecológicas han destruido toda posibilidad de futuro, es un texto donde el mal prolifera y donde el *Bildungsroman* de su protagonista es una caída libre donde se abandona toda posibilidad de concebir forma alguna de ética.

utópica colectiva. Los mitos y el dialecto del Pueblo Radiante son rezagos de viejas políticas mediáticas, segmentos de información que resultan en:

> [...] una versión corrompida del castellano, totalmente ajeno a las afectaciones del idioma de la Urdimbre. Los ritos y ceremonias eran versiones rudimentarias de escenas de viejos teleteatros, subproductos de los subproductos de la vida urbana con mezcla de nuevas costumbres del desierto [...]. (*Los ojos de un dios en celo* 138)

Así, ambas sociedades constituyen formas fragmentarias y desarticuladas de la experiencia social y cultural. En la mirada sobre los dos espacios aparece una ambigüedad que revela que uno y otro son complementarios, que no pueden existir sino como cara y cruz de sí mismos. Justamente, no hay binarismo en la construcción de estos espacios más allá de la presentación inicial del texto, y cada espacio revela aspectos positivos necesarios para que los sujetos puedan crecer. La contraposición radical de las series es puramente operativa a nivel textual: permite meditar sobre la naturaleza de nuestras acciones como ética y sirve para pensar ésta última no como un mandato absoluto, sino como una *praxis individual*. Por eso, y porque como observadora-partícipe Mara puede experimentar ambas realidades, la protagonista es capaz de construir para sí no sólo una forma de empatía sino una forma de responsabilidad desde donde estar con el Otro en un plano de igualdad. El final abierto del texto no provee una solución feliz, ni siquiera una salida, ya que el sacrificio de Mara sólo indica el punto de inflexión de las alianzas y señala cómo construir un principio de diálogo, y en este sentido, el sacrificio se convierte en una suerte de renegociación de lo que está en juego en la identidad.

En la *nouvelle*, Mara observa a la tribu de excartoneros sin techo que ahora se han organizado en el Pueblo Radiante mientras yerran por los páramos contaminados de los que otrora fueron los suburbios de las ahora desaparecidas ciudades. Dirigida por Ucan, el descendiente de un carismático líder religioso, la tribu vaga en busca del Valle Radiante, un quizás no tan mítico paraje donde le será posible acceder a agua limpia y comida fresca. A través del artilugio cyborg OJOS, Mara puede conectarse directamente al cerebro y cuerpo de Ucan sin que éste lo sepa, y observar su vida de la manera más objetiva posible, es decir, desde el interior mismo de su experiencia. Pero cuando se hace claro que quizás Ucan no encuentre el camino correcto para llegar al único lugar habitable en kilómetros a la redonda, Mara deberá decidir cómo actuar moralmente: su intención de ayudar a Ucan empieza como un impulso emocional de empatía a nivel individual, y se transforma en un sacrificio incondicional (lo pierde todo) que le permite ganar aquello que estaba cercenado en su propia experiencia.

La ilusión persistente

Cuando se enfrenta con su colega Alan en el puesto de observación, Mara no sólo expone la naturaleza doble de su propia actividad sino cómo ésta incide (o no) sobre la realidad:

> Esa gente está entre la vida y la muerte. Cutec ordenará regresar por mera tozudez, porque está dispuesto a imponer su voluntad aunque a él mismo le cueste la vida. Ese hombre sólo busca poder [...] quizá nosotros no tengamos derecho a permitir que triunfe la imbecilidad si podemos evitarlo. (*Los ojos de un dios en celo* 159)

Aunque Alan la acusa de paternalismo, la respuesta de Mara es frontal: la compasión es un valor moral que está en el inicio de toda acción; es la única brújula posible en toda búsqueda dentro de una realidad compleja. No es un fin en sí mismo, no es necesariamente instrumental o lógico, pero articula toda acción que permita estar con el Otro construyendo sentido. Y aquí, otra vez, construir sentido no significa entregarlo como si fuera un *ready-made*, sino generarlo en su mismo devenir.

Tanto *El libro de las Voces* como *Los ojos de un dios en celo* son distopías críticas que subrayan la importancia de la reflexión ideológica y de la crítica social. En palabras de Moylan, son textos que

> [...] as the critical dystopias give voice and space to such dispossessed and denied subjects [...] they go on to explore ways to change the present system so that such culturally and economically marginalized peoples not only survive but also try to move toward creating a social reality that is shaped by an impulse to self-determination and ecological health rather than one constricted by the narrow and destructive logic of a system intent only on enhancing competition in order to gain more profit for a select few. (*Scraps of the Untainted Sky* 189)

De allí que los finales abiertos de ambas novelas apunten a resistir el sistema de definiciones y adscripciones inscriptos en la novela histórica, ya que que aquí, las identidades (políticas, sociales, etc.) de los sujetos están en disputa y sus subjetividades todavía están en formación (Moylan, *Scraps*; Baccolini y Moylan, *Dark Horizons*). De allí también que la multiplicidad que la exploración de diferentes aspectos de la multiplicidad y su relación con el saber y la ética constituyan el centro medular de la reflexión. A diferencia de la narrativa cuyas raíces ideológicas están en el doble entramado provisto por el discurso decimonónico y la fe revolucionaria de los sesenta, en estos textos, la utopía emerge como un un proceso consensual, siempre sujeto a transformaciones, y no como un ideal fijo.

El contraste entre el mundo cómodo de la Nueva Iglesia o de la Urdimbre en abierta confrontación con el afuera aterrador y salvaje de los otros que sólo pueden ser sometidos o estudiados, refleja la ruptura entre universos económicos y sociales que analizará en parte Marcelo Cohen en su narrativa. Pero además, las novelas de Gardini ponen en escena la ansiedad ante la polarización económica y cultural en medio de la parálisis política de los últimos años. Si los textos abogan por formas de conocimiento que hagan claros los mecanismos del espectáculo político y de la manipulación como formas primarias de romper con lo que en otra era se hubiese llamado "dominación", también se preguntan por cuáles son los mecanismos que producen inmovilidad y apatía y cómo se los puede quebrar. Al re-actualizar el concepto de solidaridad, se organiza una primera respuesta a los ataques a la democracia y a la política organizativa, pero también se propone un nivel de auto-reflexión sobre la naturaleza de la responsabilidad personal y sobre la capacidad de actuar de los individuos en el marco de comunidades que emergen de múltiples prácticas individuales.

9

Marcelo Cohen:
hacia una ética del presente

Como hemos visto en las páginas precedentes, las operaciones narrativas de la ciencia ficción argentina producida en la segunda parte del siglo XX le permiten articular una serie de diferencias ideológicas con el resto de la literatura nacional al mismo tiempo que genera su propio programa crítico. Así, podemos observar al menos tres operaciones que pueden ser rastreadas en forma diacrónica a partir de la década del sesenta. Primero, en su mal llamado período de expansión,[237] la ciencia ficción reflexionó sobre los proyectos de Estado-nación para devolverle al sujeto cívico un espacio desde el cual generar si no consenso social al menos vías de diálogo o de acuerdo momentáneo. Una segunda operación fue analizar las responsabilidades individuales de esos mismos sujetos en su relación con la comunidad. Y finalmente, en una tercera inflexión programática, la escritura retorna sobre la capacidad de los individuos para generar utopía al establecer una correspondencia directa entre valores éticos que contemplen la pluralidad y la *praxis* política. En este sentido, la utopía deja de ser un lugar o una teleología, y como dice Jameson, se convierte en un método. De allí que la relación mencionada aparezca como un deseo que emerge bajo la forma de una ausencia: precisamente, no se narra el debiera ser de un universo ideal, deseable, sino un mundo vaciado de órdenes de legitimidad tanto institucional, como legal. De este modo, en los textos se explora la realidad inmediata como *locus* de un quehacer político viciado por los quiebres del sistema institucional y donde las redes personales organizan lo social y lo cultural desde la corrupción de toda forma organizativa. Como diría Cavalcanti, el texto ofrece una suerte de negativo que anticipa las distintas posibilidades de un universo donde tales males no fueran constitutivos de la experiencia política y/o social, sin llegar a formular un programa: "Utopia is the expression of desire manifested by means of writing and located in the workings of dystopian narrative" (Baccolini y Moylan, *Dark Horizons* 51).

Debe entenderse que éstos no son textos para quienes el futuro presente alternativas deseables en el mismo sentido en que aparecían en las grandes narrativas nacionales que organizan el discurso de la modernidad en siglo

---

[237] Recordemos que Capanna denomina a estos años con ese rótulo y aunque no coincido con él, por el momento, opera de fácil referencia.

XIX. Ni tampoco se trata de textos donde el pasado aparezca como un espacio fundacional prístino donde se encierren todas las promesas y principios de una edad dorada ahora perdida. Ante la casi imposible tarea de revelar un futuro cada vez más abstruso o de enraizar el presente en un pasado que ahora ya se reconoce como un espacio de disputas simbólicas de distinto tipo, la narrativa de ciencia ficción narra la ansiedad de una pregunta cuya única respuesta, al decir de Bloch, está inscripta en la latencia del Ahora (*The Spirit of Utopia* 192). De este modo, la actividad cotidiana y la historia se desprenden de toda forma de mito: el regreso sobre los efectos y consecuencias de la vivencia personal como conocimiento redefine la aproximación a lo político que emerge en la narrativa de ciencia ficción a partir de la década del noventa. Si tal desarrollo ya se perfilaba en la narrativa de Gorodischer y es parte del sistema de elecciones que apuntala las acciones de los personajes de Gardini, aquí se convertiría en el andamiaje de la escritura misma dado el contexto de los debates en torno a la relación entre literatura e historia que marcaron las décadas del ochenta y del noventa (Kurlat Ares, *Para una intelectualidad*): el retorno a la historicidad no se hace aquí como un intento de reponer discursos o voces supuestamente perdidos en el discurso o en la narrativa hegemónica sino en función de reponer lo que Jameson denomina "the primacy of the social bond".

Aunque esta reflexión había sido la columna vertebral de la ciencia ficción de uno u otro modo desde mediados de los sesenta, ya no formaría parte sólo de esta modalidad. Como veremos, estaría también en el centro de las preocupaciones que articularían la producción literaria que aparecería a partir de los ochenta bajo el dudoso título de "narrativa joven" o el aún más problemático de "literatura posmoderna". Para una amplia gama de escritores, la voluntad de retornar sobre el presente indicaba que el pasado ya no ofrecía las explicaciones necesarias para elucidar los rápidos cambios del fin de siglo. A esa problemática debe sumarse también el debate en torno al cuestionamiento de la agencia de la literatura (o del arte) ya que ésta era cada vez más discutible cuando se la planteaba en términos absolutos. Si bien la ciencia ficción formula sus análisis desde la distancia de un espacio casi irreconocible como la Argentina inmediata, hay que pensar que tales indagaciones fueron parte de las búsquedas disparadas por las muy concretas consecuencias de la derrota de los proyectos revolucionarios setentistas y el retorno a prácticas democráticas en campos culturales sin una tradición real de debate, de participación o de tolerancia y cuyos agentes, además, nunca tuvieron una particular fe en los llamados valores republicanos.[238] Por esa razón, resulta tan notable que los

---

[238] Irónicamente, la literatura de los últimos diez años hace un interesante contrapunto con esta

textos de ciencia ficción insistan en reflexionar sobre la experiencia política como evento desmitificado y enraizado en el tiempo histórico, adquiriendo una nueva dimensión crítica que requiere un anclaje más preciso en el presente para convertirse en la piedra angular de todo proyecto con miras a sostener la posibilidad de una utopía contingente.

Estas reflexiones cobrarán cuerpo en las novelas de Marcelo Cohen, cuyas distopías críticas ponen en escena estrategias flexibles de resistencia a la cambiante y muchas veces poco clara realidad social que rodea a sus personajes. Tomando prestadas palabras de Moylan, podemos decir que las novelas de Cohen representan:

> [...] a space for a new form of political opposition, one fundamentally based in difference and multiplicity but now wisely and cannily organized in a fully democratic alliance politics that can talk back in a larger though diverse collective voice and not only critique the present system but also begin to find ways to transform it that go beyond the limitations of both the radical micropolitics and the compromised centrist "solutions" [...]. (*Scraps of the Untainted Sky* 190)

Cohen es autor de una compleja y reconocible narrativa que le ha valido el Diploma al Mérito de la Fundación Konex (Quinquenio 1999-2003). Su obra incluye más de nueve novelas, seis libros de relatos y tres de ensayos, entre otros trabajos. Aunque no toda su obra está directamente ligada al ámbito de la ciencia ficción, una parte importante de su producción puede enmarcarse dentro de la modalidad, incluyendo los relatos de los libros *El instrumento más caro de la tierra* (1982), *El buitre en invierno* (1985), *El fin de lo mismo* (1992) y *Los acuáticos* (2001), así como las novelas *Insomnio* (1986), *Donde yo no estaba* (2006), *Impureza* (2007) y *Casa de Ottro* (2009). Cohen establece un particular diálogo no sólo con la producción de la ciencia ficción local e internacional sino también con las problemáticas en vigor del campo cultural argentino.

Ejemplo paradigmático de tales operaciones es un texto como *Insomnio*, la novela en la cual su aproximación crítica a la utopía, siguiendo en parte una sensibilidad estética que se empieza a perfilar en la novela de ciencia ficción surgida a mediados de los ochenta a escala internacional, adquiere la densidad y el sesgo reflexivo que aparecerá en sus textos posteriores. En esta novela,

---

imprecisión geográfica al asentar sus universos narrativos en barrios periféricos de clases medias bajas en franco colapso económico, como Lanús o Quilmes. Esa elección establece una suerte de consonancia negativa con los textos aquí estudiados, ya que operan desde materiales que la ciencia ficción tiende a desechar, y porque aquéllos reconstruyen y celebran universos culturales que aquí son francamente criticados.

Cohen meditaba sobre los proyectos fundacionales decimonónicos argentinos, sobre la capacidad de la utopía revolucionaria para hacerse realidad, y sobre la desintegración del proyecto de la modernidad desde los *loci* geográficos que la literatura nacional ha privilegiado en casi todas sus quimeras: el Sur, la Pampa y la Patagonia. Es un texto que deshace los fundamentos ideológicos de los proyectos de Estado-nación, desde una perspectiva que resuena en varios de sus escritos posteriores: las ataduras irracionales al pasado cancelan la posibilidad de construir un futuro.[239] Es quizás por eso que, en una entrevista, Cohen ha dicho:

> La prospección decididamente no me interesa; eludiría el asunto de la ciencia ficción, pero no eso que los ingleses llaman "ficción especulativa", términos que en realidad, me parece, son aplicables a cualquier tipo de ficciones. (Speranza, *Primera persona* 78)

En busca de lo que ha llamado "realismo inseguro", Cohen se acerca a la ficción como un espacio en permanente movimiento, donde el lenguaje, sometido al enfrentamiento entre saberes académicos, usos políticos y mediáticos, y cotidianeidad, ha perdido su capacidad para comunicar o asirse de manera tangible a lo real entendido como mímesis:

> El realismo es un gesto de buena voluntad, una celebración, una política altruista, un pedido de excusas; hay un resto de pensamiento mágico en la sospecha de que algo le pasará a la cultura humana si no sabe rendir cuentas de la realidad [...] Al mismo tiempo el realismo nos tienta porque es una causa perdida. (Cohen, *¡Realmente fantástico!* 195)

Hay una doble consecuencia de ese violento descarte del realismo mimético que se apega tan claramente a los lineamientos de la novela histórica. En primer lugar, implica que la pregunta seminal de Piglia y la tradición en la que ésta se apoyaba tanto desde el punto de vista estético como político ya no constituyen un proyecto orgánico con una agenda cultural y/o ideológica viable: desde esta perspectiva, hay al menos una cierta imposibilidad para erigir programas escriturarios sobre las ruinas de los proyectos modernizadores del positivismo o de los proyectos revolucionarios que marcaron la Argentina de los años sesenta y setenta.

---

[239] He analizado esta novela en un libro anterior y no quiero extenderme en exceso aquí ni repetirme a mí misma. Véase mi análisis en *Para una intelectualidad sin episteme: el devenir de la literatura argentina (1974-1989)*.

En segundo lugar, y como corolario de esa ruptura, la escritura de Cohen organiza sus materiales literalmente de espaldas a la Pampa así como a la urbe sarmientina. Esa invitación a explorar nuevos espacios, presente en varios de sus ensayos, permite pensar los problemas vinculados con la constitución del Estado y de los sistemas políticos desde un lugar-otro. De ahí que que instale varias de sus narraciones en un Delta: los referentes que organizan el valor simbólico del río, de las islas y de su vida cotidiana, provienen de un sistema de citas menos obvio de rastrear en la cultura nacional, y además, remiten a los aspectos más técnicos y concretos de los textos fundacionales argentinos, aspectos a los que, con frecuencia, la literatura canónica (y la crítica) tendía a dejar de lado en sus debates ideológicos. En este apartado nos ocuparemos de analizar algunas de estas operaciones en su relación con la reformulación de un discurso utópico (en el ya mencionado sentido de método) en el ámbito de la ciencia ficción.

El imaginario ribereño, sobre todo lo vinculado con el río Paraná y con su Delta, tiene larga data en la Argentina, pero de alguna manera y pese a su consistencia, es secundario con respecto al imaginario preponderante de lo pampeano. Aquel ha tenido diversas encarnaciones en la literatura nacional, desde los relatos del siglo XVI de Ulrico Schmidl a poemas como la "Oda al Paraná" (1801) de Manuel José de Lavardén, pasando por la narrativa de Fray Mocho y su *Viaje al país de los matreros* (1897) o los cuentos de Horacio Quiroga durante el mismo período, hasta llegar a los primeros relatos de una escritora como como María Esther de Miguel o a una novela como *Río de Congojas* (1981) de Libertad Demitrópulos. Como vemos, existe una densa tradición vinculada con el Delta, aunque ese imaginario parezca invisible.

Al referirse a la narrativa de Cohen, con todo, más que trazar relaciones más amplias con problemática de larga data, es casi un lugar común, la referencia doble a la obvia y, en parte, paradójica relación de su obra con la de dos figuras cuyas estéticas también se anclan en el imaginario del litoral: la obra del poeta Juan L. Ortiz y la primera parte de la narrativa del escritor Juan José Saer.[240] En ambos, lo social y el paisaje conforman una suerte de unidad de sentido cuyos ecos volverán a aparecer en el universo ficticio del Delta Panorámico, espacio textual del que nos ocuparemos aquí. Pero además, como veremos luego, y tal

---

[240] Aunque no exploraré este aspecto en detalle aquí, el tercer referente de la narrativa de Cohen es Copi, particularmente por las intervenciones abiertamente críticas del discurso y de las agendas políticas que aparecen en sus últimos libros. Quiero, sin embargo, mencionar que Cohen coincide con Copi en su lectura de la *intelligentsia* argentina como "niños viejos" (frase que Copi usa en *L'Internationale Argentine* en 1988) y que define esa suerte de capricho, marasmo y deseo que organiza el discurso y la acción política de sus personajes en la esfera pública.

y como se construye en estos intelectuales, en Cohen el compromiso político vendrá a expresarse no a través de la adhesión a formas teleológicas de imaginar el futuro sino en la relación entre vida y estética: ni una ni otra son articuladas miméticamente, sino como una visión (panorama) de los espacios materiales y subjetivos que se entretejen en la narrativa.[241] Dice Cohen:

> [...] convertir el relato en un espacio que, con un ligero corrimiento de algunos elementos escenográficos, se vuelve ámbito de lo imprescindible [...] una aproximación tortuosa al paisaje, y la inquietud del personaje que ese paisaje construido de otra manera [...] espacios sintéticos donde pudiera hablar el sedimento de mi experiencia [... y] pudiera convivir con otras cosas que yo había visto en el llamado Primer Mundo y que no tienen nada que ver con eso: el universo de la autopista, la perversión tecnológica. (Speranza, *Primera persona* 77)

Pero si esos dos son los referentes cercanos más inmediatos y obvios, no son los únicos.[242] En el imaginario ribereño debemos incluir, por ejemplo, la obra de importantes artistas plásticos, desde las ya icónicas imágenes de la Guerra del Paraguay (1865-1870) creadas por Cándido López a la sensibilidad de un pintor como Ricardo Supisiche o a la producción de agrupaciones como el Grupo Litoral, activo durante la década del cincuenta. El cine también prestó su lenguaje a la formación de ese imaginario visual a través de películas como *Prisioneros de la tierra* (1939) de Mario Soffici, *Los isleros* (1951) de Lucas Demare, la ya mencionada *Las aguas bajan turbias* (1952) y *Las tierras blancas* (1959) de Hugo del Carril, *Río abajo* (1960) de Enrique Dawi, *Los inundados* (1961) de Fernando Birri, y *Sudeste* (2002) de Sergio Bellotti.[243]

---

[241] En este sentido, un cuento como "El fin de la palabrística" debería ser leído como una aproximación narrativa a la poética de Juan L. Ortiz, en especial su serie de poemas chinos donde el imaginario del grafema tiene enorme importancia simbólica.

[242] Lecturas contemporáneas de la literatura argentina organizan un trazado de genealogías estéticas que se inician con Borges, continúan en Cortázar, pasan por Saer y desembocan en Cohen. Es llamativo que una literatura tan interesada en organizar sus paradigmas estéticos y críticos en torno al realismo, haya escogido como centrales para la arquitectura de su *canon* dos escritores ligados profundamente a la ciencia ficción y otro ligado a la literatura fantástica. Sólo Saer parece ser una excepción, y sin embargo, sus climas morosos y densos remiten inmediatamente al tipo de espacios que aparecen en Borges y en Cohen.

[243] Aunque no pertenece a este *corpus* específico, la película *El viaje* (1992) de Pino Solanas toma la metáfora del país inundado y/o constituido de espacios isleños que refieren al universo simbólico del Delta. Junto con la película *Últimas imágenes del naufragio* (1989) de Eliseo Subiela, organizan parte del imaginario de los naufragios como metáfora de la caída o del hundimiento en la crisis que el país sufrió desde mediados de los setenta. Novelas como el *Náufrago de las estrellas* (1979) de Eduardo Belgrano Rawson o el *Libro de navíos y borrascas* (1983) de Daniel Moyano también contribuyeron a ese imaginario, aunque desde espacios y

Tal es la presencia de ese imaginario que hace pocos años los miembros del proyecto expedicionario *Paraná Ra'Anga* remontaron el río Paraná durante el mes de marzo del 2010, buscando revivir la experiencia de los cronistas de los siglos XV y XVI a través de los ojos de jóvenes investigadores y artistas argentinos, paraguayos y españoles. Su viaje fue narrado para la *Revista Ñ* del diario *Clarín*, entre otros, por Julián Gorodischer, hijo de la escritora estudiada en la primera parte de este capítulo. Como vemos, y contrariamente a lo que muchos críticos han dicho con respecto al Delta Panorámico en tanto que espacio ficcional, e incluso a diferencia de lo que el propio Cohen parece sugerir cuando habla en diversas entrevistas de "escenarios inexistentes", estamos en un mundo simbólico ya presente en el imaginario cultural argentino, aunque quizás no de la manera pivotal e inmediata de la Pampa.

Si algo puede decirse al respecto, más bien, es que el Delta Panorámico ancla en la literatura la experiencia de la frontera ribereña como forma cultural a través de un proceso de extrañamiento de metáforas que ya están en circulación en el campo cultural. A diferencia de la Pampa y de la Patagonia que en los relatos distópicos de los ochenta es un espacio geográfico concreto dentro de una Argentina en crisis (y que además cuenta con su propia lista de proyectos utópicos reales y ficticios), el Delta Panorámico no cuaja como Estado ni como nación ni como espacio geográfico específico ni imaginario. El Delta es, más bien, una región para la articulación de formas de sopesar lo político en tanto que *praxis* diferenciada y con un impacto directo sobre los sujetos. Quizás, la descripción más clara de lo que es el Delta Panorámico y de lo que éste construye en la percepción, pueda encontrarse en la descripción hecha por Zygmunt Bauman sobre la experiencia del espacio contemporáneo:

> Si el espacio cognitivo pudiera proyectarse sobre el mapa de la ciudad o sobre el mapa de un país o incluso del mundo moderno, tendría la forma de un archipiélago, más que de un círculo u otra figura compacta o continua. Para cada residente del mundo moderno, el espacio social está salpicado sobre una gran zona de vacío en forma de manchas de conocimiento, grandes y pequeños oasis de significado y relevancia entre un desierto informe [...] Las islas no son contiguas, pero tampoco intercambiables; cada una alberga conocimientos, significados e importancia diferente. (180)

En este sentido, las islas de Cohen no constituyen forma alguna de la eutopía, sino puntos de acceso a una sensibilidad crítica dispersa que en su

---

por motivos diferentes. Ecos de esas mismas metáforas aparecen en algunos de los textos de Cohen, aunque desde una perspectiva política e ideológica que no coincide con ninguna de estas lecturas, ni en sus aspectos ideológicos ni en sus aspectos etnográficos.

mismo juicio preserva el impulso utópico de crítica social pero que, a la vez, cuestiona la desvalorización setentista de conceptos políticos y culturales como democracia, razón, y ciencia ante lo que resulta de sus ausencias en la experiencia social. El recorrido caótico de las islas del Delta Panorámico, constituye así una suerte de viaje a través de la utopía ausente descripta como algo "irredimiblemente otro" lo cual permite que se recodifique el universo político-ideológico del imaginario cultural argentino (Jameson, *Archeologies*). Ese imaginario puede rastrearse en el consenso que surge de la narrativa histórica preponderante desde mediados de los ochenta. En esa novelística, las fallas de los varios proyectos de modernización que había atravesado el país desde fines del siglo XIX impugnaban no sólo el proyecto liberal decimonónico sino toda otra agenda de racionalización económica y de reestructuración social que tuviera cualquier deuda ideológica aunque más no fuera lejana con aquel (Kurlat Ares, *Para una intelectualidad*). Los avatares de esa impugnación constituyen parte del andamiaje ideológico de los sistemas políticos que se recorren en la obra de Cohen.

Como vemos, de la misma manera que en el caso de Gardini con respecto a las narrativas de guerra, la escritura insular y/o acuática de Marcelo Cohen no aparece *ex nihilo* en la literatura argentina. Este es un mundo que emerge (valga la ironía) en relación a una experiencia cultural del presente sobre la que los textos meditan así como en relación a una tradición de narrativas portuarias y ribereñas que demarcan el otro lado de la urbe capitalina y que tiene una presencia constante en la cultura nacional, aunque la misma no aparezca de manera obvia.

En ese espacio tangencial, no se intenta una metáfora sobre el afuera de la civilización, ni sobre la sinrazón de la barbarie, ni sobre la implosión o el destino de los proyectos de Estado, sino sobre la dinámica de los procesos económicos, sociales y culturales de una región: se pone en escena el universo de la circulación de bienes, de cuerpos, de identidades, y de capital simbólico que se mueven por el sistema fluvial. El río y su imaginario constituyen lo que, en el siglo XIX, tanto Sarmiento como Alberdi consideraban la columna vertebral de cualquier posible proyecto de modernización ya que por allí circularían el comercio y las ideas.[244] Los textos de Cohen retoman y trabajan el valor

---

[244] El imaginario no remite, como en los casos anteriores, a los puertos de González Tuñón. Todos los *corpora* pueden, por cierto, ampliarse y no pretendo hacer en estas páginas un listado exhaustivo, sino enmarcar la lectura de los textos de Cohen dentro de una geografía de lecturas de la Modernidad que no necesariamente se atiene a la fórmula centro-periferia, sino una con multiplicidad de centros y una periferia globular que genera múltiples formas de resistencia en su búsqueda de sentido.

La ilusión persistente

alegórico del impulso utópico que aparece en los textos seminales argentinos sin nombrarlos ni convertirlos ni en espacio fundacional ni en espacio mítico. En esos textos, los ríos eran literal y judicialmente esas fronteras y esos caminos interiores que debían abrirse para garantizar el desarrollo económico del Estado. Tomando la imagen de Pascal, Alberdi había dicho en las *Bases* (1852) que los ríos eran "esos caminos que andan", y agregaba que:

> [...] son otro medio de internar la acción civilizadora de Europa por la imaginación de sus habitantes en lo interior de nuestro continente. Pero los ríos que no se navegan son como si no existieran. Hacerlos del dominio exclusivo de nuestras banderas indigentes y pobres, es como tenerlos sin navegación. Para que ellos cumplan el destino que han recibido de Dios, poblando el interior del continente, es necesario entregarlos a la ley de los mares, es decir, a la libertad absoluta. (*Bases y puntos* 101)

La actividad central de todas las islas de Cohen es el comercio: más allá de lo que sucede en ellas a nivel local, lo que da identidad al Delta es el intercambio comercial que puede rastrearse en los múltiples catálogos de productos, en las guerras comerciales, en las profesiones de los personajes, etc. Pero al mismo tiempo, y en tanto que constituye una suerte de exterioridad de la sociabilidad urbana y un espacio con una economía precaria pero libre, el universo social de las islas y de las riberas se narra no sólo como un espacio aislado por la magnificencia de un paisaje avasallador, sino también como el *locus* donde la ley escrita parece disolverse para dar refugio a todo tipo de actividades ilegales.[245] Tanto las películas como el imaginario de los artistas plásticos mencionados, remiten a ese doble entramado entre la soledad existencial de los sujetos frente al espacio natural omnipresente, y a la disolución de formas institucionales organizadas que han dejado paso a la violencia y/o el desarraigo como formas y/o actos constitutivos de la experiencia. Así pues, el imaginario del Delta del Paraná provee no sólo el espacio simbólico de la aventura o de la empresa

---

[245] En el imaginario popular argentino, el Delta ha sido tanto un lugar de descanso y de recreo para diversos sectores sociales, como el refugio para diversas redes criminales. Ese imaginario se consolidó particularmente en la década del treinta, con el circuito de prostíbulos y casinos que, desde Rosario, manejaban grupos como la Zwi Migdal. Por otra parte, el Delta es también un espacio más reciente de debate sobre dudosos proyectos de ingeniería que van desde un aeropuerto artificial hasta puentes y túneles que conecten al país con el Uruguay. En esta vena, quizás valga la pena recordar que Sarmiento instaló su utópica Argirópolis en la Isla Martín García (la misma que eventualmente sirviera de prisión a varios presidentes), en pleno Delta. Las últimas discusiones en torno a la problemática ecológica de la región también tienen larga data y complejos antecedentes.

ficcional, sino también una cartografía proliferante para el universo del Delta Panorámico.

Sin embargo, esa relación no es directa ni genera una identidad tal que ambas geografías se superpongan. La densidad de significados de la primera en los horizontes cultural y de lecturas de los receptores produce en el espacio ficcional del Delta Panorámico lo que Tom Moylan describe como:

> [...] a more complex engagement that enters into a dialectical negotiation of the historical tension between what was, what is, and what is going coming to be. To put it another way, sf has the capability of elucidating the contradictions at work in a given social context (a given conjuncture) out of which the next moment of history (that which gets reified in the word *future*) is emerging. (*Scraps of the Untainted Sky* 25-26)

De hecho, en una entrevista Cohen ha dicho que:

> En vez de la novela como exposición, profecía, denuncia, o también como evasión saludable e incluso curativa, prefiero la idea de la novela-lugar, donde nos gustaría vivir. Un lugar donde nada tendría lugar, como dice Blanchot, excepto el lugar. (Rey, "Contra la literatura")

Otra vez, este espacio "donde nos gustaría vivir" está lejos de ser una eutopía: los textos no generan forma alguna de sociedades perfectas sino que se articulan sobre una ausencia (la utopía como programa) que pone en escena conflictos entre tres elementos: los deseos y necesidades de los habitantes de las islas, las diversas consecuencias de los usos de los productos de la tecnología presente y/o futura (flycoches, farphonitos, cyborgs, etc.) y los sistemas políticos que remiten a la arcaización de lo ideológico ya que las islas son gobernadas por gerontocracias, plutocracias, y dictaduras blandas de distinto tipo. En todos los casos, los relatos muestran que la historia se mueve sobre un quiasmo: los espacios más ricos y desarrollados de la sociedad existen como contrapartida de la pobreza más absoluta; los derechos de unos existen en detrimento o como ausencia de los derechos de otros, y esas desigualdades o asimetrías son producto directo del diseño del Estado y/o de la complacencia social. Así, los relatos describen identidades nacionales corroídas por las contradicciones entre las promesas del desarrollo (sea éste económico, social, o científico-tecnológico) y la falta o ausencia práctica de las verdaderas libertades democráticas inscriptas en tales promesas:

> Cuanto más moribundas las afueras, más circunscrito el adentro. Nada de toxinas. Reluciente la ciudad y tersa la población. Carne suntuosa fajada por la

> Ronda Perimetral [...] Si en las afueras que ahora nadie conocía ni recordaba el agotamiento del deseo volvía el paisaje melancólico, el deseo de Ciudad Ajania prosperaba en una pujanza ansiosa. (Cohen, *Los acuáticos* 19)

Y más adelante, al narrar la vida de Wiraldo Sang, el descubridor de la "Panconciencia", otra descripción insiste:

> La frontera entre una clase de vida y otra no siempre era un bosque. A veces era una doble línea de setos inteligentes o un simple muro de hormigón [...] la vida indecorosa de los miserables esperando la ocasión de incursionar en sus peligros, comprar mercancías robadas o sustancias excitantes y participar de sus desmanes –como iniciación en la vida emocionante. [...] Desde el otro lado de las fronteras, turbulentas bandas de desahuciados encontraban hartas ocasiones de infiltrarse en la vida acaudalada para arrancar alimentos, o bienes comerciables, o dinero [...]. (*Los acuáticos* 270)

En estas descripciones sería muy sencillo y tentador ensayar una lectura que adhiriera los textos a la dicotomía de la civilización y la barbarie. Sin embargo, aquí esa dicotomía está diseminada a través de (e interiorizada por) grupos sociales no siempre identificables con clase, o con el género, la raza o la nacionalidad de los personajes que sufren las distintas y no siempre transparentes consecuencias de la desigualdad. De manera tal que lo que en principio aparece como la dicotomía sarmientina, se carga semánticamente con referentes ajenos a esa distinción inicial, y las problemáticas de los textos empiezan a girar en torno a la cuestión de la desigualdad de los actores sociales, particularmente en los ejes pobreza vs. la riqueza e ignorancia vs. saber.

Esas articulaciones aparecen en el contexto de una reflexión sobre cuáles son las responsabilidades del Estado ante la totalidad de sus ciudadanos y/o habitantes. En los textos, los habitantes de las islas siempre acaban por enfrentarse al dilema ético individual de cómo empatizar con el Otro, de aceptarlo, pero sobre todo, de hacerse cargo de las propias responsabilidades políticas y económicas dentro de la sociedad: no son narraciones sobre las revoluciones en marcha ni sobre el futuro luminoso pos-revolucionario, sino sobre la resistencia necesaria (o no) para generar sentido en el presente. Así pues, se hace necesario torcer la lectura en otra dirección.

Cohen subraya la convivencia de estratos temporales y económicos disímiles dentro de un mismo espacio en perpetuo movimiento; de manera tal que ese no-lugar donde conviven múltiples experiencias socio-culturales antes que ser el espacio de la distopía entendida como proyecto fallido, es el espacio donde se analiza la intersección entre subjetividad, arte y tecnología. Cohen ha dicho en una entrevista:

> A veces me dicen que lo que escribo es raro: parte de esa rareza, me imagino, proviene del cruce entre el carácter especulativo tecnológico con las pasiones de la novela realista. (Rey, "El reencantamiento del mundo")

Mientras en los noventa la ciencia ficción anglosajona operará desde esta conjunción un retorno sesgado al *pulp* y a la *space opera* como formas de leer los procesos de globalización, aquí se tratará de cómo leer esos mismos procesos *desde* y *en* la periferia. Así, la ciencia ficción ejecuta tanto una distorsión sobre el presente como un desplazamiento de las expectativas de lectura y consumo del realismo: en ambos casos (la distorsión y el desplazamiento) se trata de operaciones que retornan sobre mecanismos barrocos que buscan subrayar la materialidad de la imagen, aunque ahora su función será hacer evidente lo que la experiencia cotidiana de alienación, pobreza, soledad, desamparo y desilusión (en sus dimensiones política, social y cultural) tienen de pedestre. La globalización se narra como experiencia vivida y no como función de una tesis histórica.

Las historias de *Los acuáticos. Historias del Delta Panorámico* (2001) (libro donde, por vez primera, aparece articulado este no-lugar en toda su plenitud) ocurren en islas periféricas cultural y económicamente,[246] donde la sociedad está brutalmente segregada y estratificada en grupos sociales diferenciados por su acceso al saber y a la información, pero también por la capacidad de los personajes centrales para moverse en los distintos escalones de los sistemas económicos de cada una de las islas. En esos ambientes provincianos, muchas veces decadentes cuando no criminales, los textos meditan no sólo sobre la naturaleza de la autoridad, sino también sobre cómo ciertos valores (incluyendo los estéticos), ya convertidos en una argamasa de origen indefinido donde conviven los elementos más disímiles, organizan nuestra percepción del mundo.

El libro reúne seis relatos ilustrados por el conocido dibujante argentino Oscar Zárate. Sus ilustraciones, dibujos a lápiz de engañosa simplicidad, apuntan a subrayar la soledad y el aislamiento de los personajes: es casi imposible acercarse a los relatos sin escapar a la fuerte clave visual de alienación que sugieren las ilustraciones.[247] Los cuentos narran distintos

---

[246] En realidad, la primera isla del Delta, Syrina, aparece en *El buitre en invierno* (1984).

[247] Cada uno de los relatos está precedido por una ilustración de Zárate, que trabaja para editorial Norma y que ha ilustrado algunas tapas de los libros de Cohen. Conocido ilustrador de historietas –entre otros, ha colaborado con Alan Moore en *A Small Killing* (1991), la conocida novela gráfica que narra la desintegración de la ideología de izquierda en Europa occidental–, la estética de Zárate se caracteriza por la yuxtaposición de luces y sombras en

eventos en la historia de diversas islas del Delta, desde la invención de la "palabrística", un arte corporal que cruza la danza y la acrobacia como una nueva forma de comunicación, hasta la descripción del descubrimiento de la "Panconciencia", una mezcla de religión, sistema de comunicación en red, y forma de dominación socio-cultural que, en parte, narra los miedos sociales generados por la emergencia de nuevas formas de interacción comunitaria. En este sentido, la conjunción de los relatos y las ilustraciones parecen reflejar el espíritu libertario que animaba las primeras redes sociales en Internet (y los estudios sobre ellas) y que sugerían un nuevo tipo de sociabilidad ilimitada, al mismo tiempo que evocaban la desconfianza que esas mismas redes generaron, por cuanto parecían ser el síntoma más visible de la transformación (y ruptura) de los lazos tradicionales de comunidad y la causa de la alienación individual. Esta aparente contradicción ilustra lo que Manuel Castells ha llamado la sociabilidad del "individualismo en red", es decir, una suerte de privatización de la sociabilidad generada por:

> [...] la individualización de la relación entre capital y trabajo, y entre trabajadores y proceso de trabajo, en la empresa-red. Se debe a la crisis del patriarcalismo [sic] y a la consiguiente desintegración de la familia nuclear tradicional, tal y como se constituyó a finales del siglo XIX. Está mantenida (aunque no producida) por los nuevos modelos de urbanización, en la medida en que el crecimiento suburbano y exurbano y la creciente desconexión entre función y significado en los microlugares de las megaciudades individualizan y fragmentan el contexto espacial de la vida cotidiana. Y está racionalizada por la crisis de la legitimidad política, en cuanto que la distancia creciente entre los ciudadanos y el Estado socava los mecanismos de representación y fomenta que el individuo se retire de la esfera pública. (*La galaxia internet* 150)

De allí que, en su aislamiento y en su gusto por las narrativas en primera persona que por momentos se acercan a la crónica, los personajes no exulten las virtudes adánicas propias del robinsonismo que aparece en los personajes de Oesterheld. Más bien, en estos textos, el insularismo se ofrece como un panóptico de posibilidades críticas sobre lo político, lo social y la cultura que irán entretejiéndose a lo largo de los relatos. Aquí, la insularidad geográfica y emocional de los personajes del Delta Panorámico se aproxima mucho más a aquella imagen fluida de la experiencia del viajero con múltiples identidades

---

espacios aparentemente asfixiantes aún cuando éstos estén casi vacíos. A través de sus imágenes, la monstruosidad se convierte en algo a la vez alienante y pedestre, al punto que una langosta –que debiera ser un cangrejo– aparece disfrazada como si fuese una mascota, generando un efecto perturbador, que se repite en el resto de las ilustraciones.

creada por Derek Walcott, puesto que la experiencia residual de la cultura periférica exige su propio lenguaje para expresarse, por una parte y, por otra, la vivencia del hecho histórico aparece como una materia en sí misma fragmentada y siempre incoativa.

Esas experiencias aparecen en los textos de Cohen a través de la irrupción de grupos urbanos (y de quienes los estudian, aunque no siempre con éxito) cuyas características sociales no pueden enmarcarse dentro de definiciones políticas clásicas. En el presente caso, podemos nombrar, por ejemplo, los Aquéllos, un grupo de marginados de quienes no se sabe ni si operan como empleados del Estado para generar ansiedad, ni si realmente son refugiados o desclasados de algún tipo ni cómo enmarcarlos. Ejemplos similares se repetirán en los otros libros que analizaremos aquí, ya que narran uno de los fenómenos sociales más inquietantes de los últimos treinta años, es decir, la desaparición de la multitud y de la masa en el horizonte y en el imaginario políticos y su reemplazo por las neotribus.[248]

Las reflexiones sobre este tipo de fenómenos en Argentina no han sido particularmente inusuales en el ámbito de las ciencias sociales: podemos remontarnos hasta los primeros y ya clásicos trabajos de campo compilados por Elizabeth Jelin en los ochenta para llegar hasta Beatriz Sarlo y el conocido *Escenas de la vida posmoderna* diez años más tarde.[249] La aparición de grupos sociales que se configuran en forma aparentemente espontánea, que se organizan de manera difusa, y por espacios de tiempo cortos y ligados a la concreción de objetivos específicos o inmediatos, ha sido tema de reflexión también en otras latitudes ya que parece ser el correlato de la desintegración de las estructuras clásicas de Estado-nación (tema sobre el que medita largamente Angélica Gorodischer, como ya hemos visto en la primera parte del presente

---

[248] En este sentido, la centralidad de lo ideológico en la ciencia ficción subraya la arquitectura de un discurso diferenciado ya que aquí, el realismo no retorna sobre tradiciones narrativas que la entroncarían con la visión de las aguasfuertes que organizan la estética de Roberto Arlt. Si esa tradición se reconvierte más tarde en la narrativa de escritores como Enrique Medina, para llegar a narradores como Washington Cucurto o Fabián Casas, no es la que da origen a los textos aquí analizados. El realismo que emerge con el siglo XXI celebra los espacios marginales, y los estamentos desplazados del mundo social y cultural se convierten en una suerte de puesta al día del imaginario (de lo) populista. La ciencia ficción también se distancia de escritores como César Aira cuyas operaciones narrativas son un desmontaje de mecanismos escriturarios que terminan por funcionar como una suerte de carnavalización de la literatura misma. Como veremos, las operaciones políticas e ideológicas aquí estudiadas siguen de cerca otras posturas, aun cuando haya diferencias puntuales con ellas.

[249] Me refiero a los siguientes estudios: Elizabeth Jelin, *Los nuevos movimientos sociales* (1985); y Beatriz Sarlo, *Escenas de la vida posmoderna* (1994).

capítulo) y de la emergencia de un nuevo tipo de sujeto para quien las viejas lealtades –telúricas, partidarias, simbólicas, etc.– ya no tienen un valor identitario fuerte ante la emergencia de formas sociales y políticas mucho más plásticas y complejas para enfrentar la realidad (problemática que es el centro de buena parte de la narrativa de Carlos Gardini tal y como hemos estudiado en las páginas precedentes).

La relación entre estos displicentes sujetos y las instituciones se ha convertido en tema central de una problemática reflexión en torno a la transformación de la ciudadanía y del Estado (o de las nuevas formas de Estado) que ha traído el nuevo siglo. En una literatura nacional que durante más de veinte años había estado obsesionada con llenar los blancos de la historia a fin de releerla para sus propios fines, con articular la relación entre letrados y pueblo en función de una teleología que suponía una forma de temporalidad cuyas raíces seguían firmemente plantadas en la historiografía del siglo XIX, todas estas cuestiones estaban lejos de ser menores. El alejamiento de los sujetos intelectuales de los espacios de poder en el momento mismo en que formas tradicionales de cultura parecían perder su aura vino a subrayar qué preguntas articularían las nuevas modalidades narrativas. En ese contexto, la reorganización de la relación entre ciencia ficción y realismo fue capital ya que los registros narrativos formales de una y otra modalidad irían a converger en el modo de entender tanto el tiempo histórico como ese nuevo sujeto social que tanto preocupaba a los narradores de una y otra modalidad, particularmente durante la década del noventa. De allí, como hemos mencionado antes, el citado comentario de Fernando Reati. Como hemos visto en la primera parte, el primer síntoma de esta transformación aparece claramente articulado en una novela gráfica como *Ciudad*. Cohen vendrá a organizar estas reflexiones de manera más cabal.

Manuel Castells, hablando de las nuevas formas de percepción temporal que emergen con el uso de Internet, describe la situación en los siguientes términos:

> [...] la mezcla de tiempos en los medios, dentro del mismo canal de comunicación y a elección del espectador/interactor, crea un *collage* temporal, donde no sólo se mezclan los géneros, sino que sus tiempos se hacen sincrónicos en un horizonte plano, sin principio, sin final, sin secuencia. La temporalidad del hipertexto de los multimedia es una característica decisiva de nuestra cultura [...] La historia se organiza en primer lugar según la disponibilidad de material visual, luego se somete a la posibilidad informatizada de seleccionar segundos de estructuras para que se unan o separen según discursos específicos. (*La era de la información* 496)

Así pues, cada uno de los cuentos donde cuaja el Delta Panorámico como espacio narrativo ya definido da cuenta de la formación de relaciones sociales y culturales débiles pero perdurables, características de los modelos sociales emergentes en las últimas dos décadas. Tanto las amistades que pueblan "Un montón de adjetivos" y "Cuando aparecen Aquéllos", como la aparente celeridad de la experiencia de la creación artística y de la recepción en "El fin de la palabrística" y en "Usos de las generaciones", así como la relación ambigua con la política y la historia que emerge en "Neutralidad" y en "Panconciencia. Un ensayo", remiten a ese doble carácter efímero y concreto, individual y sistémico de la sociabilidad, de la experiencia política, institucional e histórica en los umbrales del siglo XXI.[250]

Para apuntar esta perspectiva, baste mirar cómo se construyen todos los "héroes" y "próceres" de las islas, ya que emergen por las razones más pedestres y accidentales posibles (Viol Minago quiere hacer un lugar en una ciudad sin espacio; Wiraldo Sang quiere recuperar la experiencia del silencio) para luego hacer discretos mutis por el foro, borrando todo imaginario sobre posibles destinos manifiestos o sobre la grandeza de los héroes. Los relatos mismos eligen centrarse en el impacto transformador que los sucesos tienen sobre los sujetos y viceversa, sin retornar sobre el historicismo clásico de figuras como Thomas Carlyle o Herbert Spencer cuyos espectros contaminan la novela histórica. Así, no sólo hacen claro que descreen de toda teleología, sino que demuestran con cada nueva entrada que en el espacio en permanente movimiento del Delta no hay una historia sino muchas, múltiples, simultáneas, desordenadas, contradictorias, y que además, las perspectivas sobre esas historias son también diversas.

Coincidiendo con la perspectiva negativa de Zygmunt Bauman sobre la emergencia de las neotribus y su percepción de la historia, en los textos de Cohen, la historia como programa a largo plazo se caracteriza por generar una suerte de relativismo moral que mina la capacidad de los sujetos para mirar críticamente su entorno o para establecer forma alguna de empatía con lo que en cada cuento son las formas de otredad. Bauman decía que la existencia episódica de las neotribus no sólo marca una suerte de permanente presentismo

---

[250] En esta línea, sería casi inevitable intentar establecer la obvia relación con las lecturas marxistas de Foucault que poblaron el campo cultural argentino en la década del setenta y que fueron formativas para muchos intelectuales argentinos. Sin embargo, y como surge del presente análisis, aquí todo intento de mirada abarcadora que pueda dar cuenta totalizante de los espacios a regir es casi una imposibilidad: cada isla desarrolla su propia disciplina, su propia aproximación al poder, su propia forma de rehuir todo intento taxonómico. Más bien, el Delta es el espacio de la pluralidad.

en el registro de la experiencia, sino que son "vehículos para la *deconstrucción de la inmortalidad*" (*Etica posmoderna* 162; itálicas en el original) ya que hacen de la experiencia transitoria un valor en sí mismo, y banalizan la capacidad de trascendencia de todo otro valor moral.

Pero aquí, sin embargo, la transitoriedad de la experiencia, más bien subraya la capacidad de los sujetos para convertir el futuro en algo productivo por su misma cualidad maleable y múltiple, aunque incierta. Si se me disculpa el oxímoron, es un pesimismo optimista ya que apuesta a la capacidad de transformación de los seres humanos. Ni el nebuloso futuro provee formas eutópicas a las cuales aferrarse, ni el pasado cristaliza en mitos o en edades doradas a las cuales retornar. La historia transcurre en un presente continúo que es la acumulación de todos los pasados, o bien de manera teatral, casi como si la historia dejara sus huellas en un decorado como en el caso de "Cuando aparecen Aquéllos", o bien como una *constructio* política, como en el caso de "Neutralidad", donde el desierto es literalmente un proyecto arquitectónico binacional edificado para reforzar el imaginario de la frontera.[251]

La preocupación por desprenderse de los atributos míticos fundacionales de la historia atraviesa los textos y aparece, sobre todo, en los rápidos repasos históricos que abren "El fin de la palabrística", "Cuando aparecen Aquéllos" y "Panconciencia. Un ensayo". En los tres casos, la historia provee contexto pero no ancla ontológicamente las experiencias de los personajes. De hecho, en una entrevista, Cohen ha dicho que:

> Los mitos entablan orígenes, ordenan el mundo, lo explican, cuentan historias en las que nos podemos reconocer y gracias a las cuales sentimos que compartimos algo, pero dictan conductas. Lo mejor es descolocarse, desfamiliarizarse. (Rey, "Contra la literatura")

En los relatos, los mitos fundacionales y la historia confluyen en la voluntad política de quienes ejercen el poder para narrar los eventos desde una perspectiva que les sea favorable. Al mismo tiempo, las lecturas diacrónicas de la historia muestran una cierta consistencia en cómo se suceden las etapas históricas más allá de los usos que se haga de esa narrativa. La historia, parecen decirnos los textos, no es una abstracción para quienes viven sumergidos en el presente de la pobreza. De hecho, en todos los relatos, el reconocimiento de la existencia misma de sectores marginados dentro de sociedades aparentemente

---

[251] No quiero extenderme en demasía en este cuento en particular, pero no quiero dejar de subrayar la acumulación de materiales que refieren a los paradigmas fundacionales de la literatura nacional que aquí están trabajados irónicamente.

cómodas resulta en una violencia ética de múltiples capas: la que sufren quienes la perciben y deben enfrentarse a las contradicciones y el precio que supone su propia comodidad; la que sufren los marginados que no pueden acceder a bienes económicos y culturales y, además, deben sufrir distintas formas de represión y discriminación.

Quizás, uno de los relatos dónde este complejo choque se vea con mayor claridad sea en "Cuando aparecen Aquéllos", donde el paseo de los dos amigos acaba por la irrupción de Aquéllos, el grupo de posibles marginados sociales que hacen el papel de pobres en una sociedad rica y estable. La sorpresiva y teatral aparición de Aquéllos genera un nivel tal de desasosiego que cambia no sólo como los individuos se perciben a sí mismos sino todo el mapa de relaciones sociales que éstos establecen entre sí. Los Aquéllos son una forma absoluta de otredad que desestabiliza la percepción que los sujetos tienen de su propia sociedad ya que ponen en evidencia que se trata de un orden social basado en la desigualdad. "Aquéllos" representan una forma de ruptura de toda forma de percepción individual y colectiva: no sólo hacen evidente la presencia de la pobreza dentro de la sociedad sino que revelan prejuicios raciales enmascarados de diferencia social.

Esta perspectiva se repite en "Neutralidad", donde los personajes se refieren a los inmigrantes ilegales como "tránsfugas", la palabra despectiva que se usa para referirse tanto a la persona que pasa de una ideología o colectividad a otra, como a aquélla que no tiene valores éticos o lealtades de ningún tipo. En el texto, la palabra aplicada a los inmigrantes que son a la vez pobres y extranjeros no sólo los desvaloriza en cuanto individuos pues anula la tragedia social que los empuja al éxodo, sino que además revela la aprensión de sujetos cuya mentada neutralidad económica es desmentida por sus acciones. En ese contexto, el inmigrante es asimilado a la nueva sociedad a través de una humillación sexual sancionada por el Estado, convirtiendo el proceso de integración del extranjero no sólo en un trámite burocrático alienante, sino también en una forma de violencia aceptada socialmente en nombre de la dudosa preservación de una identidad nacional que se organiza como programa de Estado.

Narrados desde la falsa percepción inicial de una estabilidad inexistente, estos no son relatos que apelen a lo popular o lo populista en el sentido que den voz a los oprimidos o a los desclasados para hablar de lo social. Más bien, son textos que apelan a la experiencia de la ruptura de expectativas ya que en ellos irrumpen la desigualdad social, la pobreza y la violencia para mostrar la precariedad de espacios que son percibidos como armoniosos o plenos por quienes los habitan. Lo que estos sujetos (y los lectores) perciben es siempre provisional y las acciones se construyen sobre la tensión que genera una percepción del tiempo y de la sociabilidad que no ofrece ninguna garantía. Atada a esta frágil armazón, la identidad también fluctúa y cambia en constantes metamorfosis generadas tanto por la relación con esa cambiante historia como por la relación con los objetos de la tecnología, particularmente, la "Panconciencia".

La "Panconciencia", una suerte de utopía tecnológica que cruza las mejores promesas de Internet con la meditación del budismo tibetano, aparece en la sociedad del Delta Panorámico como un descubrimiento casual, hecho por un pirata pobre que sueña una forma de comunicación espontánea y rápida:

> Wiraldo Sang acababa de descubrir que la impermanencia de las vidas particulares se compensa en una continuidad universal. La eficaz comunicación callada de los tripulantes de la *Fabiana* se basaba en un uso intuitivo de la movilidad y el alcance de la conciencia. Una vez juntas, las conciencias se derramaban en el espacio. Pero antes, cada conciencia debía alimentarse por su cuenta [...]. (Cohen, *Los acuáticos* 283)

Clara metáfora de la red y de la expansión de Internet a escala global, la "Pancociencia" es un *novum* social que si bien comparte algunos rasgos de la definición clásica de Suvin, también se aleja de ella, aunque no llega a tener las características abstractas que tienen los *nova* en otros escritores de ciencia ficción argentinos, tal y como vimos, por ejemplo, en caso de Gorodischer. El *novum* de la "Panconciencia" viene a proponer un modelo de globalización cibernético que puede describirse en términos de *noopolitik*: el poder que emana de la "Panconciencia", desgajado de las instituciones del Estado, convertido en sí mismo en algo mucho más blando, es algo que se organiza a través del conocimiento y del acceso a la información de sus usuarios; en ese espacio, la capacidad política de los agentes sociales tiene directa relación con su habilidad para negociar estrategias de consenso y organización y con cómo se codifican valores culturales y éticos en el espacio del poder duro (en este caso, la economía de mercado de las islas y sus gobiernos generalmente autoritarios) (Arquilla y Ronfelt), por una parte; y por otra, con su destreza para preservar su identidad en el espacio siempre cambiante de la pluralidad (es decir, lo que cada isla preserva de su identidad cultural individual en el espacio cada vez más integrado del Delta). La "Panconciencia" se convierte en el instrumento más rápido y eficaz de democratización con que cuentan las islas, ya que la circulación de perspectivas y valores como información produce un cambio de conciencia social que se traduce en un cambio histórico, generando una forma social de lo que Castells ha llamado la "sociedad informacional".

No obstante, y como en el caso de Gorodischer, el vocabulario y el universo conceptual utilizados para narrar este *novum* tienen ya al momento de plasmarse el sello de lo ruinoso y añejo, lo que genera el efecto de decontextualizar tanto los debates en torno a la cultura académica y escrita (por cuanto la "Panconciencia" ni la desplaza ni la reemplaza), como las discusiones mismas en torno a la creciente presencia de los medios electrónicos en la vida cotidiana que aquí se naturalizan.[252] Así pues, en una mirada utópica que coincide con parte de las tendencias internacionales sobre la lectura del ciberespacio,[253] la "Panconciencia" se convierte en el medio tecno-biológico que permite generar

> [...] un remedio radical contra el aislamiento y la ignorancia [...] Una movilidad inaudita de la psique sin abandonar el reposo del cuerpo. Y luego mucho más. Un cauce al legítimo impulso humano de comunicar anhelos íntimos e incorporar los ajenos, más sencillo cómodo e inmediato que el teléfono el correo los cables televisuales, y encima abierto a la asamblea múltiple azarosa [...] Antes de que surgiera la Panconciencia, el Delta era otra cosa, no sabemos qué. Quizá el Delta Panorámico sea un tiempo pasado que se ha vuelto espacio. En *Eso* vivimos. (*Los acuáticos* 305)

La cita muestra claramente cómo el nuevo medio tecnológico se percibe como un elemento transformador de formas organizativas de lo político y lo social. Y además, subraya en qué medida un medio de comunicación horizontal no-controlado puede potencialmente construir un espacio que, como el tiempo histórico múltiple, también es fragmentario y discordante.

Sin embargo, el aspecto económico y cultural es siempre el definitorio a la hora de establecer tanto relaciones entre las islas como el universo de relaciones entre los sujetos que las habitan. Si la "Panconciencia" ofrece una suerte de visión marcada por un impulso utópico donde la tecnología aparece como un medio transformador quizás positivo, los detalles de la cotidianeidad del Delta Panorámico complejizan esta primera aproximación. Donde la voluntad política falla, la tecnología poco puede hacer: los usos de la Panconciencia no dejan de ser la más de las veces un escapismo; los cyborgs suelen ser pobres,

---

[252] No sólo eso, sino que, además, las preocupaciones que aquí emergen son claramente distintas de las reflexiones que sobre tecnologías similares aparecen en los países centrales donde la producción tecnológica misma así como los derechos a usarla y consumirla organizan buena parte de las narrativas.

[253] Para un análisis de esas tendencias en su momento inicial, ver el número de la revista *Configurations* 2/3 (Fall 1994).

trabajadores que, muchas veces, acaban encarnando una nueva versión de las figuras alienadas de *Metrópolis* o de *R.U.R.*[254] En ese futuro prístino, no todas las clases sociales acceden a la información de la misma manera ni participan del espacio dizque utópico en términos de equidad. Tampoco todas las naciones del Delta acceden al nuevo universo de la racionalidad política en pie de igualdad. En este sentido, como diría Luhmann, el medio tecnológico tiene muy poca importancia en la comunicación misma de los valores sociales que ya están presentes en las sociedades que la usan, en este caso, la "Panconciencia".

De allí que en los relatos se explore, mucho más que los aspectos tecnológicos de los objetos, las contradicciones sociales y culturales sobre las que operan así como las dobles valencias que articulan toda forma de comunicación masiva. Los más claros ejemplos de esas discordancias aparecen en la isla de "Neutralidad" poblada por dos naciones que presentan estadios tan diferentes de desarrollo social y tecnológico que sus habitantes creen pertenecer a razas diferentes. El relato provee, además, un análisis sobre los prejuicios de las naciones ricas contra las pobres, sobre qué se pierde de la experiencia en la transformación tecnológica y en qué medida las percepciones, aún aquellas generadas por y en circulación en la "Panconciencia", son material maleable y no necesariamente información a secas. En el caso de "Panconciencia. Un ensayo", las islas gemelas de Swanee y Banion, cuyas diferencias económicas las llevan a enfrentarse en una guerra absurda, son otro ejemplo de esos mismos interrogantes.

Así pues, los textos de Cohen reconstruyen lecturas optimistas *y* pesimistas sobre los usos de las nuevas tecnologías de la comunicación al poner en evidencia los dobleces de los usos y de las interpretaciones del conocimiento. Como hemos visto, aunque el nuevo medio tecnológico es celebrado por la democratización de la información que trae, es también analizado como una invasión y un quiebre del universo cultural local. Ninguna de esas lecturas constituye en el texto un espacio de especulación científico-técnica a la manera de la literatura de la *Golden Age*, sino que insiste en pensar la problemática de la sociedad globalizada y comunicada por las nuevas tecnologías y donde lo ideológico no ha perdido peso, sino que se ha metamorfoseado en un espacio distinto desde donde se constituye (o no) la posibilidad de transformación social.

---

[254] Tal imagen aparece en notable contraste con la hipótesis contemporánea que emerge sobre los cyborgs en los países desarrollados, donde los implantes y la selección biológica son el resultado del poder económico y, por ende, símbolo de *status* social, tal y como ilustra la serie *Beggars in Spain* (1992-1996) de Nancy Kress.

En las novelas, pese a todos sus beneficios, la "Panconciencia" trae consigo una forma blanda de dominación global que corroe el sistema de valores local. Que esos valores sean positivos o negativos es otra cuestión: lo que le interesa a estos textos es cómo opera esa lenta transformación de la percepción no sólo de lo individual y de la cultura, sino también de lo político y del espacio mismo cuando los sujetos pueden acceder (aún de manera limitada) a una multiplicidad de opciones sociales, culturales, políticas y/o ideológicas. Sin embargo, el rápido acceso a la información que la "Panconciencia" permite genera también un saber y una percepción superficiales y momentáneas, creando sólo una ilusión de conocimiento. En realidad, esa experiencia apenas sí roza un momento en la construcción de la identidad del Otro, y por ende, es una experiencia pasajera y se convierte en un divertimento o en una adicción alienante para los usuarios que utilizan el sistema. Así pues, esa mirada coincide con estudios recientes sobre el uso del ciberespacio donde se demuestra que muchas veces los *alter-egos* de los usuarios de juegos tienden a ser convencionales o estereotipados: la fluidez de la identidad es sólo parcial ya que no opera en un vacío cultural ni necesariamente en forma contestataria.

Al explotar las convenciones narrativas de esos usos, el texto revela la armazón ideológica de éstos, y por ende, pone en evidencia las falencias de prácticas cotidianas que de otro modo pasarían inadvertidas o no serían criticadas. En este sentido, los textos reflexionan sobre los usos y alcances de los medios de comunicación globales, convertidos tanto en instrumentos de conocimiento y de resistencia como formas refractarias de espectáculo y de dominación blanda desde la perspectiva de las sociedades donde son consumidos. Esa doble naturaleza permea todo el sistema de relaciones en el Delta Panorámico, particularmente de las islas que recorre el lector, ya que son aquellas que están siempre en la periferia económica y cultural de ese universo.

Pero la "Panconciencia" no es el único instrumental cuya doble naturaleza exploran los textos. Los sistemas políticos de las novelas de Cohen son formas autoritarias de democracias disfuncionales, cuyas instituciones están siempre al borde de la implosión, donde la oposición se reabsorbe continua y parasitariamente dentro de organismos que la neutralizan, donde la mayor parte de los ciudadanos son indiferentes a sus derechos y obligaciones de tales, donde la participación se ve reducida a los beneficios inmediatos de las necesidades satisfechas (o no) de individuos y de grupos, donde la libertad es, por utilizar el lenguaje de Kant, una forma de la razón utilitaria. En suma: el universo político del Delta Panorámico pone en escena las incertidumbres políticas del fin de siglo XX e inicios del XXI, al debatir los límites de los sistemas políticos y sociales y cómo reaccionan los individuos y grupos ante sus transformaciones y estancamientos.

Es posible que la novela donde todas esas inquietudes se exploren con mayor detalle sea *Donde yo no estaba* (2006). A través de las entradas en el diario personal de Aliano D'Evanderey, la novela narra las múltiples dobles articulaciones de la cotidianeidad sin adscribirlas a un sistema dicotómico de valores fijos. Aquí se exploran las diferentes potencialidades de la relación entre lectura y escritura, entre espiritualidad y vitalidad, entre representación y experiencia, entre teoría y práctica, entre amor y amistad, entre salud y enfermedad, entre dolor y felicidad, etc. La Isla Múrmura con su sistema de la Democracia Gentil es el espacio de la sociabilidad democrática en la modernidad extrema, pero también de la pobreza, la desigualdad, el descontento, el imperialismo y el racismo. Es un mundo de dobles valencias sobre las que Aliano irá escribiendo para dejar de ser Aliano-el-vendedor-de-lencería o Aliano-el-notable y convertirse en un sujeto que, como los personajes de Gorodischer y Gardini, indaga en una resistencia no deseada ni buscada la forma de reconfigurar su identidad como una de las formas de la multiplicidad.

Esa búsqueda no surge como meta sino como construcción de sentido en su mismo devenir, y aparece como una suerte de respuesta a hechos inesperados que superan a Aliano o que, más bien, superan sus expectativas. Es un retorno a la indagación en lo microsocial para configurar significado en el presente: su enfermedad, su fallida relación matrimonial, la compleja relación con sus hijos, y la inesperada relación con Yónder que vendrá a cumplir el rol de un extraño Platón Karataev de la política inmediata. O puesto de otro modo: el espacio de la escritura del diario registra el impacto de las múltiples experiencias (sociales, políticas, culturales, económicas, pero también emocionales) sobre el lenguaje mismo y sobre la individualidad en tanto que crónica de la pérdida de certezas. La narrativa de Cohen explora la naturaleza del mundo como algo pasajero y hasta efímero, como algo apenas asible. Sin embargo, en esa misma transitoriedad está su capacidad de pervivencia. Ese universo de la experiencia como *locus* del devenir individual y comunitario se define por su impureza. Así, su mutabilidad hace a su capacidad de aprehender el mundo a través de un reconocimiento de lo Otro (en todas sus posibles encarnaciones) en el Uno: de allí que Aliano se reconozca múltiples veces en la figura de Yónder (entre otros), y que con esa otra parte de sí, Aliano discuta, discurra y negocie. Aliano es Uno, pero es también Otros y, a medida que el texto avance, esa multiplicidad se irá revelando con grados crecientes de transparencia como la forma más elemental de humanidad:

> [...] desde el origen ellos y yo y todos somos lo mismo y el origen nos subsume, que mi individualidad es una ilusión que en su momento sucumbirá a las contradicciones, que el verdadero final de nuestros diversos afanes, los de esa gentuza y los míos, es la disipación de las personalidades torturadas por las pasiones, la incorporación a algo más sabio, más ancho, más hondamente enlazado. [...] Por desgracia también soy Yónder [...]. (Cohen, *Donde yo no estaba* 392)

Es un principio de universalidad que no requiere más asidero que la empatía, ni más límite que "la tentación de la nada" y la "necesidad de hacer". En medio de la primera rebelión a la que Aliano se ha visto arrastrado un poco por náusea moral, un poco por hastío, pero también por casualidad, éste reflexiona:

> [...] si quiero llegar sano a mi muerte, la primera condición será aceptar la unidad integral de todas mis partes, buenas y malas. No hay mancha nociva que un espíritu cabal no necesite para probar su fortaleza. No me libraré del miedo hasta que no me enfrente con mi sordidez y me mantenga en ella. [...] Y bueno. No seré una persona pero debo aceptar que soy un humano. (*Donde ya no estabas* 355-56)

Pero ya los demás actos no serán ni productos del azar ni de una negativa instintiva a aceptar la ley de la turba, de las instituciones, o del más fuerte, sino que serán su propia decisión, aunque esa facultad no implique una moraleja o un corolario socio-político más allá del gesto ético individual del sujeto que intenta pensarse a sí mismo desde un lugar-otro. Los gestos románticos, un poco pueriles, que en parte siguen los guiones de las novelas sentimentales y en parte establecen un diálogo con los medios, se irán acumulando en la narrativa borrando las relaciones con la alta cultura (o las expectativas del lector sobre la narrativa de la cultura letrada) para mejor diluir el entramado del texto (de la experiencia misma), de los hechos, como ausencia de trama.

Esa ausencia convierte todos los desplazamientos y eventos en el texto (desde la vida de Aliano como vendedor, pasando por el amparo que le presta a Yónder, hasta el rapto de Diorita que parece una forma de salvaguardar su amor de adolescente contrariada y protegerla de padres tiránicos, así como el largo recorrido por Isla Múrmura que incluye un pasaje por el submundo a donde se han ido a refugiar fanáticos religiosos que son perseguidos por la Democracia Gentil) en un puro presente cuyo valor el propio Aliano no puede desglosar para sí y, menos, para otros.[255] Cuando Ecueste, el periodista,

---

[255] La novela puede ser leída como la contracara de *Adán Buenosayres* de Marechal, ya mencionada en el primer capítulo. Si esa novela constituye una lectura sobre cómo ciertos sectores de la

le exija una y otra vez ser el sujeto y objeto de un libro que permita "hacer un alegato contra las corruptelas y el conformismo, contra el aborregamiento de la masa democrática, contra la demagogia" (602), Aliano, pese a entender que quizás sea mejor y más "útil enchastrarse de mundo, dimitir de uno mismo" (603), escogerá hacerse a un lado ya que comprenderá que el mismo devenir del presente es el inicio del futuro y que su intervención directa en ese presente no es condición *sine qua non* de las transformaciones que están más allá de su impronta.

En este sentido, la ética de Aliano describe la cualidad de no-ser de la utopía, en la medida en que se la concibe no como una acción sino como la negación de la destrucción de los presupuestos que deberían articular lo político y que, en el mundo del Delta (nuestro mundo), han sido desplazados por la conveniencia y primacía de otros intereses. Ante la abismal ausencia de valores que sustentan la corrupción generalizada, las formas blandas de autoritarismo, y la irracionalidad de las conductas colectivas, la resistencia emerge, en primera instancia, como una invitación a observar lo político (y la actividad política y grupal) desde una prudencial distancia crítica. La inmediatez de acciones no particularmente racionales de diversos programas políticos (más allá de sus identificaciones utópicas o no), parece proveer de un espesor imaginario a algo que en realidad opera en un vacío ético y que Aliano rechaza porque esa cualidad fantasmática proviene más del deseo de otorgarle a los hechos un sentido (que no tienen ni tuvieron) que de su propio devenir. De allí, que cuando Aliano reflexione en su diario, intente volver sobre lo hecho no como memoria (lo que le pide Ecueste) sino desde el sentido que tuvieron en su momento en tanto que hechos históricos:

> Es como si durante mi viaje hubiera periclitado un futuro más, o varios, y por una chiripa de la espiral del tiempo las cosas hayan vuelto a ser por un rato más o menos como eran, no en mi infancia, sino antes de mi nacimiento. (669)

De allí que la experiencia individual adquiera un sesgo capital, sobre todo en sus aspectos éticos. Más adelante, en uno de sus múltiples instantes de escritura metatextual, Aliano agrega:

---

cultura letrada leen las fobias de la Modernidad ya plenamente asentada, aquí emerge una narrativa sobre la incertidumbre que emerge ante la desintegración de ese mismo paradigma que no ha sido reemplazado por nada, generando un vacío ante el cual el horizonte utópico se quiebra. Si Marechal leía esas fobias desde las nacientes y conflictivas alianzas intelectuales con el Peronismo, aquí se pone en duda no sólo hasta qué punto las mismas pudieran ser provechosas, sino cuál es el sentido de buscar en lo nacional y popular una identidad que deniegue el saber, la experiencia histórica y la ética personal.

> *He causado poco beneficio, pero confío que menos daño, y, si he vivido sin memoria, ahora me gustaría que ninguna de mis aventuras fuese más que fuente de diversión y recuerdo en la incierta etapa venidera* [...] Sí: *algo se acumula inevitablemente en la memoria. Bueno, a su tiempo será asimilado y depuesto.* [...] *Morir sin autoridad, sin la fantasmagórica pesadez de un fantasma.* (679-80)

Tentado por la política como programa, Aliano rehuye el activismo y la gestión pública una y otra vez porque el sentido que tienen los adscribe a programas que son peligrosamente a-históricos, en la medida que no son hechos sino a agendas. Por eso, cuando uno de los personajes le propone más que colaborar con la Democracia Gentil, ser una bisagra que opere la transformación que permita que el sistema se desintegre, dirá:

> Nunca la locura me había tentado de tal manera ¡Encabezar una movida política como esa! [...] tenemos la oportunidad histórica de parir una democracia basada en "gente" que se sienta a gusto con su fragilidad y su insignificancia; basada en un gobierno seguro de que al cabo de cuatro años nadie lo recordará, en una búsqueda compartida de momentos largos, silenciosos, más allá de los cuales se sucederán las diminutas transformaciones del mundo. (694)

Hastiado, aburrido de la repetición, Aliano ve el espacio de la política como un teatro o puesta en escena de necesidades que no necesariamente tienen que ver con respuestas a necesidades y obligaciones sociales postergadas ni con la administración del Estado o la regulación de la Ley, puesto que la Democracia Gentil, en tanto que programa, es un juego, un sistema con reglas propias que intentan autopreservarse. En ese marco, la acción política se reduce las más de las veces al ansia de poder de individuos, a respuestas casi automáticas a intereses de distinto tipo o a la representación de gestos ante los grandes eventos históricos en detrimento de la cotidianidad: el pasado rebelde de Aliano, eso que en el presente le da legitimidad política, es también la piedra basal de su desencanto y de su escepticismo: existen límites a las acciones posibles dentro mismo de la semántica del sistema y esos límites también se imponen sobre la capacidad ética de los individuos:

> ¿Cuánto puede hacer un demócrata? ¿Es cosa de paranoicos meditar sobre la elite impune que controla las fuentes y modos de energía en todo el Delta Panorámico, que establece el valor del dinero y la distribución de las armas, que infiltra y manipula los contactos de la Panconciencia, dicta los usos y niveles de seguridad, selecciona las imágenes, decide los límites de la intimidad, administra información privada, fabrica los contenidos de la participación política, de la disidencia y de la tolerancia, establece la intensidad del espionaje, la represalia, el carácter moral o físico del castigo al transgresor? (113)

Si en efecto sólo los actos generan sentido en su mismo desarrollo, una *praxis* intelectual crítica debería, por lógica, generar al menos cierto nivel de interferencia. Pero este párrafo pone en duda la semántica misma de todo discurso crítico, de toda construcción ideológica que sea incapaz de detener los mecanismos de la forma Estado-nación y su grilla conceptual. Desde el inicio sabemos que Aliano desconfía de la idea de la resistencia como forma de acción política, pero que tampoco pone su fe en la utopía como programa ya que "en cierta forma los sistemas nos inducen a querer lo que queremos" (127). Aliano no puede imaginar la utopía, no puede narrarla sino como una serie de negativas que, sobre todo, son un discurso sobre lo que Jameson ha descripto como nuestros propios límites para delirar el futuro (Jameson, *Archeologies*; *Valences*).

Así, para Aliano, la utopía (como antes la resistencia) se transforma en lo opuesto de lo real, de la experiencia de la cotidianeidad, y por ende en algo débil para la conformación de una agenda de trabajo puesto que es "pasible de llenarse de cualquier contenido" (*Donde yo no estaba* 126): es un ansia por algo diferente, cuyas cualidades superiores sólo pueden apreciarse por el contraste que existe entre ese mundo deseado y el mundo que experimentamos, convirtiendo a la utopía no en un programa sino en un anhelo siempre desplazado sobre un porvenir perenne. La utopía es una abstracción que pone en marcha los dualismos platónicos en el ahora del mundo. De hecho, Sereno, el hijo de Aliano, poco antes de marcharse para continuar sus investigaciones musicólogas, dice que:

> [...] estoy cansado de que las relaciones entre personas sean materiales; no aguanto que la realidad no se mezcle con los sueños; qué milga me importa a mí el valor de las cosas; a mí me importa vivirlas. (52)

La política democrática, en cambio, requiere de la frialdad de las negociaciones y del pragmatismo de la contemporización para poder, de alguna manera, construir algo que nunca llega a ser ni lo necesario ni lo deseado ni lo rechazado, y suele ser algo completamente distinto. Y aún ésto es insuficiente. Por eso, el sujeto debe replantearse cada vez cómo pensar no sólo la experiencia sino sus expectativas sobre el devenir y su postura ética ante hechos para los cuales no siempre habrá recetas. Dice Aliano:

> [...] concebir no el mundo deseado, sino el mundo que las instituciones enseñaban a no querer [...] el motor económico de una parte del Delta Panorámico fue el mórbido romanticismo difundido por la estética de la propaganda social de la Isla Cuma. Un anacronismo colorido. Una utopía perfecta, irrealizable porque

se basaba en una tradición aniquilada [...] Mi opinión es que también el futuro que tenemos, ya inamovible, es la obsolescencia de un sueño pretérito. (126-27)

Así pues, el texto pone en entredicho la capacidad misma del discurso utópico en abstracto para generar cambios sociales o para transformar el presente en tanto que práctica discursiva a través de búsquedas totalizantes o de explicaciones unitarias de la experiencia del mundo. El texto discute la normativa social y política, la *doxa* intelectual sobre la práctica política, poniendo en entredicho la capacidad del discurso letrado para expresar la reconciliación entre la experiencia y la teoría. Es una narrativa que se inscribe contra la expresión de una unidad conceptual del mundo (o de su destino) puesto que nunca habían existido más que como deseo.

No obstante, los personajes siempre operan en una suerte de falencia, de ruptura, donde su identidad está en permanente estado de transformación a pesar de que esa fluidez opere desde cierto convencionalismo o, incluso, desde los estereotipos que aquí serán reveladores del entramado social. Los sujetos que recorren *Donde yo no estaba* se enfrentan a masas y turbas, grupos que van perdiendo su capacidad para razonar, para pensar lógicamente, convirtiéndose en neotribus siempre cambiantes. Encerrado en su oficina, cercado por los vecinos furiosos que exigen la cabeza de Yónder por motivos más que dudosos, Aliano escribe en su diario:

> Hay una insanía equivalente a la Yónder en el número de esos vivientes. Un estado loco de la materia humana. Un murmullo sin raíces [...] D'Evanderey, gritó: [Curtian] ¿qué está haciendo?; ¿la guerra a una colectividad que busca el bien común?; ¿será preciso que alguien se prenda fuego para hacerlo entrar en razón? Me pregunté dónde se habrían metido los que no eran así. (331)

Si las formas sociales que buscan el bien común son formas de autoritarismo que anulan o socavan la posibilidad del libre albedrío individual cortando drásticamente aquello que se entiende como libertad individual, la búsqueda de una diferencia o de una salida en otra dirección se convierte en una de las preguntas centrales que recorren la novela: ¿cuál es el lugar y la función del disenso en el espacio social y político? ¿En qué medida un acto de resistencia genera sentido en el aquí y ahora del mundo? La novela no puede ofrecer más que la respuesta agónica de Aliano, ya que "los que no eran así" no aparecerán en el texto: ni los políticos ni los religiosos ni los artistas ofrecerán salida alguna o encarnación alguna de la utopía como solución a los dilemas del presente. Ni siquiera las familias escapan a esa lectura ya que en este texto las mismas están marcadas por la incapacidad para generar lazos fuertes.

A pesar de esa aparente visión negativa, la oposición de Aliano como acto, sus pequeñas resistencias, marcan no sólo sus acciones sino que arrastran consigo a otros personajes: el devenir-acto de Aliano se convierte en quehacer comunitario en la emergencia de la posibilidad de elegir, junto con respuestas éticamente personales, el grupo de pertenencia. Esa pertenencia se construye en base a afinidades afectivas y de intereses no necesariamente evidentes, pero más duraderos por cuanto son actos de la voluntad individual y no del peso de fuerzas telúricas irracionales: el grupo de pertenencia se define ahora por el reconocimiento de la experiencia (cultural, histórica, social, o incluso religiosa) compartida como vivencia, lo cual hace que un mismo sujeto pueda pertenecer simultáneamente a múltiples comunidades y colectivos sin por ello cercenar nada de sí.

Aquí se construye una nueva forma de comunidad, definida ante todo por la capacidad transformativa de los sujetos en sus múltiples inflexiones identitarias, es decir, plural. Así pues, no son ni la actividad en el espacio público ni el refugio en la intimidad por separado los que generan la posibilidad de pensar una nueva aproximación a la ética o a lo político como actividades independientes una de la otra. Ni siquiera la religión o el arte proveen espacios donde materializar o encarnar formas definitivas de trascendencia. Incluso, para subrayar este punto y en una vena que comparte la visión común a buena parte de la narrativa posapocalíptica de los últimos treinta años, en la novela, los sujetos intransigentemente idealistas se convierten en carroña literal o metafóricamente. Es, más bien, una problematización de toda forma de absoluto en un texto donde se medita sobre el espejismo de la totalidad del mundo desde el percibido final de la vida, en una suerte de mirada retrospectiva sobre lo que pervive de la experiencia.

Al abrir la novela, Aliano lee en el *Libro del Yud*, texto sagrado de la religión oficial de Isla Múrmura, que el Yud es:

> [...] Aquello que Todo lo Piensa, lo ha Pensado y lo Pensará, que el Yud es el Tesoro de lo Pensable, y este omnipensamiento lo hace poseedor ilusorio de La Realidad entera, hasta el límite. (61)

En el pensamiento judío, yud es una letra de enorme poder simbólico ya que en su grafía misma se representa cómo se inicia y se desdobla el infinito: se la llama la "pequeña letra que contiene mucho" pues es el inicio de la revelación de la multiplicidad del mundo y representa la esencia indivisible de Dios. En este sentido, el yud es metafórico de la vida de Aliano: es uno y es múltiple, es indivisible y diverso. Algunos de estos conceptos parecen permear la Religión del Pensar que es, además, una suerte de racionalización utilitarista de la aproximación al saber. Pero el Pensamiento es una religión materialista, secular casi, puesta al servicio del desarrollo de la Democracia Gentil e impuesta años atrás, después de sangrientos enfrentamientos. La Religión del Pensar, como espacio institucional, adolece de las mismas faltas que el sistema político que la promueve. Basada en una suerte de meditación a través de objetos que concentran la memoria de una experiencia individual o colectiva en sitios diseñados para convertirlos en experiencia religiosa, la Religión del Pensar acaba por convertirse en una abstracción foránea a la capacidad de comprensión individual.

Y aún así, lo que la Religión del Pensar viene a poner en escena en el texto, es una nueva forma de leer la relación entre lo material y lo corporal, puesto que en la novela, tanto esta religión como cualquier otro paradigma de acercamiento a lo real como trascendencia son formas de entender y aprehender el impacto de la realidad de un mundo siempre evanescente sobre la identidad que es también mutable. Qué y cómo se inscribe de la legibilidad del mundo en la materialidad de la experiencia y viceversa, da por tierra con la dicotomía cartesiana entre espíritu y materia: en un texto donde las aspiraciones de unicidad tienden a ser desdeñadas por su afán totalizante, también se renuncia a dualismos categóricos ya que ambas partes constituyen una relación de mutua, compleja, y cambiante implicación. Es el mundo de la ambivalencia.

De allí que la reflexión sobre la religión sea central en el texto, ya que cada una de las distintas apuestas religiosas proporciona un marco de reflexión a la creciente, simultánea y paradójica emergencia del secularismo, de formas no institucionales de religión y de fundamentalismo religioso que aquí vendrá a expresarse en los seguidores del Dios Solo. Ese debate pone en escena cómo la reflexión política y filosófica actual se orienta no sin cierta torpeza hacia posturas inmanentes o trascendentes en un espacio cultural marcado por la aparente implosión de teleologías narrativas y políticas. Más aún: las cavilaciones de Aliano (y sus simpatías por las pequeñas resistencias, por los pequeños gestos estéticos) se instalan en el espacio entre las fuerzas en conflicto del mercado y la globalización que representan personajes como Maraguane (que promete la falsa utopía de consumismo y la desregulación del capital), y el fundamentalismo religioso (que promete la igualmente falsa Utopía de signo contrario de una Acadia pastoral primitiva ya por siempre cancelada).

La tensión entre religiosidad (trascendencia, más bien) y secularismo que parece subrayar los conflictos de Aliano, tienen, a su vez, una de sus encarnaciones en las infinitas y contradictorias lecturas y cuestionamientos del

Libro del Yud. Así, las inclinaciones hacia el secularismo o hacia lo religioso están marcadas por la relación con la memoria y la historia como espacios de construcción de la identidad individual en su relación siempre mediada con cadenas de sentido colectivo y comunitario: no se trata de pensar la identidad como algo fragmentario (como si fuese el resto de una unidad que ahora aparece astillada) sino como algo agregado por el paso del tiempo y la acumulación de eventos históricos. O como diría Luhmann, el texto revela que la emergencia de esta nueva forma de subjetividad es el resultado final de su propia historicidad.

Por eso, el texto logra normalizar dentro del discurso cultural la construcción de un sujeto para quien la *summa* de las múltiples experiencias del presente redefine las relaciones con la historia, con la memoria, y con la utopía misma como contingentes no sólo por ser parte de esa compleja subjetividad sino por establecer una forma de relación con un mundo que se revela imposible de reducir en la ecuación de una mínima abstracción monista: de allí que las elecciones políticas en tanto que articulaciones de programas fijos, se revelen como algo difícil de asir pues están condenadas de antemano a alguna forma de la traición o de la derrota. Por eso es que también cada decisión política es difícil de identificar con programas utópicos rígidos: en su misma dureza impiden la comprensión de los fenómenos sociales y/o culturales al adscribirlos a normativas que no necesariamente los expresan o los explican, convirtiendo la realidad en una suerte de desplazamiento permanente del deseo en función de un debería ser que nunca se cumplirá. La utopía como programa acaba por desvanecerse en el aire.

El estado de desasosiego que tal evaluación de las relaciones entre cultura, política y sociedad trajo a los estratos letrados fue narrado magistralmente en *Casa de Ottro* (2009). Esta novela, quizás como ninguna otra, pone en escena la imposibilidad (y futilidad) de contestar a la famosa pregunta de Piglia que había guiado gran parte de las reflexiones del campo cultural desde su publicación a mediados de los ochenta. Pero además, pone en entredicho hasta dónde la búsqueda de legitimación intelectual a través de los deseados apelativos de nacional y popular (indagación que definía los textos conque habíamos abierto el presente volumen), no sólo era deseable o auténtica sino posible. Como en los casos anteriores, el espacio del Delta Panorámico genera un proceso de distanciamiento cognitivo que, al convertir en ajenos procesos históricos y económicos claramente reconocibles, también los hace transparentes. Tal el caso del propio Ottro, cuya meteórica carrera política rastrea la novela y cuya biografía está anclada en el desarrollo de lo que en algún momento se llamó la burguesía nacional y con quien los grupos intelectuales argentinos tuvieron un complejo y, por momentos, antagónico debate.[256] Pero el caso de Ottro, además, organiza una compleja meditación en torno a los resultados de esas polémicas en el presente de la Argentina contemporánea.

Escrita como una relectura de todo el ciclo de novelas latinoamericanas de dictadores y caudillos, la novela de Cohen pone de cabeza las hipótesis sobre las relaciones entre intelectuales y poder, ideología e historia. Si bien éste no es su único tema, la larga, desencantada meditación sobre el rol de los intelectuales, se organiza en torno al *locus* de la militancia intelectual y al rol de la discrepancia política. Las contradicciones que emergen de esa reflexión constituyen el nudo gordiano de *Casa de Ottro*: este es un texto que analiza en qué medida la radicalización de las ciencias sociales a partir de la década del setenta generó una posibilidad real de que los intelectuales intervinieran en la política de manera directa a través de acciones programáticas. En vistas de que la emergencia del populismo no representa un triunfo de esas acciones, sino más bien, una suerte de corrupción de los anhelos de amplios sectores democráticos, el texto explora cómo se produjo ese viraje.

Como en el caso de Gorodischer, no puede dejar de subrayarse una vez más la importancia que tuvo en el campo cultural argentino la creación de la carrera de sociología o el impacto de la figura de intelectual orgánico que, a partir de las lecturas de Gramsci primero y de Sartre más tarde, marcaron los derroteros políticos de un amplio espectro de intelectuales de izquierda. En gran medida, este texto hace una revisión muy crítica no de esas posturas sino de lo que de ellas devino una vez que los intelectuales que las habían sostenido se convirtieron en parte de la maquinaria del poder. Así, se analiza el ascenso de ciertos sectores intelectuales comprometidos políticamente cuya visión despectiva o desaprensiva sobre los hechos los vuelve refractarios a toda forma de objetividad o de pensamiento estructural, convirtiendo sus actos en otros tantos intentos de forzar los hechos sociales en el molde de programas políticos escogidos *a priori*.

Casa de Ottro pone en escena los debates de un país como la Argentina, donde el inicio de siglo ha visto la más inimaginable de las polarizaciones

---

[256] La carrera comercial de Ottro se inicia con lo que en Argentina ha sido un punto de contención en todas las estrategias de acuerdos internacionales desde la década del cuarenta: la absoluta indiferencia del país y de sus sectores fabriles al derecho internacional sobre patentes y licencias. Los avatares de la vida comercial y fabril de Ottro siguen estrictamente el desarrollo económico argentino del siglo XX: crecimiento con la industria liviana e indiferencia (cuando no quiebra directa) de acuerdos internacionales, quiebra económica con la apertura de exportaciones, inversión en industrias de servicios, para finalmente recalar en los medios y en la política como cara y cruz de una misma inversión económica.

posibles en un campo cultural marcado por diversas reevaluaciones del populismo al que ciertos sectores intentan cooptar como una respuesta poco sutil a presiones socio-económicas de sectores cuyas necesidades (por cierto reales) parecen estar en primer plano sólo para sostener nuevos sistemas de reparto de poder. Así, el texto acaba por convocar al deleznable, pero no por eso menos visible, fantasma de Pedro de Angelis: el personaje central del texto, Fronda Pátaguer, es algo así como una socióloga o politóloga de una izquierda "libertarca" que, al organizar y ganar la campaña gubernamental de su suegro, se convierte no sólo en su ideóloga sino también en el cerebro gris detrás del poder.[257] De este modo, la novela narra el ascenso del populismo en lo que se ha descripto como el pasaje del pensamiento teórico y crítico a la gestión. En la novela, ese paso es articulado como una lenta traición a los ideales intelectuales a medida que la violencia y la corrupción de la política cotidiana van desgastando y rebajando todo orden conceptual, pero también toda posibilidad de hacer realidad aspiraciones comunitarias en el presente.

En este sentido, Fronda organiza la voz narrativa de la izquierda intelectual que llegó a ver parte de sus aspiraciones políticas convertidas en proyecto de Estado a partir de lo que se llamó el giro a la izquierda de América Latina desde inicios de siglo XXI. La reencarnación de programas intelectuales de izquierda en renovadas formas de populismo con clásicas agendas de redistribución de bienes organiza la relación de Fronda con su suegro y permite narrar lo que, tomando palabras de Paramio, es una polarización del espacio político durante los primeros diez años del siglo (en particular, en Argentina) y la implosión de las agendas de la izquierda, ya que en el país, como en América Latina,

> [...] para muchos sectores progresistas, el populismo es ya una política de izquierda, en la medida en que introduce medidas sociales y económicas favorables a las mayorías [...] Pero el populismo, incluso si se somete a las reglas de juego de la democracia, no es un proyecto democrático. Divide a la sociedad a través de su distinción maniquea entre sectores populares y oligárquicos, basa su discurso en la confrontación y no pretende crear ciudadanos, sino seguidores. (72)

Collados Ottro es la contrafigura narrativa de Aliano D´Evanderey y ambas novelas pueden leerse como cara y cruz no sólo de las posibilidades que se abren en las apuestas políticas de sus protagonistas, sino también del significado de las elecciones éticas de los sujetos/ciudadanos/miembros de la comunidad, y de las consecuencias de tales acciones en la *praxis* cotidiana.

---

[257] En este sentido, la novela también establece un ripioso diálogo con los textos de David Viñas, particularmente con *Cuerpo a cuerpo* (1979).

Comerciante devenido político para mejor proteger sus propios intereses económicos, Ottro se postula en el universo político de isla Ushoda como el verdadero representante del público que asiste insatisfecho a la repetición de ceremonias políticas diseñadas para salvaguardar la gerontocracia del Régimen Neoclásico, porque pese a ser:

> [...] un mercader isleñista. Él estaba por el avance de las costumbres y el conocimiento, el buen reparto de la felicidad y la merma de la violencia. Ni el buen ciudadano ni la isla de sus autologías eran términos genéricos: el ciudadano bueno resuelto a ensuciarse las manos *era él*, y la isla *era nuestra isla Ushoda*. E isla Ushoda era: políticos sin crédito financiero, dramático ni moral, dolorosamente obcecados en reivindicar una eficiencia técnica [...] partidos como montoncitos de aserrín entre los escombros de las instituciones; un aparato estatal reducido a tal simplicidad que bien podía pasar por cerebro atrofiado [...]. (*Casa de Ottro* 27)

Ottro y Fronda organizan el discurso del vaciamiento institucional para mejor definir al Régimen Neoclásico como lo viejo, lo que ha renunciado a comprender o expresar el verdadero sentir del público (palabra con la que reemplazan al pueblo dado que la política como espectáculo teatral necesita un destinatario)[258] y las necesidades de la isla al generar un Estado que es la vez insuficiente y excesivo, y declarando la caducidad de toda organización política por su incapacidad para negociar con el Régimen. Desde esa vieja estratagema del populismo, Ottro y Fronda gobernarán isla Ushoda durante tres años.

Buena parte de las consultas entre Fronda y Ottro buscan asegurar formas discursivas que sustenten simbólicamente la representatividad del último a partir de una oratoria claramente confrontacional. Esa técnica, más discursiva y simbólica que económica, le permitirá a Ottro afianzar su figura mediática de "nuevo" modelo político como el único capaz de satisfacer las necesidades de sectores sociales excluidos (prostitutas, huérfanos, obreros, etc.) al generar consenso y presión social para expandir el gasto público y crear medidas de protección social, que si bien son necesarias en Isla Ushoda, son también

---

[258] De alguna manera, las operaciones políticas de Ottro y Fronda se hacen eco de las operaciones narrativas de Gardini. En ambos casos, aparece una sugestiva relación semántica con el universo de la inversión mercantilizada de valores de la que hablaban Guy Debord y el Situacionismo Internacional a fines de los sesenta, cuando el primero hacía referencia a la sociedad del espectáculo: las distintas formas de comunicación, incluyendo la política, son un espectáculo que se muestra como la sociedad misma, pero con su escala de valores distorsionada. En su escenificación de esa inversión, dice Debord, la política convierte a los sujetos en espectadores *de lo que podrían hacer*. Pero si Debord utiliza este aparato teórico para leer el capitalismo de los países desarrollados, Cohen lo utiliza para leer los mecanismos de seducción del populismo.

claramente demagógicas puesto que no están destinadas a fortalecer las estructuras económicas de la isla sino la percepción de cuál es la distribución impositiva. Esas campañas puntuales permiten el ascenso de Ottro quien explota las contradicciones del Régimen Neoclásico al punto convertirse en su Regente.

Pero si Ottro ve esa aventura como una oportunidad de "encabezar la resurrección del gremio de los políticos", Fronda, la intelectual, imagina ver algo más: el ascenso político de Ottro (en cuya casa escribe sus memorias a la muerte de éste), se le presenta como una "oportunidad histórica" de poner en práctica lo que había aprendido en los laboratorios sociales en su época de estudiante. Dice Fronda:

> [...] suponía que quizás Ottro solo necesitaba palabras que le permitiesen concretar sus impulsos. Yo quería experimentar. Averiguar sobre el terreno de cuántos mecanismos menudos e interesantes constaba el eslogan *El progreso avanza*. (*Casa de Ottro* 53)

Aunque Fronda comprende que Ottro pudiera ser un oportunista, también sabe que es una figura con los contactos, los medios y la capacidad de convocatoria de los cuales ella y sus colegas carecen. Dice Fronda:

> Y vos usaste la imagen frugal de Vados para confirmarte que Ottro abría un camino práctico para el tratamiento de la sociedad; que Ottro era una herramienta no incomparable ni radical pero más útil que la autohumillación. (104)

En efecto, Vados, el marido Fronda, figura aparentemente arquetípica de la ética intelectual que rehuye participar de nada que no sea la actividad intelectual pura, es también una figura rechazada. Aunque es admirado por Fronda, ésta no puede concebir las ciencias sociales sino como acciones experimentales, literales experimentos que más que resolver problemas sociales, resuelven cuestiones teóricas discutidas en sus seminarios. Vados, en cambio, desconfía de la acción abstracta y acaba por desilusionarse no sólo de la actividad política sino también de la actividad académica misma, al punto de abandonar a toda su familia y exiliarse del mundo en una cabaña donde se gana la vida corrigiendo monografías o redactando informes. Pero en su aislamiento,

> Vados estudiaba tratados antiguos sobre utopías de igualdad y propiedad colectiva, sobre modelos de democracia dinámica, sobre la formación de mentes humanas de un grado de desprendimiento nunca visto en la historia, sobre la corrección de

> los desvíos de los regímenes nuevos por obra de periódicas revueltas masivas [...] *Rebelde solitario* era un oxímoron. (103)

Así pues, el camino de la acción parece ser el único abierto para una actividad intelectual cuya visión crítica intente cuajar en acto. La cuestión será, entonces, definir cuáles son los términos en los cuáles esa *praxis* no sólo es posible sino ética y en qué consiste esa ética.

La revolución de Fronda es una revolución vicaria donde el populismo asume la forma de la transformación política. Ottro aparece como la oportunidad material para socavar desde dentro los cimientos mismos del Régimen Neoclásico que gobierna la isla a través de una gerontocracia. Pero lo que Ottro propone (y logra) no es una real respuesta ni un cambio social que abra la esfera pública a formas participativas plenas, sino una suerte de clientelismo de gran escala que finalmente colapsará cuando otros políticos ofrezcan promesas similares o mejores. En este sentido, los roles de Fronda revelan la caída conceptual del programa de Ottro: Fronda empieza como asesora ideológica primero, para ser asesora de campaña, más tarde, y acaba como asesora de imagen: la utopía que Fronda sueña es una trampa, un rol que Ottro le asigna en el "teatrón político" donde la polis, el ágora, o toda otra forma de institucionalidad se ven reducidas a meras maquetas que literales actores políticos usan como escenografía para sus lances. En ese espacio bastardeado, la democracia del populismo no es más que "un gobierno de los cualquiera" (47), y los intelectuales que se prestan a organizar los hilos de tales entramados, descubrirán rápidamente que la relación entre ideario y acción, entre teoría y práctica, implica una contradicción insalvable cuando se actúa en base a *constructios* y no a hechos. Desechar lo real en nombre de la acción política como un fin en sí mismo, nos dice el texto, tiene costos no menos gravosos que rechazarlo en nombre de ideales absolutos.

Buena parte de las reflexiones de Fronda regresan sobre su ascenso político en la máquina partidaria de Ottro como una forma de corrupción de su propia persona intelectual, como una lenta traición a sus propios principios cuyo horror no se le hará claro hasta que no vea cómo la policía tortura a un joven por una infracción nimia. La relación entre el análisis de los modelos sociales y la realidad de la política se convertirán en algo que Fronda llamará una "alianza inservible": la que une las voluntades y deseos de los intelectuales, la de los políticos (que son los mediadores entre éstos y el público), y la de los grupos que éstos pretenden defender. La propia Fronda dirá:

> Para el Régimen Neoclásico, lo que se perfilaba en Ottro era un ente demasiado extraño. Peligroso. Sí, peligroso. Solo que lo peligroso para el régimen no tenía

por qué ser bueno para los sujetos que yo me proponía defender, quizá porque a ellos les resbalaba que yo los defendiese. (119)

De a poco, la narración hace claro que esa deseada alianza entre intelectuales y pueblo, precisamente por ocurrir en un espacio de desfasajes, malos entendidos, y una buena cuota del paternalismo de los dos últimos grupos antes mencionados, se convierte en una ficción no menor a la de los cambios totales que querían producir las revoluciones del pasado. Algo de la soberbia de Fronda que cree saber más allá de toda duda cómo manejar no sólo a su suegro sino los hilos de la sociedad toda, aparece cuando al describirse a sí misma y a sus compañeros de estudios, dice que ellos estaban preparados no sólo para analizar la sociedad sino para cambiarla porque habían sido entrenados:

> Contra las condiciones. Contra el hule impermeable de lo mismo. Contra las emociones fraudulentas. Contra las emociones. Contra *la política*. Una contrapolítica. En los laboratorios sociales *pensábamos*. No nos iban a engañar. (16; en itálicas en el original)

Fronda será, por supuesto, la primera en caer en las trampas de la política cotidiana a medida que Ottro la vaya desplazando a roles cada vez más secundarios cuando no nimios. De allí que la figura de la profesora Fribón ofrezca una alternativa no necesariamente apetecible, pero realista, sobre el rol de los intelectuales. Aún cuando la cite, Fronda olvida constantemente las advertencias de su vieja profesora a la que juzga nihilista y desencantada porque junto con cada lección de historia, política o sociología, ofrece no sólo los resultados y las consecuencias de las acciones emprendidas en nombre de ideales abstractos, sino un análisis sobre cómo opera sobre los actos individuales, la inercia de fuerzas que están más allá del control de los agentes sociales. Lo que ofrece la profesora a sus revoltosos alumnos es también una advertencia sobre la ley de las consecuencias no planeadas de toda acción humana que éstos, cegados por su afán revolucionario desoyen.

Esa sordera es el germen de su fracaso y lo que impulsará a Fronda hacia el proyecto de Ottro. Las meditaciones sobre el espacio social que hace Fribón constituyen una advertencia sobre el poder al mismo tiempo que retoman el rol del intelectual como generador de pensamiento crítico: la displicencia de Fronda ante la diferencia entre saber y conocimiento que las críticas de Fribón traen a colación constantemente se convierten en su talón de Aquiles. Desde la ética que construye el conocimiento, Fribón le exigirá a Fronda y a sus compañeros algo que sólo en el final ella será capaz de comprender: que no sea un "efecto amorfo de todas las teorías y métodos que me administraron, que leí y escuché, muchos parcialmente" (411). Cuando Fronda reflexione sobre su pasado político, mientras pone en orden la herencia de Ottro,[259] tanto su sirvienta cyborg, Cañada, como su propio hijo, Riscos, le reclamarán no sólo no haber sido capaz de entender la realidad social que la rodeaba, *los hechos*, sino su apego a programas y agendas políticas que claramente eran inconducentes. Cañada le dirá:

> Ustedes nunca cambiaban de idea, dama Fronda. Como si ya supiesen cómo eran las cosas, la isla, lo que tenían que votar las personas, lo que iban a votar de todos modos, lo que iba a pasar después de que votaran, ¿no?, y cuando no encajaba con lo que hacía el señor Ottro, más meta trabajar todo el día para pensar como lo hacían de nuevo [...] Era como tirar la comida que sobra. No usarla para inventarse un plato. (75)

La figura de Riscos, con mayor dureza, la pondrá frente a sus propias contradicciones:

> Si perdiste la causa de la comunidad igualitaria, la de la fusión de todos los postergados en el río ardiente de la revuelta, etc., es porque en el fondo los experimentadores sociales nunca se sintieron completamente lo mismo que los sujetos que se proponían redimir [...]. (292)

Y de manera aún más cáustica, más adelante la describirá como una:

> Libertarca que no cree en el progreso. Demócrata que duda de los semejantes. Agnóstica en busca del espíritu. Materialista insatisfecha. Intensa y calculadora. Vulgar como el barro [...] Madre, ustedes nunca tuvieron la más pálida idea. (431)

La impugnación no es sólo a su figura letrada o a su actividad política sino a la base misma de su formación ideológica; a un enamoramiento con la causa más que con las personas, y con la ideología más que con los hechos. Lo que Cañada y Riscos critican tiene más que ver con la tendencia a imaginar la historia como *pathos* donde, más allá de las cambiantes necesidades y

---

[259] No se me escapa la ironía de que la herencia política de Ottro se construye como un catálogo desordenado de objetos acumulados sin demasiado sentido y que Fronda va tirando, regalando o donando porque ya no tienen ni siquiera valor sentimental. Fronda buscará, en vano, lo único que Ottro cree haber dejado como legado, ese "algo muy querido" que menciona en su testamento y que irá materializándose a lo largo del texto aunque sea casi invisible para su albacea.

respuestas de los sujetos y comunidades, se cruza una cierta inevitabilidad histórica con la certeza de que los sectores letrados son los únicos capaces de generar cambios. Formada en los laboratorios sociales de isla Ushoda, Fronda se imagina capaz de enunciar y poner en práctica una teoría de la crítica social y política que permitiese generar conductas que transformaran la vida de la isla. Si al principio ese programa difuso emanaba de "la revuelta", acabaría por cobrar forma en la agenda de Ottro. Tal teoría emerge como una suerte de síntesis hegeliana mal entendida, de superación en acto de un deseo que, desde el inicio de su reflexión, Fronda sabe irrealizable, al punto que, tempranamente en el texto aparece el siguiente comentario:

> Yo habría podido ser política [...] Lo que me desvió hacia el culto de la revuelta fue la insatisfacción; con el estado del mundo, que siempre en cada momento ha sido tan idéntico al momento anterior. (26)

Es precisamente el cruce de la incomprensión del presente como evento generador de sentido con ese deseo de absoluto trascendente, con ese impulso sobre una utopía programática en abstracto, con lo que Fronda intentará vanamente defenderse de los violentos ataques de Riscos y de sus reproches ideológicos. Dice Fronda:

> Con la ilusión de totalidad una se defiende contra impresiones y experiencias abrumadoras [...] Por eso el sueño de los revoltosos era fundirnos en el oleaje de la muchedumbre. Hacer isla, sí, hacer patria Ushoda, pero no ser autores de la obra. No meros libertarcos. El motor más recóndito de nuestra acción era el deseo de trascender la vanidad personal. En otras épocas la fuerza motora se había llamado Historia. Pero en vez de enajenamiento en el caudal de la Historia, lo que a mí me tocó fueron las prudentes planificaciones de la Regencia de Ottro. (235)

Pero al decir ésto, Fronda revela la perspectiva del texto. Para Aliano, el pensamiento crítico abstracto, en última instancia, no podía hacerse acto sino de modo muy limitado e imperfecto: de allí que su desconfianza proviniera de sus fracasos y que buscase un anclaje en una suerte de ética de la cotidianeidad definida no como una acción individual sino como la búsqueda de una mentalidad colectiva que fuera generadora de sentido. Tal visión no es parte de la agenda de Fronda que sólo puede pensar en términos de actos particulares. Por eso, su exitoso pasaje a la gestión se revela como una puesta en marcha de formas de control social por parte de las capas letradas que, bajo una aparente celebración acrítica de toda forma de activismo, acaban por poner límites a la capacidad de resistencia y de rebelión de amplios sectores sociales en nombre de programas de Estado que no necesariamente responden a las necesidades de quienes suponen proteger. Desde esta perspectiva, los textos se interrogan sobre cómo se construye un pasaje realista hacia la utopía, en particular, cuando se organiza esa transformación prescindiendo de los hechos (eventos) y organizando toda la agenda política en torno a abstracciones o deseos.

Es precisamente esta vena crítica sobre el presente como un espacio de transición hacia la utopía lo que permitiría inscribir textos como *Casa de Ottro* dentro del cyberpunk. Tal aseveración puede basarse, además, en la puesta en escena del espacio urbano mismo como *locus* del deterioro de la experiencia social y política allí donde el poder institucional ha sido apropiado por sectores particulares. A ésto debemos sumar el registro de la creciente importancia de las redes de comunicación electrónica en cuanto medios de transmisión de saberes, así como el ascenso del populismo y el desgaste sincrónico de las agendas de la izquierda clásica. Ese triple andamiaje se narra desde la inestabilidad de la subjetividad, haciendo de la experiencia algo cuasi irrepresentable, en gran parte porque es una subjetividad maleable que busca formas de conocimiento que generen nuevas, infinitas posibilidades en la relación entre el Uno y el Otro y entre el presente y la potencialidad (presente *y* futura) de la diferencia utópica.

Cómo pensar la afirmación del individuo y la afirmación de lo colectivo sin que ésto implique una contradicción insalvable, se convierte en una de las cuestiones centrales de un texto donde la consolidación de lo político emerge a partir de las pequeñas cosas. La segunda y no menor cuestión que de ésto deriva, es cómo pensar la relación entre lo cotidiano y lo ideológico no como términos opuestos o complementarios en una serie de binomios irresolubles, sino como partes de un mismo *continuum*. Si eso estaba ya anticipado en la psique múltiple de Aliano y en sus pequeños actos de resistencia, aquí será lo que acabe por dar sentido al universo vacío de Fronda a través de su relación con los cyborgs.

Es en el espacio de las relaciones interpersonales y en la necesidad del mutuo reconocimiento donde los sujetos organizan no sólo su memoria (personal, colectiva e histórica) sino también la arquitectura de una sociabilidad plural que parte de las prácticas de sujetos que operan en los límites de su capacidad para ser definidos. Los cyborgs de Cohen son, quizá, la más clara imagen de esa subjetividad que opera en los extremos mismos de la experiencia social, política y cultural, ya que aparece en seres que han sido modificados tecnológicamente para diversas funciones y, por ende, ponen a prueba nuestras nociones de lo humano. El cuerpo y la identidad cyborgs, insistirá Fronda una y otra vez, son difíciles de organizar como discurso letrado o político.

En Cohen, los cyborgs condensan las marcas críticas que recorren el texto de modo más amplio: sobre sus cuerpos se inscriben los aspectos de la circulación y acceso a la materialidad de la información como nueva divisa (qué implantes ponerse depende directamente del dinero y del conocimiento de los sujetos, pero también de la red social en la cual circulan) y, a la vez, son sujetos y objetos de prácticas políticas y/o culturales donde puede rastrearse tanto el desgaste de los discursos utópicos clásicos (cómo se definen sujetos y grupos sociales) como los avances de las nuevas formas del populismo (cuáles son los usos de los movimientos y de sus exigencias en la maquinaria del poder).

En isla Ushoda, hay cyborgs que son meros decorados en paisajes planificados para el entretenimiento público, hay cyborgs que son policías que se han convertido en algo apenas diferente de un autómaton ya que "poco les queda de carne propia" y cuya misión es maximizar la inversión que el Estado ha hecho en optimizarlos. Y hay cyborgs que, pese a todo, resisten definiciones y expectativas, en especial, aquellas con las cuales son analizados por Fronda en su doble condición de letrada y política. El cuerpo cyborg está, literalmente, cruzado de señales simbólicas y físicas que deliran, al decir de Bloch, de manera casi grotesca, las formas del deseo utópico y esos cruces, desde los aparatos interpretativos de Fronda, son la más de las veces ilegibles. En este sentido, personajes como Cañada, la criada de Ottro, y Riscos, el hijo de Fronda y nieto de Ottro, organizan en el discurso las nuevas formas de acceso a lo comunitario.

Frente al utilitarismo político de Fronda y Ottro, Cañada y Riscos ofrecen modelos de subjetividad que permanecen leales a sí mismos, y cuya mayor virtud es proveer un orden simbólico a los procesos de transformación del deseo utópico al mantenerlo firmemente enraizado en los hechos y en la minucia de la vida cotidiana. Ambos exponen en qué medida esos procesos impactan sobre su entorno comunitario. De allí que no sólo veamos transformarse sus cuerpos y sus psiques, sino que haya algo de *Bildungsroman* en cómo sus historias aparecen narradas a lo largo de la novela. Tanto Cañada como Riscos, por razones muy distintas, organizan el discurso narrativo en torno a individuos cuyas autodefiniciones, autodeterminación y agencia son siempre puestas en duda, particularmente por Fronda, pero sobre todo, por todo el cuerpo social que cuestiona el origen de clase de una y la juventud del otro. No es nada casual que Cañada sea una criada, una empleada doméstica que depende de Ottro por completo, tanto desde el punto de vista económico como emocional; ni tampoco es aleatorio que Riscos, su nieto, sea un joven díscolo que aparece desde el inicio del texto como suerte de cruza inclasificable entre un *yuppie*, un neofascista y un socialista utópico. Lo que ambos presentan *en su devenir* es una forma de humanidad desmantelada tanto física como psicológicamente, una ruptura de la naturaleza que, en su negativa a aceptar toda expectativa sobre lo que deben ser o sobre el lugar que deben ocupar, se convierten en *locus* de una resistencia localizada y de la reconfiguración de las relaciones sociales a partir de las cuales reorganizar redes de significado.

El caso de Cañada se construye sobre las expectativas de clase, aunque en gran parte, cuando ésta habla no enuncia con la voz de los subalternos como esperaría un discurso biempensante que defendiera los derechos de los excluidos del discurso político tal como lo hubiera hecho la novela histórica de la cual la ciencia ficción se diferencia en forma más explícita. Más vale, y como claramente muestran varias de las citas hechas más arriba, Cañada no sólo interviene críticamente en el debate político (aunque no sea escuchada) sino que además, hace uso y abuso de las chances que le ofrecen Ottro y Fronda, así como de toda otra oportunidad que le ofrezca el Régimen Neoclásico sin una particular evaluación moral sobre esas opciones. Cañada se convierte en cyborg por razones no muy distintas a las que llevan a Ottro a adoptarla como criada: hay algo de conveniente en la elección, aunque esa conveniencia no tenga siempre un valor monetario.

En este sentido, Cañada es profundamente humana por cuanto articula sus elecciones en base a incentivos personales y/o familiares. Aunque forma parte de la vida privada y política de Ottro desde su nacimiento, Cañada sólo ve de esa relación los aspectos personales que la impactan en forma directa. Ottro hace las veces de padrino, habiendo pagado su educación y toda una serie de injertos que la convierten en una "cosa humana, ángel, artefacto" (31). Ese cruce de beatificación y reificación alude a la triple naturaleza de la cyborg: si por un lado está marcada por la tiranía social y económica que sobre ella se ejerce y que intenta reducirla a un mero objeto vacío de significado, también aparece como un ser transparente, que en su misma pequeñez, desnuda todos los significados (sociales, culturales, económicos y políticos) que circulan a través de ella y por ella. Y al mismo tiempo, permanece igual a sí misma, leal a su propia naturaleza humana y, finalmente, se transforma en algo que no es ninguno de esos elementos sino la *summa* de todos. La irreductibilidad de Cañada aparece desde el inicio mismo de la novela:

> [...] ciertas piezas óseas no se las reemplazaron para optimizarla, sino a causa de las fracturas que tuvo en un accidente infantil. Nunca soldadas por completo. Ciborguizándola, los médicos neutralizaron una minusvalía. Pero también sospecho que Cañada encuentra en la lentitud una inconsciencia útil para pasar por alto sus disminuciones. (31)

Y, más adelante, Fronda agregará:

> No sé como funciona el alma ciborgue. Quizá tengan una válvula del rencor. En el alma de los ciborgues hay un secreto. Lo desalojan en formato desafío. Lanzan su desafío huero; después vuelven a esa afabilidad mansa que es la provocación constante. (205)

Será en las relaciones familiares y en la cotidianeidad donde Cañada ponga en escena su mayor desafío, aquel que muestre "involuntariamente las grandezas humanas" que Fronda será incapaz de leer sino hasta el final, por la naturaleza misma de su entrenamiento y de sus aspiraciones políticas. Es Cañada quien organiza la vida cotidiana de la casa de Ottro; es en Cañada donde se ancla la familia que, desde el inicio de la novela va refugiándose en la casa vacía; es Cañada quien emite las críticas más viscerales a la actuación política de Fronda y de Ottro; es Cañada quien devuelve la dimensión humana a la cotidianeidad de Fronda. Y por último, al irse de la casa, es también Cañada la que opera todos los sentidos políticos y privados de la palabra *emancipación* cuando por fin deja de trabajar para Fronda.

Desde esta lectura, Cañada es la puesta en escena de la cotidianeidad como el *locus* del anclaje de la experiencia definida como algo móvil y cambiante. Esa experiencia conforma la base de lo que Bloch llamaba una utopía concreta. Aunque sería tentador leerlo en estos términos, no se trata simplemente de un retorno sobre lo privado en vistas de la desintegración del discurso de cierta izquierda en el espacio político, sino de la reconstrucción de una utopía pensada en términos y tiempos humanos, y sin ilusiones de grandeza. O, como diría Tom Moylan, en la distopía crítica que se construye en la casa que silenciosamente supervisa Cañada, se organiza un discurso que "takes the political imagination into the larger realm of a democratically unified alliance politics" (*Scraps of the Untainted Sky* 190).

Riscos complementa la figura de Cañada ya que es la puesta en escena de la imposibilidad de la existencia de una sociedad sin escisiones así como la imposibilidad de recuperar en el ego la forma primera del hombre natural de Rousseau, si es que éste existió alguna vez, y aunque quizá constituya una latencia. A lo largo del texto, mientras busca equilibrar esta descripción de la naturaleza humana con su propio deseo de una utopía de la pluralidad, Riscos constantemente le recuerda a Fronda lo mucho que hay de egoísta y de cruel en la humanidad y cómo esas características están atadas no a un sentido primigenio del mal, sino a la necesidad misma de la supervivencia. Esa mirada economicista se traducirá en sus primeras apuestas políticas, que buscan no sólo irritar sino escandalizar a su entorno social. Lo que Riscos activamente busca, aún en sus momentos más reaccionarios, aún y a pesar de su cinismo, es producir sentidos que generen nuevas formas de activismo. Dice Riscos:

> La fe más difícil es la fe en las causas locas. Como que todos lleguen a vivir en las mismas condiciones, más o menos. Que cuando se hayan satisfecho las verdaderas necesidades tal vez aparezcan sentimientos más amables, días más interesantes. (*Casa de Ottro* 288-89)

Si esa fe en la utopía como una encarnación de la unidad es una forma de la irracionalidad, Riscos explora todas las formas del irracionalismo como una manera casi estética de confrontar discursos y deslegitimizar aquello a lo que el corporativismo populista ha dado forma de consenso social. Riscos organiza estética e ideológicamente los conflictos que son invisibles en el tejido social de isla Ushoda, empezando con su violento ataque al Régimen del Mayorato al poner su juventud como argumento político. El cuerpo cyborg de Riscos se convierte en un arma.

Criado por su abuelo con el amparo y la protección que dan las ligaduras al poder, a los diecisiete años, Riscos decide iniciar su proceso de deshumanización al sacarse casi toda la dentadura, en parte como homenaje a su abuelo, en parte como un acto de desafío político a la gerontocracia que gobierna la isla. Sacarse los dientes y reemplazarlos por una dentadura artificial es tanto un acto estético como político: Fronda lo llamará "disolución subversiva" (143). Más tarde, Riscos incorporará una cámara fotográfica en su córtex y en sus ojos. La mutación del cuerpo es paralela y simultánea a sus múltiples transformaciones ideológicas: pasa de ser un "pepolo" inconformista con prácticas rayanas en el fascismo, al misticismo religioso, para terminar en una forma de socialismo. En la clara estructura de *Bildungsroman* cautamente optimista que la novela preserva, el abuelo es la figura fuerte del comerciante devenido político cuyo hijo idealista renuncia a la herencia paterna para dedicarse a la sociología y a la filosofía, y el nieto es una suerte de síntesis de ambos, o de todos sus predecesores ya que Riscos, pese a sus salvajes críticas, siente una oscura atracción hacia los deseos utópicos de su madre.[260] Ese deseo permea sus acciones.

Riscos es, a los ojos de su madre, "una bestia de la *transgresión*" cuyo principal motor son "las ganas", aunque carezca de toda dirección. Dirigente de los "pepolos" o del movimiento de la "Perversidad Polimorfa" que busca el "placer egoísta ininterrumpido", descripto como un retorno a un estadio

---

[260] Imposible saltear la referencia a Thomas Mann y *Los Buddenbrook* (1901).

psicológico anterior al de la conciencia adulta. Entre los objetivos del movimiento se incluye:

> Volver a ser bebés, querían. Que se restableciera la continuidad entre las partes del cuerpo de uno y esas fuentes de placer que hacen babearse; querían que se anulase la diferencia entre uno y la teta materna o cualquier teta, entre la caricia y el manotazo, entre el beso salivoso y el mordisco sanguinolento, entre la pilula y la cachucha, entre los diversos tipos de orificios. (*Casa de Ottro* 130)

Las acciones "pepolas" están destinadas al gozo tánico de lo inmediato que se manifiestan como acciones cuasi-vanguardistas de enorme violencia (los ecos del surrealismo son inevitables), desde torturar un gato hasta bailar desenfrenadamente, desde mutilarse o humillarse hasta hacérselo a terceros y, finalmente, el suicidio, acción que Riscos rechazará por ser un escapismo. Son acciones que manifiestan la puesta en escena de los materiales que la vanguardia había privilegiado: la poesía del mal, el mito, lo simbólico, etc. Pero también, la locura y la transgresión original de Riscos son su versión de una respuesta posestructuralista a la devoción cívica de Fronda. Muchas veces planificadas por Riscos, esas acciones teatrales son formas de la materialización del mal, no sólo en su gratuidad sino también en la incapacidad o falta de voluntad de sus espectadores para detenerlas. Sin embargo, son también actos que ponen en escena la posibilidad de una conducta asistémica, no sólo porque operan desde la imaginaria autenticidad de quienes los llevan a cabo, sino porque además en su misma monstruosidad revelan o hacen estallar creencias y expectativas sociales y culturales del mundo cotidiano al que se lee como pedestre y ramplón. A su modo, Riscos es también un utopista, si bien en el extremo ideológico opuesto a su madre, ya que ambos son la encarnación de lo que Bloch había llamado una esperanza abstracta y sin control:

> [...] where bright and shining programs of universal reform are concerned, if the eye sees all of heaven opening before it, without a timetable, and without appropriate skepticism, then the following maxim is not far off the mark: those who hope and wait are often driven to folly. (*The Utopian Function* 340)

Las expectativas políticas de Riscos, en su fase "pepola", llaman a un antihumanismo que recuerda en mucho las reacciones al discurso marxista hechas desde dentro de la izquierda a fines de la década del setenta:

> [...] contra los sentimientos humanitarios los pajes de la fantasía, los pierrots de la desesperación, los afeminados de la angustia [...] contra la razón, el escepticismo, el optimismo naturalero, el culto de los sueños, el arte [...] Mi hijo predicando

391

un orden civil riguroso, exigiendo que el gobierno imponga la ley *sin escrúpulos*, y el sujeto la observe diáfanamente, se entregue a la ley sin preguntas ni reticencias. (*Casa de Ottro* 163)

Pero a medida que el texto avance, se hará cada vez más claro que las indagaciones de Riscos son contradictorias. Pese a su mentada búsqueda de una trascendencia ontológica, las acciones se orientan no sólo a anclarse en los hechos o a contemplar la naturaleza humana en toda su desnudez, sino también a cuestionarse cuál es el lugar de los movimientos sociales y del arte en el lugar que aparentemente deja vacante la política partidaria ante el ascenso del populismo. Poco a poco, Riscos abandona las distintas formas de mesianismo para volcarse hacia movimientos políticos claramente identificados con agendas utópicas: agnóstico de todas las causas, Riscos quiere creer en alguna, quizás con excepción de la que su madre y su abuelo llevaron al gobierno, en gran parte, porque en esa causa se ahoga la esperanza. En ese movimiento pendular, desde la anti-utopía, Riscos renegocia críticamente el espacio de la utopía crítica partiendo de su reflexión sobre el discurso populista y sobre el discurso utópico abstracto porque desenmascara las trampas discursivas y voluntaristas de Fronda. Desde su pesimismo militante, le dirá: "Tanto militar contra el mal y perdiste de vista el sufrimiento. El de los demás" (268). Es en el sufrimiento, en el dolor, donde Riscos organiza su relación con los otros.

En Riscos, la cotidianeidad y el dolor conforman la unidad de sentido de la experiencia sólo cuando participan de la esperanza de cambio o de transformación: lo monstruoso de Riscos consiste en traer a la superficie la posibilidad de una ética transversal. Para cuando Riscos se haga guerrillero, habrá instalado en Fronda serias dudas sobre su problemática relación con lo cotidiano, al subrayar no sólo la importancia de la solidaridad en su quehacer diario (es decir, en cómo asumir sus responsabilidades frente a la casa y al grupo que en ella vive) sino también sobre cómo atribuir valor a las relaciones sociales. Riscos, el monstruo antihumanista, le revela a su madre las formas más básicas de humanidad porque se convierte en un monstruo de la impureza. Es decir que Riscos hace lo que para Aliano era impensable: desciende desde las inmarcesibles alturas de la trascendencia poética a la necesidad cotidiana para enchastrarse de mundo. Si en algunos aspectos la novela revela su filiación con el proyecto de la Modernidad, lo hace de modo ambivalente: el desdén inicial de Riscos por la política se transformará en una militancia abierta por las causas del consenso y la igualdad social; pese a su desprecio por la agenda "libertarca", ésta se convertirá en la base de sus anhelos libertarios. Lo que Riscos le reprocha a Fronda es no haber creído lo suficiente en esa agenda, no haber sido consecuente con sus propias ideas. El mal, le dice Riscos, no es simplemente haber traicionado su propio proyecto, sino en no darle cabida a la esperanza.

Como en el caso de Cañada, Riscos resiste toda definición por parte de Fronda. Fronda pasa gran parte de la novela intentando no sólo comunicarse con su hijo, sino analizarlo o entenderlo, aunque más no sea utilizando las estructuras provistas por su educación en los laboratorios sociales de isla Ushoda. Nunca lo logra. No sabe si su hijo es homosexual o misógino; no logra entender si es un inconformista o un producto perfecto de los programas de su abuelo. Fronda dice que "No era apta para elaborar nada contra los pepolos; tenía ahí una traba; porque uno de los fundadores de pervopolimorfismo era mi hijo Riscos" (133). En la excusa de una relación madre-hijo casi inexistente se obtura toda posibilidad de comprensión y elaboración del hecho social "Riscos". Si desde la perspectiva del *Bildungsroman*, lo que Riscos narra es cómo diferentes sectores letrados buscaron renunciar a lo trivial buscando distintas formas de trascendencia, lo que queda en el final del texto es la revelación de que esa dimisión sólo es posible a partir de una transformación solidaria, del cambio, y en última instancia, de reconocer en uno mismo y en el espacio, las infinitas formas de excepcionalidad de lo cotidiano.

Así, *Casa de Ottro* narra dos tendencias simultáneas en el derrotero de la crisis política que abre el siglo XXI: el ascenso del populismo y el derrumbe de ciertas agendas de la izquierda que, en apariencia, fuerzan el retorno de lo político sobre la vida privada o se lanzan al cinismo desencantado de algo peor que la *Realpolitik*. Sin embargo, a través de la figura de la monstruosidad de los cyborgs, el texto recontextualiza esas dos últimas apuestas como formas de la utopía crítica. Esa operación permite articular salidas movilizadoras que, como en el caso de Gardini, convierten la utopía en un proceso consensual basado en la solidaridad y en una ética pluralista. Si bien la utopía no se articula como programa, son las condiciones para que ésta sea posible lo que se pone en escena en los textos, habida cuenta de la capacidad de los individuos y de las sociedades para mutar y transformarse, pero sobre todo, habida cuenta de las obvias falencias de un duro presente.

Que la utopía sea siempre un espejismo que se desplaza sobre un futuro nunca alcanzado no la vuelve menos válida. Cuando estos textos imaginan condiciones no lo hacen en un sentido determinista ni trascendente, sino más bien ético: es en la responsabilidad hacia los otros, en la búsqueda de justicia, en la organización racional del espacio social e institucional donde el anhelo por la utopía se revela como una agenda programática no para un futuro lejano, sino para la inmediatez de un presente complejo. De allí el profundo sesgo crítico de una narrativa que no intenta delirar el futuro sino narrar la inmediatez del ahora. Este reconocer el presente como la temporalidad potencial de la utopía articulada como contingencia recorre los textos de Cohen: es lo que convierte la memoria y la historia en principios, el lugar desde donde comenzar a construir espacios colectivos de mutuo reconocimiento. De allí, en parte, que la novela esté escrita como fragmentos y que el final sea completamente abierto: todo el texto es una larga negociación de identidades individuales y colectivas, políticas y personales, públicas y privadas, oficiales y extraoficiales. No es una puesta en escena de la glorificación del relativismo sino de la confrontación de versiones sobre lo real y sobre la experiencia en función de la emergencia de una ética anclada en la *praxis* cotidiana, no en tanto que actos de rebeldía individual, sino como parte de una reflexión más amplia sobre la capacidad de transformación social y cultural de los procesos políticos.

Conclusiones

> ... *it may be that our epoch has brought with it an "upgrading" of the utopian —only it is not called this anymore. It is called "science fiction" in technology; it is called grist to one's mill in the theology.*
>
> Ernst Bloch, "Something's Missing: A discussion between Ernst Bloch and Theodor Adorno on the Contradictions of Utopian Longing"

> *Life is possible only in a nonequilibrium universe.*
> Ilya Prigogine, *The End of Certainty*

Quizás desde sus inicios, la narrativa latinoamericana estuvo marcada por las alucinaciones de sociedades alternativas, utópicas unas, distópicas otras; todas nacidas de alguna instancia apocalíptica, una ruptura del mundo conocido que daba entrada al otro lado de un universo de valores alternativos, deseables, o hasta condenables. Los proyectos de modernización del siglo XIX no fueron ajenos a este complejo universo simbólico y el *pathos* del liberalismo que sentó los proyectos de Estado-nación imaginaba, en sus momentos más felices, la concreción de un universo finalmente racional, justo y ordeno. Llegado el siglo XX, las revoluciones que organizaron el vocabulario de la utopía lo hicieron desde espacios simbólicos no demasiado diferentes al de sus predecesores. Sin embargo, junto con las versiones optimistas que auguraban salidas predeterminadas a historias que todavía no habían siquiera madurado, aparecieron narrativas críticas no sólo de las ilusiones que encerraban tales apuestas, sino sobre cómo se las había puesto en práctica. En consecuencia, particularmente durante la segunda mitad del siglo XX fue necesario analizar el doble impulso (a la vez revolucionario y conservador) dentro de los movimientos que buscaban cambios sociales.

Tal crítica se haría con muy diversos instrumentales teóricos. Deleuze y Guattari hablarían de esa doble envión como de formas oscilantes de delirar la historia en su búsqueda de comunidades ideales; Bloch de un principio de esperanza que puede ser traicionado y aún así, sobrevivir gracias a la pervivencia de la imaginación utópica. En los países periféricos, donde ese impulso ambivalente era ciego a sí mismo aún cuando constituía la materia prima de los debates ideológicos, ese doble *pathos* se convirtió en el punto límite sobre cómo pensar sociedades ideales o comunidades deseables, ya que los fracasos de los múltiples movimientos de ese período (y de los discursos ideológicos que los sustentaban) probaron o bien su ineficacia política o bien su dificultad para operar sobre lo real.

El desencanto de la década del ochenta y noventa, en muchos aspectos, ya estaba preanunciado en sus contradicciones (para definir sujetos sociales o modelos de Estado) ya que se filtran como una de las posibles formas de la violencia en las discusiones ideológicas de los sesenta y los setenta, cuando la fe en el impulso revolucionario transformador positivo llegó a alcanzar ribetes mágicos en el pensamiento intelectual latinoamericano. En parte, ésto explica el que Beatriz Sarlo hablara de un cambio en la percepción de lo político en el campo cultural a partir de la década del ochenta. Una buena parte de los escritores a quienes había guiado ideológicamente la impronta utópica revolucionaria habían intentado resolver "el enigma de la violencia argentina" a partir de un retorno sobre la historia y la historiografía que demostró ser inconducente. Dice Sarlo:

> Si el pasado reciente obsesionó a los ochenta, el presente es el tiempo de la literatura que se está escribiendo hoy [...] leyendo la literatura hoy, lo que impacta es el peso del presente no como enigma a resolver sino como escenario a representar. Si la novela de los ochenta fue "interpretativa", una línea más visible de la novela actual es "etnográfica" [...] Las interpretaciones del pasado se reemplazan por representaciones etnográficas del presente. ("La novela después de la historia" 473)

Si en el centro de los debates, como dice Sarlo, ese cambio se manifestaría de manera visible porque "el Mercado toma el lugar de la Patria" (474), quedaría por preguntarse que pasa con esa suerte de excedente ideológico en el que se convierte el pensamiento utópico, por una parte, y por otra, en qué sentido podemos realmente hablar de narrativas "nuevas" cuando hacemos referencia a un hiperrealismo cuyas preguntas capitales no sólo coinciden con las de la ciencia ficción sino que operan en su mismo terreno ideológico y político al organizar sus respuestas. Aunque insuficiente, la primer y casi obvia respuesta es que para la narrativa de ciencia ficción ese presente que parece irrumpir en otros espacios, siempre fue la única y constante preocupación. El "efecto revelador" de la ciencia ficción hace a ese proceso de amplificación que funda el extrañamiento de su lectura. Pero además, y como dice Jameson, "The historical opportunities of SF as literary form are intimately related to this paralysis of so-called high literature" (*Archeologies* 270).

Así pues, la narrativa de ciencia ficción argentina establece un diálogo con el resto del campo cultural al reflexionar críticamente sobre cómo se constituye el deseo mismo por una sociedad ideal absoluta que no contemple la complejidad y multiplicidad de lo real. Para la ciencia ficción aquí analizada, el impulso unidireccional hacia la realización de una comunidad ideal en el vacío (sea ésta basada en principios étnicos, religiosos, o civiles) se convierte en la base de todo pensamiento autoritario, de todo fascismo, porque se articula sobre la siempre incompleta idea de un "bienestar social" abstracto que necesariamente genera un límite que deja fuera toda diferencia: es el inicio de la justificación de la violencia. Es una línea de pensamiento en consonancia con lo que en otras latitudes y espacios, pensadores como Jürgen Habermas meditarían sobre la naturaleza misma del "bien común" y de sus normativas (Habermas, 1998, 2003).

En un mundo realmente pluralista, donde la diversidad es una constante de la vida cotidiana, el imaginario sujeto homogéneo de esas sociedades de fantasía desaparece en favor de un sujeto múltiple, multidimensional, diverso, y en muchos aspectos, inaprensible. Como bien ha observado Benjamín Arditi, ese mundo diverso también encierra la trampa de un universo de puros particularismos donde es imposible establecer parámetro alguno para articular no sólo formas de conocimiento, sino también prácticas políticas comunes. Esas preocupaciones también recorren los textos de los cuales nos hemos ocupado aquí, ya que parten de ese sujeto múltiple para pensar la ética individual como origen de la ética social, para señalar en estos cruces una escisión desde donde iniciar un nuevo paradigma filosófico cuyo eje central ofrezca respuestas a los interrogantes sobre la libertad individual en el mundo de la multiplicidad.

En el caso de Gorodischer y de Cohen, estos parámetros son una agenda que se va construyendo a lo largo de toda su obra, donde emerge una clara concepción de un imaginario democrático basado no sólo en la capacidad de resistencia individual al mal, sino también en la habilidad para generar prácticas de consenso que no cercenen búsquedas individuales ni opciones particulares: el bien común no es un mandato sino un hacer; no es un deseo sino un ahora maleable, cambiante, siempre pasado cada vez que se realiza. En el caso de Gardini, las sociedades ideales se manifiestan como pesadillas autoritarias que destruyen toda posibilidad de ser de los individuos: sólo la resistencia metódica basada en el saber y en la solidaridad puede generar algún tipo de esperanza, ya que no hay anhelos allí donde no hay conocimientos, ni comunidad donde no hay empatía. Para Cohen, además, las elecciones éticas de los individuos definen lo político y lo social que, a su vez, son siempre cambiantes: no hay más teleología que la de un presente en permanente estado de transformación ni más utopía que la capacidad de los sujetos para generar cambios de naturaleza incluyente y concreta. Por eso, no se trata de textos que aboguen por una fe ciega en el conocimiento y el progreso continuos a futuro, sino por una recuperación de la responsabilidad de los sujetos para hacer del saber una forma de aprehender un mundo siempre cambiante y no una forma determinista de imaginar un porvenir estático.

Si en efecto la preocupación de los textos apunta a construir una ética a partir de la praxis individual es porque también está en juego la capacidad política de todo discurso sobre la forma que habría de tomar no el futuro, sino el presente. Justamente ese énfasis sobre el presente en la producción de los autores que hemos explorado en esta sección nos lleva a una breve reflexión sobre la relación entre novela histórica y ciencia ficción. En un trabajo anterior, decía que la novela histórica en Argentina se construye a partir de una concepción absoluta, determinista e irreversible del tiempo: es el tiempo de las cosmogonías, de los mitos, y por ende, se condena a la escritura a la repetición mucho más que a la reflexión crítica de lo ideológico. En la novela que se volvió hegemónica a partir de los setenta, la ética de la derrota vino a sustentar un discurso donde el pasado ejercía una suerte de peso inmanente sobre el presente; un peso de tal naturaleza que era imposible escapar a su lógica o a sus mandatos o a la teleología que imponía sobre los individuos que habitaban un presente instalado en un vacío simbólico: tal operación convertía a la utopía en una suerte de Edad de Oro para siempre perdida (Kurlat Ares, *Para una intelectualidad*). En este sentido, la novela histórica en Argentina ofrece una forma extrema de una característica propia de la novelística en general, tal y como la describe Carl Freedman:

> [...] the empirical present of the reader and of the text's own production is put into contrast with an alternative significantly different from the former, yet different in a way that remains rationally accountable. In the historical novel, however, the alternative to actuality is located in a knowable (and generally national) past; there is a real sense in which the novel [...] is prewritten before it ever begins. (54)

La narrativa de ciencia ficción argentina, en cambio, rompe con esta expectativa. Como el mismo Freedman menciona analizando la fetichización y reificación de la novela histórica en el siglo XIX, uno de los roles que la ciencia ficción puede haber retenido para sí "might be described as keeping alive critical historical consciousness as the historical novel proper becomes increasingly problematic" (57). Anclada en los debates sobre el presente, la ciencia ficción parece no estar particularmente interesada en el pasado, aún en textos que operan sobre versiones muy livianas de historias alternativas (género, por otra parte, muy poco frecuentado en América Latina). En estos textos, el tiempo es multidireccional, y el pasado, el presente y el futuro no se determinan mutuamente porque están sujetos, en parte, al azar de las elecciones humanas. Se trata de textos que deben ser definidos como lo que Tom Moylan llama distopías críticas ya que negocian la relación conflictiva entre Utopía y Anti-Utopía a través de la historia del presente que sustituye al Ideal como motor semoviente de los hechos, y se convierte así en una máquina deseante que organiza el devenir. Dice Moylan:

> [...] the critical utopias challenged the political compromises of a Left authoritarianism and the theoretical strictures of both Marxist and structuralist analysis, the critical dystopias interrogate and supersede the limits of the 1980s micropolitics and poststructuralism. (*Scraps of the Untainted Sky* 195)

Como hemos visto en las páginas anteriores, Angélica Gorodischer organiza una narrativa cuyo centro está puesto directamente en debates contemporáneos a su propia producción a fin de reflexionar sobre la relación entre ideología, ética y *praxis* a partir de las necesidades de los sujetos mismos. Esta triangulación inicial no es azarosa ya que define los términos de toda apuesta revolucionaria y/o de cambio social en un país donde hablar de daños colaterales era una práctica corriente para más de un sector político. Es por eso que, en sus textos, la ética de las acciones se centra en la inmediatez de las elecciones individuales ante los hechos concretos.

El pasado de los textos de Gorodischer no es una abstracción al absoluto ni un evento subjetivado por la conciencia a la manera de Badiou. A lo sumo, es el pasado que organizan sus propios textos o la constelación de lecturas asociadas a ellos: el pasado histórico tiende a convertirse en una suerte de mezcla de registros (temporales, geográficos, culturales, etc.) cuya única utilidad es traer a colación las posibles enseñanzas que dejaron, especialmente cuando esas lecciones muestran los caminos de la violencia y de la muerte: aún cuando exista un sistema de elecciones en la lectura, los eventos son siempre de una materialidad contundente.

El caso de Carlos Gardini es aún más transparente, ya que ataca de lleno los mecanismos ideológicos del discurso político, al contraponer sistemas ideológicos con visiones diametralmente opuestas sobre la actividad humana: a formas de pensamiento herederas de un determinismo dieciochesco que equiparaba lo social con la máquina, convirtiéndolo en el espacio de lo atemporal e invariante, se contrapone un imaginario donde el tiempo deviene para ya nunca volver atrás, porque sólo la experiencia del evento histórico vivido es transformadora y en ella intervienen, no diseños imaginarios o deseados, sino la variedad, el azar y la espontaneidad de las elecciones individuales.

Por su parte, la narrativa de Marcelo Cohen retoma esta cuestión al contraponer la problemática de las abstracciones hechas por las ciencias sociales, la realidad concreta del accionar de los sujetos y el devenir de los movimientos históricos y sociales, cuya aleatoriedad es el único elemento que no entra en las predicciones y es, sin embargo, la única constante: el azar de la vida, su precariedad misma, subrayan con mayor urgencia la importancia de una ética capaz sustentar acciones políticas necesarias en el presente. Más aún: al traer la reflexión a la inmediatez de la transformación de las agendas políticas de izquierda en el tamiz del populismo, la narrativa de Cohen saca a la luz no sólo las contradicciones que gravan el pensamiento intelectual contemporáneo, sino también una suerte de crisis de identidad y de representatividad de la que no puede dar cuenta un rótulo tan simple como la de "narrativa posmoderna".

Puesto en otras palabras: si la narrativa de Gardini pone en escena los posibles mecanismos para superar las asimetrías socioeconómicas y sociales a través de la resistencia como acto político, la de Cohen pone en escena la naturaleza misma de las desigualdades y del tipo de estratificaciones que estas generan más allá de las soluciones propuestas por los grupos intelectuales. Si el primero narra desde un impulso sobre la necesidad de transformar el presente, el segundo narra desde el deseo de revelar sus mecanismos. En este sentido, y siguiendo en parte la tendencia internacional que surge después de los ochenta, estas distopías críticas se interrogan sobre cómo funcionan los mecanismos de represión y resistencia en una sociedad, y sobre cómo hacer política concreta y activa que pueda proyectarse a futuro a partir de la memoria de la resistencia colectiva de sectores oprimidos que se organizan políticamente para luchar por sus derechos.

Si en efecto, como decía Bloch, la memoria es el repositorio de la experiencia y de los valores, sólo un uso novedoso (es decir, que permita desarrollar la capacidad crítica) de esa experiencia permite elucidar el mundo a nuevo. Aquí, la utopía es un proceso siempre cambiante, maleable y mutable, el espejismo hacia el cual se avanza en la certeza de que es el hilo de una esperanza, mucho más que un Ideal fijo e inmóvil, el destino de una humanidad marcada por la suerte y obligada a conquistar su ineludible objetivo. O como decía Hayden White analizando a Nietzsche, la historia que niega la vida es aquella que imagina un sólo y único modo de ver el pasado (y, agregaríamos, el futuro); aquella que la afirma, comprende la multiplicidad de sentidos y perspectivas de ambas direcciones temporales (331-33).

En una literatura que, con los restos de la desesperación y el desencanto, buscaba un sentido único para la historia, desde la narrativa y retomando las apuestas de la poesía, la ciencia ficción se convirtió en el espacio de la multiplicidad. Si eso fue posible, se debió, en parte, a que esta narrativa no intentó resolver antagonismos ideológicos ni superar diferencias, sino abrir espacios de reflexión y debate en torno a la cuestión de la sociabilidad y la equidad social como formas de lo político. Es quizás, una respuesta de costado a aquella observación de Beatriz Sarlo en su blog de *Bazar Americano:*

> Los intelectuales del siglo XX pensaron que el siglo era interpretable. Acá hay un error. Pensaron que una idea, un movimiento, la aparición de un sujeto histórico, daba la clave del siglo. No tuvieron en cuenta lo contradictorio, la intermitencia, la cualidad pulsátil del siglo XX. ("Libreta Sarlo")

Más preocupada por el presente como multiplicidad, y haciendo del futuro hipotético una cuestión casi tangencial, o más bien, convirtiéndolo en un artilugio narrativo, la ciencia ficción genera un espacio donde poner en escena críticamente no sólo los debates ideológicos y/o políticos del campo cultural sino también las lecturas y operaciones que los intelectuales hicieron con esos materiales. Más que intentar una exégesis sobre la complejidad del siglo XX, los textos intentan un ejercicio de aproximación a la alteridad que aboga por cadenas de comunicación dentro de la diferencia y no por su abolición en nombre de singularidades inefables. O, en palabras de Freedman, la ciencia ficción es "a locus of radical *alterity* to the mundane status quo, which is thus estranged and historized as the concrete past of potential future" (55). Es justamente la cuestión de la alteridad lo que lleva a la reconstrucción precisa de una genealogía literaria que relee tanto a González Tuñón como a Borges.

Esa preocupación por el presente tiene además otra faceta. Los textos trazan el derrotero intelectual de las indagaciones en torno al conocimiento en la segunda mitad del siglo XX. Junto con una clara inquietud por el rol del Estado y los usos de la ideología en el devenir social, el discurso de la ciencia ficción argentina se organiza en forma simultánea a preocupaciones que dominaron los debates culturales (y que transformaron el ámbito académico): mientras Gorodischer y Cohen reflexionan sobre la relación entre ética, política y ciencias sociales; Gardini analiza las consecuencias de aspiraciones utópicas que moldean la capacidad de los seres humanos para controlar su ambiente social a través de la violencia. En parte por este motivo, al inicio de este trabajo decía que la ciencia ficción no era un género sino una modalidad de lectura.

En los debates sobre este tema que tuvieron lugar en los noventa se hablaba de cómo la ciencia ficción podía ser descripta como comprensiva, en el sentido que era capaz de aglutinar sobre sí grandes gestos estéticos (sobre todo, los del surrealismo, pero también la vanguardia en general y, más adelante, las estéticas de la posmodernidad), desde diversos medios y registros, convirtiéndose en lo que Delany llamaba un "fenómeno de campo".

Debemos notar que en su misma amplitud el gesto hace el recorrido opuesto al que hace la poesía, con la cual todos los textos aquí estudiados dialogan. Notablemente, las elecciones estéticas y lingüísticas de la ciencia ficción tienen su origen en el neobarroco y de alguna manera, lo continúan, en el preciso período en que los poetas reaccionan contra su herencia, retornando sobre un lenguaje denotativo simplificado. Sin embargo, quiero subrayar la convergencia de búsquedas, por cuanto en ambos casos, la exploración de la experiencia cotidiana o de la historia está desprovista del trasfondo trascendente, teleológico, que había marcado los debates del campo cultural durante más de cincuenta años.

Si para la ciencia ficción la cuestión todavía está en pensar la escritura desde el retorno sobre los lenguajes (visuales, escriturarios, etc.) como códigos de múltiples sentidos, tal reflexión no está exenta de cierto dejo espartano que se convierte en la marca escrituraria de alguien como Cohen. Esa doble capacidad lingüística permite a la ciencia ficción significar a partir de la propia historia de sus lecturas y debates, encadenándolas entre sí: es por eso, también, que hablamos de modalidad en tanto y en cuanto se constituye como un sistema de aproximación/interpretación de y sobre discursos y objetos.

Así pues, volcadas sobre el presente y rearticulando un lenguaje sobre lo político y lo histórico, las novelas de ciencia ficción aquí analizadas reflexionan críticamente sobre la caída del modelo decimonónico de Estado-nación y su reemplazo por formas identitarias corpusculares, neotribales, que son también formas organizativas astilladas, aunque pragmáticas, de organización. Los textos no proveen respuestas a en qué medida esas formas pueden ser exitosas o no, pero la ausencia misma de programas utópicos como objetivo último de las alianzas dan una medida doble de las posibilidades y peligros que tales apuestas conllevan. Si en última instancia los textos eligen poner su fe en la ética y en la comunidad, tampoco lo hacen de manera ciega y confiada en la potencialidad de cambio que tal elección podría acarrear. Ejemplo de ésto es que cuando los personajes apuestan por lo religioso como espacio de la trascendencia, ese espacio aparece también como fácil de cooptar e intrínsecamente ritualizado. No obstante, particularmente en el caso de Cohen, la religión provee cierto lugar para fundir religión y conocimiento y para generar lazos comunitarios e identitarios que pueden reemplazar el vacío que deja el Estado en su retirada.

Así pues, los textos se interrogan de dónde vendrán o como serán las nuevas garantías capaces de proveer cierto marco de equidad a las relaciones sociales y económicas ante el debilitamiento de las instituciones legales y judiciales. Más aún: cabe preguntarse cómo integrar el mayor número posible de miembros a proyectos funcionales de ciudadanía donde no haya coereción sobre los individuos. Una primera respuesta es que tal legitimidad y condiciones debería provenir de nuevas prácticas comunitarias, pero aún las mismas novelas reconocen que no es un móvil suficiente. La estabilización de los sistemas de producción quizás fuese una segunda respuesta, pero los textos dan cuenta, precisamente, de la constante movilidad de los sistemas sociales. Es justamente en la dinámica y en el cambio, en la capacidad de transformación y adaptación donde los textos dejan abierto el inicio de una respuesta: no se trata de encontrar recetas para dar respuesta a todos los posibles escenarios, sino de crear las condiciones de existencia para sociedades capaces de adaptarse a los cambios, aprendiendo del pasado y generando futuridad en el ahora. O, en palabras de Luhmann, sociedades donde los eventos sean, en efecto, momentos de transformación.

Ritornello:
a modo de reflexión final

> *Cuando una cantidad de sucesos complejos estructuralmente similares están ordenados alrededor de un centro en regiones no muy separadas, habitualmente se da el caso de que todos pertenezcan a líneas causales que tienen su origen en un suceso de la misma estructura que se produce en el centro.*
> Bertrand Russell, *El conocimiento humano*

Como hemos visto en las páginas precedentes, la ciencia ficción está lejos de ocupar el lugar marginal y secundario que gran parte de la crítica académica latinoamericana ha querido darle y en la cual, muchas veces, tanto sus productores como el *fandom* se han atrincherado como una forma de identificarse y diferenciarse. En este sentido, el presente volumen es un intento de distanciarse tanto de cierta rigidez academicista como de posturas demagógicas populistas que intentan buscar en la configuración de "lo popular" un imaginario enraizamiento de la cultura. La ciencia ficción produce artefactos exitosos o fallidos, como tantas otras cosas. La calidad de la producción de los últimos años es, con todo, llamativa.

Unos pocos ejemplos hacen claras la visibilidad y la creciente reputación alcanzadas por la modalidad en sus muy distintas vertientes, desde la novela a la historieta, las artes plásticas o el cine: pueden nombrarse desde premios internacionales prestigiosos como los otorgados a Carlos Gardini por la Universitat Politècnica de Catalunya (Premio UPC), o también a Diego Agrimbau y Gabriel Ippóliti por el Consejo Regional de los Países del Loira (Premio Utopiales) y el que más tarde les concediera la Editorial Planeta a estos dos últimos creadores, hasta exposiciones de arte como la *Ciencia ficción y su relación con la ciencia* organizada en Mar del Plata en el 2008 y financiada por la Universidad de Torino (Italia), o muestras como *El futuro ya no es lo que era. Imaginarios de futuro en Argentina 1910-2010* (Fundación OSDE, 26 marzo - 30 mayo, 2009), para llegar al creciente número de películas donde la ciencia ficción es constitutiva de la arquitectura narrativa y visual, como es el caso de *La sonámbula* (1998) de Fernando Spiner. Más aún, la ciencia ficción se ha convertido en un modo de reflexionar que ha traspasado las barreras estrictas de la modalidad para aparecer en novelas tan diversas como *El fondo del cielo*

(2009) de Rodrigo Fresán o *El corazón de Doli* (2010) de Gustavo Nielsen. A pesar de las problemáticas económicas, estéticas y políticas que muchas veces generan serios conflictos de difusión y de recepción, ésta es una modalidad en franca expansión que ya no debe pagar sus diezmos a nadie.

Desde el punto de vista historiográfico, es algo inexacto asegurar que la ciencia ficción en castellano no se desarrolló plenamente sino hasta la década del cincuenta ya que sus raíces están en el siglo XIX, si no antes. Como bien demuestran críticos como Gary Westfahl, la explosión comercial de la ciencia ficción a escala mundial no se dio sino hasta ese período y, como hemos visto, a nivel regional, la modalidad no estaba particularmente atrasada con respecto a lo que sucedía en el resto del mundo. A lo sumo, puede decirse que la cantidad de publicaciones profesionales era sustancialmente menor, ya que no fue sino hasta esta década cuando quienes producen ciencia ficción en castellano en países como Argentina empiezan no sólo a nuclearse sino también a identificarse con el rótulo, a pesar de lo incierto que ésto podía resultar.

Tampoco es posible hablar de una modalidad de producción impostada o importada ya que existía una larga tradición local de producción, que no se aviene (ni se avenía) a descripciones teóricas que sólo contemplaban ciertos modelos clásicos (y específicos) de la producción anglosajona. Las operaciones de la ciencia ficción que he analizado en las páginas anteriores ponen en escena la conflictiva dialéctica entre la herencia dejada por las aspiraciones del liberalismo decimonónico y las diversas formas del conservadurismo y del populismo que poblaron el siglo XX: el lenguaje y las metáforas de la modalidad ofrecieron formas alternativas de pensar (y muchas veces de contribuir a) los debates en torno a la transformación de la ciencia y la tecnología en el advenimiento de la modernidad y la posmodernidad, de meditar sobre el lugar de la utopía en la articulación de discursos políticos en su devenir, y de discurrir sobre la emergencia de nuevas formas de sociabilidad y de la historicidad. La explosión de la ciencia ficción no significó simplemente un modo de actualizarse de la literatura, aún cuando sea importante recordar que el influjo de las publicaciones y traducciones extranjeras en Argentina tiene su origen en la tendencia mayor de diferentes estratos intelectuales por renovarse:

> La búsqueda de la internacionalización y la incorporación de tradiciones extranjeras (una búsqueda rica y diversa que difería según las trayectorias individuales de cada escritor o de las distintas literaturas nacionales) marcaban el camino de la modernización que podría llevar a la literatura latinoamericana a formar parte de las "grandes" literaturas del mundo. (Gilman 321)

Analizar la emergencia de la ciencia ficción como una modalidad narrativa popular es también problemático dadas las firmes relaciones que sus objetos establecen con el resto de la producción literaria, visual, musical y, no sólo en el ámbito nacional, sino también a escala internacional. A pesar de que existía un espacio de enunciación vasto dentro del *pulp* (tanto en revistas como en libros de bolsillo) que se había producido a nivel local durante las décadas del treinta al setenta, buena parte de los productores de ciencia ficción (en América Latina) eligen ignorar esa tradición y reconstruyen su genealogía escrituraria a partir de la producción finisecular, haciendo particular hincapié en las narrativas de lo extraño que provenían del modernismo.

Esta rama permitió un entronque, por el lado de la alta cultura, con escritores como Lugones, Borges o Bioy Casares, subrayando una fuerte vocación cosmopolita, por una parte, y por otra, abrió un diálogo con los materiales ideológicos de la "alta" cultura que estaban el centro de sus preocupaciones. Contrariamente a lo que la marginalización de la recepción de la ciencia ficción podría hacer creer a receptores incautos, éstos son artefactos letrados, aunque disidentes. Debemos, más bien, hablar de obras que reflexionan críticamente sobre las operaciones políticas e ideológicas de la "gran literatura" nacional, desde un registro culto que, además tiende a ser más amplio en sus materiales, incluyendo no sólo problemáticas políticas, ideológicas y sociales, sino también estéticas y epistemológicas. En este sentido, como modalidad, la ciencia ficción ofrece una práctica de lectura sobre (y acerca de) la cultura.

Durante el pasaje del siglo XIX al XX, la formación del canon cultural revela una cierta continuidad entre los procesos de poder y las problemáticas en vigor del campo cultural ya que la entrada de la clase media y de amplios sectores de capas bajas al universo de la cultura (aún en sus formas más mínimas) implicó una apropiación de aspiraciones y de preocupaciones que, hasta entonces, se habían percibido como exclusivas de sectores más privilegiados económicamente. Si bien hubo una renovación de agendas culturales, no hubo un cambio de paradigmas ideológicos. De allí que, en principio, una modalidad como la ciencia ficción haya sido leída por los grupos hegemónicos letrados como popular: lo era, no tanto por su calidad estética o por su adscripción a ésta o aquélla forma, sino por la identificación entre el percibido programa escriturario y el extracto social de sus consumidores en el ámbito local e internacional.

Con los años, esa diferencia inicial llegaría a cobrar visos contestatarios, en especial por la articulación de un discurso que muchas veces parecía operar a contrapelo de la *doxa* del campo cultural. Lo que esa postura significó desde el punto de vista político es más bien complejo. Esa notable capacidad opositora/resistente pareció emerger primero desde posiciones radicales herederas del progresismo tradicional, pero no fue la única: la ciencia ficción operó desde muy diversos registros políticos e ideológicos. Guionistas como Oesterheld o Barreiro, alineados con posturas vinculadas al Peronismo más comprometido, ciertamente no compartieron tal mirada. Más bien, habría que pensar en tal perspectiva como un punto neurálgico gravoso porque se construyó desde una suerte de lugar contra-cultural donde se identificaron sectores que no se sentían representados por la *intelligentsia* en sus aspiraciones políticas y, por esto mismo, vino a encarnar un imaginario impulso utópico de transformación social que aquella parecía haber abandonado.

A lo largo del siglo XX, el discurso de la ciencia ficción fue transformándose, desentendiéndose de las revoluciones abstractas en favor del pensamiento crítico. Esa misma tendencia la llevó a diagnosticar tempranamente la coexistencia de múltiples narrativas interdependientes y/o en conflicto, no como un astillamiento de los grandes metarelatos sino como la falencia de los mismos para explicar la diversidad. Es en este sentido que, en una sociedad donde los relatos utópicos jugaron un rol capital en la formación del imaginario intelectual hasta convertirse en mandato, la ciencia ficción buscó formas de reevaluar la relación entre cultura (y quizás, más puntualmente, entre literatura) y política en esa multifocalidad.

Dado que una buena parte de la literatura que se vuelve hegemónica a partir del triunfo del realismo es, precisamente, una indagación política sobre una realidad si no soñada, deseada, y anclada en el pasado, la ciencia ficción vendrá a plantear dos interrogantes un tanto obvios, pero que no parecían inquietarles demasiado a textos mucho más interesados en conjeturar sobre la historia ya concluida para concretar, en una contradicción verdaderamente irónica, la utopía. Para la ciencia ficción, pues, no se trata de construir la utopía y/o la distopía como proyectos sino utilizarles como hipótesis desde donde interrogarse sobre cuál es la naturaleza de lo real y cuáles son las ideologías de lo real. Son, como dirían Baccolini y Moylan, utopías críticas cuyo eje es reflexionar sobre cómo se construye lo político en un sentido amplio, ya que:

> [...] dystopias allow both readers and protagonists to hope by resisting closure: the ambiguous, open endings of these novels maintain the utopian impulse *within* the work [...] critical dystopia opens a space of contestation and opposition for those collective "ex-centric" subjects whose class, gender, race, sexuality, and other positions are not empowered by hegemonic rule. (Baccolini y Moylan 7)

Tanto de las discusiones que emergen del imaginario visual como del discursivo, así como de las tensiones que se hacen evidentes en los materiales ideológicos, se puede pensar que en la ciencia ficción entran en conflicto no sólo los presupuestos sobre la imaginaria cultura popular, sobre estética, sobre historia, y sobre ciencia, sino también sobre la función misma de la modalidad en el espacio mayor de una cultura. Como hemos visto, esos postulados no se debaten con o desde voces-otras. Operan desde las bibliotecas y archivos de las culturas nacionales y desde la apropiación de los materiales producidos a nivel internacional. Son objetos doblemente omnívoros: emiten en consonancia con (y desde) múltiples registros estéticos y mediáticos. Gracias a esa multiplicidad (plasticidad más bien), aquí no aparecen sujetos sociales que hablen con una voz imaginariamente propia en contra de una hegemonía impuesta, sino que, más bien, se discute la efectividad lógica de esos mismos programas desde su interioridad; se expone su intimidad, por decirlo de algún modo. O, parafraseando una vieja consigna: dentro del programa letrado, todo; fuera del programa letrado, nada.

Así pues, esta es una narrativa que hace un esfuerzo consciente por desprenderse de los mitos y mandatos que fueron el eje de las grandes narrativas sesentistas (o de la modernidad, en un sentido más amplio, aunque ésto es, en parte, discutible), incluyendo sus presupuestos estéticos. Pero éstos son textos que están lejos del desencanto o del cinismo: preocupados por la violencia, la desigualdad, la desinformación o el autoritarismo, los textos y artefactos de la ciencia ficción se interrogan sobre cómo resolver tales cuestiones no a partir de abstracciones sino a partir de las iniciativas de los sujetos que sufren las consecuencias reales de sociedades y sistemas institucionales que se han desintegrado.

La crítica ha señalado muchas veces que la ciencia ficción es un comentario sobre la transformación social de un período. Así pues, ¿qué comentan los artefactos de ciencia ficción argentina? En la introducción de este trabajo señalaba cómo en la cultura política del siglo XX argentino cohabitaban tanto un anhelo por hacer realidad las posibilidades encerradas en las promesas y experiencias del programa liberal decimonónico (convertido desde los sesenta en agendas revolucionarias de calibres diversos), junto con una gran suspicacia frente a su capacidad de hacerse realidad o de permitir transformaciones sociales positivas, aún en su metamorfosis. Ese doble impulso permea toda la producción hegemónica del campo cultural argentino desde la década del cincuenta en adelante, y quizás antes.

Ante semejante encrucijada, la ciencia ficción buscó articular respuestas y formas de reflexionar que se convirtieron en su carta identitaria. De allí que la década del cincuenta fuera, y no por casualidad, su momento fundacional simbólico. Los cincuenta son tanto un momento histórico definido por la irrupción del Peronismo, como un *locus* simbólico a partir del cual trazar el fin de la modernidad en Argentina, y quizás también, en América Latina. Si algo muestran los ejemplos provistos por las distintas piezas analizadas en las páginas precedentes es que la ciencia ficción argentina parece operar a partir de dos premisas interconectadas que, si bien emergen tempranamente en la narrativa, se convierten en una *praxis* organizada a partir de este período. La primera proposición es una indagación sobre los ejes semánticos que unen cultura/popular/marginalidad/consumo. La segunda es una reflexión crítica sobre las categorías ideológicas que sostienen la *episteme* del campo cultural.

En este sentido, la primera pregunta que emerge de las páginas precedentes es hasta qué punto la ciencia ficción puede ser definida como "popular" a partir de la discusión del *ethos* populista, o si este *ethos* es condición previa para la existencia de una literatura popular, independientemente de que aparezca en una modalidad de producción cultural como la ciencia ficción o no. Vale la pena recordar que los textos y objetos estudiados en este volumen no sólo no operan en el vacío sino que no nacen *ex nihilo* de una deseada voluntad popular. Al contrario, todos y cada uno de estos artefactos tienen firmes y profundas raíces ideológicas en algo y ninguno de ellos está dispuesto a forma alguna del parricidio político (si no contamos el *pulp*, padre no sólo vituperado sino negado). A diferencia de la literatura hegemónica, y a diferencia de muchos textos canónicos, lo que aquí se desintegran son los mitos fundacionales de la Patria, pero entiéndase bien que esa disgregación no implica un nuevo faro, sino una divergencia de opinión dentro del discurso canónico. La contraposición de ambos discursos quizá pueda iluminar en algo lo que realmente emerge de este debate.

Desde nuestra perspectiva es imposible acercarse a la problemática de la ciencia ficción argentina sin comprender que lo que se codifica en sus operaciones es una extrapolación de lo que constituyen debates intelectuales que fueron centrales para la cultura argentina y de los cuales muchas veces la literatura canónica no se hizo cargo más que de manera muy tangencial. Aunque temáticas como la búsqueda del mito de origen de la historia argentina o la fundación del Estado o cómo se constituyen los pactos sociales que hicieron a la continuidad (o disrupción) del proyecto de Estado-nación están presentes en los textos, la perspectiva que proponen estos artefactos es muy diferente.

Para entender esa diferencia debemos volver sobre una de las imágenes recurrentes en la ciencia ficción del último cuarto de siglo, es decir, los monstruos, sean éstos literalmente seres híbridos o cyborgs. Aunque en muchos sentidos pueden ser interpretados como figuras ambiguas, los monstruos interrogan con claridad sobre al menos dos cuestiones: la naturaleza misma de las libertades individuales y la capacidad de los sujetos para hacer frente a (y resistir) formas omnívoras de poder. En el monstruo emergen las contradicciones políticas e ideológicas del ambiente social porque el monstruo no es un sujeto sino un límite de todas las identidades posibles. La recurrencia de las figuras monstruosas señala el paso de preocupaciones vinculadas con el proceso de modernización social y política leídos a través de los saberes originados en las humanidades, a la ansiedad que despertó la creciente presencia de nuevas tecnologías (desde el uso de la biología hasta los medios virtuales de comunicación en la vida cotidiana) en la transformación y ruptura de esos mismos procesos. La discusión misma ya supone el intento de restablecer diálogos y temáticas que habían desaparecido de los debates culturales desde hacía años.

Esa metamorfosis también plantea una preocupación por la naturaleza misma del saber en su relación con la política. La cualidad mutable que caracteriza a ambas refleja cómo individuos y sociedades se perciben a sí mismos y a su ambiente. Los artefactos de la ciencia ficción muestran una inquietud por dar cuenta de la naturaleza siempre cambiante del tiempo y de la historia; reflexión que se traslada a la ética. Allí donde la novela histórica había hecho del tiempo una inmanencia y de la historia un destino, la ciencia ficción, sin buscar un programa o una agenda que ofreciera una respuesta a tal postura, deja que el devenir fluya a través de la capacidad para la *praxis* de los personajes: aunque no siempre (ya que en gran medida los cómics conservaron posturas más cercanas a formas de dualismo que acabaron en posiciones ideológicas poco menos que contradictorias), la narrativa de ciencia ficción producida en Argentina muestra una suerte de voluntad de ruptura con formas discursivas que lleven a posturas dualistas sin alternativas: son lecturas que benefician una mirada sobre la multiplicidad, pero no es una multiplicidad a ciegas ni es tan ambigua o tan relativa que acaba por no sostener ética alguna.

Ha sido mi hipótesis de trabajo en el presente volumen que lo que en parte define a la ciencia ficción es el modo en que reinterpreta esos materiales ideológicos a través de sus propias lecturas y apropiaciones, por un lado, y por otro, la manera en que estos textos incorporan operaciones básicas del campo literario y las recodifican, alienándolas en tal forma que emergen *como si* fueran un género marginal, cuando, en realidad, simplemente reproducen de manera visceralmente visible los códigos de enunciación de la literatura canónica. Esta no es una operación inusual en el campo cultural argentino y aparece, por ejemplo, en ciertas operaciones de la literatura erótica que hacen explotar la lógica interna del canon al revelar las tensiones internas del discurso sobre la relación entre Estado y nación al tomar (y explotar) el imaginario de los géneros y del poder provenientes del romanticismo para sus propios fines. De modo similar, la ciencia ficción que he analizado aquí reorganiza las apuestas ideológicas que hacen al sentido común del campo cultural, desnudando el modo en que se articulan sus ideas fuertes y la lógica donde se asientan sus más importantes presupuestos. Aquí, el imaginario del futuro y de la distopía se convierte en un lenguaje que pone al descubierto las falencias programáticas de las múltiples caras del populismo. Es de esperarse que con la investigación y el surgimiento de nuevos materiales, así como con la ampliación del canon de la ciencia ficción, la presente descripción deba modificarse, pero por lo pronto, es una aproximación eficiente y amplia que trabaja desde las intermitencias generadas por los propios artefactos, aún cuando pueda considerarse esta perspectiva como una hipótesis provisional de trabajo.

Así pues, el *locus* de la ciencia ficción no es ninguna de las posibles tipologías que vanamente intenta agregar la crítica a un infinito diccionario de subgéneros, sino la exacerbación de lo ya dicho y fallido en los espacios hegemónicos de la cultura. O, parafraseando a Pablo Capanna, la ciencia ficción pone en movimiento nociones abstractas al probar en experimentos hipotéticos las teorías (políticas, sociales, ideológicas, y también científicas) conocidas como válidas. Pero esa experimentación no se hace aleatoriamente, sino ceñida a las condiciones de producción y codificación de las problemáticas que rigen el campo cultural.

Por este motivo, la escritura de mundos utópicos o distópicos de futuro es central para las operaciones de aquello que englobamos dentro del fácil rótulo de la ciencia ficción. En este sentido, coincido con Jameson cuando se pregunta en qué medida la utopía es representable y en que medida lee lo social y lo político. En efecto, la ciencia ficción manipula los materiales ideológicos presentes en las grades narrativas nacionales, experimenta con ellos de manera abierta y, al contrario de lo que sucede en otros discursos donde lo político emerge en forma simultánea o paralela a lo estético, aquí ésto último es, en apariencia, el excedente (aún en sus más refinadas y bellas versiones) de artefactos que, sobre todo, experimentan con lo político.

De allí la insistencia de los escritores en hablar de "experimentos mentales" o de "ejercicios intelectuales". Lo que la ciencia ficción hace es llevar hasta su ultimo límite todo lo que esos materiales ideológicos implican en tanto que proyectos políticos. En este sentido, la ciencia ficción sigue la lógica de hierro de las premisas ideológicas con las cuales trabaja. La literatura canónica no puede hacer ésto porque generalmente es ciega a sus propios materiales. Pero en los márgenes todo estalla: y la ciencia ficción se regodea en hacer transparente y pedestre lo que de otro modo está oculto. No por nada, uno de los epígrafes que abre el estudio fundacional de Darko Suvin sobre la ciencia ficción, *Metamorphoses of Science Fiction* (1979), es una cita de Walter Benjamín que reza:

> What is at issue is not (merely) relating the works of literary art to the historical context of their origin, but representing the time of interpretation (i.e. our time) in the time of their genesis. Thus literature becomes an organon of history...

Si en efecto la literatura, en especial la ciencia ficción, es el instrumento de la historia, es un instrumento particularmente filoso cuyo vocabulario, método y alcances tienden a coincidir con algunas de las preocupaciones de la teoría crítica, en parte, porque como bien observa Bauman, la contracción del espacio público y el retroceso de la razón generan una ilusión de libertad allí donde el repliegue de la imaginación utópica se ha convertido en desconfianza política, y donde la atomización de las fuerzas sociales convierte la insurrección en programa. La ciencia ficción no ofrece una salida, pero sí una reflexión crítica a cómo y por qué existen tales apuestas. En el caso argentino, su postura contestaria e inconformista la ha relegado a un espacio secundario. Sin embargo, sería imposible imaginar la esperanza o el cambio sin instrumentos críticos que al menos no proveyesen formas diferenciadas de imaginar no sólo la cultura o la historia y la política, sino también, un siempre evanescente futuro. Si nada más, he aquí un marco. Lo que hay del otro lado es lo que hagamos de ello.

Silvia G. Kurlat Ares
Potomac, abril 2011/agosto 2016

Bibliografía

1. Novelas, antologías, revistas, cómics y novelas gráficas consultadas

Barreiro, Ricardo y Juan Giménez. *Ciudad.* Buenos Aires: Ediciones de la Urraca, 1992.
____ y Francisco Solano López. *Slot-Barr.* Buenos Aires: Colihue, 2001.
Bioy Casares, Adolfo. *De un mundo a otro.* Buenos Aires: Temas Grupo Editorial, 1998.
Borges, Jorge Luis. Prólogo. *La invención de Morel.* Adolfo Bioy Casares. Buenos Aires: Editorial Losada, 1940.
Capanna, Pablo (comp.) *Ciencia ficción argentina. Antología de cuentos.* Buenos Aires: Aude, 1990.
Cohen, Marcelo. *Los acuáticos.* Buenos Aires: Grupo Editorial Norma, 2001.
____ *Casa de Ottro. Una historia del Delta Panorámico.* Buenos Aires: Alfaguara, 2009.
____ *Donde yo no estaba.* Buenos Aires: Grupo Editorial Norma, 2006.
____ *El fin de lo mismo.* Buenos Aires: Grupo Anaya, 1992.
Fernández, Adriana y Edgardo Pígoli (comps.) *Historias futuras. Antología de la ciencia ficción argentina.* Buenos Aires: Emecé Editores, 2000.
Gardini, Carlos. *Mi cerebro animal.* Buenos Aires: Minotauro, 1983.
____ *Juegos malabares.* Buenos Aires: Minotauro, 1984.
____ *El libro de las Voces.* Buenos Aires: *Página/12*, Editorial La página, 2004.
____ *Primera línea.* Buenos Aires: Sudamericana, 1983.
____ *Sinfonía cero.* Buenos Aires: Riesa, 1984.
Goligorsky, Eduardo (comp.) *Los argentinos en la luna.* Buenos Aires: Ediciones de la Flor, 1968.
Gorodischer, Angélica. *Bajo las jubeas en flor.* Buenos Aires: Ediciones de la Flor, 1973.
____ *Casta luna electrónica.* Buenos Aires: Ediciones Andrómeda, 1977.
____ *Kalpa imperial.* 1983-1984. Buenos Aires: Emecé, 2001.
____ *Opus dos.* Buenos Aires: Minotauro, 1967.
____ *Las repúblicas.* Buenos Aires: Ediciones de la Flor, 1991.
____ *Trafalgar.* 1979. Buenos Aires: *Página/12*, Editorial La página, 2004.

Grassi, Alfredo y Alejandro Vignati (comps.) *Ciencia ficción. Nuevos cuentos argentinos.* Buenos Aires: Calatayud-DEA Editores, 1968.

Moreno, Horacio (comp.) *Más allá: ciencia ficción argentina.* Buenos Aires: Ediciones del Instituto de Fondos Cooperativos, 1992.

Oesterheld, Héctor Germán. *Bull Rocket. Peligro en la Antártida. Buenos Aires no contesta.* Buenos Aires: Ediciones Colihue, 1995.

_____ *Bull Rocket. El tanque invencible. Fuego Blanco.* Buenos Aires: Ediciones Colihue, 1995.

_____ y Alberto Breccia. *El Eternauta y otras historias.* Buenos Aires: Colihue, 2002.

_____ y Alberto Breccia. *Mort cinder.* Buenos Aires: Biblioteca Clarín de la Historieta, 2004.

_____ y Leopoldo Duroñona. *Latinoamérica y el imperialismo. 450 años de guerra (Recopilación de la historieta aparecida entre 1973 y 1974 en el semanario* El Descamisado*).* Buenos Aires: Doeyo y Viniegra Editores, 2004.

_____ y Francisco Solano López. *El Eternauta.* Buenos Aires: Sin Editorial, ca. 2000.

_____ y Gustavo Trigo. *La guerra de los Antartes.* Buenos Aires: Colihue, 1998.

Pinedo, Rafael. *Plop.* Buenos Aires: Interzona Editora, 2004.

Sánchez, Jorge A. *Los universos vislumbrados. Antología de ciencia ficción argentina.* Buenos Aires: Ediciones Andrómeda, 1978.

Souto, Marcial (comp.) *La ciencia ficción en la Argentina. Antología crítica.* Buenos Aires: Eudeba, 1985.

Vanasco, Alberto y Eduardo Goligorsky. *Memorias del futuro.* Buenos Aires: Minotauro, 1966.

Además de estos textos, se analizaron las colecciones completas de las revistas:

El Péndulo (1era, 2da y 3ra épocas). Ediciones de la Urraca. Buenos Aires, 1979-1990.

Minotauro (2da época). Editorial Minotauro. Buenos Aires, 1983-1986.

2. Estudios sobre ciencia-ficción

Abraham, Carlos E. *Borges y la ciencia-ficción.* Buenos Aires: Editorial Quadrata, 2005.

Ackerman, Forrest J. y Brad Linaweaver. *Worlds of Tomorrow. The Amazing Universe of Science Fiction Art.* Portland: Collectors Press, 2004.

Aldiss, Brian W. *The Detached Retina. Aspects of SF and Fantasy.* Syracuse: Syracuse UP, 1995.

———. *Trillion Year Spree. The History of Science Fiction.* Nueva York: Avon Books, 1973.

Ashley, Mike. *Transformations. The Story of the Science Fiction Magazines from 1950 to 1970.* Glasgow: Liverpool UP, 2005.

Baccolini, Raffaela y Tom Moylan (eds.) *Dark Horizons. Science Fiction and the Dystopian Imagination.* Nueva York: Routledge, 2003.

Bacon-Smith, Camille. *Science Fiction Culture.* Philadelphia: U of Pennsylvania P, 2000.

Barr, Marleen S. (ed.) *Envisioning the Future. Science Fiction and the Next Millenium.* Middletown: Wesleyan UP, 2003.

——— y Nicholas D. Smith. *Women and Utopia. Critical Interpretations.* Nueva York: UP of America, 1983.

Blanch, Antonio. "Elogio de la fantasía. Del mito a la ciencia-ficción". *Razón y Fe. Revista Hispanoamericana de Cultura* 209/1024 (enero-junio 1984): 33-44.

Bell, Andrea y Yolanda Molina Gavilán. *Cosmos Latinos. An Anthology of Science Fiction from LA and Spain.* Middleton: Wesleyan UP, 2003.

Broderick, Damien. *Earth is But a Star: Excursions Through Science Fiction to the Far Future.* Crawley: U of Western Australia P, 2001.

———. *Reading by Starlight: Postmodern Science Fiction.* Londres: Routledge, 1995.

Bukatman, Scott. *Terminal Identity: The Virtual Subject in Postmodern Science Fiction.* Durham: Duke UP, 1993.

Capanna, Pablo. *El mundo de la ciencia-ficción. Sentido e historia.* Buenos Aires: Letra Buena, 1992.

———. "Ciencia-ficción, la penúltima ideología". *Razón y Fe. Revista Hispanoamericana de Cultura* 231/1159 (mayo 1995): 481-493.

Cohen, Marcelo. *¡Realmente fantástico! y otros ensayos.* Buenos Aires: Grupo Editorial Norma, 2003.

Delany, Samuel R. "The Politics of Paraliterary Criticism." *The New York Review of Science Fiction* 9/2-3-4 (November 1996).

Dellepiane, Ángela. "Narrativa argentina de ciencia ficción: tentativas liminares y desarrollo posterior". *Actas del IX Congreso de la Asociación Internacional de Hispanistas.* Frankfurt am Main: Vervuert Verlag, 1989. 515-23.

Disch, Thomas M. *On SF.* Ann Arbor: The U of Michigan P, 2005.

Foster, Thomas. *The Souls of Cyberfolk. Posthumanism as Vernacular Theory.* Minneapolis: U of Minnesota P, 2005.

Foss, Chris. *Science Fiction Art.* Londres: Hart-Davis and Mc Gibbon, 1976.
Franklin, H. Bruce. *Star Wars. The Superweapon and the American Imagination.* Amherst: U of Massachusetts P, 2008.
Freedman, Carl. *Critical Theory and Science Fiction.* Hanover: Wesleyan UP, 2000.
Gandolfo, Elvio E. *El libro de los géneros. Ciencia ficción-Policial-Fantasía-Terror.* Buenos Aires: Vitral-Grupo Editorial Norma, 2007.
Gardini, Carlos. "Travesuras de un patafísico". *El Péndulo* 1, Segunda Época: 61-66.
García Trujillo, Gabriel. *Biografías del futuro: la ciencia ficción mexicana y sus autores.* Mexicali, Baja California: UABC, 2000.
Goligorsky, Eduardo y Marie Langer. *Ciencia-ficción. Realidad y psicoanálisis.* Buenos Aires: Paidos, 1969.
Gray, Chris. *The Cyborg Handbook.* Nueva York: Routledge UP, 1995.
Gray, Chris Hables. *Postmodern War. The New Politics of Conflict.* Nueva York: The Guilford Press, 1997.
Gunn, James E. (ed.) *The Road to Science Fiction. From Wells to Heinlein.* Lanham: Scarecrow Press, 2002.
Jun, James y Matthew Candelaria (eds.) *Speculations on Speculation. Theories of Science Fiction.* Lanham: The Scarecrow Press, 2005.
Knight, Damon (ed.) *Turning Points. Essays on the Art of Science Fiction.* Nueva York: Harper and Row, 1977.
Haraway, Donna. *Simians, Cyborgs and Women: The Reinvention of Nature.* Nueva York: Routledge, 1991.
Hassler, Donald and Clyde Wilcox. *Political Science Fiction.* Columbia: U of South Carolina P, 1997.
Hayles, N. Katherine. *How We Became Posthuman. Virtual Bodies in Cybernetics, Literature, and Informatics.* Chicago: U of Chicago P, 1999.
Haywood Ferreira, Rachel. "The First Wave: Latin American Science Fiction Discovers Its Roots." *Science Fiction Studies* 34/3 (November 2007): 432-62.
Helleckson, Karen. *The Alternate History. Refiguring Historical Time.* Kent: The Kent State UP, 2001.
Hubbard, Phil. *City.* Londres: Routledge, 2006.
Jacquart, Danielle. *De la science en literature à la science-fiction.* París: Éditions du CTHS, 1996.
James, Edward y Farah Mendelsohn (eds.) *The Cambridge Companion to Science Fiction.* Cambridge: Cambridge UP, 2003.

Jameson, Frederic. *Archaeologies of the Future. The Desire Called Utopia and Other Science Fictions*. Londres: Verso, 2005.

Kyle, David. *A Pictorial History of Science Fiction*. Nueva York: Hamlyn Publishing Group Limited, 1976.

Lee, Gregory B y Sunny S. K. Lam. "Wicked Cities. Cyberculture and the Reimagining of Identity in the 'Non-Western' Metropolis." *Futures* 30/10 (1998): 967-979.

Lockhart, Darle B. (ed.) *Latin American Science Fiction Writers. An A-to-Z Guide*. Westport: Greenwood Press, 2004.

Lorca, Javier. *Historia de la ciencia ficción y sus relaciones con las máquinas (de las naves espaciales a los cyborgs)*. Buenos Aires: Estación Ciencia-Capital Intelectual, 2010.

Luckhurst, Roger. *Science Fiction*. Cambridge: Polity Press, 2005.

Lundwall, Sam J. *Science Fiction: An Illustrated History*. Nueva York: Grosset & Dunlop, 1978.

_____ *Science Fiction: What It's All About*. Nueva York: Ace Books, 1971.

Markley, Robert. *Dying Planet. Mars in Science and the Imagination*. Durham: Duke UP, 2005.

Molina-Gavilán, Yolanda. *Ciencia ficción en español: una mitología moderna ante el cambio*. Lewiston: Edwin Mellen, 2002.

_____ Miguel Ángel Fernández Delgado, Andrea Bell, Luis Pestarini y Juan Carlos Toledano. "Cronología de Cf Latinoamericana 1775-1999". *Chasqui* 29/2 (nov. 2000): 43-72.

Moody, Nickianne. "Social and Temporal Geographies of the Near Future. Music, Fiction and Youth Culture." *Futures* 30/10 (1998): 1003-16.

Mora, Gabriela. "*De repente los lugares desaperecen* de Patricio Manns: ¿Ciencia-ficción a la latinoamericana?" *Revista Iberoamericana* LX/168-169 (julio-diciembre 1994): 1039-49.

Moylan, Tom. *Demand the Impossible. Science Fiction and the Utopian Imagination*. Londres: Routledge, 1987.

_____ *Scraps of the Untainted Sky. Science Fiction, Utopia, Dystopia*. Boulder: Westview Press, 2000.

Noguerol, Claudio Omar. "A History of Science Fiction & Fandom in Argentina, Part I." *The Mentor. Australian Science Fiction* 76 (October 1992): 16-23.

_____ "A History of Science Fiction & Fandom in Argentina, Part II." *The Mentor. Australian Science Fiction* 77 (January 1993): 37-45.

_____ "A History of Science Fiction & Fandom in Argentina, Part III." *The Mentor. Australian Science Fiction* 77 (April 1993): 38-49.

Pestarini, Luis. "La ciencia-ficción en la literatura argentina: un género en las orillas". *Revista Cuásar.* 10 noviembre 2002. <http://www.revistacuasar.com.ar/modules.php?name=News&file=article&sid=51>.

———. "Delirio: el primer cuento de ciencia-ficción en Argentina". *Revista Cuásar.* 13 mayo 2005. <http://www.revistacuasar.com.ar/modules.php?name=News&file=article&sid=127>.

Pierce, John J. *Great Themes of Science Fiction.* Greenwood Press, 1987.

Reati, Fernando. "Fronteras y ghettos del 'futuro' en la política ficción argentina". *Hispamerica. Revista de Literatura* XXVII/79 (1998): 3-17.

———. *Postales del porvenir. La literatura de anticipación en la Argentina neoloberal (1985-1999).* Buenos Aires: Editorial Biblos, 2006.

Rebetz, René. *Contemporáneos del porvenir : primera antología colombiana de ciencia ficción.* Santa fé de Bogotá: Planeta Colombia Ed., 2000.

Risco, Antonio. "Notas para un estudio de la ciencia-ficción". *Papeles de Son Armadans* LXVI/CXCVIII (septiembre 1972): 237-56.

Roberts, Adam. *Science Fiction.* Londres: Routledge, 2006.

Robinson, Frank M. *Science Fiction of the 20th Century. An Illustrated History.* Portland: Collectors Press, 1999.

Rosenberg, Daniel y Susan Harding (eds.) *Histories of the Future.* Durham: Duke UP, 2005.

Rottensteiner, Franz. *The Science Fiction Book. An Illustrated History.* Londres: Thames and Hudson, 1975.

Sandison, Alan y Robert Dingley (eds.) *Histories of the Future. Studies in Fact, Fantasy and Science Fiction.* Nueva York: Palgrave, 2000.

Scicsry-Ronay Jr, Istvan. *The Seven Beauties of Science Fiction.* Middleton: Wesleyan UP, 2008.

Seed, David (ed.) *Imagining Apocalypse. Studies in Cultural Crisis.* Londres: St. Martin's Press, 2000.

Sherwin, Mary, Ellen Asher y Joe Miller (eds.) *The New Visions. A Collection of Modern Science Fiction Art.* Nueva York: Doubleday and Co., 1982.

Slaughter, Richard A. "Futures Beyond Dystopia." *Futures* 30/10 (1998): 993-1002.

Slusser, George y Tom Shippey. *Fiction 2000: Cyberpunk and the Future of Narrative.* Athens: U of Georgia P, 1992.

Sontag, Susan. "The Imagination of Disaster." *Against Interpretation.* Nueva York: Doubleday, 1990. 209-225.

Steiner, K. Leslie. "A Conversation with Samuel R. Delany." *The Review of Contemporary Fiction* 16/2 (September 1996). <www.dalkeyarchive.com/a-conversation-with-samuel-delaney-by-k-leslie-steiner/>.

Stockwell, Peter. *The Poetics of Science Fiction.* Londres: Longman, 2000.
Sullivan, C. W. (ed.) *The Dark Fantastic. Selected Essays from the Ninth International Conference on the Fantastic in the Arts.* Wesport: Greenwood Press, 1997.
Suvin, Darko. *Metamorphoses of Science Fiction.* Londres: Yale UP, 1979.
Vaisman A., Luis. "En torno a la ciencia-ficción: propuesta para la descripción de un género histórico". *Revista Chilena de Literatura* 25 (abril 1985): 4-27.
Wegner, Philip E. *Imaginary Communities. Utopia, The Nation, and The Spatial Histories of Modernity.* Berkeley: U of California P, 2002.
Westfahl, Gary. *Science Fiction and Market Realities.* Athens: The U of Georgia P, 1996.
____ George George Slusser y Kathleen Church Plummer. *Unearthly Visions. Approaches to Science Fiction and Fantasy Art.* Westport: Greenwood Press, 2002.
Yates, Donald (ed.) *Otros mundos, otros fuegos: fantasía y realismo mágico en Iberoamérica.* Michigan: Michigan State UP, 1975.

3. Estudios sobre autores específicos

a. Sobre Cohen
Barreneche, Gabriel Ignacio. "The Dystopic Theme Park: The Role of Lorelei in Marcelo Cohen's *El oído absoluto*." *Romance Quarterly* 55/2 (2008): 128-39.
Bergero, Adriana J. "Desindustrialización, espacio global y gestión colectiva en 'Insomnio', de Marcelo Cohen". *Hispamérica* 31/93 (2002): 35-47.
Castellino, Marta Elena. "Utopía y distopía en *El oído absoluto* de Marcelo Cohen". *Revista de Literaturas Modernas. Los espacios de la literatura* 34 (2004): 67-82.
Chiani, Miriam. "Escenas de la vida postindustrial. Sobre *El fin de lo mismo* de Marcelo Cohen". *Orbis Tertius* 1/1 (1996): 117-30.
____ "Represión, exilio, utopía, y contrautopía: sobre Marcelo Cohen". *Orbis Tertius* IV/8 (2001): 21-32.
Dove, Patrick. "Tonalities of Literature in Transition: The World of the End of the World, or Marcelo Cohen's *El oído absoluto*". *The New Centennial Review* 4/2 (2004): 239-67.
Kurlat Ares, Silvia G. "El lenguaje de la tribu. Los códigos del rock nacional entre Charly García y Marcelo Cohen". *Revista Iberoamericana* LXXIII/218-219 (2007): 267-86.

Sarlo, Beatriz. "Aesthetics and Post-Politics: From Fujimori to the Gulf War." *The Postmodernism Debate in Latin America. boundary 2* 20/3 (Autumn, 1993): 180-93.

b. Sobre Gardini

Alonso, Alejandro y Eduardo J. Carletti. "Segundas partes siempre son buenas. Entrevista con Carlos Gardini". *Axxón. Ciencia Ficción en Bits* 109. Diciembre 2001. <http://www.axxon.com.ar/rev/109/c-109GardiniUPC2001.htm>.

Capanna, Pablo. Prólogo. *El libro de las Voces.* Buenos Aires: Ed. La Página, SA, 2004. 5-7.

Pérez Rasetti, Carlos. "Metamórfosis del enemigo. Ciencia ficción bélica de Oesterheld a Gardini". *Semiosis Ilimitada* 1 (2002): 218-30. También disponible en <nacionalypopular.com/2010/06/05/la-metamorfosis-del-enemigo-ficcion-belica-de-oestereheld-a-gardini/>.

Rorato Londero, Rodolfo. "O cyberpunk precoce na ficçao de Carlos Gardini: una análise de 'Escalada' e 'Perros en la noche'". *Anais do V Congresso Brasileiro de Hispanistas UFMG.* Faculdade de Letras da UMFG, Belo Horizonte, 2008; Volume III- Literatura Hispano- Americana; 1905-12.

Rossi, Jorge Oscar. "Carlos Gardini: los caminos de un escritor". *Quinta Dimensión. Com Ciencia Ficción, terror y fantasía.* 24 febrero 2001. <http://www.quintadimesion.com/node/36>.

c. Sobre Gorodischer

Balboa Echeverría, Miriam. "Poder, fabulación y memoria en tres novelas de Angélica Gorodischer". Juan Villegas (coord.) *Actas del XI Congreso de la Asociación Internacional de Hispanistas (21-26 de agosto, 1995) Vol. 2: La mujer y su representación en las literaturas hispánicas.* Irvine: U of California P, 1994. 196-204.

_____ y Ester Gimbernat González (comps.) *Boca de dama. La narrativa de Angélica Gorodischer.* Buenos Aires: Feminaria Editoria, 1995.

Baldori, Rosa y otros. *Narrativa argentina del Litoral: Greca, Castellani, Pisarello, Riestra, Saer, Gorodischer.* Rosario: Grupo de Estudios Semánticos, 1981.

Bellessi, Diana y Mirta Rosenberg (entrevista). "Angélica Gorodischer". *El Péndulo 10 (Segunda Epoca).* Buenos Aires: Ediciones La Urraca, 1982. 39-44.

Cano, Luis C. "Angélica Gorodischer y Jorge Luis Borges: la ciencia ficción como parodia del canon". *Hispania* 87/3 (2004): 453-63.

Dellepiane, Ángela B. "Contar = Mester de fantasía o la narrativa de Angélica Gorodischer". *Revista Iberoamericana* 51/5 (julio-diciembre 1985): 627-40.

Molina Gavilán, Yolanda. "Alternative Realities from Argentina: Angélica Gorodischer's 'Los embriones del violeta'." *Science Fiction Studies* 79/26 (2000): 401-11.

Mosier, M. Patricia. "Communicating Trascendence in Angélica Gorodischer's *Trafalgar*". *Chasqui: Revista de Literatura Latinoamericana* 12/2-3 (1983)" 63-71.

Sánchez Arce, Claudia. *Los temas de la ciencia-ficción en* Trafalgar. Toluca: Universidad Autónoma del Estado de México, 1993.

Urraca, Beatriz: "Angélica Gorodischer's Voyages of Discovery: Sexuality and Historical Allegory in Science-Fiction's Cross-Cultural Encounters." *Latin American Literary Review* XXIII/45 (January-June 1995): 85-102.

Vázquez, María Esther. "Angélica Gorodischer, una escritora latinoamericana de ciencia ficción". *Revista Iberoamericana* 49/123-124 (abril-septiembre 1983): 571-76.

d. Sobre Oesterheld

AA.VV. "1957-2007: 50 Años del *Eternauta*. Una pasión Argentina". *Sonaste Meneco. Una revista de la Bañadera del Cómic* IV/13 (2008): 31-61.

Ávila, Felipe Ricardo. *Oesterheld y nuestras invasiones extraterrestres (ensayo)*. Buenos Aires: Ediciones Rebrote, 2003.

Cáceres, Germán. *Oesterheld*. Buenos Aires: Ediciones del Dock, 1992.

Canaparo, Claudio. "*Mobilis in Mobili*: ciencia y tecnología en *El Eternauta*". *Revista Iberoamericana* LXXIII/221 (octubre-diciembre 2001): 871-86.

Feinmann, José Pablo. "Elsa en el palco del 25". *Página/12*. Domingo, 28 mayo 2006.

Ferreiro, Andrés y Mario Formosa (comps.) *Oesterheld en primera persona*. Buenos Aires: La Bañadera del Cómic, 2005.

García, María Soledad. "El Eternauta". *Arte & Utopía. Las ciudades desde las artes visuales*. María de los Ángeles de Rueda. Buenos Aires: Asunto Impreso Ediciones, 2003. 73- 91.

Morhaim, Jorge Claudio. "La Argentina premonitoria. Ficciones y reflexiones sobre *El Eternauta* de Héctor Germán Oesterheld". *Revista Axxón. Ciencia Ficción en Bits* 96 (1997). <http://axxon.com.ar/c-96.htm>.

Sasturian, Juan. *El aventurador. Una lectura de Oesterheld*. Buenos Aires: Ediciones Aquilina, 2010.

Sprecher, Roberto Von. *El Eternauta: la sociedad como imposible. Modelos de sociedad en las obras de Héctor Germán Oesterheld.* Córdoba: JVC Editorial, 1998.

Vázquez, Laura. "¿A quién salva Juan Salvo? Otra lectura de *El Eternauta*". *Tebeosfera. Argentina en cuadritos/ 3* <http://www.tebeosfera.com/1/Seccion/AEC/03/Eternauta.htm>.

BIBLIOGRAFÍA GENERAL

Adorno, Theodor y Max Horkheimer. *Dialectic of Enlightenment.* 1944. Nueva York: The Continuum Publishing Co., 1993.

Albornoz, Mario, Pablo Kreimer y Eduardo Glavich (eds.) *Ciencia y sociedad en América Latina.* Buenos Aires: Universidad Nacional de Quilmes, 1996.

Altamirano, Carlos. (ed.) *La Argentina en el Siglo XX.* Buenos Aires: Ariel, 1999.

_____ *Peronismo y cultura de izquierda.* Buenos Aires: Temas Grupo Editorial, 2001.

_____ *Para un programa de historia intelectual y otros ensayos.* Buenos Aires: Siglo XXI Editores, 2005.

Arditi, Benjamin. *Politics on the Edge of Liberalism. Difference, Pupilism, Revolution, Agitation.* Edinburgh: Edinburgh Press, 2008.

Arendt, Hannah. *Between Past and Future.* 1954. New York: Penguin Books, 1968.

_____ *The Human Condition.* 1958. Chicago: The U of Chicago P, 1998.

_____ *The Origins of Totalitarism.* 1951. Orlando: Harcourt Brace & Co., 1979.

Arnheim, Rudolf. *Art and Visual Perception. A Psychology of the Creative Eye.* Berkeley: U of California P, 1997.

Arquilla, John y David Ronfelt. *The Emergence of Noopolitik. Toward an American Information Strategy.* Santa Mónica, CA: National Defense Research Institute (RAND), 1999.

Barker, Martin. *Comics: Ideology, Power and the Critics.* Manchester: St. Martin's Press, 1989.

Barthes, Roland. *El placer del texto y Lección inaugural de la cátedra de semiología literaria del Collège de France.* Buenos Aires: Siglo XXI Editores, 1986.

Bauman, Zygmunt. *Ética posmoderna.* Buenos Aires: Siglo XXI Editores, 2004.

Beverley, John *et al. The Postmodernism Debate in Latin America.* Durham: Duke UP, 1995.

Bloch, Ernst. *Literary Essays.* Stanford: Stanford UP, 1998.

_____ *The Principle of Hope*. Cambridge: MIT Press, 1986.
_____ *The Spirit of Utopia*. Stanford: Stanford UP, 2000.
_____ *The Utopian Function of Art and Literature*. Cambridge: MIT Press, 1988.
Borello, Rodolfo A. *El peronismo (1943-1955) en la narrativa argentina*. Ottawa: Ottawa Hispanic Studies, 1991.
Bourdieu, Pierre. *Les Règles de l'art. Gènese et structure du champ littéraire*. París: Seuil, 1992.
Brown, J. Andrew. *Test Tube Envy. Science and Power in Argentine Narrative*. Lewisburg: Bucknell UP, 2005.
Brown, Stephen and Anthony Patterson (eds.) *Imagining Marketing. Art, Aesthetics and the Avant-Garde*. Londres: Routledge, 2000.
Bueno, Eva P. y Terry César. *Imagination Beyond Nation. Latin American Popular Culture*. Pittsburgh: U of Pittsburgh P, 1998.
Cáceres, Germán. *Así se lee la historieta*. Buenos Aires: Beas Ediciones, 1994.
Campbell, Joseph. *Baksheesh and Brahman. Indian Journal, 1954-1955*. Nueva York: HarperCollins Publishers, 1995.
_____ *Creative Mythology. The Masks of God*. Nueva York: Penguin Books, 1968.
_____ *The Inner Reaches of Outer Space. Metaphor as Myth and Religion*. Novato: New World Library, 2002.
Carrier, David. *The Aesthetics of Comics*. University Park: The Pennsylvania State UP, 2000.
Castells, Manuel. *La era de la información. La sociedad red, Vol. I*. México: Siglo XXI Editores, 2005.
_____ *La galaxia internet. Reflexiones sobre internet, empresa y sociedad*. Barcelona: Plaza y Janés/ Areté, 2001.
Cella, Susana. *La irrupción de la crítica*. Buenos Aires: Emecé Editores, 1999.
Cippolini, Rafael. *Manifiestos argentinos. Políticas de lo visual, 1900-2000*. Buenos Aires: Adriana Hidalgo Editora, 2003.
Colás, Santiago. *Postmodernity in Latin America. The Argentine Paradigm*. Durham: Duke UP, 1994.
Crees, Gunther y Theo van Leeuween. *Reading Images. The Grammar of Visual Design*. Londres: Routledge, 1996.
Deleuze, Gilles. *Le Pli. Leibniz et le Baroque*. París: Les Éditions de Minuit, 1988.
_____ and Felix Guatari. *Capitalisme et Schizophrénie: L'Anti-Oedipe*. París: Les Éditions de Minuit, 1973.
_____ and Felix Guatari. *Capitalisme et Schizophrénie: Mille Plateaux*. París: Les Éditions de Minuit, 1980.
_____ y Felix Guatari. *Kafka. Por una literatura menor*. México: Ediciones Era, 1978.

Eagleton, Terry. *The Ideology of the Aesthetic*. Malden: Wiley-Blackwell Publishers, 1990.

_____ *Trouble with Strangers. A Study of Ethics*. Malden: Wiley-Blackwell Publishers, 2009.

Eco, Humberto (ed.) *History of Beauty*. Nueva York: Rizzoli International Publications, Inc., 2004.

_____ *Kant and the Platypus. Essays on Language and Cognition*. Nueva York: A Harvest Book/ Hartcourt Brace & Co., 1999.

_____ *Serendipities. Language and Lunacy*. Nueva York: A Harvest Book/ Hartcourt Brace & Co., 1998.

_____ *On Ugliness*. Nueva York: Rizzoli International Publications, Inc., 2007.

Eisner, Will. *Le Récit Graphique. Narration et Bande Dessinée*. Milan: Vertige Graphic, 1998.

Escando, Patricia *et al. Historia del quehacer científico en América Latina*. México: Universidad Nacional Autónoma de México, 1993.

Featherstone, Mike. *Consumer Culture and Postmodernism*. Londres: Sage Publications, 1996.

Ferrer Bohórquez, Eulalio. "La lógica de la magia". *Revista de Occidente* 70 (1987): 19-28.

Fiske, John. *Understanding Popular Culture*. Londres: Rutledge, 1989.

Ford, Aníbal, Jorge B. Rivera y Eduardo Romano. *Medios de comunicación y cultura popular*. Buenos Aires: Editorial Legasa, 1985.

Foster, David William. *From Mafalda to los Supermachos. Latin American Graphic Humor as Popular Culture*. Boulder: Lynne Rienner Publishers, 1989.

Fraga, Rosendo M. y Ricardo Esteves. *Mirando al Bicentenario. Reflexiones sobre el Bicentenario y memorabilia*. Buenos Aires: Grupo Velox, 2001.

García Canclini, Néstor. *Culturas híbridas. Estrategias para entrar y salir de la modernidad*. 1989. México: Grijalbo, 2005.

_____ *La sociedad sin relato. Antropología y estética de la inminencia*. Buenos Aires: Katz Editores, 2010.

Gerhardt, Christina. "The Ethics of Animals in Adorno and Kafka". *New German Critique, 97* 33/1 (Winter 2006): 159-78.

Gilman, Claudia. *Entre la pluma y el fusil. Debates y dilemas del escritor revolucionario en América Latina*. Buenos Aires: Siglo XXI Editores, 2003.

Ginsburgh, V.A. (ed.) *Economics of Art and Culture. Invited Papers at the 12th International Conference of the Association of Cultural Economics International*. San Diego: Elsevier, 2004.

Giunta, Andrea. *Vanguardia, internacionalismo y política. Arte argentino en los años sesenta*. Buenos Aires: Paidós, 2001.

Gociol, Judith y Diego Rosemberg. *La historieta argentina. Una historia.* Buenos Aires: Ediciones de la Flor, 2003.

Gorelik, Adrián. *Miradas sobre Buenos Aires. Historia Cultural y crítica urbana.* Buenos Aires: Siglo XXI Editores, 2004.

Gramsci, Antonio. *Literatura y vida nacional.* Buenos Aires: Editorial Lautaro, 1961.

Groensteen, Thierry. *Système de la bande dessinée.* París: Presses Universitaires de France, 1999.

Habermas, Jürgen. *Post Metaphysical Thinking. Philosophical Essays.* Cambridge: MIT Press, 1992.

____ *The Structural Transformation of the Public Sphere.* Cambridge: MIT Press, 1991.

Halperin Donghi, Tulio. *La Argentina y la tormenta del mundo. Ideas e ideologías entre 1930 y 1945.* Buenos Aires: Siglo XXI Editores, 2004.

Harvey, Robert C. *The Art of the Funnies. An Aesthetic History.* Jackson: UP of Mississippi, 1994.

Heer, Jeet y Kent Worcester. *Arguing Comics. Literary Masters on a Popular Medium.* Jackson: UP of Mississippi, 2004.

Herlingauss, Hermann y Monika Walter (eds.) *Posmodernidad en la periferia. Enfoques latinoamericanos de la nueva teoría cultural.* Berlín: Langer Verlag, 1994.

Hoeg, Jerry. *Science, Technology, and Latin American Narrative in the Twentieth Century and Beyond.* Londres: Associated University Presses, 2000.

____ y Kevin S. Larsen. *Science, Literature, and Film in the Hispanic World.* Nueva York: ST. Martin's Press/ Pallgrave McMillan, 2006.

Huyssen, Andreas (ed.) *Other Cities, Other Worlds. Urban Imaginaries in a Globalizing Age.* Durham: Duke UP, 2008.

Inge, M. Thomas. *Comics as Culture.* Jackson: UP of Mississippi, 1990.

Ípola, Emilio de. *Investigaciones políticas.* Buenos Aires: Ediciones Nueva Visión, 1989.

James, Jamie. *Pop Art.* Ann Arbor: Phaidon, 1996.

Jameson, Fredric. *The Political Unconscious.* Ithaca: Cornell UP, 1981.

____ *Postmodernism or the Cultural Logic of Late Capitalism.* Durham: Duke UP, 1991.

____ *Valences of the Dialectic.* Londres: Verso, 2009.

____ y Misoshi, Masao (eds.) *The Cultures of Globalization.* Durham: Duke UP, 1998.

Jitrik, Noé (Director) *Historia Crítica de la Literatura Argentina*. Volumen 11; Elsa Drucaroff (ed.) *La narración gana la partida*. Buenos Aires: EMECÉ Editores, 2000.

Lemcow, Louis. "Ciencia-ficción: una aproximación personal". *Revista de Occidente* 70 (marzo 1987): 5-18.

Levinas, Emmanuel. *Humanism of the Other*. Urbana: U of Illinois P, 2006.

Luhmann, Niklas. *Social Systems*. Stanford: Stanford UP, 1995.

_____ *The Reality of Mass Media*. Stanford: Stanford UP, 2000.

Magnussen, Anne y Hans-Christian Christiansen. *Comics & Culture. Analytical and Theoretical Approaches to Comics*. Copenhagen: University of Copenhagen/ Museum Tusculanum Press, 2000.

Masotta, Oscar. *La historieta en el mundo moderno*. Buenos Aires: Paidós, 1970.

McLaughlin, Jeff. *Comics as Philosophy*. Jackson: UP of Mississippi, 2005.

Merino, Ana. *El comic hispánico*. Madrid: Cátedra, 2003.

Mitcham, Carl. *Philosophy of Technology in Spansih Speaking Countries*. Boston: Kluwer Academic Publishers, 1993.

Olguín, Sergio y Claudio Zeiger. "La narrativa como programa. Compromiso y eficacia". *La irrupción de la crítica. Historia crítica de la literatura argentina*. Vol. 10. Susana Cella, coord. Buenos Aires: EMECE Editores, 1999. 359-374.

Pacheco, Marcelo. "A Approach to Social Realism in Argentine Art: 1875-1945". *The Journal of Decorative and Propaganda Arts* 18 (1992): 123-153.

Paramio. Ludolfo. *La revolución como problema teórico*. Santiago: FLASCO-Programa Chile, 1992.

Paz Soldán, Edmundo y Debra A. Castillo. *Latin American Literature and Mass Media*. Nueva York: Garland, 2001.

Prigogine, Ilya. *The End of Certainty. Time, Chaos, and the New Laws of Nature*. Nueva York: The Free Press, 1997.

Rest, Jaime. *Las literaturas marginales*. Buenos Aires: Centro Editor de América Latina, 1972.

Reynolds, Richard. *Super Heroes. A Modern Mythology*. Jackson: UP of Mississippi, 1992.

Rivera, Jorge B. *Panorama de la historieta argentina*. Buenos Aires: Coquena Grupo Editor/ Libros del Quirquincho, 1992.

Robinet, Jane. *This Rough Magic. Technology in Latin American Fiction*. Nueva York: Peter Lang, 1994.

Rodríguez-Ibáñez, José Enrique. "La anticipación y sus imágenes como constantes antroplógicas". *Revista de Occidente* 70 (marzo 1987): 29-54.

Sabin, Roger. *Comics, Comix, and Graphic Novels. A History of Comic Art*. Londres: Phaidon, 1996.
Santis, Pablo de. *Historieta y política en los '80. La Argentina ilustrada*. Buenos Aires: Ediciones Letra Buena, 1992.
Saraceni, Mario. *The Language of Comics*. Nueva York: Routledge, 2003.
Sarlo, Beatriz. *La batalla de las ideas (1943-1973)*. Buenos Aires: Grupo Editorial Planeta/ Ariel-Historia, 2001.
_____ *Escenas de la vida posmoderna. Intelectuales, arte y videocultura en la Argentina*. Buenos Aires: Ariel, 1994.
_____ "Fantastic Invention and Cultural Nationality. The Case of Xul Solar". *Argentina 1920-1994*. David Elliott, ed. Oxford: The Museum of Modern Art, 1994. 34-39.
_____ *La imaginación técnica. Sueños modernos de la cultura argentina*. Buenos Aires: Nueva Visión, 1992.
_____ *La pasión y la excepción*. Buenos Aires: Siglo XXI Editores, 2003.
Sebreli, Juan José. *Crítica de las ideas políticas argentinas*. Buenos Aires: Editorial Sudamericana, 2002.
Sommer, Doris. *Foundational Fictions: The National Romances of Latin America*. Londres: U of California P, 1991.
Speranza, Graciela. *Primera persona. Conversaciones con quince narradores argentinos*. Buenos Aires: Norma Editorial, 1995.
Steimberg, Oscar. *Leyendo historietas: estilos y sentidos en un "arte menor"*. Buenos Aires: Editorial Nueva Visión, 1977.
Terán, Oscar. *Nuestros años sesentas*. Buenos Aires: Puntosur, 1991.
Todorov, Tzvetan. *Memoria del mal, tentación del bien. Indagación sobre el siglo XX*. Barcelona: Península, 2002.
Torres, Ernesto. "Bajo la sombra: las historietas y la cultura durante el Proceso de Reorganización Nacional". *Camouflage Comics. Dirty War Images*. <http://www.camouflagecomics.com/pdf/08_torres_es.pdf>.
Traba, Marta. *Art of Latin America. 1900-1980*. Baltimore: Inter American Development Bank/ The Johns Hopkins University, 1994.
Trillo, Carlos y Guillermo Saccomanno. *Historia de la historieta argentina*. Buenos Aires: Ediciones Record, 1980.
Varnum, Robin y Christina T. Gibbons (eds.) *The Language of the Comics. Word and Image*. Jackson: UP of Mississippi, 2001.
Vaudeville, Charlotte. *Myths, Saints and Legends in Medieval India*. Delhi: Oxford UP, 1996.
Versaci, Rocco. *This Book Contains Graphic Language. Comics as Literature*. Nueva York: Continuum, 2007.

White, Hayden. *Metahistory: The Historical Imagination in Nineteenth Century Europe.* Baltimore: The Johns Hopkins UP, 1973.

Williams, Raymond. *The Sociology of Culture.* Nueva York: Schocken Books, 1982.

Wittgenstein, Ludwig. *Culture and Value.* Chicago: The U of Chicago P, 1984.

_____ *Diario filosófico (1914-1916).* 1961. Buenos Aires: Planeta Agostini, 1982.

Wolk, Douglas. *Reading Comics. How Graphic Novels Work and What They Mean.* Cambridge: Da Capo Press, 2007.

Zeledón Cambronero, Mario y María Pérez Iglesias. *La historieta crítica latinoamericana.* Costa Rica: INADECC/ Editorial Fernández-Arce, 1995.

www.ingramcontent.com/pod-product-compliance
Lightning Source LLC
Chambersburg PA
CBHW071356300426
44114CB00016B/2081